孟子心读

柳恩铭　著

暨南大学出版社
JINAN UNIVERSITY PRESS

中国·广州

图书在版编目（CIP）数据

孟子心读/柳恩铭著 . —广州：暨南大学出版社，2024.9
（四书五经心读. 四书心读）
ISBN 978 - 7 - 5668 - 3927 - 5

Ⅰ.①孟…　Ⅱ.①柳…　Ⅲ.①《孟子》—研究　Ⅳ.①B222.55

中国国家版本馆 CIP 数据核字（2024）第 103480 号

孟子心读
MENGZI XINDU
著　者：柳恩铭

....

出 版 人：阳　翼
统　　筹：张丽军
策划编辑：杜小陆
责任编辑：黄　颖
责任校对：刘舜怡　陈慧妍　黄子聪　梁玮浈
责任印制：周一丹　郑玉婷

出版发行：暨南大学出版社（511434）
电　　话：总编室（8620）31105261
　　　　　营销部（8620）37331682　37331689
传　　真：（8620）31105289（办公室）　37331684（营销部）
网　　址：http：//www. jnupress. com
排　　版：广州良弓广告有限公司
印　　刷：深圳市新联美术印刷有限公司
开　　本：787mm×960mm　1/16
印　　张：43
字　　数：600 千
版　　次：2024 年 9 月第 1 版
印　　次：2024 年 9 月第 1 次
定　　价：168.00 元

（暨大版图书如有印装质量问题，请与出版社总编室联系调换）

为往圣继绝学

1984 年 8 月，十七岁的我怀抱教育兴国的理想站上讲台，已四十个春秋。工作范畴涵盖学前教育、基础教育、高等教育、成人教育。学习和研究一直是生活方式、工作方法、生命状态，在实践中不断提出问题。基于实践提出的问题，书本上基本找不到满意的答案，我坚持独立思考，独立分析，独立研究，独立解决。四十年来，我从来没有做过任何带有行政级别的规划课题，公开发表在核心期刊的各种论文，也都是基于实践问题的研究成果。这是三十年来我的著作都成为畅销书的秘诀。

四十年来我一直在思考教育的本质问题。教育的本质是精神活动，而不是知识堆积。——德国教育哲学家雅斯贝尔斯如是说，我深以为然。精神活动是"本"，知识堆积是"末"。精神活动是"道"，知识堆积是"器"。

中国先哲子思先生在《中庸》开篇对教育本质有深刻洞见："天

命之谓性，率性之谓道，修道之谓教。"翻译成现代汉语："上天赋予人的叫本性，尊重本性叫作道，修养本性是教育。"言简意赅，豁然开朗。以子思先生的哲学思想给今天的教育做减法，教育只需要做好弘扬人性和张扬个性两件事。一是弘扬人性。人性是天赋人类的共性，是上天赋予人类群体的本心本性，比如慈悲、博爱等，人生而有之；不见了，没有了，是因为磨灭了，冲毁了，需要养护和弘扬。二是张扬个性。个性是天赋秉性。每个生命来到这个世界，一定有上天赋予的优势潜能，一定有独特的兴趣爱好，一定有自己的精彩，把钱学森培养成钱学森，把贝多芬培养成贝多芬，把梁思成培养成梁思成——这就是张扬个性、张扬天赋秉性的教育。教育除了弘扬人性和张扬个性，还有别的吗？没有了。教育就是这么简单。

教育的出路在哪里？我们一起回到鲁迅先生出生的 1881 年至民国元年（1912）这大约三十年的光阴，那时除了京师大学堂——北京大学前身，中国没有真正意义上的大学；除了杭州、苏州、成都、香港、澳门及西部偏远山区有少许教会学校，中国没有现代意义的中小学；其间三十多年有部分青少年，读着私塾，读着唐诗宋词，读着四书五经，头脑中装上这些经典而后有幸东渡日本或远赴欧美求学，在这些学子灵魂深处实现了东西方文化的碰撞和融合，形成了无与伦比的爆发力，催生了享誉世界的民国知识分子群体。在这个群体中，有中国近代以来伟大的革命家、思想家孙中山等，有杰出的新文化运动的领袖陈独秀、李大钊、胡适等，有杰出的思想家、文学家鲁迅等，有杰出的教育家蔡元培、张伯苓、梅贻琦、陶行知等，有杰出的国学大家陈寅恪、梁启超、王国维、赵元任等，有杰出的考古学家李济、董作宾、郭沫若等，有杰出的史学大家钱穆、张荫麟、蒋廷黻等，有杰出的美学家朱光潜、宗白华等，有杰出的哲学家马一浮、汤用彤、梁漱溟、张东荪、贺林、方东美……这种东西方文化在同时代、同一个生命体形成碰撞和融合，产生浩如烟海的哲学、史学、文学、科学、巨匠、巨人，很多学科的研究成果，至今仍然是当代学界绕不过去的坐标和难以逾越的丰碑。

由此可知，当代中国教育的出路就在东西方文化的融合，就在学贯中西。我们就有必要回望民国大师、巨匠们的教育背景和教育路径。作践和菲薄自己的优秀文化，轻视和排斥西方现代文明，哪一种做法更加愚蠢？我不知道。但是我知道，中华民族的伟大复兴需要优秀传统文化与现代西方文明的深度融合！

四十年来我一直在思考精神家园重建问题。所谓文化，就是以文化人，就是今天的大教育理念。二十多年前的 2003 年元旦，我开始系统研究儒家文化，目的在于寻找滋养生命的文化精神。其间，博士论文《思想政治教育的文化传承与创新研究》是儒学文化与马克思主义相结合的成果。我采纳了导师郑永廷先生的洞见：儒学文化是思想政治教育的范畴。这篇论文，后来在岭南社科基金项目评选中获得最高票，由广东人民出版社出版并成为畅销书。该著提出和解决了关于儒家文化的疑问：第一，儒家文化依然承载着中华民族的人文精神吗？是的。儒家文化是人本伦理哲学，其核心忠、孝、仁、义、礼、智、信、和等核心价值，当代中国人应该也必须坚守。以"孝悌"为例，如果在家不能敬爱赡养父母，不能善待兄弟姐妹，在外可以善待天下人的父母吗？可以善待天下人吗？可以带出有凝聚力的团队吗？显然不能。第二，儒家文化与现代文明能兼容吗？能。民国那些学贯中西的学者就是儒家文化与现代文明深度碰撞和融合的产品，在中华民族最艰难的时候，他们回到祖国的怀抱，与祖国同生共死、浴火重生！第三，儒家文化有利于国家走向现代化吗？有利。曾经的亚洲四小龙：中国台湾、香港及韩国、新加坡的文化底色都是儒家文化，没有制约他们走向现代化，倒是成了他们高速发展的催化剂和动力源。

我的博士论文虽然成了畅销书，但是纯学术的话语体系不可能在社会上产生广泛影响，需要换成文化话语风格，重新阐述我对儒家文化的研究和思考。重注四书——《大学》《中庸》《论语》《孟子》成了我人生的必然选择。我研究儒学，绕不开朱熹先生的《四书章句集注》。

原始儒家的本真与朱熹理学的本质区别何在？

第一，原儒是人本哲学，宋儒是理本哲学。原儒悲天悯人，以人为本，在"五张羊皮换一个奴隶，五个奴隶换一匹马"的价值体系中，孔子面对马厩失火，只关心不值钱的奴隶——马夫，而不关心很值钱的马。获悉有人以陶俑陪葬，孔子斥责道："始作俑者，其无后乎？"对人权的尊重和对生命的敬畏何其真诚而浓烈！宋儒开山鼻祖程颐先生说："饿死事小，失节事大。"生存都是问题，哪里还有人权？朱熹先生强调："存天理，灭人欲。"人欲不仅仅是淫欲，也不仅仅是物欲，还有生存欲望、安全欲望、归宿与爱的欲望、被尊重的欲望、自我价值实现的欲望，甚至还有终身认知欲望和审美欲望。人欲灭了，人类还有发展动力吗？人类还能进步吗？民族还能复兴吗？

第二，原儒的忠诚有条件，宋儒的愚忠无条件。"君君臣臣，父父子子"的解释本应为："君像君，臣像臣，父像父，子像子。"宋儒沿袭了汉儒的衣钵，演绎"君叫臣死臣不得不死，父叫子亡子不得不亡"的荒唐。孔子说："君使臣以礼，臣事君以忠。"臣下"恪尽职守"的前提是"君使臣以礼"。孟子的说法更是石破天惊："君之视臣如手足，则臣视君如腹心；君之视臣如犬马，则臣视君如国人；君之视臣如土芥，则臣视君如寇雠。"岳飞屈死风波亭，屈在读错书了，如果读懂了先秦儒家经典，尤其是读懂了孟子"如欲平治天下，当今之世，舍我其谁"，可以理直气壮直捣黄龙，或可做出更有利于人民、民族、国家的选择！

第三，原儒坚持民本政治，宋儒延续神本政治。孔子说："民可，使由之；不可，使知之！"翻译成现代汉语："老百姓过得很好，就顺其自然；如果过得不好或者做得不好，就应该以教化让他们增长智慧！"孟子说："民为贵，社稷次之，君为轻。"可谓惊世骇俗。荀子强调："水则载舟，水则覆舟。"已算是民本精神自觉。先秦儒家认为，人民是国家的主人，君王是人民委托的代理人。先秦儒家的民本思想发展到今天应该是民主，至少是"全心全意为人民服务"的宗旨和"为人民谋福祉"的初心。

第四，原儒主张师生平等，宋儒延续师道尊严。原始儒家没有这个礼数。几乎所有的人都读过《公西华侍坐》这一章，孔子与学生亦师亦友亦兄弟亦知己，孔子之于学生像慈父，像朋友，像兄长，像知己。师生平等，教学民主，思想自由，全然没有汉代"设帷讲学"的冷冰冰。

第五，原儒主张自由恋爱，宋儒主张父母之命。证据在《诗经》。

《诗经》主体是国风，国风主题以爱情为主。《诗经》中的爱情充满田园牧歌色彩：相爱在城墙边——"俟我于城隅"；相爱在桑间濮上——"参差荇菜，左右采之"；相爱在小巷——"俟我乎巷兮"；相思在远方——"所谓伊人，在水一方"。初民淳朴、热烈、奔放、唯美的爱情依然为当代读者所陶醉！朱熹先生将如此唯美的爱情都解读为"咏后妃之德"之类，按朱熹先生的解读，《诗经》回不到当代，青少年必不会接受。

第六，原儒主张学术自由，宋儒主张唯我独尊。"道不同，不相为谋"一直被误读误解。孔子原意："主张不同，不谋求对方与自己同一。"根据何在？其一，《论语》多次列举道家、墨家、农家、杂家批判孔子，却不见孔子和其追随者反驳。这是学术包容。其二，《论语》可以互证："攻乎异端，斯害也已。"翻译成现代汉语："攻击其余学派，害处很大。"其三，孔子主张"君子和而不同"，"和"是儒家最重要的核心价值之一，"和"就是对不同文化的包容，对不同人的尊重等。其四，孔子曾经问道于道家学派创始人李耳，也曾经向各个领域的大师虚心求教。汉儒让圣上来裁断儒学公案，唯皇上独尊，开了以政治手段解决学术争端的恶例；宋儒延续维护皇权、男权、夫权，明清之后封建统治者则把理学作为统治工具，以维护其日益枯萎而无生机的封建统治。

第七，原儒主张经世致用，宋儒主张空谈心性。"钱财如粪土，仁义值千金"是以朱熹先生为代表的儒学思想，"无事袖手谈心性，临危一死报君王"就是宋儒一脉的做派。真正的读书人，从来都是以天下为己任。曾子对儒家知识分子的期待是："可以托六尺之孤，可以寄百里之命，临大节而不可夺也。君子人与？君子人也。"翻译成现代汉语："可以托付幼小的君主，可以托付整个国家，在大节上宁死不屈。这样的人是君子吗？当然是君子。"比如韩愈为苍生而获罪，被贬潮州，积极教化，形成潮州文化，影响至今犹在。书生范仲淹镇守西边，换来边境二十年和平。王阳明手无缚鸡之力，胸中却有百万兵甲，以数万地方杂牌部队，剿灭宁王朱宸濠十万叛军！这才是儒者风度！

第八，原儒为人民说话，宋儒为皇上代言。原始儒家，没有一家是为统治者说话的，孔孟荀都是站在维护人民利益的立场阐述自己的政治主张；但是汉儒却站在皇权和神权的立场上，驯化万民，宋儒延续而成为既得利益集团的代言人。孔子开平民教育先河，把教育从宫廷转移到民间，目的就在于给平民搭建成长舞台和上升通道，这是当时对既得利益者特权的最有力的挑战。当代中国人少有人意识到孔子是"读书改变命运"的首创者和实践者。孔子儒学是"为己之学"，是天子以至于庶人都能用以修身养性的伦理哲学。孔子终其一生，没有后世误读误解的那样"忠诚"于某一个君王，相反政见不合则选择挂冠而去，在父母之邦的鲁国无论是做乘田吏，还是做司寇，甚至代摄相事，都只不过是"恪尽职守"而已；绝没有为某一君王愚忠而牺牲的冲动。

宋儒与原儒主张相对、相反之处也远远不止这些。先秦儒家思想属于伦理哲学，具有坚实的社会实践积淀和厚实的理论基础，是一种独立于当时政治体制的哲学体系、价值体系、思想体系，是儒家思想的源头和正宗，与现代文明高度契合，是中华民族最宝贵的精神矿藏！原儒思想是中华文明的主动脉！传承和发展其精神是中国人的天赋使命！

我自不量力，历时二十余年，撰写完了"四书心读"。《论语心读》于2014年由中华书局推出首版，发行数十万册，是读者的认可与鼓励。近几年心无旁骛，撰写《大学心读》《中庸心读》《孟子心读》，是对教育人生的交代，是对中国教育的交代！

撰写《大学心读》的初心有莫名际遇的诱因。2013年8月16日傍晚，我应邀驱车赴江西讲学，路途遥远而十分疲惫，不得已在江西赣州不知名的山中旅舍住了一晚，却做了一梦：一位青衣老者自称"守仁"，给我讲《大学》，但是老者的《大学》文本居然与我正在研究的朱本《大学》有很大的不同；朱本《大学》早已烂熟于胸，所以对梦境中见的《大学》版本十分敏感。老者重点讲了"明明德""亲民"和"格物致知"等关键内容，他的口音有江浙话的韵味，有客家话的影子，有贵州话的口音，与湖北话相通，所以我都听懂了。老者托付，希望能够按照他传授的《大学》版本把《大学》精神传承传播出去。梦醒时分，一身冷汗。明月皎洁，清风拂面，分不清是梦中还是实景，分不清身在何处。那时那刻，毫无睡意，点一支烟把老者的教诲从头到尾想了几遍，也从头到尾讲了几遍——学会了讲给自己听，我居然在赣州不知名的山间旅舍把少年时候掌握的学习方法再用一次，时至今日老者讲给我听的《大学》梗概依然清晰。后来读清代刘沅先生的《大学古本质言》和南怀瑾先生的《原本大学微言》，才知道梦中老者讲述的是戴圣《礼记》第42章的古本《大学》。

对于这一梦，到底是日有所思夜有所梦，还是别的因缘和合，我也不知道；也许用量子力学可以做出科学解释。老者矍铄的目光、清朗的语调、谆谆的教诲、殷殷的重托，历历在目，言犹在耳。十年一觉赣州梦，我哪能忘记呢？2023 年 7 月 17 日，再次驱车经过赣州，本想再寻故地，更想再入梦中，却迷失了方位，就此作罢，直接驱车去了南昌；但是，老者的托付更加清晰而压得我似乎喘不过气来。于是只好孜孜不倦，反复打磨以原本《大学》为底本的《大学心读》！

　　毋庸讳言，原本《大学》与朱熹先生的《大学集注》有较多不同之处：一是不同于朱熹先生对《大学》的经传二分法。原本《大学》是有机整体，从旨趣、逻辑、风格来看，是典型的齐鲁文化，是典型的先秦文风；而以"经传"二分法解读经典，是汉代以后经学的做派。二是不同于朱熹先生认为"颇多错简"调整原本《大学》顺序的做法。如果"颇多错简"起码要有一两个"错简"作为证据，但程颐先生没有提供，朱熹先生也没有提供。二十年当中，我读程颐和朱熹先生的全部著作，没有发现调整原本《大学》顺序的证据。三是不同于朱熹先生对原本《大学》的结构处理。朱熹先生的文本处理类似于当代有些所谓专家给文学作品做思维导读图，表达的是自己的理解而不是《大学》的本义。四是不同于朱本《大学》对原始儒家文化精神的理解，恢复了先秦儒家人本伦理哲学、民本政治哲学、生本教育哲学的本质。五是不同于对"格物致知"的解读。程朱理学的解读是：研究万物之理而寻求真理。这种解读，导致民国时期把自然科学都称为"格致之学"。显然，在先秦时期，儒家思想的"格物致知"属于伦理哲学，不可能有研究万物之理的需求，也不可能由此获得伦理学上的"真理"。孔孟儒学的人本取向，决定了这句话只能是司马光和王阳明的解读：格除物欲，回归良知或恢复良知。这里"物"属于外物，属于过多的物质因素；这里的"良知"是生命情感智慧，包括情感、态度、价值观、人生观、世界观等。——其余诸多与朱熹先生解读的不同之处，恳请方家指正！

撰写《中庸心读》是因为与朱熹先生及其一脉相承的后学对"中庸"哲学思想有不同的理解。程颐先生和朱熹先生都认为："中庸者，不偏不倚、无过不及，而平常之理，乃天命所当然，精微之极致也。"从这段话可以判断，朱熹对"中庸"的理解出现两个问题：一是认为中庸就是不偏不倚、无过不及、平常之理。其实，"中庸"之"中"包含"中和"两个字的含义。"中"就是适中、适合、适度、适宜，面对某种结构或局面，选择适中的、适合的、适度的、适宜的思路、策略、方法等，就是"中"；"和"就是尊重差异、尊重不同、包容多元的和谐状态；"中和"就是人面对某种结构而选择兼顾多元的最佳策略或状态。"中和"成为日用而不知的常态，就是中庸之道。二是朱熹先生认为"中庸"是"天命所当然"，把"中庸"归为天赋、人的本性。中庸不是人的天赋，不是人的本心本性，而是后天哲学智慧，是人经过后天的实践积累而发现的"天道"——比如太阳系九大行星的分布，地球万物和谐共生，都是"中庸之道"，但需要人去认知、体悟、坚持。诚如孔子所说，中庸之道是"君子之道"，是人们自我修养达到君子境界的过程中体悟、认知、认同的"道"，基于先天本心本性，源于实践积累，最终形成充满实践理性的哲学智慧。时至今日，能够跳出朱熹解读而另辟蹊径理解中庸之道的人很少很少！——古今中外解读《中庸》还存在一个共同问题，泛化了《中庸》文本中的"道"——其实《中庸》中的"道"都作"中庸之道"解。也正因泛化,导致理解困难,又如何能够将中庸之道融入身心呢?

撰写《孟子心读》是为了深度认知和弘扬孟子的民本政治哲学。孔孟儒家精神滋养中华民族数千年,创造了曾经领先世界两千年的文明,自然有其存在的合理性。《孟子》一书由孟子亲自著录,随行万章等弟子只是学术助手,也许负责执笔,也许负责刻字,也许负责查阅资料等;这使得《孟子》保持了他本人的思想和艺术精华。《孟子心读》的主要创新点:一是传扬民本思想。孟子思想最为前瞻、最为深邃、最为震撼的是民本思想,"民为贵,社稷次之,君为轻"的思想与民主制度之间,仅缺一部宪法,孟子对人民主体精神的自觉,是"全心全意为人民服务"宗旨的源泉,是"以人民为中心"理念的依据;孟子民本思想仿佛是为中华民族负重前行设置的第一盏航标灯。二是弘扬心学思想。孟子提出的"四心说"就是后世真正新儒学——阳明心学的根源,孟子提出的心性论为阳明心学的创建奠定了基石。恻隐之心,仁之端也;——无恻隐之心非人也!羞恶之心,义之端也;——无羞恶之心非人也!辞让之心,礼之端也;——无辞让之心非人也!是非之心,智之端也;——无是非之心非人也!其实,孟子思想中心学已经初成。孟子是如何解释"知行合一"的呢?典型的就是"今人乍见孺子将入于井,皆有怵惕恻隐之心"的案例:小孩将掉到井里,任何一个人看到了,无须提醒,不假思索,都会立即施以援手,这是什么?这是人心中慈悲天性在关键时候表现出的无须提醒的自觉,起心动念即是行,是良知与良能的知行合一。那么敢问为什么很多人这种慈悲之心没了？那是因为心被异化，被放纵，被蒙蔽。所以，孟子认为："学问之道无他，求其放心而已矣。"道德修养之道就是把被放弃、被放纵、被放浪的那颗心，收回到心中的正位，守护本心本性，弘扬本心本性，就是学问的正确方法。三是张扬美学风度。少年时代，我深受父亲的影响，背诵孟子的篇章比较多，系统研究《孟子》已二十余年，文笔文风深受孟子影响，挣脱了现代学术八股的束缚。宏大的视域、磅礴的气势、严密的逻辑、生动的叙事、明快的语言等，都源于孟子的美学浸润。

四十年来我一直在思考原始儒学的社会价值。严复先生是中国近代思想启蒙先驱，康有为、梁启超、李大钊、陈独秀、毛泽东、鲁迅、傅斯年等改良派、革命派和新文化运动的领袖们，其少年时期都有严复先生的译著伴随。而严复先生临终前反复念叨：四书五经极富矿藏，需要用西方科学研究方法，予以发掘，可以启迪后人。这句话深深撞击我的灵魂，如何深度发掘呢？"心读"就是我的选择，以心读模式，让四书智慧广泛流布。

《大学》《中庸》《论语》《孟子》的作者生活的时代，恰好在雅斯贝尔斯称为人类文明的轴心时代。这个时代，人类文明的精神导师扎堆出现。每当人类各个文化圈中的人们面对不能自拔的困境时，都会不由自主地回望和借用这个时期先哲的智慧解决当下的问题。欧洲的文艺复兴如此，唐代的古文运动如此，如今传承创新优秀传统文化又何尝不是如此？

当代中国需要《大学》中的智慧吗？毋庸置疑。大学之道就是达成君子之道的纲领：明明德，亲民，止于至善。——大道至简，在曾子看来，平治天下只需要做两件事情：一件是"明明德"。明明德，就是让天赋良知自觉并得以弘扬。如果人人心中有慈悲，如果人人都能恪尽职守，人人都能孝悌忠信，这个世界不是很美好吗？高明的政治家用力最多的事情就是把教育做到最好，让天赋人性、天赋良知弘扬到每个生命，每个公民对于公平正义都有无须提醒的自觉，繁荣富强就是必然。

另一件是"亲民"。就是走进人民，在社会结构中实现人格独立，成为自由思想的主人，成为自由意志的主体。亲民，在与人交往中实现人生的价值。从人本伦理哲学的视角审视"亲民"，那就是任何自然人必须首先亲近家人，学会与家人相处；其次亲近族人，学会与族人相处；再次亲近乡人，学会与乡人相处；复次亲近世人，学会与各种各样的人相处。从政治伦理的视角审视"亲民"，那就需要上位者走向基层，走向百姓，走群众路线。高手在民间，不是客套话，更不是玩笑话。为什么？商汤起用草根伊尹，奠定了商初良好的开局。姬昌起用渭水边钓鱼的姜尚，以边陲之地，挑战商纣王的天下，最终获得成功。齐桓公起用犯人管仲，开创国营经济与民营经济双轨制先河，让齐桓公九合诸侯成为霸主。刘邦谋臣能用张良，后勤能用萧何，军事能用韩信，最终在垓下战胜项羽，奠定大汉基业。这都是"亲民"的典型。

有人或许会说，能不能列举现当代的例子？民国时期蔡元培，贵为中国第一校的校长，却礼贤下士，先后拜访清朝遗老辜鸿铭、文坛旗帜陈独秀，邀请周树人加盟北京大学，这些人相对于政治地位比教育部部长还高的北京大学校长，当然都是民，但是亲民让北京大学成为民国大学的旗帜。梅贻琦贵为清华大学校长，邀请没有学历的陈寅恪加盟清华，邀请清末遗臣王国维加盟清华，邀请留美才俊赵元任加盟清华，邀请思想启蒙者梁启超加盟清华，这四位导师相对于位高权重的梅贻琦，自然都是民。因为亲民，因为教授治校的理念——梅贻琦做校长期间实行的是教授委员会集体决策的民主管理模式，梅贻琦因此开创了清华历史上最辉煌的年代。

如果制度设计和社会运作，能够做好"明明德"和"亲民"两件事情，"止于至善"是必然，平治天下也是必然。特别"亲民"不是自以为是的"新民"，不是教训百姓，不是教导百姓，而是走近百姓，走近人民，尊重人民，尊重生命，尊重人格，让每个生命人格独立，让每个生命本性自觉，让每个生命自由思想，让每个生命独立思想，让每个生命绽放精彩。

当代中国需要《中庸》的智慧吗？毋庸置疑。个人成长需要中庸之道。民国元年前后负笈留学的学者，涵养中华经典文化拥抱西方文明，催生了中华民国数十年中灿若星河的大师、巨匠、巨人、名流，重现了中华民族思想解放最精彩的华章！——这是教育发展的中庸之道，也是个人成长的中庸之道。家庭和睦需要中庸之道。一家之中父慈子孝，契合中庸之道；夫妻之爱止于诚，契合中庸之道；兄弟情义止于悌，契合中庸之道。社会和谐需要中庸之道。城乡之间的发展恪守中庸之道，优化二元结构，城里人幸福，乡里人快乐；如此当然和谐！为富而仁义，善待故旧，善待贫民；贫而有尊严，不坠青云之志；如此当然和谐！上位者心忧天下，眷恋苍生；下位者体谅国家，顾全大局；如此当然和谐！企业成长需要中庸之道。企业如果不在产品质量与数量之间选择中庸之道，就缺乏生命力！如果不在价格和价值之间选择中庸之道，就缺少竞争力！如果不在员工福利和投资者利益之间选择中庸之道，就缺少活力！如果不在守成和创新中选择中庸之道，就缺少可持续发展力！民族复兴需要中庸之道。民族复兴于内而言，政治方向充分体现人民的期盼，经济政策充分兼顾各阶层的利益，公共服务充分彰显公平正义等；人民富裕，地方富有，国家富强；人格独立，思想自由，文化多元，教育发达，人才充足。如此才契合中庸之道，这是民族复兴的内因。在对外关系上，尊重人类共同的价值，国际交流自主，人民往来自由，文化交流自然等。如此契合中庸之道，这是民族复兴的外因。没有国内国际的"中和"，就没有国家民族的复兴。

当代中国需要《论语》的智慧吗？毋庸置疑。某学者在某大学演讲公开宣称：《论语》对于中国文化大餐来说，只不过是一条干鱼，没有佳肴的时候，拿出来做配菜尚可以，但不能成为国人精神食粮的主食。我深不以为然。一位名满天下的学者说："儒家文化是农耕文明的产物，是到了抛弃的时候了。"我不以为然。难道2500年前中华民族先民需要忠、孝、仁、义、礼、智、信、和、惠、慈、爱，今天中国人就不需要了吗？当然需要，而且必须坚守坚持。

《论语》所承载的人文精神是中国伦理哲学的源头，是中华文明的底色，是中国价值体系的钢结构，是中国文化的基点和奇点——具有无与伦比的爆发力、辐射力、穿透力。它所承载的伦理情怀和价值体系，被践踏和放弃，意味着疯狂和灭亡！大秦帝国奋六世余烈，统一天下，秦嬴政自称"始皇帝"，以为从此家天下可以传之万世，却仅仅因为放弃了儒家"仁"的智慧，放弃了以人为本，放弃了以民为本，结果成了人类历史上最短命的王朝之一。这样的教训，在人类历史上举不胜举！

我以实证的态度和学养的厚度证明《论语》承载以人为本的哲学、以民为本的理念、自强不息的精神、积极入世的传统、厚德载物的担当、天下为公的理想、尚中贵和的思维、博爱泛众的胸怀、勤劳俭朴的性格、家庭中心的伦理、家国一体的追求、天人合一的境界，是养护国人心灵的宝贵精神资源！——这些精神难道不能滋养当代中国人的生命吗？《论语》承载的以生为本的思想、有教无类的情怀、因材施教的方法、全面发展的课程、尊重个性的取向、慎独正己的修身、反求诸己的态度、积善成德的路径、君子人格的激励等，是中国当代教育应该和必须传承的最宝贵的教育智慧！——这些智慧难道不能解决今天的教育困境吗？

当代中国需要《孟子》的智慧吗？毋庸置疑。《孟子心读》的撰写，源于责任自觉。尤其是近几年我从教育系统调整到基层任职，确信《孟子》思想之于中国当代教育和社会治理，实为救时补弊的良药却没被发现发掘。举《孟子·梁惠王下》的典型例子证明。孟子对齐宣王说："造大房子，就必让工程师寻找大木料。工程师得到大木料，大王很高兴，认为这棵大木料可胜任大房子的需要。那工程师从小就学习，长大了就进一步付诸实践，大王说：'姑且放弃你所学的专业听我的命令。'那怎么样呢？现在有璞玉在此，不惜万镒重金必然责成玉匠雕琢它，而对于治理国家却说：'姑且放弃你所说的，听我的命令。'这与教导玉匠如何雕琢璞玉有什么区别呢？"——读这一节，犹如冷水浇背，也如当头棒喝！

民国期间清华大学校长梅贻琦先生懂孟子的管理智慧。《孟子·梁惠王下》中，孟子对齐宣王说："所谓故国者，非谓有乔木之谓也，有世臣之谓也。"梅贻琦读懂了这句话，对于国家来说，文化底蕴厚重并不意味着有数百年的老树古树，而是意味着有累世深受国人敬重的忠臣重臣。梅贻琦先生由此演绎出："所谓大学者，非谓有大楼之谓也，有大师之谓也。"梅贻琦深谙此道，充分尊重人才，自己甘愿当一个沉默寡言的主持人，把治校的权力让渡给"教授委员会"，积极推行教授治校模式，创造了清华的灿烂与辉煌，创造了西南联大的高等教育奇迹。现在各行各业的很多管理者都反孟子之道而行之，反梅贻琦之道而行之。地方政府搞经济，不向企业家请教，而向上级要指示，或者自以为是，好为人师，层层如此，经济能够做得好才怪。如果当代为政者、为教者、为经济者，能够读一读《孟子》，从中汲取智慧，可以少闹很多笑话，可以少走很多弯路。

二十多年前，在我用与埃德加·戴尔学习金字塔理论相契合的心学原理，把应试教育做到巅峰的时候，开始认真寻找教育的本真。众里寻他千百度，蓦然回首，我选择以儒家文化精神滋养师生生命。最初接触儒学，读的是方东美、李泽厚、钱穆等先生的著作，充斥书店的汉代经学著作和宋明理学著作不是我的首选——后来反复研读朱熹先生的《四书章句集注》，目的在于对"四书"进行重新解读。原儒思想的本质是什么？是人本伦理哲学、民本政治哲学、生本教育哲学。数十年，我坚持用人本思想待人，用民本思想管理，用生本思想做教育，用"中庸"智慧处事，用"明明德"和"亲民"智慧经营人生，知行合一，只争朝夕！

顾炎武先生说："天下兴亡，匹夫有责。"天下是天下人的天下，天下还是文化天下；文化亡了，天下也就亡了。所以，为往圣继绝学就成了每个读书人的责任。"往圣绝学"是什么？滋养中国人生命的主脉是儒家文化，是充满人本、民本、生本情怀的原始儒家文化精神。撰写"四书心读"是我文化责任自觉所致！

子思先生说："君子不出家，而成教于国！"我四十年如一日追求教育兴国的理想。曾经在公办学校从教师做到校长，曾经在民办学校从教师做到校长，曾经在广州市第一个教育强区东山区做过教育局办公室主任，曾经在广州市教育局做过处长和办公室主任，曾经在天河区做过教育局局长，如今虽然名义上暂离教育岗位而从社会治理，但是一直坚持在高校担任特聘教授、兼职教授、研究生导师，坚持积极从事各级各类师资教育，从来没有放弃教育理想，从来没有放松对教育的深度思考。大道至简，教育的关键是弘扬人性和张扬个性。我知道教育有弊端，当然有责任解决。如何解决？重新发掘和弘扬原始儒家智慧以解困局。撰写"四书心读"是我教育责任自觉所致！

孔子说："吾十有五而志于学，三十而立，四十而不惑，五十而知天命，六十而耳顺，七十而从心所欲，不逾矩。"人类历史上最伟大的教育家孔子，活出了生命的精彩。随着年龄的增长，知识储备越来越丰富，学养越来越深厚，思想越来越前瞻，智慧越来越超卓，这种终身学习的人生态度，给我树立了榜样。四十年手不释卷，四十年治学不辍，四十年知行合一，把人生挫折转化为学术财富，把人生历练转化为学术思想。我来自农村，熟悉农民和农村；近几年在地方工作，又熟悉市民和城市。这种对中国社会结构的全域认知，恰恰是高校专职学者做伦理哲学、政治哲学、教育哲学研究所匮乏的，却是我的独有优势。此外，我没有高校学者的教学任务和课题研究任务的羁绊，认准目标可以把整座山打穿，甚至可以把整座山搬完。撰写"四书心读"是我生命自觉所致！

基于文化自觉、教育自觉、生命自觉，我才能用二十多年时间撰写"四书心读"。毋庸讳言，"四书心读"旨在全面恢复原始儒学的本真，在于倡导生本教育哲学，在于倡导人本伦理哲学，在于倡导民本政治哲学，在于重建中华民族的精神家园，以先秦儒家文化精神滋养国人的生命！

做到没有，请读者品鉴！做好没有，请方家指正！

柳恩铭撰于广州弘仁书屋

2024 年 2 月 14 日

让孟子精神回到当代

四十二年前，我在学校图书馆系统阅读《毛泽东选集》的时候，才知道毛泽东那种大气磅礴、横扫千军的文风得益于唐代古文运动的先驱韩愈。三十三年前阅读《韩愈评传》，知道韩愈的文章文风深受孟子和《孟子》的影响。三十一年前，我阅读《范仲淹评传》，知道韩愈的《韩昌黎集》影响和造就了范仲淹，不仅如此，韩愈和他的《韩昌黎集》影响和造就了唐宋八大家中的王安石、欧阳修、苏洵、苏轼、苏辙五家。二十六年前阅读《韩愈全集校注》，深深为韩愈的情怀和担当所折服，确信韩愈那种以天下苍生为己任的精神源于孟子"如欲平治天下，当今之世，舍我其谁"的士人情怀，当然更加确信韩愈的文章风格源于孟子和《孟子》。二十一年前的二〇〇三年元月一日，我开始系统研究儒家文化和儒家思想，《孟子》始终是我研究的著作，手头、床头、案头常常有《孟子》。同一版本，读了再读，读了又读。历朝历代的《孟子》注本，能买到的都买了，买来的都读了，读了的都批注了，日积月累，就有了《孟子心读》。

《孟子心读》成书，在《论语心读》《大学心读》《中庸心读》之后，《孟子心读》的撰写，源于责任自觉。尤其是近几年从教育系统调整到基层任职，深深感到《孟子》思想之于中国当代教育和社会治理具有非常积极的作用。文明的进步，最重要的依赖是人们对核心价值的坚守，其次就是与时俱进的制度保障。这两点恰恰是《孟子》的精华所在。《孟子》的重点在于价值坚守，其次才是制度保障。为什么特别强调《孟子》中的价值坚守和制度保障呢？正所谓当局者迷，旁观者清，孟子和孔子一样，都属于仕途失败者，孟子终其一生都只是客卿身份，这意味着他和孔子一样，为民请命的政治主张不受诸侯待见，仕途蹉跎，让他们都能站在更加客观公正的立场上看问题，既不是站在统治者和既得利益者的立场上，也不是站在被统治者和弱势群体的立场上，而是站在中间的立场上。孟子"民贵君轻"的思想，源自于周代文明中"天心即民心，天意即民意"的理念，甚至可以说，孟子站在人民的立场上维护社会秩序，所以孟子的思想更具有人民性、公平性、公正性、真理性。是这样吗？当然。

《孟子·梁惠王上·1.1 利义之辩》中，孟子面对梁惠王提出的："先生！您不远千里来到魏国，也将拿出对魏国有利的策略吗？"回答说："大王！您何必说利呢？我也只有仁义罢了。"这就是著名的"利义之辩"。回到今天的中国，需要利义之辩吗？当然需要。

《孟子·梁惠王上·1.5 仁者无敌》中说："仁者无敌。"果真仁者无敌？这里就有所谓"王道"与"霸道"之辩。周文王行仁政，善待百姓，到周武王时不足百年，却能团结天下诸侯、凝聚天下民心，率数万王师，在牧野与商纣王数十万大军决战，结果阵前奴隶倒戈，天心民心合一，周武王取代商纣王。更为关键的是，周公姬旦制礼作乐，行王道之政，开创了人类历史最长的王朝，周王朝维系的时间长达八百年之久。如果春秋战国之际，诸侯能够秉承孔子以人为本的哲学，选择孟子以民为本的政治，中国在春秋战国之际走上民主道路或许也未可知！有人说，秦嬴政实行商鞅和李斯的"法治"，推行霸道，结果称霸成功，且统一中国。我们现在以公正的态度审视周王朝行王道的封建制度与秦王朝行霸道的专制制度，哪一种制度更好？显然，这两种制度相比较而言，封建制度优于专制制度。封建制度的春秋战国，创造了"百花齐放，百家争鸣"的中华文明的辉煌，这个时期出现的思想家管子、孙子、老子、孔子、墨子、孟子、荀子、庄子等，他们的思想是中华民族生生不息的根源。封建制度的春秋战国，从周文王主政算起到秦始皇元年，有八百余年；而秦王朝的专制制度，从秦始皇元年开始，到秦二世子婴被项羽杀死，总共不过十五年历史。八百比十五，周王朝的寿命是秦王朝寿命的五十三倍。后世行霸道的专治王朝全都短命，专制制度走到极致的清王朝，从大清入关到清帝退位，不行仁政，不走王道，用尽一切手段，盛极而衰全过程也不过三百年。王道与霸道的优劣不言而喻！

《孟子·梁惠王上·1.10 制民之产》中，孟子说："没有固定的财产而有恒常心志，仅有以天下为己任的士人能够做到。如果是普通百姓，没有固定财产，就没有恒常的心志。如果没有恒常心志，胡作非为，没有什么事是做不出来的。"这是"恒心"与"恒产"之辩。孟子的王道策略：用制度保障百姓的固定财产，有固定财产才能让百姓具有坚定的心志。恒产的标准是：上足以赡养父母，下足以抚养其儿女，年成好能吃饱饭，灾年免于死亡。这是王道的物质基础。"人有恒产而后有恒心"的观点十分具有现实意义。所谓"制民之产"，就是用制度保障人民的固定财产，是现代国家的根基。要做到这一点，就必须让人民参与立法。人民不参与的法律，往往只保护既得利益者，只保护金字塔顶端的少数人，这样的社会并不稳定；底座部分的人占大多数，一旦整体力量爆发，就有颠覆性的后果。可惜，数千年来专制统治者从来没有意识到这一点，所以，盛极而衰，兴亡交替。

《孟子·梁惠王下·2.7民之好恶》中孟子对齐宣王说："左右都说贤，未必可用；大夫都说贤，未必可用；国人都说贤，然后认真考察；确认其贤，然后任用。左右都说不可用，不要听；大夫都说不可用，不要听；国人都说不可用，然后考察他；确认不堪重用，然后放弃。左右都说可以杀掉，不要听；大夫都说可以杀掉，不要听；国人都说可以杀掉，然后认真考察他；确认可以杀掉，然后杀掉他。"这段话是著名的"是"与"非"之辩。孟子在这里提出的选人用人的标准，颇值得今天各种团队选人用人参考。左右亲信都说行的人可用吗？未必。大夫们都说行的人可用吗？未必。就算是全国人民都认为可用的人行吗？未必。必须进一步考察，然后才能确认是否可用。同样，对于所谓坏人的判断和裁决，更是要慎之又慎，生命只有一次。左右、大夫、国人都说可杀，也未必可杀，必须亲自考证，确认罪该万死才杀掉。最典型的是明末忠臣袁崇焕，在被误判为奸细的时候，左右都说可杀，大夫都说可杀，国人都说可杀，最悲惨的是国人在袁崇焕被凌迟处死的时候，万人空巷，人人争着以吃一口袁崇焕的生肉为光荣和快乐。结果却是，明朝最后一个擎天柱，被崇祯皇帝自己毁掉了。

《孟子·梁惠王下·2.8 诛一夫纣》中，孟子对齐宣王说："破坏仁爱的人称之为'贼'，破坏正义的人叫做'残'。残贼俱全的人我们叫他'独夫'。我只听说武王诛杀了独夫纣，没有听说弑君一说啊。"这是"弑君"和"杀贼"之辩。孔孟心目中的"君"并非国君的专称，而是道德高尚的人。即使身为君王，残暴荒淫如夏桀和商纣王，因为无仁心、无正义，只不过是一个独夫，不是什么君王。对于君王的定义，不是看位置，而是看德行；儒家品德优先、道德优先的伦理取向，在孟子的年代，已经非常成熟了。

《孟子·梁惠王下·2.9 教玉人琢》中，孟子对齐宣王说："造大房子，就必须让工程师寻找大木料。工程师得到大木料，大王很高兴，认为这棵大木料可胜任大房子的需要。那工程师从小就学习，长大了就想进一步付诸实践，大王说：'姑且放弃你所学的专业，听我的命令，'那怎么样呢？现在有璞玉在此，虽然不惜万镒重金必然责成玉匠雕琢它，而对于治理国家却说：'姑且放弃你所说的，听我的命令'，这与教导玉匠如何雕琢璞玉有什么区别呢？"读这一节，不禁脊背发凉。如果上位者以为自己什么都懂，胡乱指挥，结果只会把局面弄得一团糟！蔡元培在北大任校长的时间不是很长，却能够成为北京大学的奠基人，能够开创现代高等教育新局面，能够开辟现代教育新风，那是因为他走了一条"思想自由，兼容并包"的道路，尊重人才，尊重专业，让每个教师的生命都绽放精彩！清华大学梅贻琦，自己甘愿当一个沉默寡言的主持人，把治校的权力让渡给"教授委员会"，以"我从众"的方式，实现了教授治校的目标，创造了清华的灿烂与辉煌，也奠定了清华作为世界名校的地位。

《孟子·公孙丑上·3.6 先天本心》中孟子说："之所以说人都有慈悲之心，现在人们突然见到孩子将掉到井里，每个人都有惊骇深切同情之心，并非因为私下与孩子父母有交情，不是以这种方式求得乡里的声誉，也不是厌恶小孩子的哭声才这么做。"整部《孟子》中言"心"多达 121 次。又在《孟子·尽心下·14.24 性也命也》中说："仁之于父子，义之于君臣，礼之于宾主，知之于贤者，圣人之于天道，能否实现有命运因素，也有天性因素，君子不认为全由命运决定。"在整部《孟子》中言"性"多达 37 次。这是著名的"心性"之辩，是《孟子》重大论题。孟子坚持认为，仁义礼智属于人的本心，也是人的本性。按照孟子的观点，本心走失了，抛弃了，放弃了，需要"求其放心"，让"心"回到人的灵魂中来，这就是道德修养。同样，本性迷失了，要恢复本性，守护本性，这也是道德修养。当然，本心本性是人之为人的核心基因密码，离开了本心本性，人已经异化为非人。所以，士志于道，仁以为己任，必须把人类群体的本心本性发扬起来，弘扬出去。在此基础上，再去发觉人类个体的天赋秉性，去张扬生命个体的个性。弘扬天赋人类的本心本性和张扬天赋个体的秉性个性，才是教化民众最根本最重要的两个任务。

写到此处，还需要多举例吗？我读《孟子》将近四十年，我重注《孟子》历经二十余年，《孟子》一书所蕴含的原儒哲学思想、伦理之价值、政治智慧，超乎想象！孟子思想之深厚，哲学之繁富，智慧之高卓，值得尊重珍惜！孟子所处的时代，被雅斯贝尔斯定义为文化轴心时代，孟子是文化轴心时代东方最杰出的思想家、哲学家、教育家之一，诚如雅斯贝尔斯所言，当我们面对现实诸多挑战而深感无能为力的时候，我们何不深情回望孟子的智慧？数十年来，《孟子》一直在我床头、案头，孟子一直在我心头！而今，我怀揣一颗滚烫的心，把孟子和《孟子》带回我们的时代，与诸君共享！

聊以为序，求教方家！

柳恩铭撰于广州弘仁书屋

2024 年 5 月 1 日

《孟子心读》的撰写动力也像《论语心读》一样，源于为中国教育寻找滋养灵魂的精神家园。孔孟儒家精神滋养中华民族数千年，创造了影响世界两千多年的文明，自然有其存在的合理性。今天，面对人类文明进程中的困境而不知道出路在哪，很多人不由自主回望中华优秀传统文化。优秀传统文化传承贵在精神，而不在于形式和程序。儒学是中华民族的主动脉，其精神不在程朱理学，不在汉代经学，而在于先秦原生态的儒学。孟子是先秦伟大的思想家，其思想核心在于以民为本，其"民为贵，社稷次之，君为轻"的民本思想震古烁今，烛照中华，时至今日，依然鼓励我们前行。真实确立人民的主体地位，深度发掘人民的主动性，充分发挥"如欲平治天下，当今之世，舍我其谁"的担当精神，正是撰写《孟子心读》的旨趣所在。

《孟子心读》适合全体华人，能够识字的中国人都可读也应该读，不读《孟子》的人生是遗憾的。《孟子》虽仍然是语录体，却是对《论语》的超越。很多对话独立成章，本身就是一篇短小精悍的文章。《论语》是孔门弟子及其再传弟子集体选编的语录集，通过《论语》的文本，再现孔子的形象与思想，但毕竟是间接的，难免有些遗憾。

《孟子》却由孟子亲自著录，随行的学生万章等只是学术助手，也许负责执笔，也许负责刻字，也许负责查阅资料等，这使得《孟子》一书保持了孟子本人的思想精华和艺术精华。

《孟子心读》的主要创新点：一是弘扬民本思想。孟子思想最为前瞻、最为深邃、最为震撼的是民本思想，"民为贵，社稷次之，君为轻"的思想与民主制度之间，仅缺一部宪法，孟子对人民主体精神的自觉，是"全心全意为人民服务"宗旨的源泉，是"以人民为中心"理念的依据；孟子的民本思想仿佛是先哲为中华民族负重前行设置的第一盏航标灯。二是传扬心学萌芽。孟子儒学没有提心学的概念，却早就培育了心学萌芽。孟子提出的"四心说"就是宋明心学的萌芽，孟子提出的心性论，为宋明心学的创建奠定了基石。恻隐之心，仁之端也——无恻隐之心非人也！羞恶之心，义之端也——无羞恶之心非人也！辞让之心，礼之端也——无辞让之心非人也！是非之心，智之端也——无是非之心非人也！其实，孟子思想中心学已经发芽并初成，只是没有被人认识和阐释。孟子是如何解释"知行合一"的呢？典型就是"人乍见孺子将入于井，皆有怵惕恻隐之心"的案例：一个小孩将掉到井里，任何一个人看到了，无须提醒，都会不假思索立即伸出援手，这是什么？这是人心中慈悲天性在关键时候表现出的无须提醒的自觉，这就是良知与良能的知行合一。那么敢问为什么很多人连这种慈悲之心都没了？那是因为心被异化，心被放纵，心被蒙蔽。所以，孟子认为："学问之道无他，求其放心而已矣。"道德修养之道就是把被放弃、被放纵、被放浪的那颗心收回到心中的正位，守护本心本性，弘扬本心本性，就是做学问的正确方法。三是张扬美学风度。我的少年时代深受父亲的影响，《孟子》的篇章背诵得相对比较多，系统研究《孟子》已经二十余年，文笔文风深受孟子影响。宏大的视域、磅礴的气势、严密的逻辑、生动的描述、明快的语言等，都源于孟子的美学浸润。

此外，为了便于读者阅读理解，我做了两件事：一是给每一章节加上小标题。小标题或截取关键词，或提纲挈领、钩玄提要，力求准确表达本章节的主旨。二是对有争议汉字做出训诂取舍。不同于汉代经学、宋代程朱理学、清代考据学，我选择返璞归真，回到先秦，回到孟子，依据孟子儒学本来面目和本源精神做了训诂取舍。

虽然研究《孟子》二十余年，撰写打磨《孟子心读》二十余年，但是学力局限，固陋在所难免。恳请诸位方家不吝赐教！

柳恩铭撰于广州弘仁书屋

2024 年 5 月 1 日

孟子心读

目录

卷一　梁惠王上

【1.1】利义之辩

孟子见梁惠王^①。王曰："叟^②！不远千里而来，亦^③将有以利吾国乎？"

孟子对曰："王！何必曰利？亦有仁义而已矣。王曰：'何以利吾国？'大夫曰：'何以利吾家^④？'士庶人曰：'何以利吾身^⑤？'上下交^⑥征利而国危矣。万乘之国，弑其君者，必千乘之家；千乘之国，弑其君者，必百乘之家。万取千焉，千取百焉，不为不多矣。苟为后义而先^⑦利，不夺不餍^⑧。未有仁而遗其亲者也，未有义而后其君者也。王亦曰仁义而已矣，何必曰利？"

【注】

①梁惠王：即魏惠王。公元前403年，魏斯（文侯）、韩虔（景侯）、赵籍（烈侯）三家分晋，并得到了周王室的承认。魏国原都城在山西夏县，后来迁至河南开封，又称大梁，所以魏惠王其实就是梁惠王。②叟：对老年男子的尊称，老先生。③亦：语气助词，表示推测；"亦"意味着梁惠王期待孟子像其他那些被引进的人才一样能够拿出对魏国有实际利益

的建议。④家：春秋时期卿大夫的领地称为家。⑤身：自身，自己。
⑥交：交叉，交替。⑦后：以……为后。先：以……为先。⑧餍（yàn）：
满足。

【译】

孟子觐见梁惠王。梁惠王说："先生！您不远千里来到魏国，也将拿
出对魏国有利的策略吗？"

孟子回答说："大王！您何必说利呢？我也只有仁义罢了。王说：'用
什么为我的国家带来利益？'大夫说：'用什么为我家带来利益？'基层官
僚和百姓说：'用什么给我自己带来利益？'上位者和下位者交互抢夺利
益，国家就处在危险之中啊。拥有万辆战车的国家，弑杀国君的必然是拥
有千辆战车的大夫；拥有千辆战车的国家，弑杀国君的必然是拥有百辆战
车的大夫。拥有万辆战车的夺取拥有千辆战车的，拥有千辆战车的夺取拥
有百辆战车的。这样的例子不能说不多啊！如果把道义放在后面而把利益
放在前面，不巧取豪夺就不会满足。没有仁者遗弃其亲人，没有义者把国
君放在利益后面啊。大王您也说说仁义吧，何必说利益呢？"

【读】

梁惠王以钱币招揽人才，渴望得到振兴魏国的策略，在孟子之前，应
该有不少人因为收人钱财，替人消灾，提出了很多在短期内有实际价值的
建议。所以，梁惠王期待孟子也能和其他智者一样，能够为魏国的发展拿
出立竿见影的办法。显然，梁惠王不了解孟子，也不了解孟子的学说。

梁惠王直奔利益而来，他与绝大多数春秋时期的君主差不多，看到的
是眼前的利益，想到的是自己封国的利益，甚至只想到自身的利益，缺乏
战略眼光和正确的价值判断。对于国家来说，最大的利益是什么？人民的

人格独立，人民的思想自由，人民的财货丰足，甚至是以制度保障人民的"恒产"。人民富足了，国家难道还会穷？人民真心爱国了，难道国家还会衰弱？人民重道义了，难道还会抛弃国君？

　　孟子在给出了正确的价值判断引导之后，还一针见血地指出了国家内乱的原因：利益驱使，交相争利。事实上，几千年专制统治都是不同层级的既得利益集团交相争利的历史。为什么几千年封建专制统治走不出周期率呢？孟子一语道破天机。国家内乱都源于既得利益集团对利益重新分配的冲动。所以，孟子给梁惠王的建议，国家建设必须先义后利。任何时代，既得利益阶层一旦固化，就会出现交相争利的局面，国家就会处在危险之中，消除危险的最佳办法是民主、自由、法治，切勿用制度保护和固化既得利益集团，否则，必然强化马太效应，激化社会矛盾。当生产关系的矛盾以生产力的形态表现出来，矛盾一旦不可调和，不改革就会爆发革命。

【1.2】与民同乐

孟子见梁惠王。王立于沼①上，顾鸿雁麋②鹿，曰："贤者亦乐此乎？"

孟子对曰："贤者而后乐此，不贤者虽有此，不乐也。《诗》云：'经始灵台③，经之营之，庶民攻之，不日成之。经始勿亟④，庶民子来⑤。王在灵囿⑥，麀鹿攸伏⑦，麀鹿濯濯⑧，白鸟翯翯⑨。王在灵沼，於牣⑩鱼跃。'文王以民力为台为沼，而民欢乐之，谓其台曰灵台，谓其沼曰灵沼，乐其有麋鹿鱼鳖⑪。古之人与民偕乐，故能乐也。《汤誓》曰：'时日害丧⑫，予及女皆⑬亡。'民欲与之偕亡，虽有台池鸟兽，岂能独乐哉？"

【注】

①沼：不规则的水池（圆形的称为池）。②鸿：形容词，大。麋：鹿中体型比较大的。③经：度量，测量。始：开始。灵台：周代的天象观察

台，在今西安市西北部。④亟：同"急"。⑤子来：如孩子般召之即来。⑥王：文王。灵囿：帝王畜养禽兽的园林。⑦麀（yōu）鹿：母鹿。攸：所。伏：匍匐。⑧濯濯（zhuó）：肥美润泽状。⑨鹤鹤（hè）：洁白润泽状。⑩牣（rèn）：充满。⑪鳖：甲鱼，团鱼，俗称王八。⑫时：是，这。日：太阳，借喻暴君夏桀；夏桀曾经说："我拥有天下，犹如天拥有太阳，太阳不亡，我亦不亡。"老百姓恨之入骨，甚至希望与太阳一起灭亡。害：同"曷"。丧：灭亡。⑬女：同"汝"，指暴君夏桀。皆：都。

【译】

孟子觐见梁惠王。梁惠王站在池岸，欣赏着大雁和麋鹿，说："贤者也有这样的乐趣吗？"

孟子回答说："贤者把这种乐放在后面，不贤者即使有这种快乐，也未必是真的快乐。《诗经·大雅·灵台》说：'开始筹划灵台，设计它建设它。庶民来建设它，不久就能建成。建设欲速不达，庶民召之即来。文王游乐在灵囿，母鹿静静匍匐着。母鹿肥美，白鸟洁白。文王在灵沼，灵沼游鱼跳。'文王用百姓的力量修筑灵台和灵沼，但是百姓乐意如此，把那座观象台称为灵台，把那个观鱼池称为灵池，文王之乐有肥鹿和鱼鳖。古代贤王与民同乐，所以能够真正享受观赏鸿雁麋鹿的快乐。《汤誓》说：'这个太阳为何不灭亡？我愿意与你一起灭亡！'百姓都希望与不贤的暴君一同灭亡，这样的君王即使有灵台灵沼和鸟兽，又怎么能够独享其乐呢？"

【读】

贤者乐不是独乐，不是偷乐，而是与民同乐，以民之乐为乐。周文王是中国民本思想最早的自觉者，也是中国民本政治最早的实践者。如果百姓生活在水深火热之中，君王却能独自享受灵沼观鱼之乐、在灵台观赏麋鹿鸿雁之乐，这样的君王距离众叛亲离已经不远了，其国家距离分崩离析也不远了。孟子的高明之处，是不否定梁惠王的"灵沼灵台之乐"，而是顺势而为，贤者把民之乐放在首位，把与民同乐放在首位，而灵沼观赏鱼鳖、灵台观赏鸿雁麋鹿是排在与民同乐的后面，如果完全否定梁惠王的"乐"，对话将无从继续。孟子借助《诗经·大雅·灵台》的诗句，旨在形象说明贤者之乐的真实与高尚。孟子最后以商纣王这个典型的不能与民同乐而独自享乐的暴君为例，再次警醒梁惠王。

纵观大秦帝国以来的历代专制统治者，除了开国一代能懂得百姓的苦，懂得些许与民同乐，往后基本上都不顾百姓死活，更有甚者自己出行，百姓让道，甚至自己走路，让百姓无路可走。当年秦始皇出巡，正在"回避"的刘邦说："大丈夫当如是。"同样正在"回避"的项羽说："彼可取而代之。"最后，葬送大秦帝国最为有力的恰恰就是这两个当时帝王出巡，而他们暂时无路可走的不起眼的"人物"。当然，这两位也不是省油的灯，刘邦取得政权以后，并没有意识到不给百姓留道的严重后果，也忘了当年目睹秦始皇"威武"时候的心理状态，没有给汉代帝王留下"与民同乐"的遗训或者遗诏。大汉王朝最后被埋葬，也是因为既得利益者不给百姓留活路。此后历代帝王，大同小异；指望帝王与民同乐，指望既得利益者给弱势群体留活路，无异于与虎谋皮。因为他们忽略了一个道理：人民才是江山的主人，帝王只是人民自由意志选择出来的代理人。只有懂得了这个道理，仁政可施，王道可行，大同不远。

【1.3】贵不折腾

梁惠王曰："寡人①之于国也，尽心焉耳矣。河内②凶，则移其民于河东③，移其粟于河内。河东凶亦然。察邻国之政，无如寡人之用心者。邻国之民不加少，寡人之民不加多，何也？"

孟子对曰："王好战，请以战喻。填然鼓之④，兵刃既接，弃甲曳兵而走⑤。或百步而后止，或五十步而后止。以五十步笑百步，则何如？"

曰："不可；直不百步耳，是亦走也。"

曰："王如知此，则无望民之多于邻国也。"

"不违农时，谷不可胜⑥食也；数罟不入洿⑦池，鱼鳖不可胜食也；斧斤以时入山林，材木不可胜用也。谷与鱼鳖不可胜食，林木不可胜用，是使民养生丧死无憾也。

养生丧死无憾，王道⑧之始也。"

"五亩之宅，树之以桑，五十者可以衣帛矣。鸡豚狗彘⑨之畜，无失其时，七十者可以食肉矣。百亩之田，勿夺其时，数口之家可以无饥矣。谨庠序⑩之教，申之以孝悌之义⑪，颁白者不负戴⑫于道路矣。七十者衣帛食肉，黎民不饥不寒，然而不王者，未之有也。"

"狗彘食人食而不知检⑬，涂有饿莩而不知发⑭；人死，则曰：'非我也，岁也。'是何异于刺人而杀之，曰：'非我也，兵也。'王无罪岁⑮，斯天下之民至焉。"

【注】

①寡人：封建时代诸侯国君对自己的谦称，意为寡德之人。②河内：地名，在今河南济源。③河东：地名，在今山西安邑。④填：描摹鼓声的词。鼓：击鼓进兵。之：士兵。⑤曳（yè）：拖着。兵：兵器。走：逃。⑥胜（shēng）：尽。⑦数（cù）：细密。罟（gǔ）：捕鱼的网。洿（wū）：低洼的地方。⑧王道：以仁为核心价值，以人民为政治根本，以教化来促进民众觉醒和振奋的政治形态。⑨豚（tún）：小猪。彘（zhì）：猪。⑩谨：谨慎地实施。庠（xiáng）：殷周时期的学校。序：殷周时期以

学习骑射为主的学校。⑪申：传递，传播。义：精神。⑫颁：同"斑"。戴：承载。⑬而：却。检：同"捡"，拾取。⑭涂：同"途"。莩(piǎo)：饿死的人。发：开仓赈灾。⑮无：副词，不会。罪：怪罪。岁：年成。

【译】

梁惠王说："我治理国家，尽心罢了。河内凶灾，就转移部分百姓到河东，转移部分粮食到河内。如果河东凶灾，办法是相同的。我考察邻国的政治，没有像我这样用心的。但是邻国百姓没有减少，我的百姓没有增加，为什么呢？"

孟子回答："大王您喜欢战争，请让我用战争做比喻。擂鼓进兵，刀兵相接，脱掉铠甲拖着兵器逃跑。有的人逃了百步后停下来，有的人逃了五十步停下来。逃了五十步的笑逃了一百步的，那么行不行呢？"

梁惠王说："不行；只不过没逃一百步，也是逃啊。"

孟子说："王既然知道这个道理，那就不要指望民众的数量比邻国多啊！"

"不违背农时，稻谷吃不完啊；细密的网不入深水池子，鱼鳖吃不完啊；斧子按照时令进入山林伐木，木材用不完啊。谷物与鱼鳖吃不完，林木用不完，这使百姓被养活，死后被妥善安葬而没有遗憾啊。活着有保障，死后有安葬，这是王道的起点啊。"

"五亩的宅院，栽上桑树，五十岁以上的人可以穿上丝制衣服了。鸡猪狗之类的家畜，不失时令饲养，七十岁以上的人可以有肉吃了。百亩的田地，不因折腾耽误农时，数口之家可以免于挨饿了。严谨实施乡校的基础教育，向年轻人伸张孝悌精神，头发斑白者就不会负重奔波于道路了。七十岁以上的人穿丝织品吃肉，普通黎民百姓都不受饥饿和寒冷威胁，这样却不能行王道于天下，没有这样的事情啊。"

"狗猪吃人的粮食而不拾取，路上有饿死的人而不开仓赈济；有人饿死了，就说：'不是我的错，而是荒年所致啊。'这与刺杀人有什么两样呢？还要狡辩：'不是我的错，是军人妄为啊。'王如果不把这些怪罪为天灾，天下的百姓就来了。"

【读】

如何治理国家？一直是人类永恒的命题，也是永恒的难题。儒家开出的药方是王道，也就是实行仁政。所谓王道，就是以人为本，以民为本，以开启民智为本，以百姓自觉自力更生为根本。梁惠王的策略显然只停留在"术"的层面，没有达到"道"的境界。面对灾荒，把成年的百姓折腾出去，又把粮食折腾回来；从表面看，这些做法很用心很用情，似乎也是全心全意为人民服务；但是老百姓不认可，所以自己国家的百姓没有增加，邻国的百姓没有减少。孟子不急于开药方，而是先劝谏梁惠王不折腾。劝谏有艺术，抓住梁惠王喜欢战争的特点，就以战争作为比喻。擂鼓进兵，短兵相接，失败的一方丢盔弃甲而逃，有的逃五十步，有的逃一百步，逃五十步的能笑逃一百步的吗？当然不能。孟子没有直接批驳梁惠王的"折腾"技术如何错误，却让梁惠王入心入脑，听懂了，就好办了。

紧接着，孟子就讲了治国之"道"：不违农时，稻谷吃不完；不用密网，鱼鳖吃不完；不滥砍伐，木材用不完。这就是"王道"的起点。再进一步，五亩宅院，种植桑麻，五十岁以上的人有锦衣穿；不失时令饲养家畜，七十岁以上的人有肉吃；百亩田地，不误农时，数口之家无饥饿之忧。同时办好基础教育，伸张孝悌精神，使老有所养。如此，还不是王道，没听说过。

总而言之，王道就是以百姓之心为心，以百姓之幸福为幸福，就是遵循天道：老有所养，幼有所教，壮有所为，死有所丧。为人君止于仁，不要把自己的失误，归罪于天，归罪于地，归罪于他人，也不折腾百姓，这不就是最好的治国王道吗？可惜，孟子之后，两千余年，读懂孟子者不多，历代统治者穷折腾的有之，百姓被折腾得生不如死的有之，江山最终被折腾得分崩离析的有之，而那些高高在上者至死都不觉悟的亦有之！

【1.4】率兽食人

梁惠王曰："寡人愿安承^①教。"

孟子对曰："杀人以梃与刃^②，有以异乎？"

曰："无以异也。"

"以刃与政^③，有以异乎？"

曰："无以异也。"

曰："庖^④有肥肉，厩^⑤有肥马，民有饥色，野有饿莩，此率兽而食人也。兽相食，且^⑥人恶之；为民父母，行政，不免于率兽而食人。恶^⑦在其为民父母也？仲尼曰：'始作俑^⑧者，其无后乎！'为其象^⑨人而用之也。如之何^⑩其使斯民饥而死也？"

【注】

①安：乐意。承：接受。②梃：木棍。刃：刀刃，指代刀。③刃与政：刀剑，武力；政：政治。④庖：厨房。⑤厩：马厩。⑥且：况且。⑦恶：何况。⑧俑：陶俑。⑨象：同"像"。⑩如之何：又怎么……。

【译】

梁惠王说:"我乐意接受您的教诲。"

孟子说:"用木棍杀人和用刀杀人,有区别吗?"

梁惠王说:"没什么区别。"

孟子说:"用刀杀人和用政治杀人,有区别吗?"

梁惠王说:"没什么区别。"

孟子说:"厨房有肥肉,马房有肥马,老百姓有饥色,野外有饿死的尸体,这是率领野兽吃人啊。野兽相互吃,人尚且觉得厌恶;作为百姓父母,施行政治,不可避免地像率领野兽吃人,这样怎么能够作为百姓的父母呢?仲尼说:'第一个用陶俑作为陪葬品的人,他会断子绝孙的啊!'因为陶俑像人形而用来陪葬(孔子尚且不能原谅)。又怎么能够让这些百姓因饥饿而死亡呢?"

【读】

孟子善于以比喻启发,善于以反诘激发,而这一节两种手段都运用上了。当梁惠王落入孟子的"套路"回答:用木棍杀人和用刀杀人、用刀杀人与用政治杀人没有差别以后,孟子立即顺势推导:厨房有肥肉,马房有肥马,老百姓有饥色,野外有饿死的尸体,这是率领野兽吃人啊。这是用刀棍杀人还是用政治杀人?显然是用政治杀人!在此基础上蓄势,再上一个逻辑高点:人类连野兽相食,都不可原谅,又怎能原谅人君率领野兽吃人呢?最后,引用孔子的话"始作俑者,其无后乎"来强化自己传承于孔子的人本思想和民本政治。

政治伦理源于人的伦理,孔子的人本思想,属于伦理哲学范畴;孟子的仁政思想,是把人本伦理哲学延伸到政治领域,也就是民本政治的思想。提倡以民为本,提倡施行仁政,就是孟子对孔子人本伦理哲学的突破和贡献。伦理，之于人是道德品质，之于政治是政治品质；仁政，是把伦理哲学运用于国家治理的最高政治智慧。非常遗憾，两千多年的专制统治者，很少有人认真领会孟子"民为贵，社稷次之，君为轻"的政治智慧，很少有人能够真正懂得荀子"水则载舟，水则覆舟"的深刻洞见。人类数千年专制统治的历史早已证明，这种以民为贱的统治从来都是昙花一现。

【1.5】仁者无敌

梁惠王曰："晋国①，天下莫②强焉，叟③之所知也。及④寡人之身，东败于齐⑤，长子死焉；西丧地于秦七百里⑥；南辱于楚⑦。寡人耻之⑧，愿比死者壹洒⑨之，如之何则可？"

孟子对曰："地，方百里而可以王。王如施仁政于民，省⑩刑罚，薄税敛⑪，深耕易耨⑫；壮者以暇日修⑬其孝悌忠信，入以事其父兄，出以事其长上，可使制梃以挞秦楚之坚甲利兵⑭矣。

"彼⑮夺其民时，使不得耕耨以养其父母。父母冻饿，兄弟妻子⑯离散。彼陷溺⑰其民，王往而征之，夫谁与王敌？故曰：'仁者无敌。'王请勿疑！"

【注】

①晋国：魏国始于韩赵魏三家分晋，所以梁惠王称自己的国家为"晋国"。②莫：副词，没有比……。③叟：老人家。④及：等到。⑤东败于齐：即马陵之战，魏国攻打韩国，韩国向齐国求救，齐国田忌为帅、孙膑为军师率军攻打魏国以救韩国，梁惠王派庞涓和太子申率军与齐军作战。结局是庞涓被乱箭射死，太子申当了俘虏。⑥西丧地于秦七百里：马陵之战后魏国在与西边的秦国的反侵略战争中多次失败，被迫献出河西之地及上郡部分土地求和。⑦南辱于楚：魏国对南方大国楚国的战争也是屡屡受挫受辱。⑧耻：以……为耻。之：指代上述的对齐国、秦国、楚国的军事失败。⑨比：借此，替，代。壹：都，全。洒：同"洗"，洗涤，雪耻。⑩省：减少。⑪薄：轻。税敛：赋税。⑫易：快速。耨（nòu）：锄草。⑬暇：闲暇。修：修养。⑭制：制造。梃：木棍。以：来。挞：拍打，引申为挞伐。坚甲利兵：借代手法，指代秦兵。⑮彼：指秦、楚、齐等国。⑯兄弟妻子：古汉语以单音词为主，兄弟妻子是四个词：兄长、弟弟、妻子、孩子。⑰陷：陷于阱。溺：溺于水。

【译】

梁惠王说："晋国，天下没有比她更强大的，老人家你知道啊。等到我在位，败于东方的齐国，太子死在那里；抵御西方强秦，却割地七百里；又被南方楚国侮辱。我深感耻辱，愿意替死者一雪前耻，怎样做才能达到这个目的？"

孟子回答："地，方圆百里可以称王。大王您施行仁政，减少刑罚，减轻赋税，深耕土地勤于锄草；壮年者用闲暇时光修养孝悌忠信精神，在家事奉父兄，在外事奉长者和上位者，这样就可以让他们拿上木棍挞伐秦楚等国的虎狼之师了。

"那些国家误了百姓的农时，使百姓不能精耕细作以赡养父母。父母受冻挨饿，兄弟妻儿离散。虐待人民于水深火热之中，大王您派兵征讨，还有谁能与大王匹敌？所以说：'仁爱者没有可以匹敌的对象。'大王请不要怀疑！"

【读】

梁惠王请教孟子，自己的祖国很强大，但是在自己担任国君期间，屡战屡败，百般受辱，想替死者一雪前耻，却不知道如何做才好。孟子的回答：行王道，也就是行仁道。自古以来，很多人或许认为孟子迂腐。其实不然。从长远看，从战略角度看，为民谋福祉，富民才能强兵强国。不是吗？暴秦之强，当时之世，独一无二，但是历二世十五年而亡。为什么？严刑峻法使然，失掉民心使然。自孟子以来，很少有统治阶层，更少有最高统治者认识到"民为贵，社稷次之，君为轻"才是真理。人民是历史的创造者，人民是历史的书写者，历史是一个民族自由意志的产物，当一个民族的人民生活没有保障，父母没有人赡养，兄弟妻子不能相望相守，这个国家必然分崩离析，轰然坍塌只是时间问题。古今中外，没有例外。我以为，强国之本在爱民、富民、强民。首先爱民，这是仁政的关键。"民为邦本，本固邦宁"这是多么浅易而深刻的道理啊！可惜中国历史上，太多的统治者连这个最基本、最简单的道理都不懂，与百姓为敌，以百姓为奴，陷溺百姓于水深火热之中，百姓屈于严刑峻法而敢怒不敢言。或者像周厉王一样禁言，这基本上就是末代王朝的行为，王朝的崩溃指日可待。其次是富民。国家要善于藏富于民，百姓有财富，才能安居乐业，才能深爱国家。这是文化认同、身份认同、国家认同的基础。自古而今，作为统治阶级的既得利益者以民为敌且与民争利，竭泽而渔，最后必然灭亡。最后是强民。一个民族要立于世界强族之林，不能以国家的名义，而应以人民的名义，人民强则民族强国家强。人民弱而想国家强，那岂不是缘木求鱼？所谓强民，就是让每个个体活出生命的尊严和精彩，不能奴役，不能虐待，不能陷溺，而是通过思想启蒙，通过通识教育，让每个公民人格独立，让每个人生活自立，让每个人思想自由，让整个民族的自由意志决定民族的未来，这样的民族才是强大的，这样的国家才能永远立于不败之地！爱民、富民、强民而后才能强国，这就是孟子的王道之政。

【1.6】 引领而望

　　孟子见梁襄王^①，出，语^②人曰："望之不似人君，就^③之而不见所畏焉。卒然^④问曰：'天下恶乎^⑤定？'

　　"吾对曰：'定于一^⑥。'

　　"'孰能一之？'

　　"对曰：'不嗜杀人者能一之。'

　　"'孰能与^⑦之？'

　　"对曰：'天下莫不与也。王知夫苗乎？七八月之间旱，则苗槁矣。天油然^⑧作云，沛然^⑨下雨，则苗浡^⑩然兴之矣。其如是，孰能御之^⑪？今夫天下之人牧^⑫，未有不嗜杀人者也。如有不嗜杀人者，则天下之民皆引领而望之矣。诚如是也，民归之，由水之就^⑬下，沛然谁能御^⑭之？'"

【注】

①梁襄王：梁惠王的儿子，名嗣。②语（yù）：对……说。③就：接近，走进。④卒然：突然。⑤恶乎：怎么，怎样。⑥一：过去指"统一"，这与孟子之前周王朝的统治结构不符合；准确理解是"仁"，一个"仁"字。⑦与：跟随，归顺，归来。⑧油然：自然，突然。⑨沛然：骤雨状。⑩浡（bó）：快速兴起状。⑪御：驾驭，阻挡。之：上述的各种状况。⑫牧：原意放养，引申为管理者，即人君。⑬就：趋向，到……去。⑭沛然：盛大而迅疾状。御：驾驭，控制。

【译】

孟子觐见梁襄王，出来了，对人说："这梁襄王看上去不像个国君，走近他感觉不到威严啊。他突然问我：'天下怎样才能平定？'

"我回答说：'定于仁。'

"'谁能行仁政于天下呢？'

"我回答：'不嗜杀成性的人能行仁政。'

"'谁能追随呢？'

"我回答：'天下的人没有不追随他的。大王知道禾苗生长的情况吗？盛夏之际干旱，于是禾苗枯槁了。上天突然成云，痛快下一场暴雨，于是禾苗快速兴起了。上天下雨如此态势，谁能阻挡呢？当今天下管理人民的人，没有一个不是嗜杀成性的。若果真有不喜欢杀人的，那么天下百姓都伸长脖子期待地渴望追随不喜欢杀人的人。真的能如此啊，百姓归聚，犹如水顺势往下流动，那种迅疾盛大的水流谁能阻挡啊！'"

【读】

这一章孟子谈如何平治天下。孟子对梁襄王的评价，让后世伪儒学者惊掉下巴。敢于说国君"望之不似人君"，这是孔孟儒学民本思想的铁证。相由心生，君王内心的仁、内心的慈、内心的爱，都能反映在相貌上。孟子的评价，首先是窥测到梁襄王的内心世界，缺少"为人君止于仁"的基本人格，也正因为如此，孟子感受不到他人格的威严。

到底如何才能平定天下呢？孟子的答案是一个字：仁，即行仁政。如何行仁政呢？孟子的答案是让天下人归心。如何让天下人归心呢？孟子的答案是：热爱人民，不以人民为草芥、不嗜杀成性的君王有可能以仁赢得天下。为什么爱民爱人者可以赢得天下，可以让天下人归心呢？孟子是比喻大师，运用了两个比喻，给出这个无须辩驳和无法推翻的理由：人民对仁君的归心，就像枯槁的禾苗对于骤雨的期待，谁能阻挡？人民对于仁君的归心，就像水之顺流而下一样迅疾而充满活力，谁能阻挡？人民伸长脖子期待奔赴实行王道的国君，想不统一国家都不行！周初先民对于文王和武王以及周之王道乐土的期待和归心又何尝不是如此呢？

【1.7】保民而王

齐宣王①问曰："齐桓、晋文②之事可得闻乎？"

孟子对曰："仲尼之徒无道桓、文之事者，是以后世无传焉，臣未之闻也。无以③，则王④乎？"

曰："德何如则可以王矣？"

曰："保民而王，莫之能御也。"

曰："若寡人者，可以保民乎哉？"

曰："可。"

曰："何由知吾可也？"

曰："臣闻之胡龁⑤曰，王坐于堂上，有牵牛而过堂下者，王见之，曰：'牛何之？'对曰：'将以衅钟⑥。'王曰：'舍之！吾不忍其觳觫⑦，若无罪而就死地。'对曰：'然则废衅钟与？'曰：'何可废也？以羊易之！'不识有诸⑧？"

曰："有之。"

曰："是心足以王矣。百姓皆以王为爱⑨也。臣固知王之不忍也。"

王曰："然；诚有百姓者。齐国虽褊⑩小，吾何爱一牛？即不忍其觳觫，若无罪而就死地，故以羊易之也。"

曰："王无异于百姓之以王为爱也。以小易大，彼恶知之⑪？王若隐其无罪而就⑫死地，则牛羊何择⑬焉？"

王笑曰："是诚何心哉？我非爱其财而易之以羊也。宜乎⑭百姓之谓我爱也。"

曰："无伤也，是乃仁术⑮也，见牛未见羊也。君子之于禽兽也，见其生，不忍见其死；闻其声，不忍食其肉。是以君子远庖厨也。"

【注】

①齐宣王：姓田，名辟疆，齐国田氏第四代诸侯。②齐桓：即齐桓公，姜姓，名小白。晋文：即晋文公，姬姓，名重耳。③以：同"已"。④则：那么。王：称王。⑤胡龁（hé）：齐宣王近臣。⑥衅（xìn）钟：以

血浇铸新钟；古人认为如此可以增加钟的灵性和神圣。⑦觳觫（húsù）：极度恐惧貌。⑧识：知道。诸："之乎"的合音。⑨爱：舍不得，吝啬。⑩褊（biǎn）：狭窄。⑪彼：那些人，即国人。恶：怎么能。知：了解。之：齐宣王的心思。⑫隐：恻隐，不忍。就：接近。⑬则：那么。何择：择何，选择什么呢？⑭宜乎：难怪。⑮术：策略。

【译】

齐宣王问孟子："齐桓公、晋文公的故事可听说过？"

孟子回答："仲尼的弟子没有说过齐桓公和晋文公的事情，所以后世没有流传，我也没听说过。没有这些故事，就向您说说王道吧！"

齐宣王说："怎样的道德才可以王天下？"

孟子说："如保赤子般保护百姓就可以王天下，没有什么能够抵御了。"

齐宣王说："像我这样的，可以保护百姓吗？"

孟子说："可以。"

齐宣王说："凭什么能知道我可以王天下呢？"

孟子说："我听说您的近臣胡龁说过，大王坐在朝堂上，有人牵着牛经过朝堂之下，您见到了就说：'牛将去哪里？'牵牛者回答说：'准备用牛血浇铸新钟。'大王您说：'不用牛衅钟！我不忍心见到牛极度恐惧的样子，仿佛无罪而接近死亡之地。'衅钟人说：'既然如此，那么废掉衅钟的程序吗？'大王您说：'为什么要废掉衅钟呢？用羊代替牛吧！'不知有没有这件事？"

齐宣王说："有这么回事。"

孟子说："这足以证明您可以王天下了。百姓都以为您吝啬啊。但我却坚信您不忍用牛衅钟。"

齐宣王说："对的，的确有百姓这么看。齐国虽然偏远狭小，我难道还会吝啬一头牛吗？只是不忍看到牛被宰杀时那种恐惧的样子，所以，用羊来替代牛啊！"

孟子说："（牛羊衅钟并无两样）难怪百姓以为您吝啬，用小羊代替大牛，他们哪里知道您的内心仁厚呢？大王如果不忍见到牛无罪而赴死，那么选择牛和选择羊有什么区别呢？"

齐宣王笑着说："这到底是一种什么心理啊？我并不是舍不得财物而以小换大啊！难怪那么多百姓说我吝啬啊！"

孟子说："无伤大雅啊，这就是仁心啊，您见到了牛却没有见到羊啊。仁者对于禽兽，能够见到它生，却不忍心见到它死；听到禽兽被杀的悲音，就不忍心吃它的肉。所以，君子远离厨房啊。"

【读】

王道即是王天下之道，平治天下之道。齐宣王骨子里面肯定非常欣赏齐桓公和晋文公这两位春秋霸主的励志故事，也非常想效法齐桓公、晋文公重振齐国。所以，齐宣王很想知道齐桓公、晋文公的故事全貌及其成功秘诀。而孟子的民本思想和王道政治理念决定了他开不出这个方子，给不出齐宣王想要的答案。于是，就来了一场君王与客卿的"智斗"。上述的对话是"智斗"的第一场。双方对话都非常小心。齐宣王的试探，孟子果断转圜，由霸道转向王道。霸道的特征，是杀人成性而成就霸业，是一将功成万骨枯的霸业。孟子不赞成，孟子的王道政治就是仁政，就是爱护百姓、善待百姓、保护百姓；如此，百姓趋之若鹜，来到仁君麾下。就像当年商纣王的臣子、武将、百姓大多都投奔到实行仁政的周文王和周武王那里。孟子的王道政治，是有历史事实作为证据的。

虽然齐宣王不认可霸道，但是，对孟子的王道还是心存兴趣。于是，试探着问："怎样的道德才可以王天下?"孟子回答道:"如保赤子般保护百姓。"齐宣王有些怀疑自己,显然自己做不到也做不好,于是再次试探:"我可以王天下吗?"孟子讲述了齐宣王不忍心看到牛被杀衅钟而换羊的旧事,由此推测齐宣王有恻隐之心。有恻隐之心并推而广之,就是仁心,就会有爱民之心,就有可能如保赤子般呵护百姓。孟子迂腐吗?不。熟读历史的人都知道,保民而王就是王道。

【1.8】心有戚戚

王说，曰："《诗》云：'他人有心，予忖度之①。'夫子之谓②也。夫我乃行之，反而求之，不得吾心③。夫子言之，于我心有戚戚④焉。此心之所以合于王者，何也？"

曰："有复于⑤王者曰：'吾力足以举百钧⑥，而不足以举一羽；明足以察秋毫之末，而不见舆薪⑦。'则王许⑧之乎？"

曰："否。"

"今恩足以及禽兽，而功不至于百姓者，独何与？然则一羽之不举，为不用力焉；舆薪之不见，为不用明焉；百姓之不见保，为不用恩焉。故王之不王⑨，不为也，非不能也。"

曰："不为者与不能者之形何以异？"

曰："挟太山以超⑩北海，语人曰：'我不能。'是诚不能也。为长者折枝，语人曰：'我不能。'是不为也，非不能也。故王之不王，非挟太山以超北海之类也；王之不王，是折枝之类也。"

"老吾老⑪，以及人之老；幼吾幼⑫，以及人之幼，天下可运于掌⑬。《诗》云：'刑于寡妻，至于兄弟，以御于家邦⑭。'言举斯心加诸⑮彼而已。故推恩足以保四海，不推恩无以保妻子。古之人所以大过人者，无他焉，善推其所为而已矣。今恩足以及禽兽，而功不至于百姓者，独何与？权⑯，然后知轻重；度⑰，然后知长短。物皆然，心为甚。王请度之！"

"抑⑱王兴甲兵，危士臣⑲，构⑳怨于诸侯，然后快于心与？"

王曰："否！吾何快于是？将以求吾所大欲也。"

【注】

①他人有心，予忖度之：语出《诗经·小雅·巧言》，意思是"他人有什么心思，我能揣度出"，借此表达齐宣王与孟子之间的共鸣。②夫子：

对孟子的尊称。谓：表达的意思。③不得吾心：我心中拿不定主意，犹疑不定。④戚戚：心中有同感、共鸣的心理状态。⑤复：回答。于：对，向。⑥钧：重量单位，三十斤为一钧。⑦舆：车，车载。薪：柴火。⑧许：赞同。⑨王之不王：后面一个"王"读"wàng"，即称王于天下。⑩太山：泰山。以：而。超：跨越。⑪老吾老：前一个"老"为赡养，后一个"老"为老人。⑫幼吾幼：前一个"幼"为抚育，后一个"幼"为幼儿。⑬运于掌：运作于掌上，形容按照王道平治天下极为容易。⑭刑于寡妻，至于兄弟，以御于家邦：出自《诗经·大雅·思齐》。刑：做出示范，使之成为典型。于：到。寡妻：正妻。以：从而。御：管理。⑮举：推。加：及。诸："之于"的合音。⑯权：秤锤，用作动词，称量。⑰度：尺度，用作动词，测量。⑱抑：抑或，或者。⑲危：给……造成危险。士：士人。臣：臣子。⑳构：结。

【译】

齐宣王说："《诗经·小雅·巧言》说：'他人有什么心思，我能揣度出。'说的就是您老先生啊！您说的我曾经做了，反思这些做法，我又觉得犹疑不定。您今天这么一说，我内心颇有同感！这种恻隐之心合于王道，为什么？"

孟子说："有人对大王您说：'我力量可以举起百钧，却不能举起一根羽毛；我可以观察到秋天兽毛的末端，却看不见车载的柴火。'那么大王您会赞同和相信吗？"

齐宣王说："我不相信。"

孟子说："如今君王恻隐之心惠及禽兽，却不能恩泽百姓，我独感到非常奇怪啊！如此可知，一根羽毛不能举起，那是不用力啊；一车柴火见不到，那是无心看啊；百姓不被赤子般保护，那是不用真心啊！所以大王您不王天下，是不愿意做，而不是不能做啊！"

齐宣王说："不做和不能做的形态有什么不同？"

孟子说："把泰山夹在腋窝跨越北海，对人说'我没这个能力'，这的确是不能啊。但是为年长者折树枝，却告诉别人'我做不到'，这是不愿意做啊。所以，大王您不王天下，并不是夹着泰山跨越北海这一类的事情；大王不王天下，是为长者折枝这一类的事情啊！"

"赡养我的老人，也赡养别人的老人；抚养自己的孩子，也抚养别人的孩子；平治天下仿佛运作于手掌。《诗经·大雅·思齐》说：'努力做正妻的表率，也影响兄弟，从而让家乡和邦国实现政治清明。'讲的就是推己及人之心而已。所以推恩足够确保四海太平，不推恩则无法保妻子和孩子平安。古代的人之所以那么有过人之处，没有别的，只不过善于推广自己所为而已。如今恩惠足以泽及禽兽，却没有惠及百姓，这是什么问题呢？称量，然后知道事物的重量；测量，然后知道事物的长短。物尚且如此，心就更加为甚。请大王您认真思考！"

孟子说："或者大王您大兴军事，给士人和臣子都造成生命危险，与诸侯国结仇结怨，然后内心充满快乐吗？"

齐宣王说："不是这样！我怎么会以战争和结怨为快乐呢？我只不过是以这些手段获取自己最想要的东西罢了！"

【读】

高手过招，妙不可言。虽然齐宣王和孟子都自说自话，但是心照不宣。齐宣王佩服孟子的雄辩，甚至引用《诗经·小雅·巧言》来赞美孟子懂得自己的心思。接着讲了自己的困惑，对于实行王道行还是不行没有把握，成还是不成也没有把握。然后，继续探讨这种用牛衅钟的恻隐之心胜于用羊衅钟的恻隐之心，是否符合孟子所说的王道。

孟子志在必得，当然毫不犹豫给予肯定。孟子继续发挥自己善于比喻、反诘的语言才能，杜撰了"事实"予以反诘。如果有人对齐宣王讲其"吾力足以举百钧，而不足以举一羽"，可以"明足以察秋毫之末，而不见舆薪"，反问齐宣王，赞成这样的观点吗？齐宣王当然缴械。孟子继续以夸张兼比喻的手法，证明行王道不是"挟太山以超北海"，而是"为长者折枝"，如此雄辩而几乎没有反驳的空间！正如孔子所言："我欲仁，斯仁至矣！"孟子认为，君王如果想行仁政，就像为长者折枝一样只不过是举手之劳。说到此处，孟子依然不放心，继续做归谬分析：君王恻隐之心恩泽禽兽，却不愿意恩泽百姓，何以如此怪异？孟子推导：一根羽毛举不起来，那是不用力；一车薪柴看不到，那是无心；百姓没有被赤子般呵护，那也是无心。君王不能王天下，只不过是不想做而不是不能做！接着，孟子强调"老吾老，以及人之老；幼吾幼，以及人之幼"，则治理国家犹如运作于掌上。孟子再次做归谬推理，反问齐宣王是否要通过发动战争，危及士人臣子，结怨结仇于诸侯，然后才能感觉内心快乐！最终，把齐宣王逼到了另一条道路上，于是齐宣王转移话题：我不喜欢发动战争，而是想以霸道的方式获得自己最喜欢的东西。

回到现实，实行仁政，推行王道，是否真的如孟子所言一样简单呢？答案是肯定的。周文王行王道，以西周弹丸之地，最后天下归心，赢得八百年王朝的辉煌，春秋后期直至战国，逐步走向分崩离析，那是周王朝后世的君王背离王道所致，而不是王道的失败！当今世界，凡行王道的国家，凡是以民为本、以民为宝、以民为主人的国家，正在为人民所钟爱和归依！

【1.9】缘木求鱼

曰:"王之所大欲,可得闻与?"王笑而不言。

曰:"为肥甘^①不足于口与,轻暖^②不足于体与?抑为采色^③不足视于目与?声音不足听于耳与?便嬖^④不足使令于前与?王之诸臣,皆足以供之,而王岂为是哉?"

曰:"否!吾不为是也。"

曰:"然则王之大欲可知已,欲辟^⑤土地,朝^⑥秦楚,莅^⑦中国而抚四夷也。以若^⑧所为,求若所欲,犹缘^⑨木而求鱼也。"

王曰:"若是其甚与?"

曰:"殆^⑩有甚焉。缘木求鱼,虽不得鱼,无后灾;以若所为,求若所欲,尽心力而为之,后必有灾。"

曰:"可得闻与?"

曰:"邹人与楚人战,则王以为孰胜?"

曰："楚人胜。"

曰："然则小固不可以敌大，寡固不可以敌众，弱固不可以敌强。海内之地方⑪千里者九，齐集有其一。以一服八，何以异于邹敌楚哉？盖亦反其本矣。

"今王发政施仁，使天下仕者皆欲立于王之朝，耕者皆欲耕于王之野，商贾⑫皆欲藏于王之市，行旅⑬皆欲出于王之途，天下之欲疾其君者皆欲赴愬⑭于王。其若是，孰能御之？"

【注】

①肥、甘：均为形容词作名词，肥美和甘甜的食物。②轻、暖：均为形容词作名词，轻柔而温暖的衣物。③抑：抑或。采色：即彩色，也就是风景。④便嬖（piánbì）：国君身边宠幸的姬妾近臣。⑤辟：开拓，开辟。⑥朝：使……来朝拜。⑦莅：莅临，此处应为君临。⑧若：你。⑨犹：就像。缘：顺着。⑩殆：副词，表示推测。⑪地方：单音词；地，方圆。⑫商：居则为商。贾：行则为贾。⑬行旅：旅人。⑭疾：恨。愬：同"诉"。

【译】

孟子说："大王您最想得到的，可以讲给我听听吗？"齐宣王笑而不答。

孟子说："肥美甘甜的食物不能满足口福吗？轻质温暖的衣物不能满足身体保暖吗？色彩不能满足眼福吗？声音不能满足耳福吗？亲近宠幸者不够您驱使吗？大王的臣子，完全能够满足上述需求啊，但是大王您还要追求这些吗？"

齐宣王说："不！我不是为了追求这些！"

孟子说："既然如此那么大王最想得到的东西就可以知道了。大王想开疆拓土，让秦楚等大国来朝，君临中国（中原）而平定四夷之地啊。以您的作为，满足您的追求，犹如缘木求鱼啊。"

齐宣王说："像如此严重吗？"

孟子说："大概更严重呢。缘木求鱼，即使找不到鱼，也不会有次生灾害；以您的作为，追求您的欲望，尽心尽力去做，后面必有次生灾害。"

齐宣王说："可以说来听听吗？"

孟子说："邹人与楚人交战，大王您认为谁获胜？"

齐宣王说："楚国人获胜。"

孟子说："既然是这样，那么小国固然不敌大国，人数少的固然不敌人数多的，势力弱小的固然不敌势力强大的。海内之地方圆千里的有九个国家，齐国居然是其中的一个。以一个国家去征服八个国家，与邹国匹敌楚国有什么区别呢？为什么不从根本上想办法呢？

"今大王开启仁政，使天下读书人都想在大王的朝廷里为官，种田的人都想在大王的属地耕种，商贾都愿意在大王的市场里经营，旅人都愿意在大王的道路上行走，天下恨其国君者都愿意来齐国向大王您倾诉。若能这样，谁能阻挡您君临天下？"

【读】

孟子虽然以雄辩著称，但是齐宣王也非平庸之辈。前面两个轮次已经领教了孟子的厉害，开始选择沉默，不回答孟子的问题。孟子志在必得，所以继续启发诱导：食物不能满足口福？衣服不能满足身体保暖？色彩不能饱眼福？音乐不能饱耳福？宠幸之姬妾和近臣不能满足驱使？这些大臣们都能保障和满足，还需要这些吗？——一连串的反问，容不得齐宣王再沉默，连忙否定！

齐宣王的否定，让孟子用排他法，把齐宣王的心思逐一推导出来：开疆拓土、来朝秦楚、莅临中国、平定四夷。但是，这些美好的追求，在孟子看来，以其作为，求其所欲，无异于缘木求鱼。孟子的这个结论，当然不能让齐宣王信服。于是孟子以请君入瓮的办法，先给齐宣王做一个简单的选择题：邹国与楚国打仗谁胜？齐宣王毫不犹豫作答：楚国胜。于是齐宣王进入孟子设置的"陷阱"当中，除了束手就擒，不可能有第二种结局。邹国与楚国交战，楚国必胜。那么，齐宣王以天下九分之一的国土谋求全天下的统一，以一敌八，无异于邹国战楚国。至此，齐宣王肯定可以理解孟子的逻辑，接受孟子的思想。

孟子于是顺势而为，建议齐宣王不做缘木求鱼的事情，而是实行仁政王道，让天下读书人立于齐国朝堂，让天下耕田者耕种于齐国田野，让天下商贾经营于齐国市场，让天下行人旅客奔走在齐国的道路上，让天下恨其国君者都能向齐君倾诉衷肠。若能如此，就是君临天下，就是王天下！

【1.10】制民之产

王曰："吾惛①，不能进②于是矣。愿夫子辅吾志，明以教我。我虽不敏③，请尝试之。"

曰："无恒产而有恒心者，惟士为能。若民，则无恒产，因无恒心。苟④无恒心，放辟邪侈⑤无不为已。及陷⑥于罪，然后从而刑⑦之，是罔⑧民也。焉有仁人在位罔民而可为也？是故明君制⑨民之产，必使仰足以事父母，俯足以畜妻子，乐岁终身饱，凶年免于死亡；然后驱而之善，故民之从之也轻⑩。

"今之制民之产，仰不足以事父母，俯不足以畜⑪妻子；乐岁终身苦，凶年不免于死亡。此惟救死而恐不赡⑫，奚暇⑬治礼义哉？

"王欲行之，则盍反⑭其本矣：五亩之

宅，树之以桑，五十者可以衣帛矣。鸡豚狗彘⑮之畜，无失其时，七十者可以食肉矣。百亩之田，勿夺其时，八口之家可以无饥矣。谨庠序⑯之教，申⑰之以孝悌之义，颁白者不负戴于道路矣。老者衣帛食肉，黎民不饥不寒，然而不王者，未之有也。"

【注】

①悟：糊涂。②进：达到。③敏：聪明。④苟：如果。⑤放：放任。辟：乖僻。邪侈：邪恶龌龊。⑥及：等到。陷：不知而误堕其中。⑦刑：处以刑罚。⑧罔：同"网"，网罗，陷害。⑨制：以制度保障。⑩轻：易。⑪畜（xù）：养活。⑫赡：足。⑬奚：哪里，反诘副词。暇：闲暇。⑭盍：同"何"。反：返回。⑮豚（tún）：小猪。彘（zhì）：猪。⑯谨：谨慎地实施。庠（xiáng）：殷周时期的学校。序：殷周时期以学习骑射为主的学校。⑰申：传递，传播。

【译】

齐宣王说："我糊涂，不能达到这样的境界啊。我期待夫子您辅佐我的志向，教我明理。我虽然不够聪明，但请让我尝试着努力去做。"

孟子说："没有固定的财产而有恒常心志，仅有以天下为己任的士人能够做到。如果是普通百姓，没有固定财产，就没有恒常的心志。如果没有恒常心志，胡作非为，就没有什么事是做不出来的。等到百姓因不懂法律而陷于犯罪，然后再去处罚百姓，这差不多是用网捕捉百姓啊。哪里有仁人在位而网罗百姓而胡乱作为的？所以明君以制度固定百姓的财产，必然使百姓上足以赡养父母，下足以养育妻子儿女，年成好全家吃饱饭，凶年避免死亡；在这之后，鞭策百姓向善，因此百姓学习起来也容易。

"如今制度保障的固定财产，上不足以赡养父母，下不足以养活妻子儿女，好年成过苦日子，凶年难逃死亡厄运。连仅仅维持生命都恐怕不足够，哪里有闲暇去学习礼仪呢？

"大王想行王道，为什么不返回到根本上呢？五亩宅院，种植桑麻，五十岁以上的人有锦衣穿；不失时令饲养家畜，七十岁以上的人有肉吃；百亩田地，不误农时，数口之家无饥饿之忧。同时办好基础教育，伸张孝悌精神，使老有所养。如此，还不是王道，没听说过。年长者能够穿绸缎且能吃肉，百姓不挨饿不受冻，这样却不能王天下，没听说过啊！"

【读】

齐宣王被绕进孟子的逻辑"陷阱"之后，终于有所醒悟，表达了谦虚之意，也表达了努力行王道的志趣。这正是孟子所期待的结果。孟子因势利导提出了自己的王道策略：一是用制度保障百姓有固定财产，有固定财产才能让百姓具有坚定的心志。恒产的标准是：上足以赡养父母，下足以养活妻子儿女，年成好能吃饱饭，灾年免于死亡。这是王道的物质基础。二是仁人当政避免法律上"不教而诛"，不教而诛就像拿着罗网去捕捉百姓一样治理百姓。这是非常难得的政治理念，孟子能够认识到法治教化的重要性，这非常具有前瞻性。三是办好基础教育，严谨地传承忠信孝悌精神，并鞭策所有百姓向善，如此百姓学习礼仪等就容易得多。能够做到这样，而不能王天下的，没有见过。

　　"人有恒产而后有恒心"的观点十分具有现实意义。当代世界各国的政治行为当中，凡是尊重私有财产的国家，社会都很稳定，动荡的可能性比较小。相反，那些不能以制度保护人民固定财产的国家，始终处于无休无止的动荡之中。人民的固定财产如果能得到法律保护，人民的生活和生命才有定力。所谓"制民之产"，就是用制度保障人民的固定财产，是现代国家的基本根基。要做到这一点，就必须让人民参与立法。

卷二　梁惠王下

【2.1】 与民同乐

庄暴①见孟子，曰："暴见于王，王语暴以好乐，暴未有以对也。"曰："好乐何如？"

孟子曰："王之好乐甚，则齐国其庶几②乎？"

他日，见于王曰："王尝语庄子以好乐，有诸？"

王变乎色，曰："寡人非能好先王之乐也，直好世俗之乐耳。"

曰："王之好乐甚，则齐国其庶几乎，今之乐犹古之乐也。"

曰："可得闻与？"

曰："独乐乐，与人乐乐，孰乐？"

曰："不若与人。"

曰："与少乐乐，与众乐乐，孰乐？"

曰："不若与众。"

"臣请为王言乐。今王鼓乐于此，百姓闻王钟鼓之声，管籥③之音，举疾首蹙頞④而相告曰：'吾王之好鼓乐，夫何使我至于此极也？父子不相见，兄弟妻子离散。'今王畋⑤猎于此，百姓闻王车马之音，见羽旄⑥之美，举疾首蹙頞而相告曰：'吾王之好畋猎，夫何使我至于此极也？父子不相见，兄弟妻子离散。'此无他，不与民同乐也。

"今王鼓乐于此，百姓闻王钟鼓之声，管籥之音，举欣欣然有喜色而相告曰：'吾王庶几无疾病与，何以能鼓乐也？'今王畋猎于此，百姓闻王车马之音，见羽旄之美，举欣欣然有喜色而相告曰：'吾王庶几无疾病与，何以能畋猎也？'此无他，与民同乐也。今王与百姓同乐，则王矣。"

【注】

①庄暴：齐国大臣。②庶几：差不多，指齐国治理得几乎接近完美。③管：笙。籥（yuè）：箫。④举：皆。疾首：头痛。蹙頞（è）：鼻梁紧

慼，发愁的样子。⑤畋：与后面的"猎"属于同义反复，打猎。⑥羽：羽毛，用羽毛装饰的旗帜。旄：牛尾，用牛尾毛装饰的旗帜。

【译】

庄暴见孟子，说："我被齐王接见，齐王告诉我说喜欢音乐，我没有话语应对。"庄暴接着说："喜欢音乐怎么样啊？"

孟子说："齐王喜欢音乐，那么齐国治理得应该接近完美了吧？"

有一天，孟子见到齐王说："大王曾经告诉庄暴您喜欢音乐，有这样一回事吗？"

齐王脸色惊变说："我并非喜欢先王的音乐，只是喜欢世俗的音乐罢了。"

孟子说："大王喜欢音乐，那么国家应该治理得差不多完美了吧，今天的音乐犹如古代的音乐（本质上没什么不同)！"

齐王说："可以（请您）指教吗？"

孟子说："独自享受音乐，与他人一起享受音乐，哪种更快乐？"

齐王说："不如与他人一起享受音乐快乐。"

孟子说："与少数几个人享受音乐，与大众一起享受音乐，哪一个更快乐呢？"

齐王说："不如与大众一起享受音乐那么快乐。"

孟子说："我请您恩准我为大王说说音乐。现在大王在此击鼓奏乐，百姓听到钟鼓之声、管箫之音，都愁眉苦脸并互相诉说：'我的大王击鼓奏乐，为什么使我的境况糟糕到了如此地步啊？父子不能相见，兄弟、妻子、子女离散。'现在大王在此打猎，百姓听到大王车马之音，看到旌旗之美，都愁眉苦脸并互相诉说：'大王喜欢打猎，为什么使我到了这么糟糕的境遇？父子不能相见，兄弟、妻子、子女离散。'没有别的原因，只是不能与民同乐。

"现在大王在此击鼓奏乐，百姓听到钟鼓之声、管箫之音，都开开心心喜上眉梢奔走相告：'我的大王大概很健康吧，不然何以击鼓奏乐？'现在大王在此打猎，百姓听到车马之音、看到旌旗之美，都高高兴兴喜上眉梢奔走相告：'我的大王大概很健康吧，不然为什么能打猎呢？'没有别的，与民同乐。现在大王与民同乐，已经走上王道了。"

【读】

说服齐宣王走王道，是孟子角色和责任使然，也是儒家所提倡的忠——恪尽职守。孟子抓住一切可以晓喻的机会，动之以情，晓之以理。庄暴向孟子透露一个秘密，齐宣王喜欢音乐。孟子觉得机会来了。"乐教"不正是儒家的教育主张吗？于是在见到齐宣王的时候，就从音乐着手，启发齐宣王与民同乐。与民同乐，虽然只有四个字，但是如果真的做到了，真如孟子所言：那就是王道。

有确凿史料记载的事件：韩愈被贬潮州，与民同乐，潮州文化兴盛，经济繁荣；白居易被贬苏州，与民同乐，为百姓修建堤岸，造福一方，至今依然为百姓津津乐道；柳宗元被贬柳州，与民同乐，柳州政治经济文化出现全新气象；欧阳修被贬滁州，与民同乐，百姓富足，百姓和乐，欧阳修走在百姓之中，好不快乐；苏轼被贬惠州，重建惠州西湖，再造了一个文化惠州，给惠州带来的民生福祉，一直延续到今天！为官如此，为君亦如此。文王、武王的政治，与民同乐，兴盛而繁荣！文景之治，休养生息，与民同乐，奠定了汉武帝开疆拓土的坚实物质基础！盛唐之世，长安成为世界上最大的中心城市，太宗与民同乐，何其宏美，何其壮美，何其大美，盛唐文化因此而延伸到舟车所及的世界各地！

【2.2】为阱于国

齐宣王问曰:"文王之囿^①方七十里,有诸?"

孟子对曰:"于传^②有之。"

曰:"若是^③其大乎?"

曰:"民犹^④以为小也。"

曰:"寡人之囿方四十里,民犹以为大,何也?"

曰:"文王之囿方七十里,刍荛^⑤者往焉,雉兔^⑥者往焉,与民同之。民以为小,不亦宜乎?臣始至于境,问国之大禁,然后敢入。臣闻郊关之内有囿方四十里,杀其麋鹿者如杀人之罪,则是方四十里为阱^⑦于国中。民以为大,不亦宜乎?"

【注】

①囿(yòu):古代用来养鸟兽的区域,有围墙的叫做"苑",没有围墙的叫做"囿";主要用来演习打猎和军事训练,开明的君主往往对民众

开放。②于：在。传：古书。③若：你。是：以……为是。④犹：尚且。⑤刍：草，用作动词，打草。荛（ráo）：薪，用作动词，打柴。⑥雉：野鸡，用作动词，捕捉野鸡。兔：用作动词，打兔子。⑦阱：为猎取野兽而设置的深坑，这里用作动词，设置陷阱。

【译】

齐宣王问："周文王的囿方圆七十里，有这回事吗？"

孟子回答说："在古书中有记载。"

齐宣王说："你认为它大吗？"

孟子说："百姓还认为小呢！"

齐宣王说："寡人之狩猎场方圆四十里，百姓还认为大，为什么？"

孟子说："文王之狩猎场方圆七十里，割草打柴的人都可以去，捕鸡逮兔子的人都可以去，与百姓共同享用。百姓认为很小，不是很恰当吗？我刚开始进入齐国边境，就问了国家最重要的禁令，然后才敢进入。我听说都城郊外的狩猎场方圆四十里，杀其肥鹿的人等同杀人的罪，这是在齐国挖了一个方圆四十里的陷阱啊。老百姓认为这个狩猎场大，不是很恰当吗？"

【读】

孟子向齐宣王阐明国土资源与民共享的重要性，这也是王道的题中之义。只有当百姓真正成为国家的主人的时候，百姓才能爱国家，才能尊君王。国家如果只要求人民付出，而不注意保护人民的人格、尊严、权利、资产，这样的国家人民会热爱吗？政策朝令夕改，不讲诚信，不讲理性，不讲道义，人民会拥护这样的君主吗？读到此处，我深切感受到，经典就是经典，具有永恒的艺术性和思想魅力！

【2.3】 畏天保国

齐宣王问曰："交邻国有道乎?"

孟子对曰："有。惟仁者为能以大事小，是故汤事葛①，文王事昆夷②。惟智者为能以小事大，故太王事獯鬻③，勾践事吴。以大事小者，乐④天者也；以小事大者，畏⑤天者也。乐天者保天下，畏天者保其国。《诗》云：'畏天之威，于时保之。⑥'"

王曰："大哉言矣！寡人有疾，寡人好勇。"

对曰："王请无好小勇。夫抚剑疾视曰：'彼恶敢当我哉！'此匹夫⑦之勇，敌一人者也。王请大之！

"《诗》云：'王赫斯怒，爰整其旅，以遏徂莒，以笃周祜，以对于天下。⑧'此文王之勇也。文王一怒而安天下之民。

　　"《书》曰：'天降下民，作之君，作之师，惟曰其助上帝宠之。四方有罪无罪惟我在，天下曷敢有越厥志？⑨' 一人衡⑩行于天下，武王耻之。此武王之勇也。而武王亦一怒而安天下之民。今王亦一怒而安天下之民，民惟恐王之不好勇也。"

【注】

　　①汤：商汤。葛：周的邻国，小国。②昆夷：西戎国。③太王：即古公亶父。整事：全心地事奉。獯鬻（xūnyù）：北方少数民族。④乐：以……乐。⑤畏：敬畏。⑥畏天之威，于时保之：出自《诗经·周颂·我将》。威：威严。时：是。保：保有。之：江山。⑦匹夫：平民中的男子。⑧王赫斯怒，爰整其旅，以遏徂莒，以笃周祜，以对于天下：出自《诗经·大雅·皇矣》。王：周文王。赫：勃然。斯：就。怒：震怒。爰：于是。整：整肃，统率。旅：军旅。以：用以。遏：遏制，镇压。徂（cú）：同"阻"，阻挡。莒（jǔ）：《诗经》作"旅"，密国侵略莒国的军队。笃：增加，加厚，巩固。周祜：周的福祉，周的国运。对：安定。⑨天降下民，作之君，作之师，惟曰其助上帝宠之。四方有罪无罪惟我在，天下曷敢有越厥志：出自《尚书·周书·秦誓上》。作：设置。惟：语气助词。惟我在：只要有我在就没有问题。曷：同"盍"，怎么。厥：这。⑩一人：指商纣王。衡：即"横"。

【译】

齐宣王问孟子："与邻国交往有道吗？"

孟子回答说："有。只有仁人能够以大国事奉小国，因此商汤事奉葛伯。文王事奉昆夷。只有智者能够以小国事奉大国，所以太王事奉獯鬻，勾践事奉吴国。以大国事奉小国，这是以遵循天命为快乐；以小国事奉大国，那是敬畏天命。以遵循天命为快乐的人保有天下，敬畏天命能够保有国家。《诗经·周颂·我将》说：'敬畏上天的威严，于是永远保有江山。'"

齐宣王说："您的见解正大光明啊！我这人有个毛病，我喜爱勇武。"

孟子回答说："恳请大王不要喜欢小勇。那些手持剑柄的人怒目而视说：'那人怎么敢挡住我呢？'这是匹夫之勇，匹敌一人而已。恳请大王扩大这种勇武！

"《诗经·大雅·皇矣》说：'文王勃然发怒，于是统率其军队，阻止入侵的军队，增加周朝的福祉，平定天下。'这是文王之勇。文王发怒而让天下之民安宁。

"《尚书·周书·秦誓上》说：'上苍降下百姓，为他们安排了国君，安排了老师，国君和老师都是帮助上苍宠幸百姓。四方百姓有罪无罪都由我负责，天下有谁敢越过我这份志向呢？'商纣王横行天下，周武王以此为耻辱。这就是武王之勇啊！武王一怒就让天下百姓安宁。如今大王您效法文王武王一怒而让天下百姓安宁，百姓唯恐大王不喜好勇武呢！"

【读】

孟子与齐宣王讨论国际交往之道。古往今来，大国如何与小国相处，是个问题。小国又如何与大国相处，是个难题。孟子认为，唯有仁君才能以大国事奉小国。孟子举了两个例子：商汤事奉葛伯，葛伯虽然为小国之君，但是商汤能够尊重小国的国格。文王事奉昆夷，昆夷是小国，文王却能平等以待，尊重其国格。孟子也认为，唯有智者才能以小国事奉大国。他举了两个例子，太王古公亶父事奉獯鬻，越王勾践以小国事奉吴国。大国与小国如何相处，需要仁也需要智。周恩来倡导的"国家无论大小一律平等"的原则，就是从先秦儒家思想中汲取的智慧。小国如何与大国相处，大国如何与大国相处，至今仍然是世界各国在探索的难题。回到儒家传统智慧，本质上需要"仁"：大国之君仁厚，能善待小国之君；小国之君仁厚，能够敬畏天命。态度上需要"和"：彼此尊重，彼此珍惜，求同存异，自然能够和睦相处。行为上需要"敬"：敬畏天命，敬畏生命，如此才能保国，甚至能够保天下。

面对孟子的教诲，齐宣王耍赖：您的高见太过高远了，我这人有个毛病，我喜爱勇武。孟子于是继续因势利导，循循善诱。喜爱勇武不是坏事，只是恳请大王扩大勇武，效法文王之勇，效法武王之勇。文王武王之勇，都是"一怒而安天下"。在孟子看来，齐宣王也有能力"一怒而安天下"，能如此也就是在行王道！"一怒而安天下"是文王武王之勇，是建立在对人民大仁基础上的大勇！

【2.4】 乐忧天下

齐宣王见孟子于雪宫①。王曰："贤者亦有此乐乎?"

孟子对曰："有。人不得,则非其上矣。不得而非其上者,非也;为民上而不与民同乐者,亦非也。乐民之乐者,民亦乐其乐;忧民之忧者,民亦忧其忧。乐以天下,忧以天下,然而不王者,未之有也。

"昔者齐景公问于晏子②曰:'吾欲观于转附③、朝儛④,遵⑤海而南,放于琅邪⑥,吾何修而可以比于先王观⑦也?'

"晏子对曰:'善哉问也!天子适诸侯曰"巡狩"⑧。巡狩者,巡所守也。诸侯朝于天子曰"述职"。述职者,述所职也。无非事者。春省耕而补不足,秋省敛而助不给。夏谚曰:"吾王不游,吾何以休?吾王不豫⑨,吾何以助?一游一豫,为诸侯度⑩。'今也不然：师行而粮食，饥者弗食，劳者弗息。睊睊胥谗⑪，民乃作慝⑫。方命虐⑬民，饮食若流。流连荒亡，为诸侯忧。从流下而忘反谓之流，从流上而忘反谓之连，从兽无厌谓之荒，乐酒无厌谓之亡。先王无流连之乐，荒亡之行。惟君所行也。'景公说，大戒⑭于国，出舍⑮于郊。于是始兴发⑯补不足。召大师⑰曰：'为我作君臣相说⑱之乐！'盖《徵招》⑲《角招》⑳是也。其诗曰：'畜君何尤㉑？'畜君者，好君也。"

【注】

①雪宫：齐宣王的郊外别墅。②晏子：齐国宰相，颇具智慧，在任期间，让齐国实现"以小事大"的战略，为齐国赢得了战略安全。③转附：山名。④朝儛（wǔ）：山名。⑤遵：沿着。⑥放：至。琅邪：山名，在今安徽。⑦何修："修何"的倒装，采用什么方法。比：比肩。观：巡守，游览。⑧适：去，往。巡狩：天子在疆域内巡视展示武备，震慑诸侯，威慑外邦。⑨豫：与"游"同义。⑩度：法度。⑪睊睊（juàn）：怒目而视的样子。胥：互相。谗：谗言，诽谤。⑫慝（tè）：恶念，人民对不仁道统治者的怨恨等。⑬方：逆，违逆。虐：虐待。⑭大：充分。戒：准备。

⑮舍：住。⑯兴发：开仓赈粮。⑰大师：太师，首席乐官。⑱说：同"悦"。⑲《徵招》：古乐曲名，主题述事。⑳《角招》：古乐曲名，主题爱民。㉑畜：爱，热爱。尤：过错，过失。

【译】

齐宣王在郊外别墅雪宫召见孟子，说："圣贤也有这样的乐趣吗？"

孟子回答："有。人们得不到，就非议君上；得不到就非议君上，当然不对；作为百姓的君上却不能与民同乐，也不对。国君以百姓的快乐为快乐，百姓就以君上的快乐为快乐；国君以百姓的忧愁为忧愁，百姓也能以国君的忧愁为忧愁。因天下而乐，因天下而忧，却不能王天下，没有这样的事。

"从前齐景公问晏子：'我想到转附、朝儛两地去巡狩，沿着大海向南而行，抵达琅琊山，我用什么方法可以与先王巡狩比肩呢？'

"晏子回答说：'这个问题太好了！天子到诸侯国叫做"巡狩"。巡狩，其实就是巡守啊。诸侯朝见天子叫做"述职"。述职，就是陈述自己履行职责的情况。（天子诸侯离开国都）都不是没有目的或没有事情做的。春天巡查耕种弥补不足，秋天巡查收成帮助不能自给的人。夏代的谚语说："我王不出游，我哪能休息？我王不出游，我哪里能有补助？每一次出游，所作所为都是诸侯的法度。"如今情况不是这样：军队出行铺张浪费粮食，饥饿者没得吃，劳动者没得休息。百姓怒目而视指责巡狩者，于是心生怨恨。君上则逆天命令虐待虐杀百姓，饮食犹如流水。流连荒亡，是诸侯最应该担忧的。从上向下游玩而不知往返叫做流，从下向上逆流游玩而不知往返叫做连，追逐野兽而不厌倦叫做荒，酗酒而不知厌倦叫做亡。先王没有流连之快乐，没有荒亡的行程。只做人君该做的事啊。'齐景公听了非常高兴。在城内认真准备宣布禁令，然后出城住在郊外。打开粮仓赈济弥补百姓不足。命令首席乐官说：'请为我创作君臣相互为乐的音乐！'大概就是《徵招》《角招》之类。其乐辞说：'爱戴国君有什么错？'爱戴的国君，是个好国君啊！"

【读】

这一章孟子巧妙地借用晏子启发齐景公的话，劝谏齐宣王"乐以天下，忧以天下"。北宋著名政治家范仲淹，正是从这一章汲取了智慧，在《岳阳楼记》抒发了"不以物喜，不以己悲"的崇高情怀，表达了"先天下之忧而忧，后天下之乐而乐"的远大理想。自《孟子》以来，"乐以天下，忧以天下"一直是中国士人自我认同和自我勉励的精神支柱！

"乐以天下，忧以天下"既是儒家传统，也是士人传统，时至今日也没有过时，读书人需要传承这个传统，而不是把希望寄托在别人身上！天下兴亡，匹夫有责！

【2.5】好货好色

齐宣王问曰："人皆谓我毁明堂^①，毁诸？已^②乎？"

孟子对曰："夫明堂者，王者之堂也。王欲行王政，则勿毁之矣。"

王曰："王政可得闻与？"

对曰："昔者文王之治岐^③也，耕者九一，仕者世禄^④，关市讥^⑤而不征，泽梁^⑥无禁，罪人不孥^⑦。老而无妻曰鳏，老而无夫曰寡，老而无子曰独，幼而无父曰孤。此四者，天下之穷民而无告^⑧者。文王发政施仁，必先斯四者。《诗》云：'哿矣富人，哀此茕独^⑨。'"

王曰："善哉言乎！"

曰："王如善之，则何为不行？"

王曰："寡人有疾，寡人好货。"

对曰："昔者公刘^⑩好货，《诗》云：

'乃积乃仓，乃裹糇粮，于橐于囊。思戢用光。弓矢斯张，干戈戚扬，爰方启行⑪。'故居者有积仓，行者⑫有裹囊也，然后可以爰方启行。王如好货，与百姓同之，于王何有？"

王曰："寡人有疾，寡人好色。"

对曰："昔者太王⑬好色，爱厥妃⑭。《诗》云：'古公亶父，来朝走马⑮，率西水浒⑯，至于岐⑰下，爰及姜女⑱，聿来胥宇⑲。'当是时也，内无怨女，外无旷夫⑳。王如好色，与百姓同之，于王何有？"

【注】

①明堂：天子接见诸侯的场所，传说周天子曾在泰山下建明堂，位于齐国境内。②已：保留。③岐：岐山，周王朝的发祥之地。④仕者：做官者。世禄：世袭俸禄。⑤关：关口。市：市场。讥：稽查奸细。⑥泽：大水池。梁：鱼梁，水中捕鱼的器具。⑦孥：妻子和儿女。不孥：即不牵涉妻子和儿女。⑧告：投诉，告诉。⑨哿矣富人，哀此茕独：出自《诗经·小雅·正月》。哿（gě）：快意。哀：同情。茕（qióng）：孤独。⑩公刘：《史记》认定他是周朝始祖后稷的曾孙，"公"是称号，"刘"是名字。⑪乃积乃仓，乃裹糇粮，于橐于囊。思戢用光。弓矢斯张，干戈戚扬，爰

方启行：出自《诗经·大雅·公刘》。乃：于是。积：露天堆积。仓：仓库储备。裹：装。糇（hóu）：干粮。橐（tuó）：有底的袋子。囊：无底靠捆扎两端装东西的袋子。思：语气助词。戢：安。用：以。光：扩大，光大。斯：则。干：盾。戈：刺杀武器。戚：小斧子。扬：大斧子。爰：于是。方：方才。⑫行者：出远门的人。⑬太王：古公亶父，是公刘的九世孙。⑭厥：这个。妃：妃子。⑮来朝：清晨，清早。走马：策马驱驰。⑯率：沿着。西水：漆水西岸。浒：水边，水滨。⑰岐：岐山，位于今陕西省岐县东北部，相传西周初年有凤凰鸣于此山。⑱及：交往。姜女：太姜，古公亶父的妻子。⑲聿：语气助词，无实义。胥：相，观察。宇：建筑物。⑳旷夫：过时没有结婚的男子，与前面的"怨女"——过时没有出嫁的女子相对。

【译】

齐宣王问："人们都说我毁明堂。我需要毁掉明堂吗？还是保留明堂？"

孟子回答："明堂，那是天子之堂。大王您想行仁政，那么就不要毁掉明堂啊。"

齐宣王说："王道之政可以说给我听听吗？"

孟子回答说："过去文王治理岐山，耕田者按照9：1的比例纳税，做官的世袭俸禄，关口集市只查奸细不征税，池塘捕鱼不被禁止，治罪不连累妻子儿女。年老而没有妻子叫做'鳏'，年老而没有丈夫叫做'寡'，年老而无子叫做'独'，年幼时没有父亲叫做'孤'。这四种人，是天下贫穷而无法申诉的人。文王发布政令实行仁政，必须先考虑照顾这四种人。《诗经·小雅·正月》说：'那些尊贵的富人啊，应当怜悯这些孤苦无依的人！'"

　　齐宣王说："这些见解太好了！"

　　孟子说："大王如果认为很好，那又为什么不实行呢？"

　　齐宣王说："我这人有个毛病，我喜欢财货。"

　　孟子回答说："过去公刘喜欢财货，《诗经·大雅·公刘》说：'于是堆积粮食装满粮仓。于是装满干粮，小袋装又大袋装。和睦而光大，弓箭已在拉满的弦上，盾戈小斧和大斧，公刘率部走向前方。'所以居住者有余粮，旅行者有干粮，然后可以率部远征。大王喜欢财货，让百姓也与您一样喜欢财物，这对于大王您有什么困难吗？"

　　齐宣王说："我这人有个毛病，我喜欢美色。"

　　孟子回答说："过去太王古公亶父也好色，非常爱自己的妻子太姜。《诗经·大雅·绵》说：'古公亶父，清晨策马扬鞭。带领大家沿着漆水东进，终于到达岐山之下。于是与妻子太姜一起，视察四周选择适合建筑之地。'正当此时，内无过时未嫁的女子，外无过时未娶的男子。大王如果喜欢美色，让百姓也与您一样喜欢美色，爱自己所爱，对于大王您来说有困难吗？"

【读】

　　面对孟子说的王道，齐宣王当然觉得不爽，因为王道之政，必须省刑罚，轻赋敛，让利于百姓，与百姓同乐。齐宣王觉得做不到，就只好要赖，首先称自己有个毛病，喜欢财货。孟子以严密的逻辑推理和雄辩的历史事实，告诉齐宣王，喜欢财货是好事，与老百姓一起喜欢，没什么难处。但是，历代统治者，有几人能够与老百姓一起喜欢财货，并且以制度保障老百姓的固定财产呢？齐宣王无力反驳"与百姓一起好货"的王道，于是又要赖，称自己还有个毛病，喜欢美色，意思是告诉孟子，行王道之政自己还是不行。孟子继续启发引导，以古公亶父对妻子太姜的钟情热爱作为典型例子，并引用《诗经·大雅·绵》的章节，证明喜欢美色不是过，喜欢美色也不是祸，关键是必须与百姓一起，爱自己所爱。

这一章假托与齐宣王的对话，阐明的是孟子的儒家主张。为人君，行仁政，即便是喜欢财货，如果能够以民为本，让百姓也有喜欢财货和拥有财货的机会和权利，于国家也不会造成人祸。为人君喜欢美色，如果与百姓一样，都只是喜欢自己钟爱的女人，于国家百姓也未必是人祸。这大概是孟子时代的"底线思维"吧！

【2.6】请君入瓮

孟子谓齐宣王曰："王之臣有托其妻子于其友而之①楚游者，比其反②也，则冻馁③其妻子，则如之何？"

王曰："弃之④。"

曰："士师不能治⑤士，则如之何？"

王曰："已⑥之。"

曰："四境之内不治，则如之何？"

王顾左右而言他。

【注】

①之：去。②比：等到。反：同"返"。③则：却。馁：使挨饿。④弃：抛弃，绝交。⑤士师：主管司法的官员。治：管理。⑥已：撤换。

【译】

孟子对齐宣王说："大王的某位臣子把妻子儿女托付给朋友，自己到楚国旅游；等到自己返回，妻子儿女受冻挨饿，该如何处理这件事呢？"

齐宣王说："绝交。"

孟子说："主管司法的官员无法管理属下的官员，该如何处理？"

齐宣王说："撤掉。"

孟子说："如果国境之内得不到治理，该如何处理呢？"

齐宣王左右看看然后转移话题了。

【读】

这是孟子给齐宣王下套，结果齐宣王真的中招了。受人之托，却不忠人之事，面对这样的朋友，齐宣王秒回：绝交。再进一步，主管司法的官员管不了自己的下属，该怎么办？齐宣王又是秒回：撤掉。最后，孟子终于提出了需要齐宣王回答的问题：国境之内治理不好，该怎么办？虽然齐宣王"顾左右而言他"，但是他听懂了，也会想想应该约束自己，应该有所作为，而不应该一味颓废。孟子的高明之处，在于他成功运用类比推理和归谬的手法，层层递进，循循善诱，齐宣王掉进陷阱才猛然意识到自己上当了。由此可知，即便是在思想相对自由的春秋时期，为人臣多么不易，为人谋士多么不易！中国专制政治环境之中，臣子对君王的谏言尤其难以把握分寸！

【2.7】民之好恶

孟子见齐宣王，曰："所谓故国者，非谓有乔木之谓也，有世臣①之谓也。王无亲臣②矣，昔者所进，今日不知其亡③也。"

王曰："吾何以识其不才而舍之？"

曰："国君进贤，如不得已，将使卑逾尊④，疏逾戚⑤，可不慎与？左右皆曰贤，未可也；诸大夫皆曰贤，未可也；国人皆曰贤，然后察之；见贤焉，然后用之。左右皆曰不可，勿听；诸大夫皆曰不可，勿听；国人皆曰不可，然后察之；见不可焉，然后去之。左右皆曰可杀，勿听；诸大夫皆曰可杀，勿听；国人皆曰可杀，然后察之；见可杀焉，然后杀之。故曰，国人杀之也。如此，然后可以为民父母。"

【注】

①世臣：累世旧臣，世受国恩的老臣。②亲臣：亲近信任的臣子。③亡：离开。④卑：地位低的臣子。逾：逾越。尊：地位高的臣子。⑤疏：关系疏远的臣子。戚：关系亲近的臣子。

【译】

孟子觐见齐宣王，说："所说的文化底蕴深厚的国家，并不是说国家有高大乔木，而是说国家有世受国恩的累世旧臣。大王您没有自己信任的臣子，过去所挑选的臣子，今天都离开大王您不知去何处了。"

齐宣王说："我怎么才能识别臣子的无才而舍弃呢？"

孟子说："国君纳进贤臣，如果不得已，将使地位低的放置在地位高的之上，将使关系疏远的放置在关系亲近的之上，可以不慎重吗？左右都说贤，未必可用；大夫都说贤，未必可用；国人都说贤，然后认真考察；确认其贤，然后任用。左右都说不可用，不要听；大夫都说不可用，不要听；国人都说不可用，然后考察他；确认不堪重用，然后放弃。左右都说可以杀掉，不要听；大夫都说可以杀掉，不要听；国人都说可以杀掉，然后认真考察他；确认可以杀掉，然后杀掉他。因此可以说，国人杀了他。如此，然后可以为民父母。"

【读】

这一章承孔子"民之所好好之，民之所恶恶之"而来，是儒家民本思想的精髓，发展到孟子时已经非常成熟了。孟子先帮助齐宣王分析，什么是故国，这个故国不是故去的国家，不是灭亡的国家，而是指有历史和文化底蕴的国家，这一类国家有世受国恩、忠心报国的旧臣可以作为国家的栋梁，而不是这个国家有参天大树。参天大树，意味着自然历史悠久；忠心耿耿的世臣，则意味着这个国家有历史、有文化、有厚重感！这样的国家，其国君相对来说压力比较小。而齐宣王所面对的恰恰是没有忠心耿耿世臣的局面，必须要选择新人充实自己的管理团队。

如何识别臣子无才而舍弃，这其实是各个国家和民族，甚至各种团队面对的共同问题或难题。要解决人才匮乏的问题，必须优化管理团队，必须补充新人。但是，所有的新人都从零开始，从最下层开始，显然管理团队依然会充满暮气、老气横秋。但要把地位低的人放在地位高的人上面，要把关系疏远的放在关系亲近的人上面，这样的事情不能不慎重。

孟子提出的选人用人的标准，颇值得今天各种团队选人用人参考。左右亲信都说行的人可用吗？未必。大夫们都说行的人可用吗？未必。必须进一步考察，然后才能确认是否可用。汉代的王莽就是个典型的例子，左右都说可用，甚至都说贤；大夫都说可用，甚至都说贤；国人都说可用，甚至都说贤。结果呢？王莽篡汉，不仅不行，而且成为篡汉的乱臣贼子。同样，对于所谓坏人的判断和裁决，更是要慎之又慎，生命只有一次。左右、大夫、国人都说可杀，也未必可杀，必须亲自考证，确认罪该万死，才杀掉。最典型的是明末忠臣袁崇焕，在被误判为奸细的时候，左右都说可杀，大夫都说可杀，国人都说可杀，最悲惨的是国人在袁崇焕被凌迟处死的时候，万人空巷，人人争着以吃一口袁崇焕的生肉为光荣和快乐。结果却是，明朝最后一个擎天柱，被崇祯皇帝自己毁掉了。

【2.8】 诛一夫纣

齐宣王问曰："汤放桀^①，武王伐纣^②，有诸^③?"

孟子对曰："于传有之。"

曰："臣弑^④其君，可乎?"

曰："贼仁者谓之'贼^⑤'，贼义者谓之'残^⑥'。残贼之人谓之'一夫'。闻诛一夫纣矣，未闻弑君也。"

【注】

①汤：商汤，商帝国的开国之君。放：放逐。桀：夏桀，夏朝亡国之君，以残暴著称。②伐：讨伐。纣：商纣王，商朝亡国之君，残暴且荒淫无度。③诸："之乎"的合音。④弑：臣杀君为"弑"。⑤贼：害，破坏。⑥残：伤，伤害。

【译】

齐宣王说："商汤放逐夏桀，武王讨伐商纣王，有这样的事吗?"

孟子回答说："在古书上有记载。"

齐宣王反问："臣子可以弑杀其君王吗?"

孟子回答说："破坏仁爱的人称之为'贼'，破坏正义的人叫做

'残'。残贼俱全的人我们叫他'独夫'。我只听说武王诛杀了独夫纣，没有听说弑君一说啊。"

【读】

齐宣王也有设套的本领。商汤放逐夏桀和武王讨伐商纣王，似乎按照儒家伦理，都犯了"弑君"的大忌。但是，这一章，正好证明了孔孟心目中的"君"并非国君的专称，而是道德高尚的人。即使身为君王，残暴荒淫如夏桀和商纣王，无仁心、无正义，只不过是一个独夫，不是什么君王。对于君王的定义，不是看位置，而是看德行；儒家品德优先、道德优先的伦理哲学取向，在孟子的年代，已经非常成熟了。如果传统官本位文化按照孟子儒学的价值取向发展，应该是德本位；德本位成为中国政治文化的主流，中华文明应当更加灿烂。

【2.9】 教玉人琢

孟子见齐宣王曰:"为巨室^①,则必使工师^②求大木。工师得大木,则王喜,以为能胜其任也。匠人斫而小之^③,则王怒,以为不胜其任矣。夫人幼而学之,壮而欲行之,王曰:'姑舍女^④所学而从我',则何如?今有璞^⑤玉于此,虽万镒^⑥必使玉人雕琢之,至于治国家则曰:'姑舍女所学而从我',则何以异于教玉人雕琢玉哉?"

【注】

①巨室:高大的宫室。②工师:工匠的主管官员。③斫:砍削。小之:使之小。④姑:姑且。女:同"汝"。⑤璞:美玉藏于石头被称为"璞"。⑥镒:古时候金银计量单位,二十两为一镒。

【译】

孟子觐见齐宣王说:"造大房子,就必须让工程师寻找大木料。工程师得到大木料,大王很高兴,认为这棵大木料可胜任大房子的需要。那工程师从小就学习,长大了就想进一步付诸实践,大王说:'姑且放弃你所学的专业听我的命令',那怎么样呢?现在有璞玉在此,虽然不惜万镒重金必然责成玉匠雕琢它，而对于治理国家却说：'姑且放弃你所说的，听我的命令'，这与教导玉匠如何雕琢璞玉有什么区别呢？"

【读】

读这一章，脊背发凉。如果上位者以为自己什么都懂，胡乱指挥，结果只会把局面弄得一团糟！蔡元培在北大工作的时间不是很长，却能够成为北京大学的奠基人，能够开辟现代高等教育新局面，能够开创现代教育新风，那是因为他走了一条"思想自由，兼容并包"的道路，尊重人才，尊重专业，让每个教师的生命都绽放精彩！清华大学梅贻琦，自己甘愿当一个沉默寡言的主持人，把治校的权力让渡给"教授委员会"，以"我从众"的方式，实现了教授治校的目标，创造了清华灿烂的历史，也奠定了清华作为世界名校的地位。

中国的民企很少能做大，更少能做强，有人认为主要是中国民营企业家实行家族式管理所致，但我认为这不是主要原因，根本原因在于他们不懂装懂，错把位置当权威，不相信专业人士，不相信职业经理人，自以为是。地方政府搞经济，不向企业家请教，而向上级要指示，层层如此，经济能够做得好才怪。地方政府做教育，不向一线最优秀的教育工作者问计，不向教育家请教，却只向上级要指示，这样做教育岂不是缘木求鱼？能做好才怪。行行如此，层层如此，这不是教木匠做木工，教玉人琢玉吗？

【2.10】箪食壶浆

　　齐人伐燕，胜之。宣王问曰："或①谓寡人勿取，或谓寡人取之。以万乘之国伐万乘之国，五旬而举之②，人力不至于此。不取，必有天殃。取之，何如？"

　　孟子对曰："取之而燕民悦，则取之。古之人有行之者，武王是也。取之而燕民不悦，则勿取。古之人有行之者，文王是也。以万乘之国伐万乘之国，箪食壶浆③以迎王师，岂有他哉？避水火也。如水益深，如火益热，亦运④而已矣。"

【注】

　　①或：有人。②旬：十天。举：攻克。之：燕国。③箪：竹器，用作动词，用竹器装。食：粮食。壶：陶制器皿，用作动词，用壶装。浆：汤酒类饮品。④运：运转，寻求变化。

【译】

齐国出兵攻打燕国，战胜了。齐宣王问曰："有人对我说不要吞并燕国，有人对我说要吞并燕国。以一个拥有万辆战车的大国攻打一个拥有千辆战车的国家，五十天就攻陷了，单凭人力没有这么顺利。不吞并，必定遭天谴。如果吞并，如何呢？"

孟子回答说："吞并燕国但百姓高兴，就吞并。古代的人已经有人这样做了，就是武王啊。如果吞并燕国但百姓不开心，就不要吞并，古代已经有人这么做了，就是文王啊。以一个拥有万辆战车的大国攻打一个拥有万辆战车的大国，老百姓用竹筐盛饭用陶壶装酒装汤迎接大王的军队，难道有别的想法吗？只不过是想避开水深火热的生活吧。如果水越来越深，如果火越来越热，他们也就会转而寻求其他出路了。"

【读】

是否攻打邻国，是否吞并诸侯国，这是人类历史上无可回避的问题，就是今天也不例外。但是，儒家给出的王道确立了最高原则：如果老百姓不高兴就不要吞并，如果百姓有"箪食壶浆以迎王师"的热切期盼，那就毫不犹豫吞并，救民于水火，解困于倒悬。今天在企业兼并、学校合并等过程中，孟子提出的原则也是适用的，被兼并方的人们高兴就兼并，被兼并方的人们不高兴就不要兼并。被兼并地方的百姓不高兴，就不要考虑兼并；被兼并地方的百姓如久旱逢甘霖引领而望，那就兼并！

【2.11】 诛君吊民

齐人伐燕，取之。诸侯将谋^①救燕。宣王曰："诸侯多谋伐^②寡人者，何以待之^③？"

孟子对曰："臣闻七十里为政于天下者，汤^④是也。未闻以千里畏人者也。《书》曰：'汤一^⑤征，自葛^⑥始。'天下信之，东面而征，西夷怨；南面而征，北狄怨。曰：'奚为后我^⑦？'民望之，若大旱之望云霓^⑧也。归市^⑨者不止，耕者不变。诛其君而吊^⑩其民，若时雨降。民大悦。《书》曰：'徯我后^⑪，后来其苏^⑫。'今燕虐^⑬其民，王往而征之，民以为将拯己于水火之中也，箪食壶浆以迎王师。若杀其父兄，系累^⑭其子弟，毁其宗庙，迁其重器^⑮，如之何其可也？天下固^⑯畏齐之强也，今又倍^⑰地而不行仁政，是动天下之兵也。王速出令，反其旄倪^⑱，止^⑲其重器，谋于燕众^⑳，置君而后去^㉑之，则犹可及止也。"

【注】

①谋：谋划。②伐：攻打。③以：用。待：应对。之：指代诸侯准备攻打齐国这件事。④汤：商汤。⑤一：开始。⑥葛：葛国。⑦奚：为什么。为：攻打，征伐。后我：即"我后"。⑧云：乌云。霓：彩虹。⑨归：趋。归市：赶集。⑩吊：抚恤慰问。⑪徯（xī）：待。后：君王。⑫苏：复苏，被解救。⑬虐：暴虐，虐待。⑭系累：捆绑，俘虏。⑮重器：国家祭祀用的礼器等。⑯固：本来。⑰倍：翻倍。⑱反：同"返"。旄：同"耄"，老人。倪：小孩。⑲止：归还。⑳众：民众，以孟子的民本思想看，此处的"众"应指都城百姓。㉑置：设置。去：离开。

【译】

齐国攻打燕国，攻占下来了。各诸侯即将谋划救援燕国。齐宣王对孟子说："诸侯多半会谋划攻打我，用什么办法应对呢？"

孟子回答说："臣听说国土七十里而最终统一天下，商汤就是。没听说国土千里却畏惧的。《尚书》说：'商汤刚开始征伐，从葛国开始。'天下百姓都信任商汤，商汤向东面征讨，西边国家百姓就抱怨；向南面征讨，北方狄国百姓抱怨：'为何后讨伐我国呢？'百姓对王师的渴望，就像大旱期间对乌云和彩虹的渴望。赶集的人不被禁止，耕田的人没有停息。诛杀其国君抚恤其百姓，就像及时雨降下。百姓大喜。《尚书》说：'我们等待君王，君王来后我们才能被解救。'如今燕国虐待自己的百姓，大王您去征讨燕国，百姓认为这将拯救自己于水深火热之中啊，用竹筐盛着粮食，用陶壶装着酒和汤，迎接大王的军队。如果杀掉他们的父兄，俘虏他们的子弟，毁掉他们的宗庙，搬走他们祭祀的礼器，这样做怎么可以呢？天下本来就畏惧齐国的强大，现在又把疆域扩大一倍而不行仁政，这是招致天下兴兵攻打的根源啊。大王赶紧发布命令，释放他们的老小，归还他们的礼器，征求国都百姓的意愿，扶植燕国新的国君后离开燕国，那么还可以阻止诸侯的围攻。"

【读】

齐宣王伐燕取得胜利后，却放弃吞并国土的策略。这个策略的提出者是儒家亚圣孟子，历史已经证明这个策略是正确的。战胜敌国后，到底是吞并，还是重新扶植新的国君，关键是看人民的意愿，同时也要看大环境是否允许，前者是内因，后者是外因。"二战"时期，希特勒侵略那么多国家，吞并那么多国家，这是人类的灾难。日本侵略中国和亚洲邻国，以撮尔小国的资源和兵力，侵略国土面积十倍于己的中国，已经是蛇吞象的态势，而膨胀的日本军国主义者不仅扩张到东南亚，甚至丧心病狂袭击美国珍珠港军事基地，终于敲响了埋葬日本法西斯的丧钟，加快了其灭亡的步伐。不用孙子兵法，就是用孟子儒家思想来判断，"二战"中德国、日本必败，只是时间问题而已。

【2.12】出尔反尔

邹与鲁哄①。穆公问曰："吾有司②死者三十三人，而民莫之③死也。诛之，则不可胜诛；不诛，则疾视其长上④之死而不救，如之何则可也？"

孟子对曰："凶年饥岁，君之民老弱转⑤乎沟壑，壮者散而之四方者，几千人矣；而君之仓廪⑥实，府库⑦充，有司莫以告，是上慢而残⑧下也。曾子曰：'戒之戒之！出乎尔者，反乎尔者也。'夫⑨民今而后得反之也。君无尤⑩焉！君行仁政，斯民亲其上，死其长矣。"

【注】

①哄：冲突。②有司：有关官员。③莫：未。之：去。④疾：痛恨。长上：长官和上级。⑤转：因饥饿辗转而死。⑥仓廪：储藏粮食的仓库。⑦府库：古代国家储藏财物和武器的地方。⑧慢：怠慢。残：伤害。⑨夫：句首发语词，表示感慨。⑩尤：责备。

【译】

邹国与鲁国起冲突。邹穆公问孟子说:"我的官员死了三十三人,而百姓却不能去为救他们而死。杀了这些百姓吧,杀都杀不完;不杀他们,又痛恨他们眼看着长官和上级死掉而不肯救援,怎么处理才好呢?"

孟子回答说:"凶险的年成和饥荒的岁月,君王您的百姓因饥饿而死在沟壑之中,壮年而散失到四方各地的,有几千人啊;但是君王您仓库装满粮食,府库塞满财物,主管官员没有把这些情况报告您,这是怠慢君上而伤害百姓啊。孔子的弟子曾子曾经说:'谨慎啊谨慎啊!你是怎样对待别人的,别人反过来就怎么对待你啊!'今天百姓正好是报复您和官员对他们的伤害啊!君王您就不要责怪百姓了!君王行仁政,这些百姓就爱戴君王,并为长官而拼死相救啊。"

【读】

孟子与邹穆公探讨如何让百姓爱国的问题。邹穆公认为百姓不爱戴自己的长官和上级,痛恨百姓面对长官和上级的死亡而不能拼死相救。孟子却看到了问题的本质:你是怎么对待百姓的,百姓就怎么对待你。长官和上级爱下级,关键时候百姓就能拼死相救。在和平岁月里,粮仓装满粮食,府库塞满财物,百姓却因饥饿而死于沟壑,作为长官和上级却不把这些情况报告给国君,导致国难当头,百姓视而不见,见死不救。在孟子看来,上位者不要责怪百姓,而是要反躬自责。的确,自古以来,凡是只要求百姓为国家牺牲而不肯为百姓谋福祉的统治者,从来都不可能换来百姓的支持!

出尔反尔,这个成语现在的意思已经完全变了,成了贬义词。在《孟子》语境中,是中性词。你爱护百姓,百姓就拥护你;国家爱惜百姓,百姓就可以为国家赴死。就像照镜子，投射的是阳光，反射回来的也是阳光。执政者付出的是真心关爱，收获的就是百姓的赴汤蹈火。如果执政者像顾炎武一样，懂得江山是天下人的江山，非一家一姓的私产，他们就懂得珍惜民心、珍惜民意是当务之急。

【2.13】死里求生

滕文公①问曰:"滕,小国也,间②于齐、楚。事齐乎?事楚乎?"

孟子对曰:"是谋③非吾所能及也。无已④,则有一焉:凿斯池也,筑斯城也,与民守之,效⑤死而民弗去,则是可为也。"

【注】

①滕文公:滕国国君,滕定公的儿子,因为行文德,所以称为文公。滕:周初分封的小诸侯国,姬姓,周文王之子错叔绣所封,在今天山东省藤州西南。②间:处,夹在。③是:这个。谋:谋划。④无已:不得已。⑤效:至。

【译】

滕文公问孟子:"滕国,是个小国,处在齐国和楚国之间。是服侍齐国呢,还是服侍楚国呢?"

孟子回答说:"这种计谋非我能力所及啊。万不得已,则有一个办法:把护城河凿深,把城墙筑高,与百姓坚守,百姓宁愿死也不肯离开,那么就有办法了。"

【读】

孟子也许是谦虚，称这种计谋并非自己力所能及；也许是因为太了解滕国及滕文公了，所以，他没有给出商汤和周文王以小国王天下的建议，也没有给出千乘之国事奉万乘之国的相关建议，只是给出了"深挖池，高筑墙，军民死守"的建议。但是，这个建议成功的条件就是军民同心死守。言下之意，以民为本、善待百姓才是唯一的办法，也是死里求生的办法。如果一个小国，全民宁死不屈，大国往往也难以奈何！大国要想征服一个全民"宁为玉碎，不为瓦全"的小国，国君就一定会考虑自己的人格形象和国际影响，所以，在春秋时期不失为一良策！

【2.14】 创业垂统

滕文公问曰："齐人将筑薛^①，吾甚恐，如之何^②则可?"

孟子对曰："昔者大王居邠^③，狄^④人侵之，去之岐山^⑤之下居焉。非择而取之，不得已也。苟为善，后世子孙必有王者矣。君子创业垂统^⑥，为可继也。若夫^⑦成功，则天也。君如彼何^⑧哉? 强^⑨为善而已矣。"

【注】

①筑：修筑，构筑。薛：薛国，周初的封国，任姓。②如之何：把他怎么样。③大王：太王，周的开国之君古公亶父。邠：同"豳"，在今陕西省旬邑县。④狄：即獯鬻，是后世匈奴人的祖族。⑤岐山：周朝的发祥地，陕西岐山县东北箭括山。⑥创：开创。垂：流传。统：大业。⑦若夫：句首发语词，至于。⑧如彼何：把它怎么办? 即如何应对齐国在薛国修筑城池一事。⑨强：全力。

【译】

滕文公问孟子："齐国人将修筑薛国的城池，我非常恐惧，该如何应对呢?"

　　孟子回答说："古时候太王居住在邠地，獯鬻人侵扰，于是率族人去到岐山下定居。不是主动选择而谋取，不得已而为之。如果坚持行善政，您的后世子孙必有王者啊。君子开创可以流传的大业，是可以继承的。至于成功，那是天意啊。君王该怎么应对呢？全力以赴行善政而已。"

【读】

　　虽然春秋已无义战，但是诸侯与诸侯的交往，大家还是在真真假假的"尊王"前提之下，大国对小国虽有欺凌，但是不至于轻易灭国。到了战国时期，大国对小国的欺凌，则无所顾忌。孟子相信天命，坚信善政必有王者兴，所以，给出的建议要及时行善政，也就是行仁政，行王道。至于最终的成败，就只能看天意了。

　　很多人觉得孟子的思想很迂腐，尤其是关于国家建设、发展、安全的思想不符合现代国际交往的实际。未必如此。小国如何与强邻为伴，孟子的主张是实行仁政，善待人民。孟子的建议也是滕国的最佳选择。如果不行仁政，则不仅面临着强齐的欺凌，也面临着国人的背叛。行仁政，爱民而生，就算不能成就王业，也无愧于心，无愧于民，当然也无愧于天。世界上仅有弹丸之地的国家多得很，但是爱民如子，保民如赤子，他们的国家就会安全，生活就会幸福！他们在国际交往中，因为尊重珍惜本国人民而备受世界各国的敬重，与大国为邻，一样可以与强国为邻，安全、富足、文明、祥和。

【2.15】 效死勿去

滕文公问曰："滕，小国也；竭力以事大国，则不得免^①焉，如之何则可？"

孟子对曰："昔者大王居邠，狄人侵之。事之以皮币^②，不得免焉；事之以犬马，不得免焉；事之以珠玉，不得免焉。乃属其耆老^③而告之曰：'狄人之所欲者，吾土地也。吾闻之也：君子不以其所以养人者^④害人。二三子^⑤何患乎无君？我将去之。'去邠，逾梁山，邑^⑥于岐山之下居焉。邠人曰：'仁人也，不可失也。'从之者如归市^⑦。

"或曰：'世守^⑧也，非身之所能为也。效死^⑨勿去。'

"君请择于斯二者。"

【注】

①免：免于被欺凌、侵犯。②皮：皮裘。币：帛，用于赠送的丝织品。③属：召集，聚集。耆：六十岁的人。老：七十岁的人。④养人者：指养活人的财物食品等。⑤二三子：太王对随从的称呼，你们。⑥邑：用作动词，修筑城邑。⑦归市：赶集。⑧世守：世代坚守。⑨效死：牺牲生命。

【译】

滕文公问孟子："滕，是个小国；竭尽全力事奉大国，也不能避免被侵略和吞并，应如何应对呢？"

孟子回答说："过去太王居在邠，狄人侵扰。用皮衣和丝织品事奉，仍然不能避免被侵扰；用珍珠美玉事奉，也不能避免被侵扰。于是召集老人说：'狄人想要的，是我的土地啊。我听说：君子不能因为养活人的这些土地财物而伤害人。你们何必担心没有君王呢？我将离开这里。'离开邠，翻越梁山，在岐山之下筑城居住。邠人说：'太王是仁人啊，不可以失去他。'追随者仿佛赶集一样络绎不绝。

"有人说：'这里是祖传世代坚守的基业，不是自作主张就能放弃的。宁可献身也不能离开。'

"大王请在这两种策略中选择吧。"

【读】

如何事奉大国？中国自古以来，有货赂之策，有和亲之策，有迁居之策，一般不选择直接战斗，要战斗也要等到行王道之后，凝聚民心民力，才有可能爆发强大的战斗力，传檄而定。在周王朝甚至连名义都已经不被尊重的背景下，诸侯之间除了暴力争霸，似乎没有别的选择。孟子给出的策略，无非是以民为本，为民谋福祉，把君王的利益放在了第二位。以暴制暴，显然不是孟子的选择。虽然孟子让滕文公选择迁移和战斗两种模式，但他或许更期待滕文公选择古公亶父的策略，因为历史证明他"以退为进，避其锋芒"的策略是英明的，也是有远见卓识的。周王朝，中国第一个文明时代，就是在岐山之下生根、开花、结果的！如果当时选择硬碰硬，选择战争，选择货赂，估计周文明都不一定会诞生！

【2.16】前丧后丧

　　鲁平公^①将出，嬖人臧仓^②者请曰："他日君出，则必命有司所之^③。今乘舆^④已驾矣，有司未知所之，敢请。"

　　公曰："将见孟子。"

　　曰："何哉，君所为轻身以先^⑤于匹夫者？以为贤乎？礼义由贤者出；而孟子之后丧逾前丧^⑥。君无见焉！"

　　公曰："诺。"

　　乐正子入见，曰："君奚为不见孟轲也？"

　　曰："或告寡人曰：'孟子之后丧逾前丧'，是以不往见也。"

　　曰："何哉，君所谓逾者？前以士^⑦，后以大夫^⑧；前以三鼎^⑨，而后以五鼎^⑩与？"

　　曰："否，谓棺椁^⑪衣衾之美也。"

曰:"非所谓逾也,贫富不同也。"

乐正子见孟子,曰:"克^⑫告于君,君为来见也。嬖人有臧仓者沮^⑬君,君是以不果^⑭来也。"

曰:"行,或使之;止,或尼^⑮之。行止,非人所能也。吾之不遇鲁侯,天也。臧氏之子焉能使予不遇哉?"

【注】

①鲁平公:鲁国国君,名叔,鲁景公之子。②嬖人:宠幸之臣。臧仓:人名。③命:告诉。所之:所要去的地方;之:去。④乘舆:国君的车辇。⑤轻身:轻视自身,即屈尊降贵之意。以:而。先:先去拜访。⑥后丧:母亲的丧事。逾:逾越。前丧:父亲的丧事。⑦士:指代士的礼制规格。⑧大夫:指代大夫的礼制规格。⑨三鼎:士的礼。鼎:古代调和五味的炊具。⑩五鼎:大夫的礼。⑪棺:内棺。椁:外棺。⑫克:乐正子之名。⑬沮(jǔ):阻止。⑭不果:表态副词,"果不"的倒装。⑮尼:阻止。

【译】

鲁平公将外出,宠幸之臣臧仓请示说:"以往君王外出,就告诉管事的人要去的地方。今天大王的车辇已经备上马,管事的人却不知道要去的地方。斗胆请示。"

鲁平公说:"准备去见孟子。"

臧仓说："为什么呢？您的做法是降低身份先去拜访一个平民？大王认为孟子是贤人吗？礼义由贤人的行为体现出来的；但孟子母亲的丧礼逾越了其父亲的丧礼。您不要去见他了！"

鲁平公说："那好吧。"

乐正子进宫见鲁平公说："君王为何不去见孟轲呢？"

鲁平公说："有人告诉寡人说：'孟子母亲的丧礼逾越了其父亲的丧礼'，因此不去见他了。"

乐正子说："君王您所说的逾越是什么呢？前面父亲的丧礼是士的规格，后面母亲的丧礼是大夫的规格；父亲的丧礼用三个鼎的祭品，后面母亲的丧礼用五个鼎的祭品吗？"

鲁平公说："不，是说棺椁和寿衣的华美。"

乐正子说："不是母亲的丧礼逾越了父亲的丧礼，而是贫富不同而已。"

乐正子见孟子，说："我对鲁平公说您贤能，君王原本来见您。幸臣臧仓阻止了君王，君王因此就不来了。"

孟子说："要干事情，有人支持；停止下来，有人阻止。干成或干不成，非人力所能控制。我与鲁君不能相遇，是天意啊。臧姓那个小子怎么能使我不遇见鲁君呢？"

【读】

西方人相遇，他们会说幸会；中国人相遇，往往会说缘分；缘分是什么？是因果，是偶然中的必然，是冥冥之中的天意。孟子就是这么认为的！齐国是姜尚的后裔当家，姜姓；鲁国是周公的后裔当家，姬姓。孟子未与鲁平公相见，是缘分，也是天意！至少证明，王道在鲁国是行不通的，礼乐的血脉在鲁国也就到此为止了，鲁国从此走向衰败，几乎成为历史的必然。天意之外，人力其实不可忽视。鲁平公因为臧仓一番言论，就改变了自己的初衷。如果鲁平公能够像周文王姬昌那样，多次到渭水边去寻找和邀请姜子牙，主动拜访一介布衣的孟子，或许鲁国将是另外一番局面。自以为是的君王，基本都以失败告终；礼贤下士的君王，基本上都从胜利走向胜利。

卷三　公孙丑上

【3.1A】易如反掌

公孙丑^①问曰："夫子当路于^②齐，管仲、晏子^③之功，可复许^④乎？"

孟子曰："子诚^⑤齐人也，知管仲、晏子而已矣。或问乎曾西^⑥曰：'吾子与子路孰贤？'曾西蹴然^⑦曰：'吾先子之所畏也。'曰：'然则吾子与管仲孰贤？'曾西艴然^⑧不悦，曰：'尔何曾比予于管仲！管仲得君如彼其专^⑨也，行乎国政如彼其久也，功烈如彼其卑^⑩也；尔何曾比予于是^⑪？'"曰："管仲，曾西之所不为也，而子为我愿之乎？"

曰："管仲以其君霸，晏子以其君显。管仲、晏子犹不足为与？"

曰："以齐王^⑫，由^⑬反手也。"

【注】

①公孙丑：孟子的学生。②当路：身居要职。于：在。③管仲：齐桓公的宰相。晏子：齐景公的宰相。④复：再。许：期待，期许。⑤子：你。诚：的确。⑥曾西：曾参之孙。⑦蹴（cù）然：不安的样子。⑧艴（bó）然：愤怒的样子。⑨专：高度信任。⑩功烈：功业。卑：低下。⑪何曾：竟然。是：指管仲。⑫以：使。齐：齐国。王：称王天下。⑬由：同"犹"，如。

【译】

公孙丑问孟子："夫子您在齐国身居要职，管仲和晏婴的功业，可以期待出现吗？"

孟子曰："你确实是齐国人，只知道管仲和晏婴而已。有人问曾西说：'您与子路相比谁更贤能？'曾西不安地说：'（子路是）我先祖所敬畏的人啊！'那个人继续说：'那么您与管仲相比谁更贤能？'曾西发怒不高兴，说：'您竟然拿我跟管仲比？管仲得到国君的信任如此专一啊，主持国家政治如此长久啊，功业却如此之低微啊；您竟然拿我跟管仲比？'"孟子说："管仲，曾西都不愿像他那样为人处世，而您以为我愿意吗？"

公孙丑说："管仲使他的国君称霸，晏婴使他的国君名扬天下。管仲和晏婴难道还做得不够吗？"

孟子说："让齐国称王天下，易如反掌！"

【读】

孔子给予管仲非常高的评价，但是孟子却不以为然。孟子对于其治国平天下之道是非常自信的，"如欲平治天下，当今之世，舍我其谁"的自信并非虚言。为什么呢？管仲作为相国，活着的时候对于自己、齐桓公，治理齐国都是精彩的，但在他去世后，齐桓公亲近小人，被竖刁、易牙两个奸佞之臣活活饿死（亦有病逝一说），齐国迅速进入衰败的下行通道。由此可知，管仲在富国强兵方面有建树，但是，在引导国君、管理团队、教化国民、培养人才、扶持贤良、铲除奸邪等方面，做得还不够。至于晏婴，孟子认为他缺乏大智慧，因而对这两人不屑一顾。以孟子的大智慧，有齐国的疆域和百姓，如果齐王信任，辅佐齐国行仁道而称王天下易如反掌！以人为本，以民为本，爱民如子，治理国家当然易如反掌！

【3.1B】 事半功倍

曰："若是，则弟子之惑滋甚①。且以文王之德，百年而后崩，犹未洽②于天下；武王、周公继之，然后大行③。今言王若易然④，则文王不足法⑤与？"

曰："文王何可当也！由汤至于武丁⑥，贤圣之君六七作⑦，天下归殷久矣，久则难变也。武丁朝诸侯，有天下，犹运之掌也。纣之去武丁未久也，其故家遗俗⑧，流风善政⑨，犹有存者；又有微子、微仲、王子比干、箕子、胶鬲⑩皆贤人也。相与辅相之，故久而后失之也。尺地，莫非其有也；一民，莫非其臣也；然而文王犹方百里起，是以难也。齐人有言曰：'虽有智慧，不如乘势；虽有镃基⑪，不如待时⑫。'今时则易然也：夏后、殷、周之盛，地未有过千里者也，而齐有其地矣；鸡鸣狗吠相闻，而达乎四境，而齐有其民矣。地不改辟⑬矣，民不改聚⑭矣，行仁政而王，莫之能御也。且王者之不作⑮，未有疏⑯于此时者也；民之憔悴⑰于虐政，未有甚于此时者也。饥者易为食⑱，渴者易为饮。孔子曰：'德之流行，速于置邮⑲而传命。'当今之时，万乘之国行仁政，民之悦之，犹解倒悬⑳也。故事半古之人，功必倍之，惟此时为然。"

【注】

①惑：疑惑。滋甚：更加厉害。②洽：遍布。③大行：广为推行。④王：称王天下。若：如果。易然：容易的话。⑤法：效法。⑥汤：殷商开国之君。武丁：殷商中兴之君。⑦作：起。⑧故家：世家。遗俗：传承的风俗。⑨流风：流行的风尚。善政：美好的政治。⑩微子：名启，商纣王同父异母的兄长。微仲：名衍，微子的弟弟。王子比干：商纣王的叔父。箕子：商纣王的叔父。胶鬲：商纣王的贤臣。⑪镃基：锄头。⑫待时：等到恰当的时令。⑬辟：开辟，开拓。⑭聚：凝聚。⑮作：兴起，出现。⑯疏：稀少。⑰憔悴：形容百姓忧愁困苦状。⑱易为食：吃东西容易满足。下文"易为饮"意义类似。⑲置：用驿马传递叫做"置"。邮：步行传递叫做"邮"。⑳犹：就像。解：解放。倒悬：形容百姓处于险境。

【译】

公孙丑说："假如是这样，那么弟子的疑惑程度更甚了。况且以文王高尚的道德，百岁后驾崩，尚且不能行王道于天下；武王周公继续行王道，此后王道大兴。今天说行王道很容易，这样说文王就没什么值得效法？"

孟子说："怎么能说文王与齐王条件相当呢？从商汤到武丁，圣贤之君有六七个兴起，天下归心殷朝很久了，时间久了就很难改变了。武丁让诸侯来朝，拥有天下，犹如运作于手掌之中。商纣王离武丁也不算很久啊，他的世家重臣、遗留的习俗、流行的风雅和美好的政治，还有保存下来的；还有微子、微仲、王子比干、箕子、胶鬲等这些贤能之人啊。这些人都辅佐商纣王，所以很久以后才失去江山。没有一尺土地不是殷商拥有的；没有一个臣民不是殷商拥有的；文王却能够以方圆百里之地兴起，因此非常艰难。齐国人有谚语说：'即使有智慧，不如乘势而为；即使有锄头，不如等待农时。'今天显然容易得多：夏、殷、商三朝的兴起，土地不过千里啊，但是齐国拥有广阔的土地；鸡鸣狗吠相互听得到，一直传递到四境之外，且齐国有稠密的人口。疆域不需要再开辟，百姓不需要再生聚，行仁政而称王天下，没有人能够阻挡啊。况且称王天下的圣君没有出现，从来没有如今这样长久过啊。百姓饱受暴政虐待而憔悴，没有比这个时代更甚的啊。饥饿的人容易吃饱，口渴的人容易喝好。孔子说：'道德的流行，快于通过驿站传达命令。'当今时势，拥有万辆战车的国家行仁政，百姓高兴都来不及，况且能够救百姓于险境之中。事情只做文王的一半，功效高于文王一倍，只有此时最佳！"

【读】

　　孟子雄辩之才，不能不令人佩服；他对王道信仰之坚定，也不能不令人佩服。封建王朝的周期率，在夏、商、周三代已经表现得比较明显。但是，孟子却以无可辩驳的严密逻辑，证明了文王在土地不过百里、人口均为殷民、人才相对匮乏的时代，励精图治，经过很多代人的努力，终于推翻殷商，统一天下，那是何等艰难。而齐国当时的条件，土地之于岐山何止十倍，人口之于周初何止十倍，诸侯国中的人民生活何其艰难，对王道和仁君的期盼何其强烈，相比于周初文王创业的条件，不知道优越多少倍。如果齐国愿意行王道，那么统一天下不就易如反掌？

【3.2A】四十不动

公孙丑问曰："夫子加^①齐之卿相，得行道^②焉，虽由此霸王^③，不异^④矣。如此，则动心^⑤否乎?"

孟子曰："否，我四十不动心。"

曰："若是，则夫子过孟贲^⑥远矣。"

曰："是不难，告子^⑦先我不动心。"

【注】

①夫子：公孙丑对孟子的尊称。加：担任。②得：会。道：主张。③虽：因。霸：霸业。王：王业。④不异：不足为怪。⑤则：那么。动心：动为难之心，即觉得很难。⑥孟贲：齐国勇士，能够生生地把牛角拔出来。⑦告子：孟子的前辈（从梁启超之说），名不害，以口才著称，当时是齐国知名的辩才。

【译】

公孙丑问孟子："夫子您如果担任了齐国的卿相，会实行自己的主张吧，因此而成就霸业或王业，应该不足为怪吧！如果有这样的机会，那么您会有畏难情绪吗?"

孟子回答："不，我从四十岁开始就没有畏难情绪了。"

公孙丑说："像这样，那么夫子您胜过孟贲很多了。"

孟子说:"这不难,告子比我还早无畏难之心呢!"

【读】

公孙丑与孟子讨论的"动心"的问题,本质上是面对复杂局面或困难问题的畏难之心。如果能够担任齐国卿相,孟子真的可以实行主张,让齐国雄起甚至让齐国成就王业吗?答案是肯定的。商汤成功已有先例,姬昌成功也有先例。很多人读《孟子》可能觉得孟子迂腐,未必有这样的能力。我不这样认为,孟子说了,四十岁以后面对复杂局面或重大挑战,不再有畏难之心。为什么?因为此时的孟子,已经成为一个悟透王道的人,就是一个身怀治国安邦之道的真正意义上的读书人,对世间的各种疑难杂症,都已经进入"不惑"的境界。孔子说的"四十而不惑",就是讲的这种境界。真正的"不惑者"行王道,成就霸业或王业,当然觉得不难。姬昌得"不惑者"姜尚而开周朝八百年王朝,刘邦得"不惑者"张良而开汉朝伟业,李世民得"不惑者"徐茂公开唐朝盛世,朱元璋得"不惑者"刘伯温开明朝江山。

【3.2B】 万人吾往

曰："不动心有道^①乎？"

曰："有。北宫黝之养勇^②也：不肤挠^③，不目逃^④，思以一豪挫^⑤于人，若挞之于市朝^⑥，不受于褐宽博^⑦，亦不受于万乘之君；视^⑧刺万乘之君，若刺褐夫^⑨；无严^⑩诸侯，恶声至^⑪，必反^⑫之。孟施舍^⑬之所养勇也，曰：'视不胜犹胜也；量敌而后进，虑胜而后会^⑭，是畏三军^⑮者也。舍岂能为必胜哉？能无惧而已矣。'孟施舍似曾子，北宫黝似子夏^⑯。夫二子之勇，未知其孰贤^⑰，然而孟施舍守约^⑱也。昔者曾子谓子襄^⑲曰：'子好勇乎？吾尝闻大勇于夫子矣：自反而不缩^⑳，虽褐宽博，吾不惴^㉑焉；自反而缩，虽千万人，吾往矣。'孟施舍之守气^㉒，又不如曾子之守约也。"

【注】

①道：方法，秘诀。②北宫黝（yǒu）：齐国人，刺客。养：涵养。勇：勇气。③挠：同"挠"，刺；农村至今有挠皮肤而无反应则视之为勇敢的习俗。④逃：眨眼，意为锥刺在眼前晃动而不眨眼。⑤思：认为。豪：同"毫"。挫：受辱。⑥若：像。挞：鞭挞。市朝：公开场合。⑦受：受辱。褐：粗布，只穿粗布衣服。宽博：宽松之衣。⑧视：看待。⑨褐夫：穿粗布的平民。⑩严：忌惮，畏惧。⑪恶声至：遭受恶语攻击。⑫反：反击。⑬孟施舍：古代人名。⑭虑：判断。会：攻击。⑮三军：周代礼制，诸侯可以拥有上、中、下三军。⑯子夏：孔子学生卜商，字子夏。⑰贤：胜。⑱约：简要。⑲子襄：曾子的弟子。⑳自反：反躬自问，反身而诚。缩：直，正义。㉑惴：恐吓。㉒守气：保持勇气，涵养勇气。

【译】

公孙丑问孟子："拥有无畏难之心有什么方法吗？"

孟子回答："当然有。北宫黝涵养勇气的方法：被刺到皮肤不躲避，锥刺在眼珠前晃动不躲避，常常想想只要有丝毫受辱于人，就像在公众场合被鞭挞，不受辱于布衣平民，也不受辱于拥有万辆战车的诸侯；刺杀拥有万辆战车的诸侯，如同刺杀布衣平民一样。不畏惧诸侯，受到诸侯恶语攻击，必然反击。孟施舍涵养勇气的办法，是这样说的：'把不能战胜的看成是能够战胜的；如果估量敌情而后前进，判断能够胜利而后攻击，这是畏惧三军。孟施舍怎么能必胜呢？只不过是无所畏惧罢了。'孟施舍涵养勇气像曾子，北宫黝涵养勇气像子夏。这两个人的勇，不知道谁更优胜，但是孟施舍的涵养方法更加简约。过去曾子对子襄说：'你好勇吗？我曾经听孔子讲大勇：反省自己觉得理亏时，即使是布衣平民，我也不会恐吓他；反省自己觉得理直时，即使敌方千军万马，我也一往无前。'孟施舍涵养勇气的方法，又不如曾子涵养勇气的方法简约。"

【读】

曾子涵养勇气的方法就是基于正义。孟子对于勇气的理解，肯定不是匹夫之勇，不是锥刺皮肤而不躲避，不是锥刺眼珠而不游移，而是一种基于正义的气魄，一种基于仁义的勇气，一种面对千军万马而不回避的勇毅。项羽面对强秦，破釜沉舟，虽千万人吾往矣！李自成面对大明军队，虽千万人吾往矣！民不畏死，奈何以死惧之！红军数万将士，激于民族大义，改编为八路军，义无反顾开赴抗日前线，虽千万人吾往矣！国民革命军122师师长王铭章，羸弱之兵不足5 000人，面对日本强悍的矶谷师团，虽千万人吾往矣！国民革命军第33集团军总司令张自忠将军，面对日军即将突破陪都重庆最后的屏障襄阳，只带了两个团的兵力，东渡襄河，吸引日军主力，为全局会战胜利创造胜机，付出了生命。这些人骨子里都洋溢着"虽千万人，吾往矣"的浩然之气！面对一切困难，如果所做的事业是正义的，是有利于国家和人民的，就要有孟子所倡导的"虽千万人，吾往矣"的豪气和勇气！生在和平年代，面对各种困难和困局，有理由退缩吗？有理由犹豫吗？有理由"躺平"吗？有理由"甩锅"吗？更需要有"虽千万人，吾往矣"的勇气和担当！

【3.2C】贵不动心

曰："敢①问夫子之不动心与告子之不动心，可得闻与?"

"告子曰：'不得②于言，勿求③于心；不得于心，勿求于气④。'不得于言，勿求于心，可；不得于言，勿求于心，不可。夫志⑤，气之帅⑥也；气，体之充⑦也。夫志至⑧焉，气次⑨焉；故曰：'持⑩志，无暴其气⑪。'"

"既曰：'志至焉，气次焉。'又曰：'持其志，无暴其气。'者何也?"

曰："志壹⑫则动气，气壹则动志也，今夫蹶者趋⑬者，是气也，而反动⑭其心。"

【注】

①敢：副词，表示尊敬。②得：懂得，理解。③求：追求。④气：意气。⑤志：意志。⑥帅：统帅。⑦充：充实，引申作动词，支撑。⑧至：最。⑨次：其次，第二位。⑩持：坚持，坚定。⑪暴其气：意气用事。

⑫壹：专一。⑬蹶：跌倒。趋：快跑。⑭反动：反过来影响。

【译】

公孙丑说："斗胆请问夫子您所谓的不动心与告子所谓的不动心（到底有什么不同），可以讲给我知道吗？"

"告子说：'不能以语言思考，就不能领会于心；无法领会于心，就无法追求意气。'不能领会于心，就不能追求意气，可以；不能以语言思考，就不能领会于心，不可以。意志，是意气的统帅；意气，是身体的支撑。意志是最重要的，意气其次；所以说：'坚定意志，不会意气用事。'"

"告子接着说：'意志最重要，意气其次。'又说：'坚定意志，不会意气用事'，为什么？"

孟子说："意志专一则影响意气，意气专一也影响意志，跌倒和奔跑就是由意气推动，反过来也影响心志。"

【读】

这一章公孙丑和孟子讨论所谓不动心问题。不动心，并非心不动，而是心领神会，但是不会转变为意志，更不会意气用事。孟子的"不动心"和告子的"不动心"事实上并没有什么区别，本质上都是一回事。孟子面对齐国的局面，其不动心，不是没有理解齐王的意图，恰恰相反，正是因为懂得了齐王的心思在于蝇营狗苟的眼前利益，在于一池一地的斩获，根本上胸无大志，没有称王天下的理想。既然如此，那么孟子不可能有任何作为，在这种情况下，孟子作出的任何努力都会成为某种程度上的助纣为虐，那还不如"不动心"。

【3.2D】浩然之气

"敢问夫子恶乎长①？"

曰："我知言②，我善养吾浩然③之气。"

"敢问何谓浩然之气？"

曰："难言也。其为气也，至大至刚④，以直⑤养而无害，则塞于天地之间。其为气也，配义与道⑥；无是⑦，馁⑧也。是集⑨义所生者，非义袭⑩而取之也。行有不慊⑪于心，则馁矣。我故曰，告子未尝知义，以其外之也。必有事⑫焉，而勿正⑬，心勿忘⑭，勿助长也。无若宋人然：宋人有闵其苗之不长而揠⑮之者，芒芒然⑯归，谓其人曰：'今日病⑰矣！予助苗长矣！'其子趋而往视之，苗则槁矣。天下之不助苗长者寡矣。以为无益而舍之者，不耘⑱苗者也；助之长者，揠苗者也，非徒无益，而又害之。"

【注】

①恶乎：哪方面。长：擅长。②知言：擅长语言艺术。③浩然：征服力强的气场和气势。④至：极。刚：刚强。⑤直：顺其自然。⑥配：匹配。义：正义。道：天道。⑦无：缺乏。是：指代"气"。⑧馁：饥饿状。⑨集：汇聚。⑩袭：偶然而成。⑪慊：愉快，满足。⑫必：一定。事：用功。⑬正：过分期待。⑭忘：忘记。⑮闵：同"悯"，担心。揠（yà）：拔。⑯芒芒然：疲倦的样子。⑰病：疲倦。⑱耘：除草。

【译】

公孙丑说："斗胆请问夫子您擅长什么？"

孟子说："我懂语言艺术，我善于涵养浩然正气！"

"那我斗胆请问什么叫做浩然正气？"

孟子说："很难说明白啊。作为气，极为宏大极为刚强，顺其自然涵养没有半点伤害，于是充溢天地之间。作为气，匹配正义和天道；如果缺乏气，会像饥饿一样无力。这种气聚集正义而产生，不是偶然正义行为形成的。只要做了有愧于心的事情，就会像饥饿一样疲软。所以我说，告子不曾知道正义，他把气理解成心外之物。必须培养浩然正气，但不要有功利性目标，时时刻刻牢记于心，不要借外力勉强助长。不要像宋国人那样：宋国有人担心他的禾苗不长而拔高的，疲惫不堪回家，对家人说：'今天很疲劳啊！我帮助禾苗长高了！'他的孩子赶紧去看禾苗，禾苗都已枯萎了。天下不帮助禾苗长高的人很少啊！认为无益而放弃不做的，就是只种庄稼不除草的人。这种帮助禾苗长高的做法，就是把禾苗往上拔，不仅徒劳无益，反而有害。"

【读】

公孙丑问孟子的长处，孟子为之自豪的有两样：一是精通语言艺术，二是善于涵养浩然之气。很多学者把"知言"理解为"善于分析语言"，这显然是字面解释，孟子擅长的是语言艺术，即便是在当时最著名的辩才面前，孟子的语言艺术也明显要高出很多，孟子之于对方仿佛师长。这不是懂分析语言，而是懂语言艺术。但是懂语言艺术的背后，孟子语言严密的逻辑和强大的征服力量，恰恰不在于"巧舌如簧"，而在于善于涵养"浩然之气"，把浩然之气转化成为语言的力量，这就是孟子独特的语言艺术魅力。浩然之气来源于正义，来源于正气，来源于逻辑，来源于天道，而这些与"语言艺术"正好构成了一个特殊的历史存在——孟子。后世形容唐宋四位文学家的风格说："韩如潮，柳如泉，欧如澜，苏如海。"殊不知这四个人的文风都受孟子的影响，而孟子给后世人文风最大的影响恰恰就在这"浩然之气"。

【3.2E】何谓知言

"何谓知言?"

曰:"诐辞知其所蔽①,淫辞知其所陷②,邪辞知其所离③,遁辞知其所穷④。生于其心,害于其政;发于其政,害于其事。圣人复起,必从吾言矣。宰我、子贡⑤善为说辞,冉牛、闵子、颜渊⑥善言德行。孔子兼之,曰:'我于辞命⑦,则不能也。'然则夫子既圣矣乎?"

曰:"恶!是何言也?昔者子贡问于孔子曰:'夫子圣矣乎?'孔子曰:'圣则吾不能,我学不厌而教不倦也。'子贡曰:'学不厌,智也;教不倦,仁也。仁且智,夫子既圣矣。'夫圣,孔子不居⑧,是何言也?"

"昔者窃闻之:子夏、子游、子张皆有圣人之一体⑨,冉牛、闵子、颜渊则具体而微⑩，敢问所安⑪。"

曰："姑舍是。"

曰："伯夷、伊尹⑫何如？"

曰："不同道。非其君不事，非其民不使；治则进，乱则退，伯夷也。何事非君⑬，何使非民⑭；治亦进，乱亦进，伊尹也。可以仕则仕，可以止则止，可以久则久，可以速则速，孔子也。皆古圣人也。吾未能有行焉；乃所愿，则学孔子也。"

"伯夷、伊尹于⑮孔子，若是班⑯乎？"

曰："否；自有生民以来，未有孔子也。"

曰："然则有同与？"

曰："有。得百里之地而君之，皆能以朝诸侯，有天下；行一不义，杀一不辜⑰，而得天下，皆不为也。是则同⑱。"

【注】

①诐（bì）：偏颇。蔽：遮蔽，片面。②淫：放荡，过分。陷：沉溺，缺陷。③邪：邪僻。离：离谱。④遁：逃避，引申为闪烁。穷：理屈。

⑤宰我：孔子学生，名予，字子我，鲁国人。子贡：孔子弟子，端木赐，字子贡，卫国人，外交家，儒商第一人。⑥冉牛：孔子弟子，冉耕，字伯牛，鲁国人。闵子：孔子弟子，闵损，字子骞，鲁国人。颜渊：孔子弟子，颜回，字子渊，鲁国人。⑦辞命：言语。⑧居：自居。⑨子夏：孔子弟子，卜商，字子夏，晋国人，著名学者，对《诗经》有研究。子游：孔子弟子，言偃，字子游。子张：孔子弟子，颛孙师，字子张，陈国人。一体：一肢，一部分。⑩具：具有。体：大体。微：格局小。⑪安：居，自居。⑫伯夷：殷商末年孤竹君之子，与弟弟叔齐谦让王位，逃离本国。武王灭纣，不食周粟，饿死在首阳山。伊尹：商汤的宰相，以贤能著称。⑬何事非君：可以事奉不是自己的国君，即任何国君都可以事奉。⑭何使非民：可以管理不是自己国家的子民，言下之意，可以管理任何国家的子民。⑮于：比于，相对于。⑯若：像。是：如此。班：一样。⑰不辜：无辜的人。⑱同：一样。

【译】

公孙丑说："什么叫做精通语言艺术？"

孟子说："偏颇的言辞我知道其片面性所在，意淫的言辞我知道其缺陷所在，邪僻的言辞我知道其离谱所在，闪烁的言辞我知道其理穷所在。这些言辞发端于心，危害于政治；如果实践于政治，危害国家事业。就算是圣人再生，也必定认同我的话。"公孙丑又说："宰我、子贡长于语言艺术，冉牛、闵子、颜渊长于德行。孔子兼而有之，孔子却说：'我对于语言艺术，没有那么突出啊。'这样看来，夫子您不是已经是圣人了吗？"

孟子说："哎，这是什么话啊？过去子贡问孔子说：'夫子您是圣人吗？'孔子说：'圣人我没能做到，我学而不厌且诲人不倦吧！'子贡说：'学而不厌，是智慧啊；诲人不倦，是仁厚啊。仁厚而智慧，夫子您已经是圣人了。'圣人，孔子都不自居。你这是什么话?"

公孙丑说:"过去私下听说:子夏、子游、子张都有圣人的一些品质，冉牛、闵子、颜渊更是大体接近孔子但格局稍微小了些。斗胆请问您是属于哪一类?"

孟子说:"姑且放弃这个话题。"

公孙丑说:"伯夷和伊尹这两人怎么样?"

孟子回答说:"不同类型。不是自己的国君不事奉，不是自己的百姓不管理;国家太平就做官，国家昏乱就退隐，这是伯夷啊。什么君王都可以事奉，什么百姓都可以管理;国家太平做官，国家昏乱也做官，这是伊尹啊。可以做官就做官，可以弃官就弃官，可以久留就久留，可以速去就速去，孔子是这样的。这些都是古代的圣人。我没能做到他们这样;如果能够如我所愿，那就学孔子吧。"

公孙丑说:"伯夷和伊尹相比于孔子，他们是一样的吗?"

孟子说:"不，自有人类以来，没有人比得上孔子!"

公孙丑说:"如此说来，有与三位圣人同类的吗?"

孟子说:"当然有。获得百里之地就能做国君，就能让天下诸侯来朝见，拥有天下;做一件不正义的事情，杀一个无辜的人，因此而得天下，这些事情都不做的人。这样的人与三位圣人同类。"

【读】

孔子精通语言艺术，这个是孔门教育传统创造的奇迹。宰我和子贡之后，孟子是语言大师。精通语言艺术，不仅仅是善于语言的输出，更重要的是输出前的准备和创造，而准备又是基础。这个准备就是善于理解别人所说的话，只有准确理解，才能有针对性地创造和输出。

孟子雄辩的语言艺术，就是建立在对语言准确理解的基础之上，正所谓偏颇的言辞我知道其片面性所在，意淫的言辞我知道其缺陷所在，邪僻的言辞我知道其离谱所在，闪烁的言辞我知道其理穷所在。

如果仅仅只有辩才，那当然也不是孟子，也不可能有亚圣的名头。孔门宰我、子贡长于语言艺术，冉牛、闵子、颜渊长于德行。孔子兼而有之。由于孔子谦虚，说自己并不长于语言艺术，这样公孙丑就认为，孟子超越了孔子，应该是圣人了！孟子批评公孙丑说错了，即便是孔子也不敢以圣人自居，何况是自己呢？孟子再次搬出孔子自谦的话：只不过学而不厌，诲人不倦。

公孙丑与孟子接下来的对话，以伯夷和伊尹作为铺垫。伯夷作为民族主义者：不是自己的国君不事奉，不是自己的百姓不管理；国家太平就做官，国家昏乱就退隐。伊尹作为政治家：什么君王都可以事奉，什么百姓都可以管理；国家太平做官，国家昏乱也做官。铺垫之后，孔子登场：可以做官就做官，可以弃官就弃官，可以久留就久留，可以速去就速去，孔子是这样的。

【3.2F】 出类拔萃

曰："敢问其所以异①。"

曰："宰我、子贡、有若②，智足以知圣人，汙不至阿其所好③。宰我曰：'以予④观于夫子，贤于尧舜远矣。'子贡曰：'见其礼⑤而知其政，闻其乐⑥而知其德，由⑦百世之后，等⑧百世之王，莫之能违⑨也。自生民以来，未有夫子也。'有若曰：'岂惟⑩民哉？麒麟之于⑪走兽，凤凰之于飞鸟，太山之于丘垤⑫，河海之于行潦⑬，类也。圣人之于民，亦类也。出于其类，拔乎其萃⑭，自生民以来，未有盛于孔子也。'"

【注】

①异：区别。②有若：孔子弟子，字子有，被尊称为有子。③汙(wū)：卑下。不至阿：私曲，偏袒。所好：所喜欢的人。④予：宰我。⑤礼：礼制。⑥乐：音乐。⑦由：由此，从此。⑧等：等待出现。⑨违：

违背。⑩岂：难道。惟：只是。⑪之于：相对于，相比于。⑫太山：泰山。丘垤：蚁穴上的土堆。⑬行：道路。潦：无源之水。⑭拔：突出。萃：聚集。

【译】

公孙丑问："请问他们的不同之处在哪里呢？"

孟子说："宰我、子贡、有若，他们的智慧足以了解圣人，地位卑微但不至于偏袒自己崇拜的圣人。宰我说：'凭我对孔夫子的观察，他比尧舜要贤能很多啊！'子贡说：'见礼仪就知道其政治，听音乐就知道其道德，由此百世之后，再出现百世之王，都不能违背！人类有历史以来，没有人能超过孔子的。'有若说：'岂止是人类有不同呢？麒麟相比于走兽，凤凰相比于飞鸟，泰山相比于蚁穴上的土堆，河海相比于路上积水，也是同类。远远超出同类，从群体中脱颖而出，自有人类以来，没有人比孔子还要伟大！'"

【读】

孟子说的自有人类以来，没有人能超过孔子的。这个评价过分吗？我以为没有。无论东方西方，在人类文化历史上推选三个最伟大的思想家，孔子必在其中。人类文化轴心时代的孔子儒家思想，成为对人类影响深远的思想：孔子儒家思想是中国价值体系的钢结构；是中国人之为中国人的显著性人格基因；是中国之为中国的标志性文化基因。孔子儒家思想衍生了东方文化，主导了东亚文明，浇铸了中华文明！其伦理思想、哲学思想、价值体系等具有永恒的价值，要想解决中国当代社会的诸多问题，需要回望孔子，汲取孔子的智慧！作为哲学家的孔子：一是提出了知行合一的哲学思想；二是建构了忠孝仁义礼智信等伦理价值体系；三是传承和发扬了朴素唯物辩证法的思想，为《易经》作《易传》，使得《周易》成为中华民族薪火相传的哲学智慧。开平民教育先河、开民办教育先河、开素质教育先河、开生本教育先河、开道德教育先河、开审美教育先河、开诗歌教育先河、开有教无类先河、开因材施教先河、开教学相长先河、开全科教师先河、开学术独立先河。树立了自学成才、自强不息、专业成长、人格独立的榜样等等！要想解决当代教育中遇到的难题，仍需要深情回望孔子的教育智慧！

【3.3】以德服人

孟子曰："以力假仁者霸[1]，霸必有大国；以德行仁[2]者王，王不待大。汤以七十里，文王以百里。以力服人者，非心服也，力不赡[3]也；以德服人者，中心悦而诚服也，如七十子之服孔子也。《诗》云：'自西自东，自南自北，无思不服。[4]'此之谓也。"

【注】

[1]以：凭借。力：实力，即指综合国力。假：假借。霸：称霸诸侯，把持天下。[2]行仁：实行仁政。[3]赡：足。[4]自西自东，自南自北，无思不服：语出《诗经·大雅·文王有声》。无：没有。思：语气助词，无实义。服：服从。

【译】

孟子说："凭借综合国力然后假借仁义成就霸业，称霸诸侯必须有广阔的疆域和强大的综合国力作为基础；凭借道德而行仁政者最终成为天下的王，称王天下并不依靠疆域的广大和国力的强大。以国力使别人屈服，不是内心臣服，国力最终显得不足；以道德使人佩服，心中高兴而真诚佩服，就像孔子七十弟子悦服孔子一样啊。《诗经·大雅·文王有声》：'慕名而来自西东，慕名而来自南北，天下无人不服周。'讲的就是这个意思啊。"

【读】

孟子在这一章，讲的是王道和霸道的区别，显然孟子提倡王道，反对霸道。这应该是人类的共同价值坚守。周恩来总理在新中国成立之初提出的和平共处五项原则就属于王道："一是互相尊重主权和领土完整；二是互不侵犯；三是互不干涉内政；四是平等互利；五是和平共处。"这五项原则曾经成为世界爱好和平国家的共同坚守。如今中国始终如一，依然坚持王道，坚持原则，这就毋庸置疑地赢得其他国家心悦诚服的尊重，以王道的方式屹立在世界强族之林。以德服人，令人心悦诚服的"王道"思想当然不只是适用于国与国，也适用于地方与地方，适用于组织与组织，适用于人与人。让人心悦诚服，总比让人口服心不服要好得多！在组织结构中，上位者德高望重，学识渊博，能力超群，贡献突出，对周遭的人，对下级，都会形成一种强烈的人格魅力，这种非权力的权威往往更有影响力、征服力、凝聚力。错把位置当权威的做法，实在不值得提倡，对下级对平民颐指气使、趾高气扬，更有甚者，自以为是，好为人师，企图以侮辱人格的方式树立自己的威信，那是最低级、最无聊、最无耻的管理方式。

【3.4】祸福自求

孟子曰："仁则荣，不仁则辱；今恶辱而居①不仁，是犹恶湿而居下②也。如恶之，莫如贵德而尊士③，贤者在位，能者在职；国家闲暇，及是时，明其政刑④。虽大国，必畏之矣。《诗》云：'迨天之未阴雨，彻彼桑土，绸缪牖户。今此下民，或敢侮予？⑤'孔子曰：'为此诗者，其知道⑥乎！能治其国家，谁敢侮之？'今国家闲暇，及是时，般乐怠敖⑦，是自求祸也。祸福无不自己求之者。《诗》云：'永言配命，自求多福。⑧'《太甲》曰：'天作孽，犹可违；自作孽，不可活。⑨'此之谓也。"

【注】

①恶：厌恶。而：却。居：行。②湿：湿地。下：低下，低地。③贵德：以德为贵。而：且。尊士：尊重读书人。④明：使……明，让天下人知晓。政：政策。刑：法律。⑤迨天之未阴雨，彻彼桑土，绸缪牖户。今

此下民，或敢侮予：语出《诗经·豳风·鸱鸮》。迨（dài）：趁着。彻：剥。桑土：桑根；土：同"杜"，即"根"。绸缪（chóumóu）：缠绕。牖（yǒu）：窗。户：门。下：树下，即鸟巢那棵树的下面。或：有人，谁人。⑥道：天道，仁道。⑦般乐：盘旋不已，乐而忘返。怠：怠慢。敖：恣肆。⑧永言配命，自求多福：语出《诗经·大雅·文王》。永：永远，长久。言：语气助词，无实义。配：匹配。命：天命。⑨天作孽，犹可违；自作孽，不可活：语出《尚书·太甲》。作：制作。孽：罪孽。

【译】

孟子说："实行仁政则繁荣，不实行仁政则屈辱；现在厌恶屈辱却处于不行仁政的状态，这不就是厌恶湿气却居住在低洼之地啊。如果厌恶屈辱，没有比崇尚道德和尊重士人更好的策略，贤者能在位，能者能在职；国家无内忧外患，乘此良机，修明政治法律。即使是大国的邻国，也心存畏惧啊。《诗经·豳风·鸱鸮》说：'等到天晴，剥离那桑根，修好窗户。现在树下的人，还有谁敢欺负？'孔子说：'作这首诗的人，他知道天道吗？能够治理好国家，谁敢欺负呢？'现在国家无内忧外患，在这个时候，却追求享乐怠惰傲慢，这是自己找来的人祸啊。祸福没有不是自己找来的。《诗经·大雅·文王》说：'永远适应天命，自己寻求多福。'《尚书·太甲》曰：'上天降下罪孽，还可以违抗；自己做下的罪孽，不可以活命。'说的就是这个意思啊。"

【读】

以孟子的智慧治理今天的世界，迂腐吗？不迂腐。过时吗？不过时。有效吗？有效。行仁政就繁荣，商汤如此，文王如此，汉文帝如此，汉景帝如此，唐太宗如此；不行仁政就自取其辱，夏桀如此，商纣王如此，周幽王如此，周厉王如此，秦二世如此。古往今来也没有例外。

国家在无内忧外患的时候该做什么？孟子告诉我们，需要崇尚道德，尊重士人，贤者有位，能者有职；而不是让劣币驱逐良币，小人上位而贤者靠边站。还需要乘此良机，修明政治，优化政策法律。

对于百姓，不是追求享乐，声色犬马，怠惰傲慢，如此就会招致人祸。孟子唯恐不够形象，还引用《诗经·豳风·鸱鸮》的诗句"等到天晴，剥离那桑根，修好窗户。现在树下的人，还有谁敢欺负？"说明繁荣时期"未雨绸缪"的重要性和必要性。一位学者讲："抖音一响，父母白养！"说错了吗？应该没有。我们在网络文化如此繁荣的时候，需要冷静思考，需要未雨绸缪，需要想一想知识碎片化、价值碎片化、文化碎片化带来的严重后果。

【3.5】 尊贤使能

孟子曰："尊贤使能^①，俊杰^②在位，则天下之士皆悦而愿立于其朝矣；市^③，廛而不征^④，法^⑤而不廛，则天下之商皆悦而愿藏于其市矣；关^⑥，讥^⑦而不征，则天下之旅皆悦而愿出于其路矣；耕者，助^⑧而不税，则天下之农皆悦而愿耕于其野矣；廛^⑨，无夫里之布^⑩，则天下之民皆悦而愿为之氓^⑪矣。信^⑫能行此五者，则邻国之民仰之若父母矣，率其子弟，攻^⑬其父母，自有生民以来未有能济^⑭者也。如此，则无敌于天下。无敌于天下者，天吏^⑮也。然而不王者，未之有也。"

【注】

①贤：道德高尚者。能：能力突出者。这里是互文手法，不能分开理解。②俊：英俊，俊秀。杰：才智超群者。③市：市场。④廛（chán）：市场中储存货物的栈房，用作动词，储存在栈房。征：征税。⑤法：基于

法律的禁令。⑥关：关卡。⑦讥：稽查。⑧助：助耕，周代耕种井田。⑨廛：民居，用作动词，居住在民居之中。与前面的"廛"含义不同。⑩夫里之布：即夫布和里布，布是钱。夫布：成年男子一天劳役的钱币折算。里布：居家不种桑麻而必须缴纳的钱币。⑪氓（méng）：民。⑫信：的确。⑬攻：攻打。⑭济：成功。⑮天吏：上天的官吏。

【译】

孟子说："尊重道德高尚者且使才能卓越者有作为，出类拔萃者在其位，那么天下之士人都高兴并愿意效力于朝廷；市场，用专用库房储存货物而不用加收税金，如果产品滞销依法收购而不让货物长久积压，如此天下商人都开心而愿意藏身于这国的市场；关卡，稽查奸细而不征税，天下旅人都愿意行走在这国的路上；耕种的人，出力耕种公田而不用再纳税，那么天下的种田人都开心而愿意在该国的野外耕种；居住在民居，没有额外的劳役和不种桑麻的负担，那么天下人都开心而愿意成为该国的人民。如果能实行这五种政策，那么邻国人的敬仰犹如敬仰父母一般。可以想象，如果率领子弟，攻击父母，自有人类以来没有成功的。如此，必然无敌于天下。无敌于天下，就是天吏。这样却不能统一天下，没有啊！"

【读】

对照孟子本章提出的王道思想，也许我们能够找到重振经济的策略。第一，尊重贤能。选人用人以德为先，以贤能为标准。让出类拔萃者在位；不能让劣币驱逐良币。研究经济工作，让企业家和经济学家唱主角，推出实实在在的有用的政策。第二，改善营商环境，做好相关服务。市场配备了储备货物的栈房吗？商人临时储备货物可以降低租金或者免租吗？政府有处置积压商品的措施吗？时令商品积压有疏导和促销策略吗？第三，降低进入海关的税费。降低关税，让利于百姓，让利于企业，吸引天下旅客。第四，降低农业成本，鼓励农民耕种。现在农民愿意耕种土地吗？昂贵的农药和化肥打消了农民种地的积极性，这个问题始终没有解决。第五，取消户籍制度，让流动人口享受国民待遇。孟子时代就可以租住在民房，无须暂居证，无须缴纳相关费用，甚至连外国商旅也享受国民待遇。

【3.6】 先天本心

　　孟子曰："人皆有不忍人之心。先王有不忍人之心，斯有不忍人之政矣。以不忍人之心，行不忍人之政，治天下可运之掌上。所以谓人皆有不忍人之心者，今人乍见孺子①将入于井，皆有怵惕恻隐②之心，非所以内③交于孺子之父母也，非所以要誉④于乡党朋友也，非恶⑤其声而然也。

　　"由是观之，无恻隐之心，非人也；无羞恶之心，非人也；无辞让之心；非人也；无是非之心，非人也。恻隐之心，仁之端也；羞恶之心，义之端也；辞让之心，礼之端也；是非之心，智之端也。人之有是四端也，犹其有四体⑥也。有是四端而自谓不能者，自贼⑦者也；谓其君不能者，贼其君者也。凡有四端于我者，知皆扩而充之矣，若火之始然，泉之始达。苟能充⑧之，

足以保四海；苟不充之，不足以事父母。"

【注】

①乍：突然。孺子：孩子。②怵（chù）：恐。惕（tì）：惧怕。恻：伤之切。隐：痛之深。恻隐：真切的同情心。③内：私下。④要：要求。誉：名誉。⑤恶：厌恶。⑥四体：四肢，手足。⑦贼：害。⑧充：扩充。

【译】

孟子说："人都有慈悲之心。先王有慈悲之心，才有慈悲的政治。用慈悲之心，行慈悲的政治，平治天下可以运作在手掌。之所以说人都有慈悲之心，现在人们突然见到孩子将掉到井里，每个人都有惊骇深切同情之心，并非因为私下与孩子父母有交情，不是以这种方式求得乡里的声誉，也不是厌恶小孩子的哭声才这么做。

"由此看来，没有同情之心，不是人；没有羞恶之心，不是人；没有辞让之心，不是人；没有是非之心，不是人。同情之心，是仁的开端；羞恶之心，是义的开端；辞让之心，是礼的开端；是非之心，是智的开端。人如果有这四端，就像人有手足一样啊。有这样的四端而说自己不能，那是戕害自己啊；说国君不能，那是陷害国君啊。但凡有这四端于自己，懂得扩充起来，就像刚刚燃烧的火，就像开始奔涌的泉。如果能够扩充这四端，足以保四海平安；如果不能扩充这四端，不足以事奉父母。"

【读】

孟子提出的"四心说"就是宋明心学的萌芽，为宋明心学的创建奠定了思想基础。"恻隐之心，仁之端也；羞恶之心，义之端也；辞让之心，礼之端也；是非之心，智之端也。"心学已经在孟子思想中萌芽，只是没有被人认识和阐释。孟子如何解释"知行合一"的呢？请看"人乍见孺子将入于井，皆有怵惕恻隐之心"的案例：一个小孩将掉到井里，今天任何一个人看到了，无须提醒，不假思索，会立即伸出援手，这是什么？这是人心中慈悲天性在关键时候表现出的无须提醒的自觉，这就是良知与良能的知行合一。那么敢问为什么很多人这种慈悲之心没了？那是因为心被异化，心被放纵，心被蒙蔽。

慈悲是人的天性，心中的慈悲决定了生命的张力。慈悲与包容是人类最本源、最重要、最有力的生命情感和道德智慧！这正是心力的作用，也是心学研究的范畴！

【3.7】 天之尊爵

孟子曰："矢人岂不仁于函人①哉？矢人唯恐不伤人，函人唯恐伤人。巫匠②亦然。故术不可不慎也。孔子曰：'里仁为美。择不处仁，焉得智？'夫仁，天之尊爵③也，人之安宅④也。莫之御而不仁，是不智也。不仁、不智，无礼、无义，人役⑤也。人役而耻为役，由弓人而耻为弓，矢人而耻为矢也。如耻之，莫如为仁。仁者如射：射者正己⑥而后发；发而不中，不怨胜己者，反求⑦诸己而已矣。"

【注】

①矢人：造箭的人；矢，箭。函人：造铠甲的人；函：铠甲。②巫：巫医，为人祈福的人。匠：木匠，这里指为人做棺椁的人。③尊：尊贵。爵：爵位。尊爵：用作动词，赏赐尊贵爵位。④安宅：归宿，寄托。⑤役：仆役，做仆役。⑥正己：端正心态和姿态。⑦反：反躬。求：责备。

【译】

孟子说："造箭人岂不是比造甲人不仁吗？造箭人唯恐不伤人，造甲人唯恐人被伤。巫医和木匠也是这样。所以学技术不可不慎重啊。孔子说：'居住在民风仁厚的乡里是很美的。选择居住在不仁之地，怎么能够算是智慧呢？'仁爱，是天赐给人的爵位，是人心的归依之所啊。没有什么外力阻挡却不能行仁道，那是不智慧的。无仁爱，无智慧，无礼仪，无正义，那是仆役啊。仆役尚且以做仆役为耻辱，由此类推造箭人以造箭为耻。如果以这些为耻辱，还不如行仁爱。仁爱者射箭：射的人调整好心态和姿态而后放箭；放箭不中，不埋怨战胜自己的人，反躬自问罢了。"

【读】

这一章孟子论述了仁是人的本性，仁是人的归依，仁是人的选择。首先，仁是本性，造箭人、造甲人、巫医、匠人，本质上都有"四端"，都有仁心，不存在因为职业问题而谁比谁多或谁比谁少的问题。其次，仁是人的归依。孔子"人者，仁也"在这里得到了进一步发挥，仁是上天赋予人的尊爵，也就是人之为人的本性和标志，仁也是人能够安静地生活在这个世界的归依。最后，仁是人的选择。虽然是本性，虽然是天赋，但是，仁心会因为外物的干扰而失去其本性，很多人由此迷失了人性，强化了物性甚至兽性，所以，人还是需要有意识地选择以实践来强化和涵养自己的仁心。

【3.8】 与人为善

孟子曰："子路①，人告之以有过，则喜。禹②闻善言，则拜。大舜有大③焉，善与人同，舍己从人，乐取于人以为善，自耕稼、陶、渔④以至为帝，无非取于人者。取诸人以为善，是与人为善者也。故君子莫大乎⑤与人为善。"

【注】

①子路：孔子弟子，仲由，字子路，又称季路。春秋末年鲁国人。
②禹：大禹，治水英雄，是上古最后一位通过禅让获得帝位的君王。
③舜：虞舜，孔孟儒家最推崇的圣王。大：伟大。④耕稼：耕种。陶：制陶。渔：捕鱼。⑤莫：莫过于。大乎：大于。

【译】

孟子说："子路，有人把他的过错告诉他，则很开心。大禹，听到善的意见，则拜谢。大禹尤其伟大啊，他行善与别人相同，从善如流，乐于听取别人的善言善策，他从农民、陶工、渔民一直做到帝王，无非是能够采纳别人的善言善策。汲取别人的善，就是与人一起行善。君子最高的德行就是与人一起行善。"

【读】

"与人为善"意思是与别人一起行善。中国成语被错解的，甚至将错就错的，难计其数。读完这一章，该让"与人为善"回归到其本来的含义。作为语言艺术大师，孟子举了两个例子，一个是孔门十哲之一的子路，他闻过则喜，他从一介武夫，修炼成为孔门杰出的学生。这是独自修为、独自行善而成就自己的杰出代表。在此基础上，孔子推出了治水英雄、一代贤王大禹作为例子，想证明独自一人善还不够，学习别人的善言善行，则是人格发展的又一境界，而更高的境界就是学习别人的善，后与他人一起行善，这才是最伟大的君子品格。回到现实生活中来，如果每个人都能听取别人的善言善策，并且与他们一起行善，这个世界将是多么美好啊！

【3.9】 我心依旧

孟子曰："伯夷①，非其君，不事；非其友，不友。不立于恶人之朝，不与恶人言；立于恶人之朝，与恶人言，如以朝衣朝冠坐于涂炭②。推恶恶③之心，思与乡人立，其冠不正，望望然④去之，若将浼⑤焉。是故，诸侯虽有善其辞命而至者，不受也。不受也者，是亦不屑就⑥已。柳下惠不羞汙⑦君，不卑⑧小官；进不隐贤⑨，必以其道⑩；遗佚⑪而不怨，厄穷而不悯⑫。故曰：'尔为尔，我为我，虽袒裼裸裎⑬于我侧，尔焉能浼我哉？'故由由然与之偕而不自失焉⑭，援而止之而止。援而止之而止者，是亦不屑去⑮已。"孟子曰："伯夷隘⑯，柳下惠不恭⑰，君子不由⑱也。"

【注】

①伯夷：商末孤竹君之子，贤德著称于世，武王灭纣，义不食周粟，饿死在首阳山。②朝衣：上朝的朝服。朝冠：上朝的官帽。涂：泥泞。炭：黑炭。③恶恶（wù'è）：厌恶丑恶。④望望然：毅然决然状。⑤浼（měi）：使……污。⑥就：接近。⑦柳下惠：姬姓，展氏，名获，字季禽，鲁国柳下邑人（今孝直镇人）。孟子尊为"和圣"。汙：同"污"，道德败坏。⑧卑：以为……卑贱。⑨进：做官。隐贤：让贤者隐退。⑩必：一定。道：原则。⑪遗佚（yì）：放弃；佚：同"逸"。⑫厄穷：困穷。悯：忧。⑬袒裼：露臂。裸裎：裸露身子。⑭故：所以。由由然：自得状。⑮不屑：不必。去：离去。⑯隘：偏狭，气量小。⑰不恭：减慢。⑱由：行。

【译】

孟子说："伯夷，不是他心中的君王，不事奉；不是他心中的好友，不结交为朋友。不在恶人充斥的朝中站立，不与坏人说话；站在恶人充斥的朝堂，与坏人言语，就仿佛是穿着朝服朝帽坐在泥泞和黑炭之上。推广这种厌恶坏人的心，想着与乡里人站在一起，乡人帽子没有戴正，就毅然决然离开，仿佛将被污染一样。所以，诸侯即使用美好的辞令来邀请，伯夷也不接受。不接受，是不屑于接近这些国君。柳下惠不以事奉道德败坏的国君而感到羞耻，不以做小官而卑贱；在朝堂做官就不隐藏自己的贤能，必定坚守自己的原则；被放弃了也不怨恨，处于穷困而不忧愁。所以他说：'你是你，我是我，即使露出手臂和裸露身子站在我身边，又怎么能污染我呢？'所以他和任何人都能高高兴兴地在一起而不担心自己失态啊。拉着他要他留下就留下。拉着他要他留下就留下的人，是因为也觉得不屑于离开罢了。"孟子说："伯夷气量太小，柳下惠太过玩世不恭，气量小和玩世不恭，君子都不应这么做。"

【读】

读这一章，更让我坚信，儒学的正宗在先秦，如果回到《孟子》，可以畅快淋漓领会孟子儒学的大气磅礴和实事求是。很多人忽视了孟子的实事求是。伯夷，虽然被称为圣人，但是孟子却全是批评之词，几乎没有半点赞美。如果每个人都像伯夷那样生活，那么世界上很多民族都不存在了，很多国家也都不存在了。相反，孟子对柳下惠，却明贬暗褒，似乎字字句句都透露出柳下惠的玩世不恭和漫不经心：不介意事奉品德败坏的国君，不介意做小官，不介意与小人相处，不介意与乡人相处，不介意入乡随俗，但最可贵的是不隐藏自己的才能，不放弃自己必须坚守的原则：为百姓服务。《论语·微子》说，柳下惠当法官，三次被罢免。有人说："你不可以离开鲁国吗？"柳下惠说："按正道工作，到哪里不会被多次罢官呢？如果不按正道工作，为什么一定要离开祖国呢？"作为柳下惠的后人，我其实也是这样的姿态。既然选择了，从此无怨无悔；从政，则坚持正道为官；从教，则坚持正道为师！不计名利得失，保全有用之躯，努力实现理想，努力服务于中华民族的伟大复兴！红尘滚滚，我心依旧。坚守本心，坚守本性，出淤泥而不染，濯清涟而不妖。有什么不好？

卷四　公孙丑下

【4.1】 得道多助

孟子曰："天时不如地利^①，地利不如人和^②。三里之城，七里之郭^③，环^④而攻之而不胜。夫环而攻之，必有得天时者矣；然而不胜者，是天时不如地利也。城^⑤非不高也，池^⑥非不深也，兵革^⑦非不坚利也，米粟^⑧非不多也，委而去^⑨之，是地利不如人和也。故曰：域^⑩民不以封疆之界，固国不以山溪之险^⑪，威^⑫天下不以兵革之利。得道^⑬者多助，失道者寡助。寡助之至，亲戚畔^⑭之；多助之至，天下顺^⑮之。以天下之所顺，攻亲戚之所畔，故君子有不战，战必胜矣。"

【注】

①天时：气温、雨雪、时令等源于天而不可控制的因素等。地利：山河、城池、地形等可兹利用的地理要素等。②人和：人心向背，包括部队凝聚力、百姓支持力。③郭：外城，相对于"城"（内城）而言。④环：

包围。⑤城：城池，含内城、外城。⑥池：护城河。⑦兵：兵器。革：皮革，借指铠甲。⑧米粟：粮食。⑨委：放弃。去：逃跑。⑩域：管理。⑪固国：巩固国防。险：险峻。⑫威：威吓。⑬道：因仁政而生道义。⑭亲：父系亲人。戚：妻系亲人。畔：同"叛"，背叛。⑮顺：归顺。

【译】

孟子说："有利于作战的天气、时令比不上有利于作战的地理形势，有利于作战的地理形势比不过作战中的人心所向。三里的内城，七里的外城，包围攻打却不能取得胜利。既然包围攻打，必定得到天时的有利条件；这样却不能胜利，是因为天时不如地利啊！城池不是不高，护城河不是不深，武器甲胄不是不坚硬锋利，粮草不是不多，放弃城池而离开，是因为地利不如人和啊。所以说：管理人民不靠疆域的限制，巩固国防不靠山川险峻，威慑天下不靠武器锐利。行仁政者帮助他的多，背弃仁道者获得的帮助少。帮助少到极点，亲人都背叛；帮助多到极点，天下人都归附。以天下归附的力量，攻打连亲戚都背叛的独夫，故君子要么不开战，开战必然胜利。"

【读】

儒家对于军事有独特的见解，那就是军事政治化，即以政治的眼光看待军事。在天时、地利、人和三大要素当中，天时不如地利，地利不如人和。儒家的军事观点在孟子时代也已家喻户晓。是否真的这样呢？当然是。秦末项羽刘邦的义军，相对于血债累累的秦国虎狼之师，军队正规化不如秦军，军队装备不如秦军，天时地利或许各有利弊，但是唯独民心向背不同，天下百姓不堪忍受秦国暴政已经很久了，民心归附决定了战争的胜负。楚汉战争，刘邦登台拜相也登台拜将，拥有运筹帷幄、决胜千里的张良，拥有抚百姓、镇国家的萧何，拥有攻必克、战必胜的韩信，军队所到之处，秋毫无犯，民心归附如此，所以能战胜连一个谋士亚父范增都不能容纳、连一块封地都不肯给部下的项羽，这就是典型的地利不如人和啊。抗日战争打了十四年，抗战开始的时候毛泽东等都已经做出了预判，除了武器和军事训练之外，天时、地利、人和都在中国这一边，所以，最终的胜利必然是我们的。儒家的军事思想是建立在政治之上，也提倡政治至上，得道多助，失道寡助，民心归附是战争胜利至关重要的因素。

【4.2】 不召之臣

孟子将朝王，王使人来曰："寡人如就见者也，有寒疾，不可以风。朝，将视朝，不识可使寡人得见乎？"

对曰："不幸而有疾，不能造①朝。"

明日，出吊于东郭氏②。公孙丑曰："昔者辞以病，今日吊，或者不可乎？"

曰："昔者疾，今日愈，如之何不吊？"

王使人问疾，医来。

孟仲子对曰："昔者有王命，有采薪之忧③，不能造朝。今病小愈，趋造于朝，我不识能至否乎？"

使数人要④于路，曰："请必无归，而造于朝！"

不得已而之景丑氏⑤宿焉。

景子曰："内则父子，外则君臣，人之大伦也。父子主恩，君臣主敬。丑见王之敬子也，未见所以敬王也。"

曰："恶！是何言也！齐人无以仁义与王言者，岂以仁义为不美也？其心曰：'是何足与言仁义也。'云尔，则不敬莫大乎是。我非尧舜之道，不敢以陈于王前，故齐人莫如我敬王也。"

景子曰："否，非此之谓也。《礼》曰，'父召，无诺⑥；君命召，不俟驾。'固将朝也，闻王命而遂不果⑦，宜与夫《礼》若不相似然。"

曰："岂谓是与？曾子曰：'晋楚之富，不可及也；彼以其富，我以吾仁；彼以其爵，我以吾义，吾何慊⑧乎哉？'夫岂不义而曾子言之？是或一道⑨也。天下有达尊三：爵一，齿一，德一。朝廷莫如爵，乡党莫如齿⑩，辅世长⑪民莫如德。恶得有其一以慢其二哉？故将大有为之君，必有所不召之臣；欲有谋⑫焉，则就之。其尊德乐道，不如是，不足以有为也。故汤之于伊尹，学焉而后臣之，故不劳而王；恒公之于管仲，学焉而后臣之，故不劳而霸。今天下地丑德齐⑬，莫能相尚，无他，好臣其所教⑭，而不好臣其所受教⑮。汤之于伊尹，桓公之于管仲，则不敢召。管仲且犹不可召，而况不为管仲者乎？"

【注】

①造：前往。②吊：吊丧。东郭氏：齐国大夫。③采薪之忧：谦辞，表示轻微病。④使：派。要：拦截。⑤之：去。景丑氏：齐国大夫。⑥无诺：不等答应，即来不及答应先动身。⑦不果：没有结果，没有下文，隐喻不去了。⑧慊：少。⑨是：这。或：恐怕。一道：有一点道理。⑩齿：序齿，按年龄排序。⑪辅：辅佐。世：国家。长：管理。⑫谋：商量。⑬丑：同。齐：等。⑭臣：以……为臣。所教：自己教诲的。⑮所受教：使自己受教诲的人。

【译】

孟子将去朝见齐宣王，齐宣王派人来说："我本想来您家见您，因为感冒，不能吹风。来朝堂，我们将在朝堂见面，不知道能让我见到您吗？"

孟子回答说："我也不幸生病，不能来朝堂。"

第二天，孟子外出到东郭氏处吊丧。公孙丑说："昨天以生病为由推辞大王，今天去东郭氏吊丧，或许不可以吧？"

孟子说："昨天生病，今天痊愈，为什么不去吊丧？"

　　齐宣王派人问候孟子，医生陪同前来。

　　孟仲子回答说："昨日有大王的命令，但是他生病，不能前往朝堂。今天小病好了，已经前往朝堂方向去了，我不知道他是否已经到了朝堂啊？"

　　孟仲子派遣数人在路上拦截孟子，说："请一定不要回来，去朝堂！"

　　孟子不得已只能借宿在大夫景丑氏家里。

　　景丑氏说："家则父子，外则君臣，这是人的大伦理啊。维系父子需要恩情，维系君臣需要尊敬。我只见大王尊敬您，没有见过您尊敬大王啊。"

　　孟子说："哎！这是什么话！齐国人不用仁义向大王谏言，难道是仁义不好吗？他们内心嘀咕：'怎么值得跟他说仁义。'如此这般，那么不敬大王没有比这种做法更大的罪。我非尧舜之道，不敢向大王陈述，所以齐国人不如我尊敬大王啊。"

　　景丑氏说："不，不是这种说法。《周礼》说：'父亲召唤，来不及答应就往回走；君命召唤，不等待驾车就往朝廷方向走。'本来就应该去朝堂，听到王命却不去，与《周礼》似乎不相宜。"

　　孟子说："难道你说的是这个吗？曾子说：'晋国楚国富庶，我们达不到；他们拥有财富，我拥有仁爱；他们凭借爵位，我凭借正义，我为什么要觉得比他们差呢？'不义的话难道曾子会说？这或许有一定道理吧。天下最宝贵的有三样：一是爵位，二是年龄，三是道德。在朝堂莫贵于爵位，在乡里莫贵于年龄，辅助国君和管理百姓莫贵于道德。怎么能够拥有其一就轻慢另外二者呢？所以大有作为的圣君，必定有不敢召唤的大臣；如果有事跟这类大臣商量，就应该登门拜访。这样才体现尊重道德、崇尚道行，如果不是这样，其格局不足以成大事。所以，商汤之于伊尹，先向伊尹学习后请他做大臣，商汤不用操劳就能称王天下；齐桓公之于管仲，先向管仲学习后任命他为大臣，所以不用劳神而称霸天下。现在天下的土地差不多大，道德水平差不多，各诸侯国谁也不服谁，没有别的原因，这些国君都是喜欢那些随便自己教诲的人做大臣，而不喜欢任命那些教诲自己的人做大臣。商汤之于伊尹，齐桓公之于管仲，就不敢召唤。管仲尚且不可以召唤，何况我这个不愿意做管仲的人？"

【读】

儒家君臣之道，绝非后世汉儒和宋儒所伪造的"君叫臣死臣不得不死"的愚忠，即便是孔子，也认为："君使臣以礼，臣事君以忠。"君臣相互尊重，而不是只讲臣子忠于国君。到了孟子则明确提出了"民为贵，社稷次之，君为轻"的民本思想，同时也提出了"君之视臣如手足，则臣视君如腹心；君之视臣如犬马，则臣视君如国人；君之视臣如土芥，则臣视君如寇雠"的振聋发聩的主张。简而言之，就是君臣人格平等、上级下级人格平等，君臣上下道义相期，国家才能兴旺发达。如果国君视臣子为奴才，上级视下级为奴才，那么国君和上级都喜欢运用那些乐意听自己"教诲"的人做臣子或下级，当然这些人基本都是奴才，都是庸才，都是蠢才，这样的国家必然衰败。只要想一想商汤怎么礼尚伊尹，文王如何礼尚姜尚，刘邦如何礼尚张良，李世民如何礼尚徐茂公，朱元璋如何礼尚刘伯温，答案都会了然于心！为人君，有不召之臣，国家才有可能兴旺；做企业，有不召之才，企业才能兴旺。无论是平治天下，还是创建企业团队，大小不同，原理相近！

【4.3】 受之有礼

陈臻①问曰:"前日于齐,王馈兼金②一百,而不受;于宋,馈七十镒③而受;于薛,馈五十镒而受。前日之不受是,则今日之受非也;今日之受是,则前日之不受非也。夫子必居一于此矣。"

孟子曰:"皆是也。当在宋也,予将有远行,行者必以赆④;辞曰:'馈赆。'予何为不受?当在薛也,予有戒心;辞曰:'闻戒,故为兵馈之。'予何为不受?若于齐,则未有处⑤也。无处而馈之,是货⑥之也。焉有君子而可以货取⑦乎?"

【注】

①陈臻:孟子弟子。②馈:赠送。兼金:高品质的金子。③镒:古代重量单位,二十两为一镒(一说等于二十四两)。④赆(jìn):离别和送别所赠送的财物。⑤处:理由。⑥货:收买。⑦取:获取,拥有。

【译】

陈臻问："过去在齐国，齐宣王赠送您高品质金一百镒，您却不接受；在宋国，国君赠送您七十镒，您却接受；在薛国，国君馈赠五十镒，您却接受了。过去不接受是对的，现在接受就是错的；今日接受是对的，过去不接受就是错的。您二者必居其一啊。"

孟子说："都是对的啊。在宋国，我将远行，远行者往往会被馈赠财物；国君的说辞是：'赠送点远行的盘缠。'我为什么不接受呢？在薛国，我有防备匪患的戒备之心；薛国君的说辞：'听说要防备匪患，所以给您购买兵器的钱。'我为什么不接受呢？像在齐国，则没有理由接受啊。没有理由而馈赠我，这是收买我啊。哪里有君子可以用金钱收买的呢？"

【读】

馈赠和受礼至今仍然是困扰人们的问题，一不小心，即为贪腐。同样是金子，齐国国君赠送一百镒，孟子不接受。宋国国君赠送七十镒，孟子笑纳了。薛国赠送五十镒，孟子笑纳了。学生陈臻百思不得其解，便询问个究竟。孟子给出的答案：收受宋国的馈赠，那是国君赠送的盘缠；接受薛国的馈赠，那是购买兵器用的，以备不时之需。——这里的七十镒和五十镒，其实有个量的问题。应该说，宋国国君和薛国国君都是按需赠送，如果量过大，远远超出旅途盘缠或购买兵器的需要，孟子或许会有别的思考和判断。不收齐国馈赠，是因为没有理由。没有理由，就如同收买。既然是君子，怎么能用金钱收买呢？

【4.4】忠于职守

孟子之平陆①，谓其大夫②曰："子之持戟之士，一日而三失伍③，则去④之否乎？"

曰："不待三。"

"然则子之失伍也亦多矣。凶年饥岁，子之民，老羸⑤转于沟壑，壮者散而之四方者，几千人矣。"

曰："此非距心之所得为也。"

曰："今有受人之牛羊而为之牧之者，则必为之求牧与刍矣。求牧与刍而不得，则反诸⑥其人乎？抑亦立而视其死与？"

曰："此则距心之罪也。"

他日，见于王曰："王之为都者，臣知五人焉。知其罪者，惟孔距心。"为王诵⑦之。

王曰："此则寡人之罪也。"

【注】

①之：去。平陆：齐国的邑城。②大夫：平陆的邑宰孔距心。③失伍：离开队伍，引申为失职。④去：杀掉。⑤羸：瘦弱。⑥诸："之于"的合音。⑦诵：陈述。

【译】

孟子去平陆邑，对平陆邑宰说："你的拿着戟的士兵，一天三次失职，那么会杀了他吗？"

邑宰曰："不等到三次。"

孟子说："然而您的失职也多了。不好的年成，饥荒的岁月，您的百姓老弱者辗转死于山沟，年壮者分散而去了四方，共有几千人了。"

邑宰说："这不是我孔距心力所能做的。"

孟子说："现在有人接受了别人的牛羊并放牧，那么一定会为牛羊寻求牧场和草料。寻求牧场和草料而不得，是归还给送牛羊的人吗？还是站着看着这些牛羊饿死？"

邑宰说："这是距心的罪啊。"

后来，（孟子）见到齐宣王说："大王担任邑宰的人，我了解五人。知道自己有罪的，仅仅孔距心一人。"孟子为齐宣王讲述了过程。

齐宣王说："这是我的罪啊。"

【读】

孔孟儒家对于"忠"的解释就是"忠于职守"，"忠"的对象不局限于臣子或者下位者，对上位者需要"忠"，对国家需要"忠"，对人民需要"忠"，对本职工作需要"忠"，对学术需要"忠"，这是一个非常好的伦理精神。可惜，两千多年来，由于汉儒的歪曲和既得利益者的强化，"忠"被解释偏了歪了错了。孟子在这一章成功地运用类比推理，循循善诱，让平陆邑宰孔距心认识到自己的不忠行为，认识到自己的过错。随后，又借此事引导齐宣王认识自己对于职责的不忠行为，终于让齐宣王亲口说出了："这是我的罪啊。"

【4.5】进退自如

孟子谓蚔鼃[1]曰："子之辞灵丘而请士师[2]，似也，为其可以言也。今既数月矣，未可以言与？"

蚔鼃谏于王而不用[3]，致为臣[4]而去。

齐人曰："所以为蚔鼃则善矣；所以自为，则吾不知也。"

公都子[5]以告。

曰："吾闻之也：有官守者，不得其职则去；有言责者，不得其言则去。我无官守，我无言责也，则吾进退，岂不绰绰然有余裕[6]哉？"

【注】

①蚔鼃（chíwā）：齐国大夫。②灵丘：齐国邑名。请：自请担任。士师：狱官。③用：采纳。④致：辞去。为臣：所担任的职务。⑤公都子：孟子门人。⑥绰绰然：十分宽裕的样子。裕：充裕。

【译】

孟子对蚔蛙说:"你辞掉灵丘邑宰而自请担任狱官,似乎有道理,因为这个职位可以进言了。现在已经过去几个月了,没有可以进言的机会吗?"

蚔蛙向齐王谏言没有被采纳,于是辞掉官职走了。

齐国人说:"孟子为蚔蛙设想得很好;为自己是怎样设计的,那我就不知道了。"

公都子把这种说法告诉孟子了。

孟子说:"我听说了:有固定官职的,不能尽其职责就离开;有谏言职责的,谏言不被采纳就离开。我没有固定官职,我没有谏言的职责,那么我的进退,岂不是绰绰有余吗?"

【读】

读这一章,想到的是在孟子所处的时代,官员是可进可退的。有官职而不能尽其职责的,可以辞掉职务。可是,现在有多少人愿意辞职? 公务员制度固化,十分不利于调动公务员工作的主动性和积极性。负责谏言的官员,谏言不被采纳,就应该辞职,或者被辞退也行。谏言机构社会化,是国际趋势;幕僚也是临时聘请,一旦固化,就会僵化,就会失去谏言的胆量和功能。咨询机构市场化,是国家现代化和现代文明的重要标志。

【4.6】沉默长者

孟子为卿于齐，出吊于滕，王使盖大夫王驩为辅行^①。王驩朝暮见，反齐、滕之路，未尝与之言行事也。

公孙丑曰："齐卿之位，不为小矣；齐、滕之路，不为近矣，反之而未尝与言行事，何也？"

曰："夫既或治^②之，予何言哉？"

【注】

①使：派。盖：齐国邑城。大夫：盖的邑宰。王驩（huān）：人名。为：担任。辅行：副史。②夫：他，指王驩。既：已经。或：也许。治：处理。

【译】

孟子担任齐国的客卿，外出到滕国吊丧，齐宣王派遣盖地邑宰王驩担任副史。王驩与孟子朝夕见面，往返齐国滕国的路，没有跟孟子说吊丧的事情！

公孙丑说："齐国卿的官位，不算小啊；齐国滕国间的道路，不算近啊，往返都没有与孟子说吊丧的事情，为什么呢？"

孟子说："他也许把事情处理好了，我还说什么呢？"

【读】

君王办事，往往不希望手下一个人去办，否则，君王担心不能获得办事过程的真相。尤其是重大的政治、军事等事情，往往需要给主管安排一个副手甚至监军或监官一类的人随行。自古皆然。王骧从头到尾不讲，或许是自认为有把握，不需要请示，不需要商量。这样做有错吗？没有。孟子作为特使，副史事前不请示，事后不汇报。这样有问题吗？没有。这叫什么？这叫默契。这么简单的事情，派两个大人物，默契之中把事情办了，不是很愉快吗？为什么一定要有请示、汇报、研究、预判一类的事情呢？我在基层担任一把手多年，曾明确要求他们不要请示，不要汇报，只要能把事情办好就行，办不了的汇报，办得了办得好的不必汇报。因此，我成为我所在的单位说话最少的人，但我所在的单位，各项事业都处于所在区域的领先地位。为人君上，为何不能大大方方鼓励下属独当一面呢？当主管的为什么要说那么多话呢？换位思考一下，你喜欢领导喋喋不休吗？你喜欢领导啰啰唆唆吗？你喜欢领导天天开碰头会吗？你喜欢领导天天开调度会吗？己所不欲，勿施于人。读到此处，我理解孟子；孟子若复活，也应该理解我！

【4.7】 厚葬趋向

孟子自齐葬于①鲁，反②于齐，止于嬴③。

充虞④请曰："前日不知虞之不肖，使虞敦匠事⑤。严⑥，虞不敢请⑦。今愿窃有请也，木⑧若以美然？"

曰："古者棺椁无度⑨，中古棺七寸，椁称之。自天子达于庶人，非直⑩为观美也，然后尽于人心。不得⑪，不可以为悦；无财，不可以为悦。得之为有财，古之人皆用之，吾何为独不然？且比化者无使土亲⑫肤，于人心独无恔⑬乎？吾闻之也：君子不以天下俭⑭其亲。"

【注】

①葬：安葬母亲。于：到。②反：返回。③止：借宿。嬴：齐国邑城，在今山东莱芜西北。④充虞：孟子弟子。⑤使：派。虞：充虞。敦：督促。匠事：做棺椁的事情。⑥严：紧迫。⑦请：请教。⑧木：棺木。

⑨古：上古。棺椁：内层为棺，外层为椁。度：标准。⑩直：只是。
⑪得：获得。⑫比：为。化者：死者。亲：接触。⑬恔（xiào）：满意。
⑭俭：薄，薄敛。

【译】

孟子从齐国安葬母亲，又返回齐国，到了嬴县住下。

充虞就请教说："过去您不知道我的不肖，安排我督促工匠的事情。事情紧迫，我不敢请教。现在渴望私下请教，棺木似乎太华美了吧。"

孟子说："上古棺椁并没有严格尺寸的标准，中古棺七寸，椁与棺相称就行了。从天子以至于百姓，不仅仅只为华美，这样做了才能尽孝心。无法得到上等木材，心中不开心；没有财力购买，心里不高兴。得到上等木材，同时也有财力购买，古代人都这么做，为什么独我不行呢？况且为了让死者不接触土地，对于孝子来说仅仅如此就满足吗？我听说过，天下没有人在安葬亲人上省钱的。"

【读】

孟子在丧事的办理上，追求华美，这是对孔子开创儒学关于丧事从简的一种背叛。我不赞成孟子的做法。孔子曾经说："大哉问！礼，与其奢也，宁俭；丧，与其易也，宁戚。"翻译成现代汉语：这个问题提得很好！礼仪与其奢侈，不如节俭；就丧事而言，与其仪式上置办周备，不如内心哀悼逝者。礼的根本，在于心，在于诚。内心不恭敬，表面的仪式有何用？在这一点上，孟子的做法给后世中国人做了反面示范，也给后世人攻击儒家崇尚奢华提供了实证。岂止是丧事从简，人类的生活也应该从简。简单，才是生活的原形；简朴，才是生活的本真。现代人的生活，甘于节俭，精神的充实和情感的愉悦，才是真正的幸福！甘于平淡，就是幸福，在平淡中实现从平凡到伟大的人生目标；甘于宁静，也是幸福，在宁静中追求心灵净化，精神升华，境界提升。人与人的交往，可以清茶一杯，可以清歌一曲，可以电影一场，可以阅读分享，可以走向大自然，何必要那么多物质的绚丽与奢华呢？生活的减法让人轻松，心灵的减法让人幸福！

【4.8】 师出有名

沈同以其私^①问曰："燕可伐与？"

孟子曰："可；子哙^②不得与人燕，子之^③不得受燕于子哙。有仕于此，而子悦之，不告于王而私与之吾子之禄爵^④；夫士也，亦无王命而私受之于子，则可乎？何以异于是？"

齐人伐燕。

或问曰："劝齐伐燕，有诸？"

曰："未也；沈同问：'燕可伐与'，吾应之曰：'可'，彼然而伐之也。彼如曰：'孰可以伐之？'则将应之曰：'为天吏^⑤，则可以伐之。'今有杀人者，或问之曰：'人可杀与？'则将应之曰：'可。'彼如曰：'孰可以杀之？'则将应之曰：'为士师，则可以杀之。'今以燕伐燕^⑥，何为劝之哉？"

【注】

①沈同：齐国大臣。私：私下，以私人名义。②子哙：燕国国君。③子之：燕国国相。④禄爵：俸禄爵位。⑤天吏：奉天命的圣君。⑥以燕伐燕：孟子以为齐国讨伐燕国，没有周天子授权，跟燕国国君和国相私相授受没有什么两样，所以可称之为"以燕伐燕"。

【译】

沈同私下问孟子："可以讨伐燕国吗？"

孟子说："可以；子哙不得把燕国土地赠送给别人，子之不得从子哙那里接受燕国土地。有个士人，你欣赏他，不向大王报告却私下把你的俸禄爵位送给这个士人；那个士人，也是没有王命而从你这里接受俸禄爵位，可以吗？这两件事有什么区别吗？"

齐国人讨伐燕国。

有人问孟子："您劝过齐国讨伐燕国，有这事？"

孟子说："没有啊；沈同问我：'可以讨伐燕国吗'，我回应说：'可以'，然后他们就讨伐燕国。他如果说：'谁能讨伐燕国？'那么我将回应说：'奉天命的圣君，就可以讨伐燕国。'现在有人杀人了，有人问：'这个人可以杀吗？'我将回应说：'可以。'那个人说：'谁可以杀这个人？'我将应对说：'治狱官，可以杀他。'现在齐国没有王命讨伐燕国不就是以燕国伐燕国，为什么要劝呢？"

【读】

燕国国君子哙把国土以私相授受的方式赠给国相子之，孟子不认可。但是该不该被讨伐呢？孟子认为应该。问题是谁来讨伐？孟子认为，诸侯国讨伐诸侯国，必须有周天子的命令，或者有奉天命而行。显然齐国没有周天子的命令，那个时候周王室早已名存实亡。师贵有名，这是孟子的观点。师出无名，天下将更加混乱，百姓也将更加悲苦。民本思想，始终是孟子政治学说的灵魂。这一章隐约可以读出，孟子反对以暴易暴。以暴制暴，只会建立一个更加暴力的政权，梁启超也支持孟子的观点。历史已证明，这个观点是正确的。

【4.9】过而改之

燕人畔①。王曰："吾甚惭②于孟子。"

陈贾③曰："王无患焉。王自以为与周公孰仁且智？"

王曰："恶！是何言也！"

曰："周公使管叔监殷④，管叔以殷畔；知而使之，是不仁也；不知而使之，是不智也。仁智，周公未之尽也，而况于王乎？贾请见而解之。"

见孟子，问曰："周公何人也？"

曰："古圣人也。"

曰："使管叔监殷，管叔以殷畔也，有诸？"

曰："然。"

曰："周公知其将畔而使之与？"

曰："不知也。"

"然则圣人且有过与？"

曰:"周公,弟也;管叔,兄也。周公之过,不亦宜乎?且古之君子,过则改之;今之君子,过则顺之。古之君子,其过也,如日月之食,民皆见之;及其更也,民皆仰之。今之君子,岂徒顺之,又从为之辞。"

【注】

①畔:同"叛"。齐破燕,燕王子哙死,子之逃亡。赵国召燕公子职,遣乐池护送入燕而立为王。齐宣王志在吞并燕国,故曰其反叛。②惭:惭愧。③陈贾:齐国大夫。④管叔:武王的弟弟,周公的兄长。监:监督。殷:武王灭商,封纣王的儿子武庚为殷君,然后派管叔、蔡叔负责监督。

【译】

燕国反叛齐国。齐宣王说:"我对孟子有愧啊!"

大夫陈贾说:"大王不用担心,大王认为您与周公谁更加仁且智呢?"

齐宣王说:"哎,这是什么话?"

陈贾说:"周公派遣管叔去监督殷国,管叔却以殷的封国反叛;知道管叔要反叛而派他去,就是不仁;不知道他将反叛而派他去,是不智慧。仁和智,周公也不能尽善尽美,何况大王您呢?我想请您恩准我见孟子并向他解释这件事。"

陈贾见到孟子,问:"周公是什么人啊?"

孟子说:"古代圣人啊。"

陈贾说："派遣管叔监督殷国，管叔却因殷国反叛，有这事？"

孟子说："对。"

陈贾说："周公知道他将反叛而派他监国？"

孟子说："不知道。"

"这样看来，那么圣人也有过错？"

孟子说："周公，是弟弟；管叔，是兄长。周公的过错，不是可以理解的吗？况且古代的君子，有了错误就改掉；现在的君子，错了就将错就错。古代君子，他的错误，就像日食月食，百姓都能看见他的错误；等到他改正错误，百姓都仰慕他。今天的君子，岂止是将错就错，还要为错误找借口。"

【读】

君子不怕犯错误，就怕不认错，就怕容不得批评，就怕用各种托词掩盖错误。自有人类以来，不犯错误的人根本就不存在。自有人类以来，不犯错误的组织根本就不存在。人，即便是圣明如周公者，都不可避免犯错误，更何况普通人。既然如此，最重要的和必须做的是如何尽量少犯错误。孟子的前辈孔子早就开出了尽量避免犯错误的药方——反思。孔子说："见贤思齐焉，见不贤而内自省也。"（《论语·里仁》）。翻译成为现代汉语："看到比自己好的，向他看齐；看到不如自己的，应当反省是否也有类似的缺点。"孔子的话告诉后来人，当反思成为学习方法，反思成为工作方法，反思成为生活方式，反思成为行为习惯，反思成为生命常态，反思成为人格特征，人们就能避免重复犯错误，并不断改正错误，而且能够防患于未然，这不是很好的事情吗？曾国藩数十年如一日，坚持写日记反思自己，甚至不惜骂自己"真禽兽也"，并不断克服自身弱点，通过学习不断完善自身，不断提升自身，不断改正已经存在的各种错误，最终从官场浪荡公子修炼成为中兴名臣、洋务重臣、理学完人。

【4.10】 垄断朝政

孟子致为臣而归①。王就见孟子，曰："前日愿见而不可得，得侍②同朝，甚喜；今又弃寡人而归，不识可以继此而得见乎？"

对曰："不敢请耳，固所愿也。"他日，王谓时子曰："我欲中国而授孟子室③，养弟子以万钟④，使诸大夫国人皆有所矜式⑤。子盍为⑥我言之！"

时子因陈子⑦而以告孟子，陈子以时子之言告孟子。

孟子曰："然，夫时子恶知其不可也？如使予欲富，辞十万而受万，是为欲富乎？季孙⑧曰：'异哉子叔疑⑨！使己为政，不用，则亦已矣，又使其子弟为卿。人亦孰不欲富贵？而独于富贵之中有私龙断⑩焉。'古之为市也，以其所有易其所无者，有司者治之耳。有贱丈夫焉，必求龙断而登之，以左右望，而罔市利^⑪。人皆以为贱，故从而征之。征商^⑫自此贱丈夫始矣。"

【注】

①致为臣：辞掉担任的职务，即辞掉客卿一职。归：回到家乡。②侍：见。③中国：都城中央。授：给。室：房子，应类似于今天的工作室。④钟：粮食计量单位，一钟为六石四斗。⑤矜：崇尚。式：范式。⑥盍：何时。为：替。⑦时子：齐国大臣，不可详考。陈子：孟子学生陈臻。⑧季孙：孟子学生，不可详考。⑨子叔疑：孟子学生，不可详考。⑩龙断：即垄断。⑪罔：搜集。市利：市场利润。⑫征商：向商人征税。

【译】

孟子辞掉担任的客卿一职回到家乡。齐宣王到孟子家里看望孟子，说："过去想见而不能见，后来终于得以同朝谋事，很开心；现在你又抛弃我而回到家乡，不知道是否可以再续前缘再相见呢？"

孟子回答说："不敢提出请求，这本来就是我的愿望。"过了些日子，齐宣王对时子说："我想在国都中央为孟子修建房子，用万钟俸禄养着孟子的弟子，使诸位大夫有学习的榜样。你何时替我说给孟子听听！"

时子通过陈臻托话给孟子，陈臻把时子的话告诉了孟子。

孟子说："啊，时子怎么知道这样做不妥呢？假如我想致富，辞掉十万钟俸禄而接受一万钟的俸禄，这是为了发财吗？季孙说：'好奇怪啊子叔疑！自己要做官，国君不用他也就罢了，又千方百计想让自己的儿子和兄弟去担任卿大夫一类的高官。谁不想富贵？但唯独这个人在追求富贵中有垄断行为。古代的市场，以有易无，有专门的官员负责管理。有个卑鄙的男人，一定要找一个市场的高地登上去，左右看看，企图把市场的利润都看得清清楚楚，然后一网打尽。人人都认为这个人卑鄙，因此就来向他征收商业税。征收商业税就是从这个卑鄙的男人开始的。"

【读】

孟子批评的是官场生态。垄断一词，居然是孟子原创的。用"垄断"来批评有人做官，做到不能做了，就派子弟来做。这是对两千年前官场恶习的严厉谴责。孟子一语成谶，历朝历代的官场，都如其所预言：一些官场中人当要退休的时候，都想办法把自己的学生或弟子推上去。以至于形成了官场的党派，继续把持朝政，继续把持官场，继续控制一个地区的政治生态。朋党之争也就成为中国古代政治史上的一个痼疾。

【4.11】 绝望而去

孟子去齐，宿于昼①。有欲为王留行者，坐而言，不应，隐几②而卧。

客不悦曰："弟子齐③宿而后敢言，夫子卧而不听，请勿复敢见矣。"

曰："坐！我明语④子。昔者鲁缪公⑤无人乎子思之侧，则不能安子思；泄柳、申祥⑥无人乎缪公之侧，则不能安其身。子为长者⑦虑，而不及子思；子绝长者乎？长者绝子乎？"

【注】

①昼：齐国邑。②隐：靠着。几：为长者设的矮桌。③齐：同"斋"，斋戒。④明语：明白告诉。⑤鲁缪公：战国时鲁国国君，即鲁穆公，曾以曾子为师。⑥泄柳：子柳。申祥：孔子学生子张的儿子。⑦长者：孟子年长，自称为长者。

【译】

孟子离开齐国，在昼邑过夜。宿于昼。有人想为齐王挽留孟子，坐着与孟子说话，孟子不回应，靠着桌子装睡。

客人不开心说:"我斋戒住了一晚后才敢说,先生您却装睡而不听,以后不敢再见您了。"

孟子说:"请坐下!我明白告诉你。过去鲁缪公没有人在子思身旁,则不能让子思安心;泄柳、申祥两位贤臣,没有人在鲁缪公身旁,那么他俩自己也觉得不安。你为长者考虑,却没有考虑到子思的待遇;你跟我决绝呢?还是我跟你决绝?"

【读】

孟子客卿于齐国,对齐宣王及齐国的状况非常了解,对齐国的大臣们也都非常了解。想替齐宣王挽留孟子的人,显然学识不如孟子,口才也不如孟子,对孟子的了解也不够深入透彻。孟子离开齐国,与其说是告老还乡,还不如说是绝望而离开。真正留得住孟子的人是齐宣王,真正留得住孟子的关键是齐宣王行王道,可齐宣王偏偏连行霸道都不合格,行王道则更无诚心。与其耽搁时间,不如还乡。还乡做什么?历史没有记载。但《孟子》一书传世,应该是告老还乡后的成果!换个角度讲,作为国君,没有远见卓识的国卿,凭一己之力如何实现王道!齐宣王有如孟子一样行王道的大师级的人物却不能真心尊重,更不能认真行王道,孟子何等聪明,他怎么会不明白,齐宣王留孟子只不过是为了博得虚名,根本不是为了行孟子的王道之政!

【4.12】士人情怀

孟子去齐。尹士①语人曰："不识王之不可以为汤武，则是不明也；识其不可，然且至，则是干泽②也。千里而见王，不遇故去，三宿而后出昼，是何濡滞③也？士则兹不悦。"

高子④以告。

曰："夫尹士恶知予哉？千里而见王，是予所欲也；不遇故去，岂予所欲哉？予不得已也。予三宿而出昼，于予心犹以为速，王庶几改之！王如改诸，则必反予。夫出昼，而王不予追也，予然后浩然有归志。予虽然，岂舍王哉！王由足用为善；王如用予，则岂徒齐民安，天下之民举安。王庶几改之！予日望之！予岂若是小丈夫然哉？谏于其君而不受，则怒，悻悻然见于其面⑤，去则穷⑥日之力而后宿哉？"

尹士闻之，曰："士诚小人也。"

【注】

①尹士：齐国人，不可详考。②干：求。泽：恩泽，引申为俸禄。③濡滞：迟留。④高子：齐国人，孟子弟子。⑤悻悻然：愤愤不平状。见：表现。面：脸上。⑥穷：穷尽。

【译】

孟子离开齐国。尹士对人说："不知道齐宣王不可以成为商汤和武王，那么就是不明智啊；知道齐宣王不如商汤和武王，这样却来齐国，那就是追求俸禄。不远千里而来，不被知遇所以离开，住了三天晚上才离开昼邑，为什么这么迟疑呢？我就更加不高兴他这种做法。"

高子把尹士的说法告诉孟子。

孟子说："尹士怎么知道我呢？不远千里来见齐宣王，那是我的想法；不被知遇，难道是我的期望吗？我不得已啊。在齐国边境昼邑住了三晚，我还以为时间过得太快了，齐宣王也许能够改变态度！齐宣王如果能够改变态度，那么我必然返回。离开昼邑，齐宣王不追回我，我就可以心无挂碍有回乡的意愿。我即使这样，难道舍得离开齐宣王吗？齐宣王如果从此全力行善；齐宣王如果用我，那么岂止是齐国百姓安居，天下百姓都会安居。齐宣王也许能够改变态度！我每日都在盼望！我难道是那种小肚鸡肠的男人吗？谏言给国君不被接受，就发怒，然后怒不可遏的神色表现在脸上，走的时候就每天走到脚软才住宿吗？"

【读】

读这一章，我颇有共鸣。齐宣王对天下顶级谋士孟子根本没有真心信任，对孟子之王道也没有兴趣，以高规格对待孟子，只是为了博得自己的好名声，而不是真心重视、真正重用，更不会真正实行王道。齐国最终的衰败和灭亡也就是必然。我于 2011 年 12 月 26 日，应邀担任天河区教育局局长，天河区委书记主要负责同志对我完全信任，要钱给钱，要人给人，不干预人事，不干预业务，所以，我能用不到五年的时间，把天河区教育从广州中等区的水平做到全市第一。想想自己，想想孟子，我还算幸运的。孟子只不过需要那么点真诚的尊重，走的时候，只不过希望齐宣王能够真心挽留，在边城昼邑住了三个晚上，齐宣王居然没有挽留。孟子也是确认了齐宣王没有挽留的意思，才坦荡而潇洒离开！

【4.13】舍我其谁

孟子去齐，充虞路①问曰："夫子若不豫②色然。前日虞闻诸夫子曰：'君子不怨天，不尤③人。'"

曰："彼一时，此一时也。五百年必有王者兴，其间必有名世④者。由周而来，七百有余岁矣，以其数，则过矣；以其时考之，则可矣。夫天未欲平治天下也；如欲平治天下，当今之世，舍我其谁也？吾何为不豫哉？"

【注】

①充虞：人名，不可详考。路：路上。②豫：喜悦，欢喜。③尤：责备，责怪。④名世：可以协助君王行王道者。

【译】

孟子离开齐国，充虞一边走一边问："夫子您好像有不开心的神色，过去我曾经听您说：'君子不怨恨上天，不责怪别人。'"

孟子说："彼一时，此一时啊。五百年一定有圣君出现，这期间也必定有能够辅佐圣君行王道的人。从周初到现在，七百余年了，计算其年数，则过了五百年；根据时势考证，应该有圣君和贤臣出现。上天没有天下平治的意愿；如果要平治当今世界，除了我还有谁呢？我为什么不开心呢？"

【读】

人生观往往决定人生的质量。有人看到孟子可能脸色不好，担心他有不开心的事情。孟子的回答，充满了自信："当今之世，如欲平治天下，舍我其谁?"不作为，不担当，不敢闯，不敢创，喜欢躺，几乎是通病。中国的读书人，需要有孟子的担当。孟子认为，五百年必有王者兴，是对历史"周期率"的最早认知，虽然他的认知有些唯心色彩，但本质上讲是对"周期率"的深度认知，王朝的兴起，必然有其根据，但随着时间推移，庞大的既得利益集团形成，矛盾当然日益激化，反抗甚至暴动成为必然，王朝的颓废与灭亡也成为必然。

【4.14】 当止则止

孟子去齐，居休^①。公孙丑问曰："仕而不受禄，古之道乎？"

曰："非也；于崇^②，吾得见王，退而有去志，不欲变，故不受也。继而有师命^③，不可以请。久于齐，非我志也。"

【注】

①休：齐国邑。②崇：齐国邑。③师：军队。命：命运，劫难。

【译】

孟子离开齐国，在休邑暂住。公孙丑问："做官却不接受俸禄，难道是古代的风尚吗？"

孟子说："不是啊；在崇邑，我见到齐宣王，回来后就有离开的意愿，宣王不想改变现实，所以没有接受俸禄啊。后来，齐国有军事，不可以请辞。长期待在齐国，不是我的意愿。"

【读】

做官接受俸禄是天经地义的事情，孟子既不愿意做官，也不愿意接受俸禄。原因很简单，士为知己者死，齐宣王不是孟子的知己，他不想改变现实，他留恋眼前的繁华，也不想行王道，所以，对孟子没有兴趣，也没有信心。反过来，孟子对齐王也没有兴趣和信心！前些日子，因为战争，不方便离开；和平的时期，待在齐国，不能行王道，不能有所作为。离开，乃上上策！

卷五　滕文公上

【5.1】 人皆尧舜

滕文公为世子，将之楚，过宋而见孟子。孟子道性善[1]，言必称尧舜。

世子自楚反[2]，复见孟子。孟子曰："世子疑吾言乎？夫道一[3]而已矣。成覵谓齐景公[4]曰：'彼，丈夫也；我，丈夫也；吾何畏彼哉。'颜渊曰：'舜，何人也？予，何人也？有为者亦若是。'公明仪[5]曰：'文王，我师也；周公岂欺我哉？'今滕，绝长补短，将五十里也，犹可以为善国。《书》曰：'若药不瞑眩[6]，厥疾不瘳[7]。'"

【注】

①性善：人性本质上是善良的。②反：同"返"。③一：一个，指仁道。④成覵（jiàn）：齐国大臣，以勇敢著称，与齐景公和孔子同时代。齐景公：春秋时期齐国国君，与孔子同时代。⑤公明仪：孔子学生曾参的学生，复姓公明，名仪。⑥瞑眩（míànxuàn）：头晕眩。⑦厥：这。瘳（chōu）：痊愈，病愈。

【译】

滕文公担任世子，将去楚国，路过宋国而拜访孟子。孟子对滕文公讲人性本善，讲话必然称道尧舜。

世子从楚国返回，再次见到孟子。孟子回答："世子怀疑我的话吗？我的道仅有一个而已。成睍对齐景公说：'他，是男人；我，也是男人；我为什么怕他呢？'颜渊说：'舜，是什么人？我，是什么人？有作为的人都像他。'公明仪说：'文王，是我的老师；周公难道会欺骗我吗？'如今滕国，截长补短，算起来方圆将近五十里啊，还是可以治理成理想的国家。《尚书》说：'如果吃药不到晕眩状态，那病就不会痊愈。'"

【读】

滕文公做世子，在去楚国的路上请教孟子，孟子强调人性本善，言必称尧舜。返回滕国的路上，再次请教孟子。孟子何等聪明，觉得滕文公可能对自己的话有些怀疑。于是孟子用类比手法，再次对仍为世子的滕文公进行了启发。孟子选择几个人的话：一是成睍对齐景公的话，言下之意，都是男人，我凭什么怕另外一个男人呢？二是颜渊的话，言下之意，人皆可以为尧舜。三是公明仪的话，言下之意，文王以百里之地称王天下，文王开礼乐教化不会欺骗后人。四是引用《尚书·说命上》，言下之意，改变自己不下一番功夫是不行的。应该说，世子后来成为滕文公，成为贤君，应该有孟子的功劳。

【5.2】指导丧礼

滕定公薨^①，世子谓然友^②曰："昔者孟子尝与我言于宋，于心终不忘。今也不幸至于大故，吾欲使子问于孟子，然后行事。"

然友之邹问于孟子。

孟子曰："不亦善乎！亲丧，固所自尽^③也。曾子曰：'生，事之以礼；死，葬之以礼，祭之以礼，可谓孝矣。'诸侯之礼，吾未之学也；虽然，吾尝闻之矣。三年之丧，齐疏^④之服，饘粥^⑤之食，自天子达于庶人，三代共之。"

然友反命，定为三年之丧。父兄百官皆不欲，故曰："吾宗国鲁先君莫之行，吾先君亦莫之行也，至于子之身而反之^⑥，不可。且《志》^⑦曰：'丧祭从先祖。'曰：'吾有所受之也。'"

谓然友曰："吾他日未尝学问，好驰马试剑。今也父兄百官不我足⑧也，恐其不能尽于大事⑨，子为我问孟子！"

然友复之邹问孟子。

孟子曰："然；不可以他求者也。孔子曰：'君薨，听于冢宰⑩，歠粥⑪，面深墨⑫，即位而哭，百官有司莫敢不哀，先之也。'上有好者，下必有甚焉者矣。君子之德，风也；小人之德，草也。草上之风，必偃⑬。是在世子。"

然友反命。

世子曰："然；是诚⑭在我。"

五月居庐⑮，未有命戒⑯。百官族人可，谓曰知。及至葬，四方来观之，颜色之戚⑰，哭泣之哀，吊者大悦⑱。

【注】

①滕定公：滕文公的父亲。薨（hōng）：诸侯过世称为薨。②世子：即滕文公。然友：滕文公做世子时的师傅。③固：本来。尽：尽心，尽孝心。④齐：缝衣边。疏：粗。⑤饘（zhān）：稠粥。粥：稀粥。⑥至于

子：你，滕文公，此时尚为世子。反：违反。之：礼制。⑦《志》：即当地的志书。⑧父兄：国君同姓的属官。足：满意。⑨恐：担心。尽：办好。大事：这里指滕定公的丧事。⑩冢宰：宰相。⑪歠（chuò）：喝。⑫墨：黑做的东西，涂黑。⑬偃：倒伏。⑭是：这。诚：的确。⑮五月：周代礼制，诸侯去世，五个月后才能入土下葬。居庐：草庐中守丧。⑯命戒：命令和戒令。⑰颜色：脸色。戚：同"慽"，悲伤。⑱悦：满意。

【译】

滕定公去世，世子（滕文公）对然友说："过去我曾经与孟子在宋国谈过话，始终在心里不能忘记。现在不幸碰到先君去世。我想派你向孟子请教，然后再料理丧事。"

然友去邹国向孟子请教丧事办理。

孟子说："不也很好吗？父母的丧事，本来就应主动尽孝啊。曾参说：'父母活着，以礼事奉；死了，以礼安葬，以礼祭祀，就算是孝顺了。'诸侯的丧礼，我没有学习过啊；虽然如此，我还是听说过。三年丧期，穿缝边的粗布衣服，喝稀粥，从天子到普通百姓，夏商周三代都通行这种礼制。"

然友返回复命，确定为三年丧期。同族属官都不想这样，就说："我们的宗主国鲁国前君王没有这么做，我们邹国以往的国君也没有这么做，到了你这儿违反了，不可以。而且《志》说：'丧礼祭祀遵从先祖。'他们又说：'我们是有根据的。'"

世子对然友说："我从前没有学习礼制，喜欢骑马舞剑。现在宗族属官和朝中百官都不满意我的做法，担心他们不能尽心尽力办好先君的丧事，你为我请教孟子！"

然友再去邹国请教孟子。

孟子说："很好；不可以勉强他人。孔子说：'国君去世，听命于宰相，喝稀粥，脸深黑，到了灵位就痛哭，大小百官没有不悲哀的，因为世子在前面带头啊。'上位者有所喜欢的，下位者必然会做得更盛一些。君子道德，是风；小人道德，是草。草遇上风吹，必然倒伏。这事关键在世子。"

然友返回滕国复命。

世子说："对；这的确取决于我。"

五个月居住在草庐守丧，没有发布命令和训令。百官和族人都认可，说世子智慧。等到下葬，四方之人都来观摩葬礼，世子容颜悲戚，哭泣哀伤，追悼者都很满意。

【读】

孟子关于丧礼的建议，贵在尽心，贵在真诚，在态度上与孔子相同。前面孟子是为自己辩解，此处孟子是给滕文公出主意。孟子儒家有"权变"色彩，因时因地因人而异，不拘泥于某一固定程式。滕文公到底如何治理丧事，最终孟子让然友转告他："关键是世子自己的决策。"世子三思而后行，最终决定选择居庐守丧五个月再下葬，五个月没有发布命令和训令。在下葬期间，表达了真诚的哀思。所有这些，都得到观摩者的称赞，也得到了族人的认可。回到今天，对于长者的丧事，与其奢华，不如真诚！

【5.3A】 恭俭礼下

滕文公问为①国。

孟子曰："民事②不可缓也。《诗》云：'昼尔于茅，宵尔索绹；亟其乘屋，其始播百谷。③'民之为道也，有恒产者有恒心，无恒产者无恒心。苟无恒心，放僻邪侈④，无不为已。及陷⑤乎罪，然后从而刑⑥之。是罔⑦民也。焉有仁人在位罔民而可为也？是故贤君必恭俭礼下⑧，取于民有制。阳虎⑨曰：'为富不仁矣，为仁不富矣。'"

【注】

①为（wěi）：治理。②民事：农事，百姓事。③昼尔于茅，宵尔索绹；亟其乘屋，其始播百谷：语出《诗经·豳风·七月》。昼：白天。尔：助词，无实意。于：去。茅：割茅草。宵：晚上。索：搓。绹：绳索。亟：急。乘：登上。④放：放荡。僻：不诚实。邪：不正，邪恶。侈（chǐ）：放纵。⑤陷：陷入，犯。⑥刑：处罚，绳之以法。⑦罔：欺骗。⑧恭：恭敬。俭：节俭。礼下：善待下面的人。⑨阳虎：孔子时代季世的家臣，又名阳货。

【译】

滕文公请教治理国家的策略。

孟子说："农事不可以耽搁。《诗经·豳风·七月》说：'冬天白天就割草，晚上就把绳索绞。赶紧登上房顶把房修缮好，春天播种百谷早。'百姓的生存之道，有恒定的产业收入才有恒定的心性，没有恒定的产业收入就不会有恒定的心性。如果没有恒定的心性，那么放荡放纵，胡作非为。等到犯罪了，而后再处罚这些人。这是欺骗百姓。哪里有君主欺骗百姓的呢？所以贤能的君主必然谦恭节俭善待臣仆，向民众征税有节制。阳虎说：'致富就不能仁厚，仁厚就不能致富。'"

【读】

孟子提出的治国之道有两个要点：一是不误农时。时至今日，国家的重要文件肯定是有关于农业、农村、农民的问题的，可见这个传统依然存在。二是制民恒产。必须用制度，保证农民有固定的产业及其收入。在孟子的时代，固定的产业当然首推农业。孟子认为，人有恒常的产业，才有恒定的心性。农民有了恒定的心性，国家才会稳定。这个观点被历史反复证明是正确的。李自成本是农民，后来当农民工（邮政临时工）却遭遇裁敛，于是造反，推翻明朝，建立大顺。中国新民主主义革命也是依靠没有恒产的农民，以农村包围城市的方式才最终取得红色政权。

【5.3B】 公私分明

"夏后氏五十而贡①，殷人七十而助②，周人百亩而彻③，其实皆什一也。彻者，彻也；助者，藉也。龙子④曰：'治地莫善于助，莫不善于贡。'贡者，校⑤数岁之中以为常。乐岁⑥，粒米狼戾⑦，多取之而不为虐⑧，则寡取之；凶年，粪⑨其田而不足，则必取盈⑩焉。为民父母，使民盼盼然⑪，将终岁勤动⑫，不得以养其父母，又称贷而益之⑬，使老稚转乎沟壑，恶在其为民父母也？夫世禄⑭，滕固行⑮之矣。《诗》云：'雨我公田，遂及我私。⑯'惟助⑰为有公田。由此观之，虽周亦助也。"

【注】

①夏后氏：禹的王朝；夏后：夏朝的君主。五十而贡：夏代的税制五十亩中五亩的产出作为税收，相当于"十一税制"。②殷：殷商时期七十而助：殷商时期的农业税制，七十亩中七亩的产出用来交税。③百

而彻：周代的农业税制，一百亩中十亩的产出用来交税，其余的为私田，也是实质上的"十一税制"。④龙子：古贤人，不可详考。⑤挍：核。⑥乐岁：好的年成。⑦粒米：谷米。狼戾：狼藉，粮食堆积状。⑧取：征收。虐：严苛。⑨粪：施肥。⑩则：却。盈：满额。⑪盻盻（xì）然：愤恨状。⑫勤动：勤劳。⑬称：举债。贷：借代。益之：不足赋税。⑭世禄：世袭的俸禄。⑮固：本来。行：实行。⑯雨我公田，遂及我私：语出《诗经·小雅·大田》。雨：降雨。遂：然后。⑰助：井田税制，种公田代税收。

【译】

"夏代每家五十亩地，用贡法；殷人每家七十亩地，用助法；周人每家百亩，用彻法。其实都是十一税制。彻，通融均一的意思；助，借的意思。龙子说：'治理土地没有比助法更好，没有比贡法不好的。'贡法，就是选择几年的平均数作为固定纳税额度。好的年成，谷粒满地，多征收也不算严苛，却少征税；凶年，粮食产出费用不足以给田施肥，却一定要按照足额征收。君王作为百姓父母，让百姓恨得咬牙切齿，就算是终年勤劳，也不能养活父母，还要举债借贷去足额交税，让老弱辗转弃尸于沟壑，怎么能称得上是百姓父母呢？世袭俸禄，滕国本来已经实行了。《诗经·小雅·大田》有句诗歌说：'降雨在我的公田，顺便照顾我的私田。'只有实行助法才有公田。由此可见，即便是周代也是用的助法征税。"

【读】

这一章阐述了孟子对于农业税收制度的看法。在几种农业税制当中，孟子认为最好的莫过于助法，也就是井田制，因为井田税法，没有办法弄虚作假，公田私田，丰产歉收都明摆着。丰收都丰收，歉收都歉收。丰收对君王是好事，对农民也是好事；歉收对君王是坏事，对农民也是坏事。但是，井田制却是公私分明、公私平等的。税制，决定了农民种田种地的积极性。税制，在今天决定了纳税人的积极性和主动性。经济处于下行阶段，需要考虑税收是否与经济发展需求相匹配！当然，更需要考虑经济制度和经济政策的稳定性，助法的征收机制就是一种稳定而公开透明的制度，无论年成好坏，公田私田都是同等待遇。孟子支持这种制度，不是没有道理的。今天的经济工作，仍然可以从这里找到可借鉴的智慧。

【5.3C】其命维新

"设为庠序学校以^①教之。庠者，养也；校者，教也；序者，射也。夏曰校，殷曰序，周曰庠；学则三代共之，皆所以明人伦^②也。人伦明于上，小民亲于下。有王者起，必来取法，是为王者师也。

"《诗》云：'周虽旧邦，其命维新。^③'文王之谓也。子力行之，亦以新^④子之国！"

【注】

①庠：乡间学校名称。序：乡间学校名称，以学习骑射为主的学校。学：王城和诸侯国都的学校名称。校：乡间学校名称。以：来。②明：使……明。人伦：伦理关系、规范、精神。③周虽旧邦，其命维新：出自《诗经·大雅·文王》。邦：国家。命：生命，国运。维：却。新：充满新生的力量。④新：使……焕然一新。

【译】

"设置庠、序、学、校来教育人。庠，是教养的意思；校，是教导的意思；序，训练骑射的意思。夏代乡间学校叫做校，殷代乡间学校叫做序，周代乡间学校叫做庠；王城或诸侯都城的学校就三代都设在王城或都城，都是用来教导人们懂得伦理关系、规范、精神。上位者懂得伦理关系、规范和精神，下位者就会亲爱和睦。有要称王天下的圣君兴起，必然来效法，这就是圣君的老师了。

"《诗经·大雅·文王》说：'周虽是旧的国邦，国运却充满活力。'说的就是文王行王道的国运国势。你努力去做，也可以给你的国家带来新的活力。"

【读】

这一节孟子提出了自己的教育主张：明人伦而王天下。好的农业政策、好的税收政策，甚至加上好的物质生活，也不足以囊括称王天下的全部。还有一个非常重要的事情，那就是教育，把人培养成人，让每个人都懂得伦理关系、伦理规范、伦理精神。没有这一步，不可能称王天下。"周虽旧邦，其命维新。"周朝虽然是古老的国都，但是其国运却始终充满自我更新、自我革命的机制和动力。这种自我更新、自我革命的动力源自哪里？源自明人伦，源自"设庠、序、学、校以教之"，如果没有教育，文化如何传承？如果没有传承，文化如何发展？没有文化的传承与创新，社会又怎么可能持续进步，国运又怎么可能持续保持活力？以今天的眼光来看孟子两千多年的理念，过时了吗？当然没有。中国是个古老的邦国，如果要国运保持充沛的青春活力，除了科学地教育一代又一代的年轻人，还有别的办法吗？怎样的教育才能让当代年轻人充满活力呢？首先必须让年轻人有理想和信仰，如果他们对自己的未来都没有信心，他们怎么可能成为国家的未来和希望？其次必须让年轻人坚守核心价值，要有忠的责任，要有孝的义务，要有义的自觉，要有礼的规范，要有信的约束。再次要有不一样的自信和追求，每个年轻人来到这个世界，除了各有责任之外，还各有精彩，活出生命的价值，活出生命的精彩。——如此，国虽旧邦，其命维新！

【5.3D】守望相助

使毕战问井地①。

孟子曰："子之君将行仁政，选择而使子，子必勉②之！夫仁政，必自经界③始。经界不正，井地不钧④，谷禄不平⑤，是故暴君汙吏必慢⑥其经界。经界既正，分田制禄可坐而定⑦也。

"夫滕，壤地褊⑧小，将为君子焉，将为野人焉。无君子，莫治野人⑨；无野人，莫养君子。请野九一而助⑩，国中什一使自赋⑪。卿以下必有圭田⑫，圭田五十亩；余夫⑬二十五亩。死徙⑭无出乡，乡田同井，出入相友，守望相助，疾病相扶持，则百姓亲睦。方里而井，井九百亩，其中为公田。八家皆私百亩，同养⑮公田；公事毕，然后敢治私事，所以别野人⑯也。此其大略也；若夫润泽⑰之，则在君与子矣。"

【注】

①使：派遣。毕战：滕国大臣。井地：井田制。②必：一定。勉：勉力，全力。③经界：井田制分割田地的界线。④钧：同"均"。⑤谷禄：俸禄。平：公平。⑥慢：轻慢。⑦分田：划分井田。制：确定。禄：俸禄。可坐而定：形容简单。⑧壤：土。褊（biǎn）：狭隘。⑨野人：百姓。⑩请：建议。野：郊野。九一：九分税一。助：助法，一种税制。⑪国中：都城之内。什一：十分税一。自赋：自己纳税。⑫圭：祭祀用的玉器。圭田：产出之物用以祭祀的田。⑬余夫：法定授田人之外的人。⑭死：死亡。徙：搬家。⑮养：助耕。⑯所以：以所，用这种方式。别野人：区别官吏和百姓。⑰若夫：像那样。润泽：灵活处置让百姓满意。

【译】

滕文公派毕战到孟子那里请教井田制。

孟子说："你的国君将实行仁政，选择并派你来，你一定要勉力去做。仁政，必须从划分井田的界线开始。田界不清晰准确，井田大小就不均匀，官员的俸禄也就不平均，所以暴君和污吏必然轻视井田界线的划分的。如果井田的界线划分清楚了，分田和确定俸禄就非常容易了。

"滕国土地狭小，也拥有执政官员和百姓。没有官吏，无法管理百姓；没有百姓，就无法供养官吏。建议在郊野实行九分税一的助法，在都城内实行十一税法让百姓自觉交税。国卿以下官员有产出供祭祀用的圭田，圭田五十亩；其余未成年男丁二十五亩。无论死亡和搬家都不用离开本乡本土，每块乡田都同划为井田，耕种井田的人出入结伴，也互相帮助，遇到疾病相互扶持，这样百姓才会亲爱和睦。每方圆一里划分为一片井田，每一片井田划分为九百亩，中间那一百亩为公田。八家各有私田一百亩，共同耕种公田；公田耕种完毕，才能耕种私田，用这种方式区别官吏和百姓。这是井田制的大概情况；至于灵活处置与完善细节让百姓满意，那就靠国君和你了。"

【读】

在农耕文明的初期，孟子理解井田制是圣王之道的基础，有其历史局限性，但是也有其民本思想的取向。孟子认为，只有井田制对于百姓和君王才是相对公平的。这一章谈的是井田制的优越性，关注的是对百姓积极性的调动，关注的是百姓的"出入相友，守望相助，疾病相扶持，则百姓亲睦"的社会形态。在当时历史条件下，要保证均衡，保证公平，保证民生，井田制是符合条件的最佳选择。首先，体现了先公后私的原则，先种植公田，后种植私田；其次，体现了薄赋敛的思想，井田制的农业税是"九分税一"的税制，属于低税收制度，公家也不能不考虑行政成本；最后，体现了收入公开公平的制度，田界分明的背后，是财产的制度保障，或者说是以井田制度保障了百姓生活的物质基础。读古书，不是为了复古，而是从中吸收智慧。

【5.4A】 劳心劳力

有为神农之言者许行[1]，自楚之滕，踵[2]门而告文公曰："远方之人闻君行仁政，愿受一廛而为之氓[3]。"

文公与之处。其徒数十人，皆衣褐[4]，捆屦[5]、织席以为食[6]。

陈良之徒陈相与其弟辛[7]，负耒耜而自宋之滕，曰："闻君行圣人之政，是亦圣人也，愿为圣人氓。"

陈相见许行而大悦，尽弃其学而学焉。

陈相见孟子，道许行之言曰："滕君则诚贤君也，虽然，未闻道也。贤者与民并耕而食，饔飧[8]而治。今也滕有仓廪府库，则是厉民[9]而以自养也，恶[10]得贤？"

孟子曰："许子必种粟而后食乎？"

曰："然。"

"许子必织布而后衣乎？"

曰："否！许子衣褐。"

"许子冠乎？"

曰："冠。"

曰："奚冠？"

曰："冠素。"

曰："自织之与？"

曰："否，以粟易之。"

曰："许子奚为不自织？"

曰："害于耕。"

曰："许子以釜甑爨[11]，以铁耕乎？"

曰："然。"

"自为之与？"

曰："否！以粟易之。"

"以粟易械器者，不为厉陶冶[12]；陶冶亦以其械器易粟者，岂为厉农夫哉？且许子何不为陶冶，舍皆取诸其宫中而用之？何为纷纷然与百工[13]交易？何许子之不惮烦[14]？"

曰："百工之事固不可耕且为[15]也。"

"然则治天下独可耕且为与？有大人之事，有小人之事。且一人之身，而百工之所为备⑯，如必自为而后用之，是率天下而路也。故曰，或劳心，或劳力；劳心者治⑰人，劳力者治于人⑱；治于人者食人⑲，治人者食于人⑳，天下之通义也。"

【注】

①神农：神农氏炎帝，上古人物，发明耒耜，教百姓耕种，被称为神农氏。言：学说。许行：孟子同时期的农家人物。②踵：脚接触到门。③一廛：一间民居。氓：田野之民。④褐：粗布衣服。⑤捆：编织草鞋和麻鞋。屦（jù）：麻和葛编织的鞋子。⑥以为食：以……为生。⑦陈良：楚国儒者。陈相：陈良的弟子。辛：陈辛，陈相的弟弟。⑧饔（yōng）：早饭。飧（sūn）：晚饭。⑨厉民：残害百姓；厉：残害。⑩恶：怎么。⑪釜（fǔ）：烧饭的锅。甑（zèng）：蒸饭的陶制炊具。爨（cuàn）：烧火煮饭。⑫厉陶冶：影响制陶业。⑬纷纷然：繁忙状。百工：各类工匠。⑭惮：怕。烦：麻烦。⑮耕：耕种。且：并。为：做百工之事。⑯备：完备。⑰治：管理。⑱治于人：被人管理。⑲食人：养活人。⑳食于人：被别人养活。

【译】

有践行神农氏学说的人许行，从楚国去往滕国，走到门口并告诉滕文公说："来自远方的人听说君王实行仁政，希望得到一所房子成为滕国的百姓。"

滕文公给了他房子住。许行的弟子数十人,都穿着粗布衣服,靠着编织麻葛鞋和席子为生。

大臣陈良的学生陈相及陈相的弟弟陈辛,背负着耒耜从宋国来到滕国,对滕文公说:"听说君王您施行圣人的政治,您也是圣人啊,我们非常愿意作为圣君的百姓。"

陈相见了许行非常高兴,完全抛弃了自己的学说而学习许行的学说。

陈相见了孟子,转述许行的学说:"滕文公的确是贤君,但是尚未懂得圣君的真谛。圣君应该与百姓一起耕种而获得粮食,自己做早餐晚餐并治理社会。现在滕文公有装粮食的仓廪也有装财物的府库,这是伤害百姓来养活自己啊,怎么说得上是圣贤之君呢?"

孟子:"许行先生一定是先种植粟而后吃粟米吧?"

陈相:"是这样的。"

孟子说:"许行先生一定是先织布而后自己做衣服穿吧?"

陈相说:"不是的!许行穿粗布衣服。"

孟子说:"许行先生戴帽子吗?"

陈相说:"戴帽子。"

孟子说:"戴什么样的帽子?"

陈相说:"戴白色的丝绸帽子。"

孟子说:"这丝绸帽子是自己织造的吗?"

陈相说:"不是的,用粟交换的。"

孟子说:"许先生为什么自己不织造呢?"

陈相说:"伤害耕种。"

孟子说:"许先生用釜甑煮饭吗?用铁制农具耕种吗?"

陈相说:"是的。"

孟子说:"这些器具都是自己制造的吗?"

陈相说:"不!用粟交换来的。"

孟子说:"农夫用粟交换器具,并不伤害陶工铁匠;陶工铁匠也用器具来交换粟,难道就伤害了农夫吗?况且许先生为什么不去做陶瓷和冶炼,把器具都做好放在家里随便取用呢?为何要一件一件与百工交换呢?为何许先生不怕麻烦?"

陈相说:"百工的工匠活本来就不能与耕种同时做啊。"

孟子说:"但是治理天下难道就可以与耕种同时做吗?有官吏的工作,有百姓的工作。况且一个人生活,各种工匠的器具都需要,如果每件器具都要自己制造而后再使用,那么普天下之人都疲于奔命啊。所以说,有些人从事心力劳动,有些人从事体力劳动;心力劳动者管理人,体力劳动者被人管理;被管理的人自己养活自己,管理人的人被人养活,这是天下通行的道理。"

【读】

这一章孟子与农家辩论,批评了狭隘的小农意识,提出了社会分工的理念。术业有专攻,各有各的长处。社会要想进步,分工是必然。自给自足,自己动手,包办一切,显然不适应社会生活需要。现在就更加如此。只是孟子在两千多年前,就能提出社会分工的理念,难能可贵。"劳心者治人,劳力者治于人。"这句耳熟能详的话,并不能证明孟子轻视体力劳动,轻视劳动人民;更不能把封建社会生产力发展相对缓慢的罪过归咎于孟子。孟子只是强调社会分工的重要性,劳力者属于技术工人,社会需要;劳心者,属于管理人才,社会需要;现代大生产背景下,这两种人才都需要,都重要,不可偏废。历代统治者对"劳心者治人,劳力者治于人"做了有利于既得利益者的偏向性解读,过错不在孟子,而在于解读者理解的偏差和私心。

【5.4B】社会分工

"当尧①之时，天下犹未平，洪水横流②，泛滥于天下，草木畅茂，禽兽繁殖，五谷不登③，禽兽逼人，兽蹄鸟迹之道交于中国④。尧独忧之，举舜而敷治⑤焉。舜使益掌火⑥，益烈⑦山泽而焚之，禽兽逃匿。禹疏九河，瀹济漯⑧而注诸海，决汝汉⑨，排淮泗⑩而注之江，然后中国可得而食也。当是时也，禹八年于外，三过其门而不入，虽欲耕，得乎？

"后稷教民稼穑⑪，树艺五谷⑫；五谷熟而民人育。人之有道也。饱食、暖衣、逸居而无教，则近于禽兽。圣人有忧之，使契⑬为司徒，教以人伦，父子有亲，君臣有义，夫妇有别，长幼有序，朋友有信。放勋曰⑭：'劳之来⑮之，匡之直⑯之，辅之翼⑰之，使自得之，又从而振德之。'圣人之忧民如此，而暇^⑱耕乎？

"尧以不得舜为己忧，舜以不得禹、皋陶^⑲为己忧。夫以百亩之不易为己忧者，农夫也。分人以财谓之惠，教人以善谓之忠，为天下得人者谓之仁。是故以天下与人易，为天下得人难，孔子曰：'大哉尧之为君！惟天为大，惟尧则之，荡荡乎民无能名焉！君哉舜也！巍巍乎有天下而不与焉！'尧舜之治天下，岂无所用其心哉？亦不用于耕耳。"

【注】

①尧：上古圣君，唐尧。②横流：不走河道而泛滥。③登：收成。④道：路。交：纵横交错。中国：指国都，后指中原地区。⑤举：推荐。敷：实施。治：治理。⑥益：伯益，舜的大臣。掌火：掌管火。⑦烈：炽烈。⑧瀹（yuè）：疏通。济：济水。漯：漯河。⑨决：疏通。汝：汝水，发源于河南鲁山，注入淮河。汉：汉江，发源于陕西宁强县，注入长江。⑩排：疏通。淮：淮河。泗：泗水河。⑪后稷：名弃，周朝始祖，尧舜时做过农官。稼：播种。穑：收获。⑫树艺：树和艺都是种植的意思。五谷：稻、黍、稷、麦、菽。⑬契：商朝始祖，协助舜治水，被任命为司徒。⑭放勋：尧的名叫放勋。⑮劳、来：均为"慰劳"。⑯匡、直：均为"匡正"。⑰辅、翼：均为"帮助"。⑱暇：闲暇，用作动词，有闲暇；引

申为顾及。⑲皋陶：虞舜时期的司法官。

【译】

"尧的时代，天下尚未安定，洪水横流，泛滥天下，草木茂盛，禽兽快速繁殖，五谷没有收成，禽兽危害百姓，兽蹄鸟迹处处都有，交错出现在国都。尧独对此忧虑，推荐舜实施治理。舜安排伯益掌管火，伯益点燃山川草泽，使禽兽逃离隐藏。夏禹疏通主要的河流，疏通济水漯河而注入大海，疏通汝水和汉江，疏通淮河和泗水而注入长江，这之后中原大地可以得到足够的粮食食用。那个时候，夏禹八年在外，多次经过家门而不入，即使想耕种，可以吗？

"后稷教百姓耕种收获，播种稻、黍、稷、麦、菽五谷；五谷熟了人民得到养育。人要有道德修养。吃饱了，穿暖了，住安逸了，却没有接受教育，那么人就与禽兽无异了。圣人有忧虑，安排契为司徒，以人的伦理秩序规范精神教育人，父子有亲情，君臣有道义，夫妇恩爱，内外有别，长幼有秩序，朋友有诚信。尧还说：'安慰百姓，匡正百姓，帮助百姓，让他们自得其所，这样可以提振他们的道德。'圣人如此为百姓操心，哪里有闲暇时间耕种呢？

"尧因为得不到舜而忧虑，舜因为达不到夏禹和皋陶而忧虑。因为百亩之田地不容易耕种而忧虑，这是农夫。给人分财产叫做惠，教百姓以善良叫做忠，为天下赢得百姓的人叫做仁。所以，把天下让给别人很容易，为天下赢得百姓很难。孔子说：'伟大啊，尧作为君主。崇高啊，天最高大，尧效法天的高大。浩瀚啊，百姓们无法表达他的恩泽。伟大啊，他所建立的功绩。光辉啊，他所建立的礼乐法度。'尧舜治理天下，难道没有用心吗？（所以他们）也不用耕种啊。"

【读】

孟子采用宏大叙事的手法，把社会分工的理念放在苍穹之下，大地之上，从宏观角度看社会分工的重要性和必要性。孟子列举古代圣人尧舜禹以及大臣们的工作，雄辩地证明，普通人不可能会所有的技艺，巫医百工也各有专长，不可能什么都会，即便是圣人如尧舜禹，也不可能亲自耕种。不能因此而否定他们的德行，否定他们的圣明。

【5.4C】 实事求是

"吾闻用夏变夷①者，未闻变于夷者也。陈良②，楚产也，悦周公、仲尼之道，北学于中国③。北方之学者，未能或之先也。彼所谓豪杰之士也④。子之兄弟事之数十年，师死而遂倍⑤之！昔者孔子没，三年之外，门人治任将归，入揖于子贡，相向而哭，皆失声，然后归。子贡反，筑室于场，独居三年，然后归。他日，子夏、子张、子游以有若⑥似圣人，欲以所事孔子事之，强⑦曾子。曾子曰：'不可；江汉以濯⑧之，秋阳以暴⑨之，皜皜⑩乎不可尚已。'今也南蛮鴃舌之人⑪，非先王之道，子倍子之师而学之，亦异于曾子矣。吾闻出于幽谷迁于乔木者，未闻下乔木而入于幽谷者。《鲁颂》曰：'戎狄是膺，荆舒是惩⑫。'周公方且膺之，子是之学，亦为不善变矣。"

"从许子之道，则市贾^⑬不贰，国中无伪，虽使五尺之童适市，莫之或欺。布帛长短同，则贾相若^⑭；麻缕丝絮轻重同，则贾相若；五谷多寡同，则贾相若；屦大小同，则贾相若。"

曰："夫物之不齐^⑮，物之情^⑯也；或相倍蓰^⑰，或相什百，或相千万。子比^⑱而同之，是乱天下也。巨屦小屦同贾，人岂为之哉？从许子之道，相率而为伪^⑲者也，恶能治国家？"

【注】

①夏：华夏文化。变：改变。夷：蛮夷。②陈良：陈相的老师。③中国：原指周王朝直辖区域，后指中原地区。④豪杰：德才杰出者。⑤倍：同"背"，背叛。⑥子夏：姓卜，名商，字子夏。春秋时晋国人，孔子的学生。子张：复姓颛孙，名师，字子张，陈国人。子游：言偃，字子游，孔子学生。有若：姓有，名若，字子有，人们尊称为有子，鲁国人。⑦强：强求。⑧江汉：长江、汉江。濯：洗。⑨秋阳：周历的秋相当于夏历（农历）的夏。暴：同"曝"，晒。⑩皜：同"皓"，洁白。⑪䴔（jué）：伯劳鸟。䴔舌之人：形容南方人说话难懂。⑫戎狄是膺，荆舒是惩：语出《诗经·鲁颂·閟宫》。戎：西方少数民族。狄：北方少数民族。膺：攻击。荆：楚国原建都于荆山一带，所以诸侯蔑称楚国为荆。舒：楚

国的附属国，在今天的安徽舒城县。⑬贾：同"价"。⑭相若：相当。⑮齐：一致，相等。⑯情：自然规律。⑰蓰（xǐ）：五倍。⑱比：等同。⑲相率：率领。伪：虚伪，弄虚作假。

【译】

"我听说用华夏文化去改变蛮夷的风俗，没听说被蛮夷风俗所改变。陈良，出生在楚国，喜欢周公和孔子的学说，到北方中原来学习。北方的学者，没有人能够超过他的。他真是个豪杰之士啊。你们陈相、陈辛兄弟师从陈良数十年，老师去世了就背叛他。从前孔子去世，门徒守丧三年之后，整理行李准备回家，进屋与子贡作揖，相对而哭，都哭出声了，然后回家去了。子贡返回来，在坟场附近构筑房子，独自再守丧三年，最后才回去。过些日子，子夏、子张、子游因为有若长相很像孔子，想用尊敬孔子的礼节尊敬有若，勉强曾子也这样做。曾子说：'不可以；孔子的道德学问用江汉的水洗涤过，用秋阳暴晒过，洁白而不可超越。'现在南方说话拗口的人，非难先圣的学说，你背叛师门而向他学习，这也不同于曾子啊。我听说鸟儿从幽谷中迁移到乔木，没听说从乔木迁移到幽谷的。《诗经·鲁颂·闷宫》说：'痛击戎狄，惩处荆舒。'周公尚且要攻击夷狄和荆舒，你却向蛮夷学习，这是向不善的方向转变啊。"

陈相说："如果遵从许行的学说，那么市场上没有不同的价格，国中不会有人作假欺诈，即使五尺高的孩子到市场，也没有人欺骗他。同样长短的布匹丝绸，价格相等；同样轻重的麻线丝絮，价格相等；同样多的五谷，价格相同；同样大小的鞋子，价格相同。"

孟子说："万物不一样，这是自然规律；有的相差一倍甚至五倍，有的相差十倍甚至百倍，有的相差千倍万倍。你要把它们等价处理，这样天下会大乱。大鞋小鞋价格相同，谁还做买卖？尊崇许行的学说做事，大家竞相作假欺诈，怎么能够治理国家？"

【读】

在这一章孟子回到根本问题。儒家是伦理哲学，属于上层建筑之学，是明人伦之学，是熔铸灵魂和性格之学，是建构价值体系之学，是规范人在社会结构中的位置和行为之学，重点解决的是建立在温饱之后的"人"的存在之学——至少是生活之学，而不是农家、墨家、杂家等解决"人"的生存之学。农民可以千万计，匠人可以千万计，军人可以千万计，但是尧只有一个，舜只有一个，禹只有一个，孔子只有一个，尽管孔子之徒有一群，但是其职责和使命却在于让人活出价值、活出意义、活出精彩。以实事求是的态度对待社会分工，儒家重点解决的是诗和远方，农家、杂家等重点解决的是柴米油盐酱醋茶。孟子的宗师孔子开平民教育先河，就是为了给平民上升通道，给平民发展机会，把平民培养成君子，把君子培养成士和大夫。孟子传承了孔子的教育思想，继续以教育改造塑造人心人格。任何社会，需要劳力者，也需要劳心者，二者可以相互转化，并没有不可逾越的鸿沟。无所谓高低贵贱之分，只是分工不同，责任不同，使命不同。

【5.5】爱之本源

　　墨者夷之因徐辟①而求见孟子。孟子曰：“吾固愿见，今吾尚病，病愈，我且往见，夷子不来！”

　　他日，又求见孟子。孟子曰：“吾今则可以见矣。不直②，则道不见③；我且直之。吾闻夷子墨者，墨之治丧也，以薄④为其道也；夷子思以易⑤天下，岂以为非是而不贵⑥也；然而夷子葬其亲厚，则是以所贱事亲也。”

　　徐子以告夷子。

　　夷子曰：“儒者之道，古之人若保赤子，此言何谓也？之则以为爱无差等，施由亲始。”

　　徐子以告孟子。

　　孟子曰：“夫夷子信以为人之亲其兄之子为若亲其邻之赤子乎？彼有取尔也。赤子匍匐将入井，非赤子之罪也。且天之生物也，使之一本⑦，而夷子二本故也。盖上世尝⑧有不葬其亲者，其亲死，则举而委⑨之于壑。他日过之，狐狸食之，蝇蚋姑嘬⑩之。其颡有泚⑪，睨⑫而不视。夫泚也，非为人泚，中心达于⑬面目，盖归反虆梩⑭而掩之。掩之诚是也，则孝子仁人之掩其亲，亦必有道矣。"

徐子以告夷子。夷子怃然为间⑮曰："命之⑯矣。"

【注】

①墨：墨翟，墨家学派创始人。夷之：姓夷，名之。因：通过。徐辟：孟子的学生。②直：直言，尽言。③见（xiàn）：展现，显现。④薄：薄敛。⑤易：改变风俗。⑥岂：语气助词。非是：不这样做。不贵：不足为贵。⑦一本：爱只有一个本源。⑧盖：表推测语气。上世：尚古。尝：曾。⑨委：弃。⑩蝇：苍蝇。蚋（ruì）：蚊子一类的昆虫。姑：同"盬"，吮吸。嘬（chuài）：吃。⑪颡（sǎng）：额头。泚（cǐ）：汗或出汗的样子。⑫睨（nì）：斜视。⑬中心：心中。达：表达。于：到。⑭盖：表推测。归：回家。反：返回。虆（léi）：土筐。梩（lí）：铁锹。⑮怃然：茫然。为间：一会儿。⑯命：教。之：夷之自称。

【译】

信奉墨家的人夷之通过孟子弟子徐辟求见孟子。孟子说："我本来愿意见夷子，现在我尚在病中，病好了，我就去见他，夷子不用来了。"

过了些时日，夷子再次求见孟子。孟子说："我现在可以见夷子了。不直说，那么真理表现不出来；我就直说。听说夷子是墨家学说信奉者，墨家治丧，以薄敛为其主张；夷子想以这种薄敛改变天下风俗，认为不这样做就不足为贵了；但是夷子厚葬他的父母，就是用自己看不起的礼节来处理双亲的丧事啊。"

徐辟把这些话告诉了夷之。

夷子说："儒家的主张，古代的人爱民就像保护出生的婴儿，这句话是什么意思？这句话就是爱无差别等级的意思，就从父母开始实施吧。"

徐辟把这句话告诉了孟子。

孟子说："夷子真的认为人们亲爱兄弟的孩子与亲爱邻居婴儿一样吗？他的那句话只是取譬啊。孩子将爬入井里，不是孩子的过错啊。况且天生万物，只有一个来源（那就是自己的父母），而夷子却认为爱有两个本源。上古曾经有不安葬亲人的习俗，亲人死了，就抬着丢弃在深沟中。过些日子经过，（看到）狐狸在吃亲人尸体，苍蝇蚊子在吮吸叮咬亲人尸体。他的额头上有汗冒出了，不敢正视亲人尸体。这汗啊，不是故作掩饰，是因为内心的懊悔而表达在面部。于是回家拿上土筐、铁锹回到深沟掩埋亲人尸体。掩埋亲人尸体的确是对的，那么对于孝子仁人埋葬他的亲人，也必然有道理啊。"

徐辟把这些话告诉了夷子。夷子茫然片刻说："教育夷之了。"

【读】

儒家认为生死是大事，丧事当然是大事。孔子认为，丧事贵在真诚，与其奢侈去办丧事，还不如真诚地去悼念逝去的人。自己的儿子孔鲤死了，有棺没有椁；颜回不幸短命，颜回的父亲希望孔子能够为颜回的棺材外面增加椁，孔子没有同意。由此可见，孔子提倡真诚是真的。孟子传承了这一点，但是不反对厚葬双亲，条件不好的时候，相对薄敛自己的父亲，条件好的时候，厚葬自己的母亲。孟子认为，爱的本源只有一个，从父母开始，然后推而广之，到近亲，到族人，到乡人，到天下人。而墨家认为，爱无差等，对亲人和对外人都应一样。孟子雄辩地证明，古往今来，乃至往后，爱是有差等的。他也用类似于归谬法的逻辑推理，委婉告诉墨家子弟，薄葬违背了人伦，不可取的。我以为，对于亲人的丧事，真诚可贵而不在于排场。现在有些人办丧事，不在真诚，不在内心，把丧事办得乌烟瘴气，这显然有违儒家丧礼，更加有违人性人伦。更有甚者，给逝者送纸质的美女、香车、别墅，匪夷所思。真诚地表达哀思，继承双亲的优点，节哀顺变，继续带着活着的人只争朝夕往前走，这才是儒家的丧事伦理精神所在。

卷六　滕文公下

【6.1】 招之以礼

陈代①曰："不见诸侯，宜若小②然；今一见之，大则以王，小则以霸。且志曰'枉尺而直寻③'，宜若可为也。"

孟子曰："昔齐景公田④，招虞人以旌⑤，不至，将杀之。志士不忘在沟壑，勇士不忘丧其元⑥。孔子奚取焉？取非其招不往也。如不待其招而往，何哉？且夫枉尺而直寻者，以利言也。如以利，则枉寻直尺而利，亦可为与？昔者赵简子使王良与嬖奚⑦乘，终日而不获一禽。嬖奚反⑧命曰：'天下之贱工也。'或以告王良。良曰：'请复之。'强⑨而后可，一朝而获十禽。嬖奚反命曰：'天下之良工也。'简子曰：'我使掌与女⑩乘。'谓王良。良不可，曰：'吾为之范⑪我驰驱，终日不获一；为之诡遇⑫，一朝而获十。《诗》云："不失其驰，

舍矢如破。^⑬” 我不贯与小人乘，请辞。'
御者且羞与射者比^⑭；比而得禽兽，虽若丘
陵，弗为也。如枉道而从彼，何也？且子
过矣；枉己^⑮者，未有能直人^⑯者也。"

【注】

①陈代：孟子弟子，不可详考。②小：小节。③枉：弯曲。寻：八
尺。④田：田猎，打猎。⑤虞人：狩猎场的公职人员。以：用。旌：旗杆
上装饰有彩色羽毛的旗帜。⑥元：头。⑦赵简子：晋国大夫赵鞅。王良：
驾车高手。嬖：宠幸之近臣。奚：人名。⑧反：同"返"。⑨强：勉强。
⑩使：派。掌：掌管，即掌管御马。女：同"汝"。⑪为之范：为他规范。
⑫诡遇：不规范驾车。⑬不失其驰，舍矢如破：诗出《诗经·小雅·车
攻》。失：违反。其驰：驾车的规矩。舍：放。矢：箭。如：而。破：破
的，射中。⑭比：比肩，引申为配合。⑮枉己：自己不正。⑯直人：使人
变正直。

【译】

陈代说："不觐见诸侯，未免太拘泥小节了；现在如果能觐见他们，
大而言之可以成就王业，小而言之可以成就霸业。而且《志书》说'弯曲
一尺拉直八尺'，好像是值得去做的。"

孟子说："过去齐景公打猎，用旌旗召唤猎场小吏，小吏不来，齐景
公要杀掉小吏。有志气的人不怕弃尸在深沟，勇敢的人不怕掉脑袋。孔子
赞美小吏什么呢？赞美小吏不被不正确的标志召唤去。诸侯如果不召请却
自己跑过去，这算什么？况且你说的'弯曲一尺拉直八尺'完全是从获取

利益方面考虑的。如果只考虑利益，反过来'弯曲八尺成为一尺'有利，那也可以去做吗？过去赵简子派驾车大师王良与近臣嬖奚乘车，一天下来没有射到一只鸟。嬖奚回去给赵简子复命说：'王良是天下最差劲的御手。'有人把这个情况告诉王良。王良说：'请再来一次。'嬖奚勉强同意再来一次，一个早上就射到十只鸟。嬖奚复命说：'王良是天下最优秀的御手啊。'赵简子说：'我安排他专门给你驾车。'告诉王良。王良却不同意，说：'我替他规范驾车，一整天下来未捕获一鸟；我替他不规范驾车，一早晨就捕获十只鸟。《诗经·小雅·车攻》说："不失规矩驾车，一箭就中的。"我不习惯为小人驾车，请不要这样安排。'驾车的尚且羞于为小人驾车；即使因此配合而捕获的禽兽堆积得像丘陵一样高，也不愿意去做啊。如果违背道义而跟从那些诸侯，结果如何呢？况且你错了；自己不正直，是不能使别人正直的啊。"

【读】

陈代劝孟子，大丈夫能屈能伸，应主动觐见诸侯，大而言之可以成就王业，小而言之可以成就霸业。并且引用当地俗话"弯曲一尺拉直八尺"来"启发"孟子，但是孟子不为所动。孟子列举齐景公用召请大夫的礼仪（旌旗）召请猎场公职人员，但公职人员不去的实例来说服陈代，猎场公职人员尚且懂得按照礼仪被召请才能去，何况身怀"平天下"本领的自己呢？在君王位置上却不懂得尊重人的，基本上都到了末日境地，那还值得去吗？去了他会以礼相待吗？去了他会真心尊重吗？去了他会全心施行王道吗？这一切都是未知之数，所以何必自取其辱呢？

2011年上半年邀请我做教育局局长的不止天河一个区，但是只有天河区区委主要负责同志能够爽快应承我唯一的诉求："区委三五年之内，不干预我选人用人，我还给区委一个完全不一样的天河教育。"这句话，我对几个向我伸出橄榄枝的区委书记都说过，但是，只有天河区区委书记答应了。所以，2011 年 12 月 26 日，我应邀出任天河区教育局局长，也如期兑现了我的承诺，回馈给社会一个完全不一样的天河教育。后来，我被交流到天园街道担任党工委书记，其间也有很多区向我发出邀请，却也只有一个区能够答应我的条件，但是恰恰是这个区的区委书记，我预判他很快会高就，不给我至少三年的时间，我无法交出完美的答卷，因此只好就此作罢。我的这种士人情怀和书生意气，显然有孟子儒学的基因。

【6.2】 何谓丈夫

景春①曰："公孙衍、张仪②岂不诚大丈夫哉？一怒而诸侯惧，安居而天下熄③。"

孟子曰："是焉得为大丈夫乎？子未学礼乎？丈夫之冠④也，父命⑤之；女子之嫁也，母命之，往送之门，戒之曰：'往之女家，必敬必戒，无违夫子⑥！'以顺为正⑦者，妾妇之道⑧也。居天下之广居，立天下之正位，行天下之大道；得志，与民由之⑨；不得志，独行其道。富贵不能淫⑩，贫贱不能移⑪，威武不能屈⑫，此之谓大丈夫。"

【注】

①景春：孟子同时代的纵横家，不可详考。②公孙衍：魏国人，纵横家。张仪：魏国人，纵横家。③熄：止息兵戈。④冠：行冠礼。⑤命：训诫，教导。⑥夫子：此处指丈夫。⑦正：正道。⑧妾妇：妇女。道：准则。⑨由：随，随心。之：道。⑩淫：迷惑。⑪移：改变节操。⑫屈：屈服。

【译】

景春说："公孙衍、张仪难道不是真正的大丈夫吗？发怒而诸侯恐惧，安居而天下息干戈。"

孟子说："这怎么能算得上是大丈夫呢？你没有学礼吗？男人行冠礼，父亲训诫他；女儿嫁人，母亲训诫她，送到门口，告诫女儿：'去你夫家，一定要恭敬谨慎，不要违逆丈夫！'以顺从为正道，这是妇女的准则啊。居住在天下最广大的房子里（指心宅：仁），站在天下的正位（道义所在），实行天下的王道；实现自己的志向，就与人民一起顺大道而行；不能实现自己的理想，则独自坚持心中的大道。富贵不能扰乱心志，贫贱不能改变节操，威武不能屈服人格，这才叫做大丈夫。"

【读】

孟子心中的大丈夫，不是为了一己私利而搅动时局，让世界变得混乱，让天下百姓饱受战争之苦，而是以天下为己任，以自己的王道理想去改变世界。实现理想，与百姓一起循大道而走向太平盛世；不能实现理想，则独自坚守自己心中的理想而不弯腰。纵横家那种"有奶就是娘"的功利主义价值观，显然不被孟子认可。孟子认可的是富贵不能扰乱心志、贫贱不能改变节操、威武不能屈服人格的人，这才是大丈夫。时至今日，这仍然是中国人，尤其是知识分子道义相期的理想人格。

【6.3】正道出仕

周霄①问曰："古之君子仕乎？"

孟子曰："仕。《传》曰：'孔子三月无君②，则皇皇③如也，出疆必载质④。'公明仪⑤曰：'古之人三月无君，则吊⑥。'"

"三月无君则吊，不以急乎？"

曰："士之失位也，犹诸侯之失国家也。《礼》曰：'诸侯耕助，以供粢盛⑦；夫人蚕缫⑧，以为衣服。牺牲不成，粢盛不絜⑨，衣服不备⑩，不敢以祭。惟士无田，则亦不祭。'牲杀、器皿、衣服不备，不敢以祭，则不敢以宴，亦不足吊乎？"

"出疆必载质，何也？"

曰："士之仕也，犹农夫之耕也；农夫岂为出疆舍其耒耜⑪哉？"

曰："晋国亦仕⑫国也，未尝闻仕如此其急。仕如此其急也，君子之难仕，何也？"曰："丈夫生而愿为之有室，女子生而愿为之有家；父母之心，人皆有之。不待父母之命、媒妁之言，钻穴隙相窥⑬，逾墙相从，则父母国人皆贱之。古之人未尝不欲仕也，又恶不由⑭其道。不由其道而往者，与钻穴隙之类也。"

【注】

①周霄：魏国人，不可详考。②无君：得不到君王的任用。③皇皇：惶恐状。④疆：国界。质：同"贽"，初次见面的礼物。⑤公明仪：鲁国人，孔子学生子张的学生（一说曾子的学生）。⑥吊：慰问。⑦耕助：古时天子、诸侯、大夫亲自耕种自己的"籍田"。粢（zī）：祭祀用的谷物。盛（chéng）：装在祭祀器皿中。⑧夫人：诸侯正妻。缫（sāo）：抽茧出丝。⑨絜：同"洁"。⑩备：完备，妥帖。⑪舍：丢弃。未耜：像犁的农具。⑫晋国：即魏国，魏国是三家分晋中分离出来的。仕：士人争相游宦的国家。⑬穴：洞。相窥：相互窥看。⑭恶：讨厌。不由：经过。

【译】

周霄问："古代的君子做官吗？"

孟子说："做官。《传》说：'孔子三个月没有得到君王的任用，心里就会非常不安啊，离开一个国家，一定要带着初次见面的礼物。'公明仪说：'古代的人三个月不能为君王做事，则要被慰问安抚。'"

周霄说："三个月不能为君王做事就会被慰问，不会太急了吗？"

孟子说："士失去职位，犹如诸侯失去国家啊。《礼》说：'诸侯助耕以提供祭祀器皿中的黍稷；诸侯正妻抽丝剥茧，做祭祀的衣服。祭祀牛羊不肥美，祭祀黍稷不干净，衣服不完备，不敢祭祀。士如果没有籍田（生产祭祀黍稷的专用田），那么也不能祭祀。'牛羊、器皿、衣服不完备，不敢祭祀，也不敢举行宴乐，这不值得去安慰吗？"

周霄又问："离开国界一定要带着初次见面的礼品，为什么？"

孟子说："士做官，就像农夫种田啊；农夫难道会因为离开国界而丢弃农具吗？"

周霄说："晋国也是士人游宦做官的国家啊，不曾听说过如此急迫。做官如此急迫，君子做官那么难，这是为什么？"孟子说："男子自生下来父母就期待（他）尽快有家室，女子生下来父母就期待（她）嫁个好人家；父母这种心理，人人都有。不等待父母的命令、媒人的介绍，就钻洞扒缝相互窥看，甚至翻墙约会，那么父母国人都瞧不起。古人未尝不想出仕啊，又讨厌不经过正道。不经过正道，与打洞扒缝是一样的。"

【读】

士人有士人的尊严，不是什么官都会去做的，当牛做马为奴才，这样的官可以做吗？士人做官，必须保证"人能弘道"，这是底线。我从广州市教育局处长的位置，到天河区任教育局局长，是应天河区区委邀请而来的，磋商过程中，我向天河区区委提出了唯一的条件："区委三五年之内，不干预我选人用人，我还给区委一个完全不一样的天河教育。"就是因为有这个条件，我把校长变成学者，把教师变成思想者，把学生变成终身学习的读书人，把那些有情怀、有理想、有信仰、有能力的人选拔到校长和园长的位置上，五年之内，天河区教育从中等质量实现了对传统教育强区的弯道超车。只有维持了士人的尊严，尊重了专业人士的专业认知，才有可能彻底改变一个区的教育。这就是孟子讲的必要的"正道"，不尊重这个"正道"，如何能够成事呢？

【6.4】 心安理得

彭更^①问曰："后车数十乘，从者数百人，以传^②食于诸侯，不以泰^③乎？"

孟子曰："非其道，则一箪^④食不可受于人；如其道，则舜受尧之天下，不以为泰，子以为泰乎？"

曰："否，士无事而食，不可也。"

曰："子不通功易^⑤事，以羡^⑥补不足，则农有余粟，女有余布；子如通之，则梓匠轮舆^⑦皆得食于子。于此有人焉，入则孝，出则悌，守先王之道，以待后之学者，而不得食于子，子何尊梓匠轮舆而轻为仁义者哉？"

曰："梓匠轮舆，其志将以求食也；君子之为道也，其志亦将以求食与？"

曰："子何以^⑧其志为哉？其有功于子，可食而食之矣。且子食志^⑨乎？食功^⑩乎？"

曰："食志。"

曰："有人于此，毁瓦画墁^⑪，其志将以求食也，则子食之乎?"

曰："否。"

曰："然则子非食志也，食功也。"

【注】

①彭更：孟子弟子，不可详考。②以：凭着。传（zhuàn）：客舍。③泰：过分。④箪：古时盛饭的圆形竹器。⑤通：流通，通商通车即此"通"。功：同"工"。易：交换。⑥以：用。羡：有余。⑦梓匠：木匠。轮：车轮，指制造车轮的工匠。舆：车厢，指制造车厢的工匠。⑧何以：以何，为学习研究。⑨食志：凭志向吃饭。⑩食功：凭功绩吃饭。⑪画墁：在墙上涂鸦。

【译】

彭更问："后面跟随的车子有数十辆，跟随的人员有几百人，专门在馆舍吃诸侯的饭，不是太过分吗?"

孟子回答："不是因为道义，那么一箪饭也不应该接受；如果因为道义，那么舜接受尧的天下，也不算过分，你认为过分吗?"

彭更说："不对。士没做事就获得供养，不可以。"

孟子说："你不互通百工的产品，用多余的来弥补不足的，那么农夫就会有剩余粮食，女子就有多余布匹；你如果让其流通，那么木匠车工者能从这里获得供养。这里有个人啊，在家孝顺父母，在外尊敬兄长，坚守仁义之道，培养求学的人，不能从你那里获得食物，你为什么尊重木匠车工而轻视仁义的人呢?"

彭更说:"木匠车工,他们的动机就是找口饭吃;君子讲仁道,君子的动机也是为了找口饭吃吗?"

孟子说:"你为什么讲心志呢?他们有功于你,可以给酬劳的就给他们酬劳。况且你是靠心志吃饭,还是靠功绩吃饭?"

彭更说:"靠心志吃饭。"

孟子说:"有这么个人,干活毁坏了你的瓦和涂鸦了你的墙,用他的心志吃饭,你给他吃的吗?"

彭更说:"不会。"

孟子说:"那么你就是不认同靠心志吃饭,而是认同靠功绩吃饭啊。"

【读】

人到底是靠什么吃饭?木匠、车工、陶工、织女、农夫等显然是依靠功绩吃饭。但是对于脑力劳动者来说,是靠心志吃饭。那些拥有车辆数十乘,随从数百人,住在馆舍或者奔跑在驿站的人,应该说是靠心志吃饭。他们用思想、理念、智慧在影响一个国家或地区,他们同样应该享受劳动交换,同样应该得到尊重。劳心者的劳动是思想、理念、战略、战术,劳力者的产品是车子、黍稷、衣服等,互通有无而构成社会。孟子认识到了这一点。

【6.5】举首而望

万章①问曰:"宋,小国也;今将行王政,齐楚恶而伐之,则如之何?"

孟子曰:"汤居亳②,与葛③为邻,葛伯放④而不祀。汤使人问之曰:'何为不祀?'曰:'无以供牺牲也。'汤使遗⑤之牛羊。葛伯食之,又不以祀。汤又使人问之曰:'何为不祀?'曰:'无以供粢盛⑥也。'汤使亳众往为之耕,老弱馈⑦食。葛伯率其民,要其有酒食黍稻者夺之,不授者杀之。有童子以黍肉饷⑧,杀而夺之。《书》曰:'葛伯仇饷。'此之谓也。为其杀是童子而征之,四海之内皆曰:'非富天下也,为匹夫匹妇复仇也。''汤始征,自葛载⑨',十一征而无敌于天下。东面而征,西夷怨;南面而征,北狄⑩怨,曰:'奚为后我?'民之望之,若大旱之望雨也。归市者弗止,芸者不变，诛其君，吊其民，如时雨降。民大悦。《书》曰：'傒⑪我后，后来其无罚⑫！''有攸不惟臣⑬，东征，绥厥⑭士女，篚厥玄黄⑮，绍我周王见休⑯，惟臣附于大邑⑰周。'其君子实⑱玄黄于篚以迎其君子，其小人箪食壶浆以迎其小人；救民于水火之中，取其残⑲而已矣。《太誓》曰：'我武惟扬，侵于之疆，则取于残，杀伐用张，于汤有光。⑳'不行王政云尔；苟行王政，四海之内皆举首而望之，欲以为君；齐楚虽大，何畏焉？"

【注】

①万章：孟子的弟子。②亳：商汤的都城，今河南商丘。③葛：国名，在今河南宁陵北部。④葛伯：爵位名称，次于侯。放：放纵。⑤遗（wèi）：赠送。⑥粢：籍田生产的祭祀用的谷物黍稷。盛（chéng）：装在祭祀器皿中。⑦馈：送。⑧饷：给父兄送饭。⑨载：开始。⑩北狄：北方少数民族的人民。⑪傒（xī）：等待。⑫罚：受刑罚。⑬攸：所。惟：为。臣：臣服周。⑭绥：安定。厥：其。⑮篚：盛物的竹器。玄黄：黑色的和黄色的帛。⑯绍：介绍。见：觐见。休：开心，喜悦。⑰惟：思考。臣付：臣服。邑：邦。⑱君子：在位者。实：装满。⑲取：收取。残：残害

百姓之人。⑳我武惟扬，侵于之疆，则取于残，杀伐用张，于汤有光：出自《尚书·周书·太誓》。武：王师。扬：发扬。侵：攻击。疆：疆域。取：杀掉。残：残害人民之贼。杀伐：挞伐。张：伸张。于：同"邘"，邘国。汤：商汤。

【译】

万章问："宋国，是小国啊；现在准备实行仁政，齐楚两国都因此讨厌而要攻打它，那么如何是好？"

孟子说："汤居住在亳地，与葛国为邻居，葛伯放纵而不祭祀。商汤派人问葛伯：'为什么不祭祀先祖？'葛伯说：'没有可以祭祀的牛羊啊。'商汤派人送牛羊。葛伯把这些牛羊都吃了，仍然不祭祀先祖。商汤又派人问：'为什么不祭祀先祖？'葛伯说：'没有祭祀用的黍稷啊。'商汤派亳地的百姓前往葛国为他们耕种，让年老体弱的为种田的人送饭。葛伯却率领他的人索要饭菜，不给就杀掉他们。有个孩子给父兄送饭，葛伯的人杀掉孩子而夺下饭菜。《尚书·商书·钟虺之诰》说：'葛伯仇杀送饭的孩子。'说的就是这件事。因为葛伯杀了这个孩子而征讨他，四海之内都说：'不是为了天下财富，是为普通百姓复仇啊。''汤征讨，从葛国开始'，十一次征伐而无敌于天下。向东面征讨，西夷百姓抱怨；向南面征讨，北狄百姓抱怨，说：'为何后面才征讨我们啊？'老百姓对商汤的盼望，就像大旱时民众对雨的期盼啊。赶集市的人没有停止，耕耘的人照常耕耘，讨伐国君，安抚百姓，就像及时雨。百姓十分高兴。《尚书·商书·钟虺之诰》说：'等待我的大王，大王来后我们不再被虐待。''有不臣服周的攸国，周王东征，安抚那里男女百姓，百姓抬着满筐的黑色黄色的帛，以能事奉周王为幸运，只愿做大周的臣民。'在位者也装满丝帛来迎接大周的官员百姓也装满了粮食和酒浆迎接周王的百姓；拯救百姓于水火之中，只是矛掉残害百姓的君主而已。《尚书·周书·太誓》说:'发扬我王师威武,攻入邢国的疆界,只是去掉残害百姓的国君,用杀伐伸张正义,比商汤还要光辉。'不行仁政也罢了;如果能够行王道之政,四海之内都翘首而望王师,渴望这样的人做君王;齐楚两国虽然国土面积大,有什么可怕?"

【读】

孟子以商汤征讨无道的葛国为例,证明行仁政,关键在于以民为本、与民为善、凝聚民心;唯恐不够,继续以周王征讨邢国为例,证明百姓对于仁义之师的盼望,就像久旱的百姓对甘霖的盼望。事实上,商汤行仁政,诉诸军事,就是从征讨不祭祀先祖的葛国开始,十一征而无敌于天下。仁者无敌,对于国家来说,不是没有道理。反过来,凡是欺凌百姓、蹂躏百姓的国家,都处于王朝末世。古今中外,没有例外。

【6.6】是非颠倒

孟子谓戴不胜①曰："子欲子之王之善②与？我明告③子。有楚大夫于此，欲其子之齐语④也，则使齐人傅诸⑤。使楚人傅诸？"

曰："使齐人傅之。"

曰："一齐人傅之，众楚人咻⑥之，虽日挞⑦而求其齐也，不可得矣；引而置之庄岳⑧之间数年，虽日挞而求其楚，亦不可得矣。子谓薛居州⑨，善士也，使之居于王所⑩。在于王所者，长幼卑尊皆薛居州也，王谁与为⑪不善？在王所者，长幼卑尊皆非薛居州也，王谁与为善？一薛居州，独如宋王何？"

【注】

①戴不胜：宋国臣子。②之：向。善：善良，善道，行善。③告：告诉。④之：去。齐语：用作动词，讲齐语。⑤傅：用作动词，做师傅

诸：之于。⑥咻：喧哗。⑦挞：鞭打。⑧引：带领。置：放置。庄岳：齐国的街名和里名。⑨薛居州：宋国臣子。⑩王所：宋王的居所。⑪谁与："与谁"的倒装。为：做。

【译】

孟子对戴不胜说："你希望你的大王行善吗？我明白告诉你。有这么一位楚国大夫，想他的儿子去学习齐国语言，那么是安排齐国人当老师呢，还是安排楚国人当老师？"

戴不胜说："安排齐国人当老师教他。"

孟子说："一个齐国人教他学习，众多楚国人喧哗干扰他，即使每天鞭打他而要求学好齐国语言，也不可能学会；带领他到齐国的市井之间生活数年，即使每天用鞭子抽打要求他讲楚国话，那是不可能学不会的。你说薛居州，是贤良的人，让他住在大王的住所。假如在大王的住所，长幼尊卑都像薛居州一样贤良，大王与谁去做坏事呢？在大王的住所，如果长幼尊卑都不像薛居州那样，大王与谁去做善事呢？一个薛居州，又能把宋王怎么样呢？"

【读】

宋国臣子希望宋王行善，不知道如何做。孟子先设置一个类比，楚国大夫想让儿子学习齐国语言，所有的人都想着请齐国老师教他学习就可以了。但是，事实不是这样的，一位老师教他齐国语言，周围很多朋友干扰他，他当然学不会也学不好。孟子的设喻，正好为现在全人格学习方法所正实，把一个五岁左右的孩子放在完全陌生的非母语的语言环境中去生活半年，孩子居然能够很流利地掌握新语言。全人格的语言学习有两个要素：一个是语言学习贵在实践和运用，另一个是语言学习一定要有环境熏陶。当然,孟子在这里谈的不是语言学习问题,而是道德问题,是行善的问题。一个民族的进步与发展,虽然要看重物质文明,要看重技术进步,但是,当物质基础积淀完成之后,民族进步与发展的标志在于价值坚守和伦理规范。在张艺谋先生的电影《大红灯笼高高挂》中,很多人以为那位白衣少女真的是疯子,其实不是的,疯的是其他人,疯的是那个社会,唯独这位白衣少女是清醒者。君子无罪,怀璧其罪。因为这位大学生最年轻、最漂亮、最有学识,如果她不是疯子,那怎么行?岂不是意味着老爷是疯子,老爷的太太是疯子,老爷的姨太太是疯子,老爷的七大姑八大姨全都是疯子。这就是此章背后的玄机。

【6.7】 君子气节

公孙丑问曰:"不见诸侯何义?"

孟子曰:"古者不为臣不见。段干木逾垣①而避之,泄柳闭门而不纳②,是皆已甚;迫,斯可以见矣。阳货欲见孔子而恶③无礼,大夫有赐④于士,不得受于其家,则往拜其门。阳货瞰⑤孔子之亡也,而馈孔子蒸豚⑥;孔子亦瞰其亡也,而往拜之。当是时,阳货先,岂得不见?曾子曰:'胁肩谄笑⑦,病于夏畦⑧。'子路曰:'未同⑨而言,观其色赧赧然⑩,非由之所知也。'由是观之,则君子之所养⑪,可知已矣。"

【注】

①段干木:魏文侯的贤士。逾:翻过。垣:墙。②泄柳:鲁穆公时期的贤人。纳:接纳。③恶:担心。④赐:赏赐。⑤瞰:窥伺,瞅准机会。⑥蒸豚:蒸熟的小猪。⑦胁肩:耸肩。谄笑:强装笑容。⑧病:劳累。夏畦:夏天在田里耕种。⑨未同:没有共同语言。⑩赧赧(nán)然:羞愧难堪之状。⑪养:修养。

【译】

公孙丑问孟子："不觐见诸侯是什么道理?"

孟子回答："古代不做臣子就不觐见诸侯。段干木翻墙躲避国君,泄柳闭门谢客不见国君,这些都过分了;紧迫时刻,还是可以见的。阳货想召见孔子而担心别人议论自己失礼,大夫赏赐礼物给士人,如果士人不能在家里接受礼物,那么士人必须前往大夫家里登门答谢!阳货窥伺孔子外出,而到孔子家里馈赠蒸熟的小猪;孔子也窥伺阳货外出,前往阳货家拜谢。当时,阳货先去孔子家主动拜访孔子,哪能见不到孔子呢?曾子说:'耸肩装笑,难受胜于夏天操劳。'子路说:'没有共同语言却要交谈,看那脸色一定非常惭愧难堪,不是我能够知道的啊。'由此,君子如何培养自己的德行,就可以知道了。"

【读】

孟子面对别人问自己不见诸侯是什么道理时,他的想法代表了一部分有真实本领同时有节操的士人的共性。伴君如伴虎,事非经过不知难。如果君王不能礼贤下士,眼光不能向下看,不能"下学上达",士人过分热情,往往于事无补。不是自己请来的,不会珍惜。如果国君能够像商汤礼贤伊尹,文王礼贤姜尚,刘邦礼贤张良,那么国家的事情都好办了。偏偏古往今来,各种自以为是的人占绝大多数。所以,历史留下的遗憾和教训比留下的成功经验要多得多!

【6.8】 何待来年

戴盈之①曰："什一②，去③关市之征，今兹未能，请轻之，以待来年，然后已④，何如？"

孟子曰："今有人日攘⑤其邻之鸡者，或告之曰：'是非君子之道。'曰：'请损⑥之，月攘一鸡，以待来年，然后已⑦。'如知其非义，斯速已矣，何待来年？"

【注】

①戴盈之：宋国大夫。②什一：十一税制，征收十分之一作为税收。③去：免去。④已：完税。⑤日：每日。攘：动物自己来到家里而据为己有，简单理解为盗窃亦可。⑥损：减少。⑦然后已：停止盗窃。

【译】

戴盈之说："田赋实行十一税制，免去关卡和市场的征税，现在依然做不到，我明年再继续努力，全部免除关市之税，怎么样？"

孟子说："现在有人每天偷邻居一只鸡，有人告诫他说：'这不是君子之道。'那人说：'那我减少一点，每个月偷邻居一只鸡，等到明年，我就不偷了。'如果知道这样做不义，就应该快速改正，为什么要等到明年呢？"

【读】

孟子主张轻赋敛，这是儒家的基本主张。以人为本，与民为善，休养生息，儒家一以贯之。估计是孟子曾经给戴盈之提过实行十一税制、同时免除关市征收税的建议；戴盈之提出适当减轻，明年再免除的想法。孟子于是设喻，把收关税这个比较抽象的事物，比喻成为偷鸡这个具体而形象的动作，便于戴盈之理解，每天偷一只鸡和每月偷一只鸡，都是偷，本质一样的，都是不义之举，都必须立即改正。由此推论，免除关市之税，也必须立即执行，而不是等待来年再执行。对于那些错了的政策，改革必须彻底，否则必遭反噬，深受其害。

【6.9】精神家园

公都子[①]曰："外人皆称夫子好辩，敢问何也？"

孟子曰："予岂好辩哉？予不得已也。天下之生久矣，一治一乱。当尧之时，水逆行，泛滥于中国，蛇龙居之，民无所定。下者为巢，上者为营窟[②]。《书》曰：'洚水警余[③]。'洚水者，洪水也。使禹治之。禹掘地而注之海，驱蛇龙而放之菹[④]；水由地中行，江、淮、河、汉是也。险阻既远，鸟兽之害人者消，然后人得平土而居之。

"尧舜既没，圣人之道衰，暴君代作，坏宫室以为汙池，民无所安息；弃田以为园囿[⑤]，使民不得衣食。邪说暴行又作，园囿、汙池、沛泽多而禽兽至。及纣之身，天下又大乱。周公相武王诛[⑥]纣，伐奄三年讨其君，驱飞廉[⑦]于海隅而戮之，灭国者五

十，驱虎、豹、犀、象而远之，天下大悦。《书》曰：'丕显哉，文王谟！丕承者，武王烈！佑启我后人，咸以正无缺。⑧'

"世衰道微，邪说暴行有作，臣弑其君者有之，子弑其父者有之。孔子惧，作《春秋》。《春秋》，天子之事也；是故孔子曰：'知我者其惟《春秋》乎！罪我者其惟《春秋》乎！'

"圣王不作，诸侯放恣，处士横议，杨朱、墨翟之言盈⑨天下。天下之言不归杨，则归墨。杨氏为我，是无君也；墨氏兼爱，是无父也。无父无君，是禽兽也。公明仪曰：'庖有肥肉，厩有肥马；民有饥色，野有饿莩⑩，此率兽而食人也。'杨墨之道不息，孔子之道不著⑪，是邪说诬民，充塞仁义也。仁义充塞，则率兽食人，人将相食⑫。吾为此惧，闲⑬先圣之道，距杨墨，放淫辞，邪说者不得作。作于其心，害于其事；作于其事，害于其政。圣人复起，不易吾言矣。

"昔者禹抑洪水而天下平，周公兼夷狄⑭，驱猛兽而百姓宁，孔子成《春秋》而乱臣贼子惧。《诗》云：'戎狄是膺，荆舒是惩，则莫我敢承⑮。'无父无君，是周公所膺也。我亦欲正人心，息⑯邪说，距诐⑰行，放淫辞，以承三圣⑱者；岂好辩哉？予不得已也。能言距杨墨者，圣人之徒也。"

【注】

①公都子：孟子弟子。②为：修造。营窟：洞穴。③洚水警余：语出《尚书·大禹谟》。洚水：无涯之水。警：警告。余：我。④菹（jū）：水泽长草的地方。⑤囿：专门饲养动物的园子。⑥相：辅佐。诛：讨伐。⑦飞廉：纣王宠幸的大臣。⑧丕显哉，文王谟！丕承者，武王烈！佑启我后人，咸以正无缺：语出《尚书·君牙》。丕：大。显：光明。谟：谋略。承：继承。烈：功业。佑：辅佑。启：启发。咸：都。以正无缺：周正严密无缺憾。⑨杨朱：魏国人，战国思想家，主张"为我"。盈：充斥，充满。⑩莩（piǎo）：同"殍"，饿死的人。⑪著：立。⑫人将相食：人吃人。⑬闲：捍卫。⑭兼：兼并。夷狄：西夷、北狄，借指少数民族。⑮戎狄是膺，荆舒是惩，则莫我敢承：诗出《诗经·鲁颂·闷宫》。是膺：惩罚。荆：楚国。舒：舒国，楚国的附庸国。惩：惩戒。⑯息：止息。

⑰距：同"拒"，拒绝，反对。诐（bì）：邪僻不正。⑱承：继承。三圣：上述大禹、周公、孔子三位圣人。

【译】

公都子说："外面的人说夫子您喜欢辩论，请问这是为什么？"

孟子说："我哪里是喜欢辩论啊？我是不得已而为之。天下有人类很久了，一时治一时乱。唐尧时期，洪水不按河道流，泛滥于中原，蛇龙盘踞，百姓没有固定居所。低处的人在树上筑巢，高处的人则挖掘相连的洞穴。《尚书·大禹谟》说：'无涯的洪水警告我们。'洚水，就是漫无边际的洪水。尧帝派大禹治水。大禹在地上掘沟渠让洪水注入大海，驱逐蛇龙，让它们到低洼水草处；水沿着地上的河流动，长江、淮河、黄河、汉江就是这样的。险阻已经排除，鸟兽的危害也消除了，然后人才在平原上居住。

"尧舜去世后，圣人的王道衰微，暴虐的君王不断出现，毁坏民居改做深池，百姓无安居之所；毁弃天地以做饲养野兽的园林，使百姓衣食无着。邪僻的学说和暴虐的行为又兴起，林苑、深池、草泽多了，禽兽也来了。等到纣王时代，天下更是大乱。周公辅佐武王诛杀纣王，讨伐奄国三年才杀死其国君，追逐飞廉到海角而诛杀他，灭掉五十个国家，驱赶虎、豹、犀、象到远处，天下人非常高兴。《尚书·君牙》说：'太英明啊，文王的谋略！太伟大啊，武王的功业！辅佑教导我的后人，使他们都中正无憾。'

"周室衰弱，王道衰微，邪僻的学说和暴虐的行为再次兴起，臣子杀君王的不乏其人，儿子杀父亲的不乏其人。孔子深感忧虑，著《春秋》。著《春秋》，本是天子的职权；所以孔子说：'了解我的是《春秋》啊！怪罪我的也是《春秋》啊！'

"圣王不出现，诸侯放肆，士人学说泛滥，杨朱墨翟的学说充斥天下。天下学术要么属于杨朱，要么属于墨翟。杨朱的学说强调自我，这是心目中无君；墨翟的学说主张兼爱，这是心目中无父。心目中无君父，这是禽兽啊。公明仪说：'厨房有肥肉，马厩有肥马；百姓面有饥色，野外到处都是饥饿致死的人的尸体，这是率领野兽吃人啊。'杨朱墨翟的学说不消除，孔子的学说就无法发扬光大，这便是荒谬的学说欺骗了百姓，从而阻塞了仁义的大道。仁义被阻塞，就是率领野兽吃人，乃至人与人相互厮杀。我为此恐惧，捍卫圣人的学说，抵制杨朱墨翟的学说，驳斥过分的言论，邪僻的学说无法重现。邪说作用于心，就会妨害做事；作用于事情，就会妨害政治。圣人再出现，也不会改变我的说法。

"过去大禹治服洪水而天下太平，周公兼并夷狄，驱逐猛兽而百姓安宁，孔子著《春秋》而乱臣贼子恐惧。《诗经·鲁颂·閟宫》说：'戎狄被征服，荆舒被惩戒，那么就没有人敢抗拒我。'无父无君之徒，被周公所惩戒。我也想端正人心，止息邪僻学说，批驳过分言辞，来继承大禹周公孔子三位圣人的学说；哪里是喜欢辩论呢？我不得已而为之。能够用语言抵制杨朱墨翟学说的，就是圣人的信徒啊！"

【读】

这几节充分体现了孟子以天下为己任的担当。孟子是战国当之无愧的第一辩才，但是自己不承认，认为自己只是不得已而为之。面对周王朝王道衰微，臣子杀君王的不乏其人，儿子杀父亲的不乏其人，孔子著《春秋》而乱臣贼子惧怕。但是孔子之后，圣王不出现，诸侯放肆，邪说泛滥，杨朱墨翟的学说充斥天下，这时候孔子不在世，敢为这个局面忧虑的就只有孟子。于是孟子用自己的言辞捍卫圣人的学说，抵制杨朱墨翟的学说，驳斥过分的言论。这种不得已，就是孟子的入世情怀，就是孟子继孔子衣钵而教化世人的善行。孔子主张："辞达而已。"又说："修辞立其诚。"孔子为了提高学生的语言素养，还专门开设言语学科，强化学生的表达能力。孟子属于孔门再传弟子，传承了孔子儒家重视语言学科的传统，形成了气场强大的语言风格，算是对孔子儒学的一种发展。孔子重视语言学科，说是圣人洞见也罢，说是先见之明也罢，总之这与哲学家海德格尔的观点"语言是精神的家园"、维特根斯坦的观点"语言的边界就是思想的边界"高度契合。孔子学识如此深刻，没有语言支撑，何以流传至今？孟子学识如此渊博，没有修辞立其诚，何以流传至今？因此，要想全面提高一代又一代人的语言能力，需要回望传统，需要坚守传统，需要向数千年的文化沃土吸纳源远流长的人文素养。舍此，别无他法！

【6.10】何为廉士

匡章①曰："陈仲子岂不诚②廉士哉？居於陵③，三日不食，耳无闻，目无见也。井上有李，螬食实④者过半矣，匍匐往，将食之；三咽，然后耳有闻，目有见。"

孟子曰："于齐国之士，吾必以仲子为巨擘⑤焉。虽然，仲子恶能廉？充仲子之操⑥，则蚓而后可者也。夫蚓，上食槁壤⑦，下饮黄泉。仲子所居之室，伯夷⑧之所筑与？抑亦盗跖⑨之所筑与？所食之粟，伯夷之所树与？抑亦盗跖之所树与？是未可知也。"

曰："是何伤⑩哉？彼身织屦⑪，妻辟纑⑫，以易之也。"

曰："仲子，齐之世家也；兄戴⑬，盖禄⑭万钟，以兄之禄为不义之禄而不食也，以兄之室为不义之室而不居也，辟兄离⑮

母，处于於陵。他日归，则有馈其兄生鹅者，乃频顣⑯曰：'恶用是鶂鶂⑰者为哉？'他日，其母杀是鹅也，与之食之。其兄自外至，曰：'是鶂鶂之肉也。'出而哇⑱之。以母则不食，以妻则食之；以兄之室则弗居，以於陵则居之，是尚为能充其类也乎？若仲子者，蚓而后充其操者也。"

【注】

①匡章：齐国人。②陈仲子：齐国人。诚：的确。③於（wū）陵：地名，在今天山东邹平、临淄一带。④螬（cáo）：金龟子幼虫。实：李子的果实。⑤擘：大拇指。⑥充：推广。操：节操，操守。⑦槁壤：干土。⑧伯夷：商末孤竹君之长子。⑨盗跖：柳下惠的兄长，著名的侠盗。⑩是：这。何伤：何妨。⑪彼：他，指陈仲子。身：亲自。屦：麻编织的鞋子。⑫辟：织麻。纑（lú）：练麻。⑬戴：陈仲子的兄长，陈戴。⑭盖（gě）：陈戴的封地。禄：俸禄。⑮辟：躲避。离：离开。⑯频：同"颦"。顣：愁眉皱额状。⑰鶂鶂（yì）：拟声词，模拟鹅的叫声，借代指鹅。⑱哇：吐。

【译】

匡章说："陈仲子难道不是真正的廉洁之士吗？居住在於陵，三天没有进食，耳朵听不到，眼睛看不见。井上有一颗掉落的李子，金龟子已经吃了一半，陈仲子艰难爬过去，捡起来吃了；多次咽口水，然后耳朵能听，眼睛能看。”

孟子说：“在齐国的士人中，我一定认为陈仲子是杰出的人物。即便这样，陈仲子怎么能算是廉洁之士呢？要推广陈仲子的节操，那么变成蚯蚓后才可以。那蚯蚓，上吃干土，下喝浊水。仲子所居住的房子，是伯夷修筑的呢，还是盗跖修筑的呢？所吃的粟米，是伯夷种植的呢，还是盗跖种植的呢？这还不知道呢。”

匡章说：“这又何妨呢？他亲自编织麻鞋，妻子亲自织麻练麻，用这些交换回的。”

孟子说：“仲子，是齐国的世袭贵族啊；他的兄长陈戴，在盖地俸禄有万钟之多，他认为兄长的俸禄不道义而不接受，认为兄长的房子不道义而不居住，避开兄长，离开母亲，居住在於陵。有一天回来，有人馈赠他兄长一只活的鹅，他皱着额头说：‘怎么接受这种鶃鶃叫的不义鹅呢？’过些日子，母亲杀了这只鹅，给仲子吃。他的兄长从外面回来，说：‘这是鹅肉啊。’仲子跑到外面把吃进去的鹅肉吐出来。因为母亲做的不吃，因为妻子做的吃；因为兄长的房子不住，在於陵住下来，这还能够推广吗？如果仲子这个人变成蚯蚓，那么才可以推广他的节操。”

【读】

匡章讲给孟子听的，或许是传说，或许是胡编乱造，很难令人信服。认为哥哥的俸禄不义而不接受，认为哥哥的房子不义而不居住，一个人跑到於陵居住，饿得要死，吃了半颗李子，才恢复视觉和听觉。有没有廉洁到如此程度的士人，《孟子》中匡章的这段话，在历史上的确属于“孤证”。姑妄言之，姑妄听之，但我并不相信，也许孟子也不相信，只不过谁写书，谁就有话语权。孟子认为，陈仲子如果算廉洁，那么等他变成蚯蚓后，再推广他的高尚道德。因为目前所作所为并不比蚯蚓更高尚。陈仲子行为本已荒唐，孟子就来个荒唐的"平方"。别人送哥哥一只活鹅，他觉得这是不义之财；母亲做给他吃，当获悉这就是那只不义之鹅时，居然把吃进去的鹅肉吐出来。这种行为，对于兄长而言，何曾有半点悌道？对于母亲而言，何曾有半点孝道？孟子因此再次强调，只有陈仲子变成蚯蚓，才有推广其操守的价值，读这几节，会心一笑，世间腐儒竟有如此者！

卷七 离娄上

【7.1】 仁者高位

孟子曰："离娄①之明、公输子②之巧，不以规矩③，不能成方圆；师旷④之聪，不以六律⑤，不能正五音⑥；尧舜之道，不以仁政，不能平治天下。今有仁心仁闻而民不被其泽⑦，不可法⑧于后世者，不行先王之道也。故曰：徒善不足以为政，徒法不能以自行。《诗》云：'不愆不忘，率由旧章。⑨'遵先王之法而过⑩者，未之有也。圣人既竭目力焉，继之以规矩准绳，以为方圆平直，不可胜用也。既竭耳力焉，继之以六律正五音，不可胜用也；既竭心思焉，继之以不忍人之政，而仁覆天下矣。故曰，为高必因丘陵，为下必因川泽；为政不因先王之道，可谓智乎？是以惟仁者宜在高位。不仁而在高位，是播其恶于众也。上无道揆⑪也，下无法守也，朝⑫不信道，工不信度⑬，君子犯义⑭，小人犯刑⑮，国之所存者幸也。故曰，城郭不完，兵甲不多，非国之灾也；田野不辟，货财不聚，非国之害也。上无礼，下无学，贼民兴，丧无日矣。《诗》曰：'天之方蹶，无然泄泄⑯。'泄泄犹沓沓⑰也。事君无义，进退无礼，言则非先王之道者，犹沓沓也。故曰，责难⑱于君谓之恭，陈善闭邪⑲谓之敬，吾君不能⑳谓之贼。"

【注】

①离娄：离朱，古代天生眼睛特别好使的人，能够于百步之外见秋毫之末。②公输子：公输班，著名木匠，善于造防守器械。③规：圆规。矩：曲尺。④师旷：春秋晋国乐师，天生失明，听力出奇好。⑤六律：古代截竹十二管以审定五音。黄钟、太簇、蕤宾、姑洗、夷则、无射为阳律，大吕、夹钟、仲吕、林钟、南吕、应钟为阴律，阴阳各六，所以叫做六律。⑥五音：宫、商、角、徵、羽。⑦仁心：仁爱之心。仁闻：仁爱的声誉。被：受。泽：恩泽。⑧法：效法。⑨不愆不忘，率由旧章：语出《诗经·大雅·假乐》。愆：过失，罪过。忘：忘本。率由：同义反复，遵循。旧章：以前的典章。⑩法：法度。过：犯错误。⑪上：上位者。道：道义。揆：法度。⑫朝：朝廷。⑬工：工匠。度：尺度。⑭犯：触犯。义：道义。⑮刑：刑律。⑯天之方蹶，无然泄泄：语出《诗经·大雅·

板》。蹶：降下动乱。泄泄：喋喋不休状。⑰沓沓（dá）：喋喋不休。⑱责难：责难求仁政。⑲陈：陈述。闭：杜绝。邪：邪说。⑳吾君不能：我的国君不行仁政。

【译】

孟子说："离娄的视力，公输班的机巧，不凭借规矩，就不能画成方圆；师旷的听力，不凭借六律，就不能正五音；尧舜的仁道，不实行仁政，就不能平治天下。现在有些诸侯虽然有仁心和仁爱的名誉，却不能泽被百姓，不能效法先王的王道之政啊。所以说：仅仅凭借善心是不能治理国家的，仅仅凭借法律是不能平治天下的。《诗经·大雅·假乐》说：'没有过失，没有忘本；一切都遵循过去的典章。'遵循先王的王道而犯错误的，从来没有过。圣人用尽了眼力，辅之以规矩准绳，画出方圆平直，用都用不完。用尽了耳力，辅之以六律五音，用都用不完；用尽了心思，辅之以王道之政，仁义覆盖天下了。所以说，筑高台必须依靠丘陵，挖深池必须依靠河流沼泽；治理国家却不借助先王的仁道，这算是聪明吗？因此只有仁者适宜在高位。不仁的人在高位，就会传播邪恶给百姓。上位者无道义法度，下位者没有严格守法，朝廷不相信仁道，工匠不相信尺度，君子违背道义，小人触犯刑律，国家能够存下来那是幸运啊。所以说，城郭不坚固，兵器铠甲不多，不是国家的凶险；田野不开垦，财货不聚集，不是国家的灾害；上位者不懂礼仪，下位者不学习，作难小民兴起，国家灭亡的日子不远了。《诗经·大雅·板》说：'上天方才降下动乱，不要喋喋说不休。'泄泄就是喋喋不休的意思。事奉国君无道义，进退不讲礼义，言谈则诋毁先王之道，还喋喋不休。所以说，对国君以高标准要求叫做恭，奉劝国君施行善道阻挡邪说叫做敬，国君不能行善道而坐视不管叫做贼。"

【读】

老庄擅长以形象的方式，描述天下大道。孟子继承了这个优点，同时善于以严密的逻辑和气势征服读者。离娄的视力，公输班的机巧，不凭借规矩，就不能画成方圆，无可辩驳！师旷的听力，不凭借六律，就不能正五音，无可辩驳！尧舜的仁道，不实行仁政，就不能平治天下。——接受孟子的观点就是被逻辑征服。接着，孟子批评有仁心和有名誉的诸侯却不能泽被百姓，问题出在仁心不能治国，治国要依靠实践。在此基础上，孟子引用《诗经·大雅·假乐》的诗句'没有过失，没有忘本；一切都遵循过去的典章'以证明遵行先王的王道而犯错误的，从来没有出现过。孟子提出了一个振聋发聩的思想："只有仁者适宜在高位，不仁的人在高位，就会传播邪恶给百姓。"回顾中国数千年的历史，凡是仁者在上位，国家兴旺；凡是小人在上位，或者上位者小人居多，国家必然衰亡。国防不坚固，兵甲不坚利，不是国家的危险；田野不开垦，财物不聚集，不是国家的灾害；真正的灾害是：上位者不懂礼仪，下位者不学习，作难之民兴起。这样，国家离灭亡的日子不远了。时至今日，这些洞见依然没有过时，放之四海而皆准。孟子在这一章提出另外一个震古烁今的观点是："责难于君谓之恭，陈善闭邪谓之敬，吾君不能谓之贼。"翻译成现代文："对国君以高标准要求叫做恭，奉劝国君施行善道阻挡邪说叫做敬，国君不能行善道而坐视不管叫做贼。"按照孟子的观点来看，有多少人能做到恭敬？又有多少人是贼？——犹如当头棒喝！

【7.2】殷鉴不远

　　孟子曰："规矩，方圆之至也；圣人，人伦之至也。欲为君，尽君道；欲为臣，尽臣道。二者皆法尧舜而已矣。不以舜之所以事尧事君，不敬其君者也；不以尧之所以治民治民，贼其民者也。孔子曰：'道二，仁与不仁而已矣。'暴其民甚，则身弒①国亡；不甚，则身危国削②，名之曰'幽'、'厉'③，虽孝子慈孙，百世不能改也。《诗》云：'殷鉴不远，在夏后之世。④'此之谓也。"

【注】

　　①弒：此处为被弒，被弒杀。②危：处在危险中。削：削弱。③名之：给他们取谥号。幽：周幽王。厉：周厉王。④殷鉴不远，在夏后之世：语出《诗经·大雅·荡》。殷鉴：殷商的借鉴（教训）。后：君王；夏后：夏桀。世：朝代。

【译】

　　孟子说："规矩，是方圆的标准；圣人，是人伦的标准。想做君主，就要尽君王之道；想做臣，就要尽臣之道。这君道臣道效法尧舜就可以了。不用舜事奉尧的方式事奉国君，就是不尊敬君王；不用尧善待百姓的方式对待百姓，就是残害百姓。孔子说：'天下治理的道有两种，只不过是行仁政和不行仁政罢了。'暴虐自己百姓很厉害的，自身被弑杀，国家也亡了。暴虐百姓不是很厉害的，自身危险国家被削弱。死后被谥为'幽''厉'，即使他们的孝子慈孙，传到百代也改变不了。《诗经·大雅·荡》说：'殷商教训不远，就在夏桀朝代。'说的就是这个道理啊。"

【读】

　　孟子的洞见，规矩是方圆的标准，圣人是人伦的标准，王道是君主的规矩，尧舜之道是君臣之道的规矩，仁道是平治天下百姓的规矩。孟子特别强调，暴虐自己百姓很厉害的君王，自身被弑杀，国家也亡了。仅仅以中国历史来看，哪一朝哪一代的灭亡不是暴虐百姓的恶果？没有例外，可惜历代统治者昏庸不觉而已。即使暴虐百姓不是很厉害的，国家也会被削弱，自身也会处在危险之中。历史中，那些走向灭亡的王朝莫不如此。但其实又何尝只有中国历史如此呢？世界历史上，即便暴虐百姓不厉害的，最高统治者仍处于危险中，国家被削弱；至于那些暴虐百姓厉害的国家，亡国而统治者身死，也是必然的恶果。政权的牢固，不在于山河险阻，不在于武器精良，而在于实行仁政，天下归心。人民才是江山，民心才是江山。

【7.3】 仁者人也

孟子曰："三代之得天下也以^①仁，其失天下也以不仁。国之所以^②废兴存亡者亦然。天子不仁，不保四海^③；诸侯不仁，不保社稷^④；卿大夫不仁，不保宗庙^⑤；士庶人不仁，不保四体^⑥。今恶死亡而乐^⑦不仁，是犹恶醉而强^⑧酒。"

【注】

①三代：夏商周三代。也：表停顿语气。以：因为。②之所以：表原因。③四海：指天下。④社：土神。稷：谷神。⑤宗庙：祭祀的祖庙，借指采邑。⑥四体：身体。⑦恶：讨厌。乐：以……为乐。⑧犹：像。强：勉力。

【译】

孟子说："夏商周三代因为行仁政而得天下，他们失掉天下也是因为不行仁政。国家荒废兴盛存在灭亡都是因为这同样的道理。天子不行仁政，不能保有天下；诸侯不行仁政，不能保有祭祀的权力；卿大夫不行仁政，不能保有自己的采邑；士和庶人不行仁义，不能保全自身。现在人们厌恶死亡却以不仁义为快乐，就像讨厌醉酒和勉强喝酒一样。"

【读】

中国历史，已经非常清晰、非常准确地警示：国家因为行仁政而兴旺，因为不行仁政而灭亡。天子不行仁政，不能保有天下；诸侯不行仁政，不能保有祭祀权力；卿大夫不行仁政，不能保有采邑；士和百姓没有仁心，不能保全身体。孟子说："仁也者，人也。"仁是人的根本，是本心也是本性，如果人失掉了本心本性，就不能算作人。由是可知，公民没有仁心，就没有朋友，更不会有发展。不是吗？

【7.4】 自求多福

孟子曰："爱人不亲^①，反其^②仁；治人不治^③，反其智^④；礼人不答^⑤，反其敬^⑥。行^⑦有不得者皆反求诸己，其身正而天下归之。《诗》云：'永言配命，自求多福。^⑧'"

【注】

①不亲：不被百姓爱戴。亲，亲近，爱戴。②反：反思。其：他的。③不治：不能得到治理；治：管理。④智：智慧。⑤礼：礼待。不答：报答，回应。⑥敬：恭敬。⑦行：行动。⑧永言配命，自求多福：语出《诗经·大雅·文王》。永：永远，长久。言：语气助词，无实义。配：匹配。命：天命。

【译】

孟子说："仁爱百姓却不被百姓亲近热爱，应当反思自己的仁爱是否足够；管理百姓却不能取得成效，应当反思自己的智慧是否足够；礼遇百姓却得不到百姓的响应，应当反思自己恭敬行为是否符合礼义。任何事情没有达到预期都要反躬自问，只要自身正义就会天下归心。《诗经·大雅·文王》说：'永远适应天命，如此方能多福。'"

【读】

　　仁爱百姓却不被百姓热爱，必须反思，仁爱是真的足够吗？仁爱的方式恰当吗？仁爱的行为百姓需要吗？如果这些都是否定的，结果自然是百姓不认可，甚至反感、反对、反抗的。管理百姓却不能得到治理，应当反思策略是否科学，方法是否符合文化风俗，结果是否符合百姓需要。如果这些都不考虑，管理自然是适得其反的。自己善待百姓，若不能得到百姓的响应，应该反思自己的善待是否真诚与适当，应该反思自己的善待是否一厢情愿和自作多情，应该反思自己的善待是否好为人师和自以为是。自身正义天下归心，这是亘古不变的真理。如果自己的道德与上天匹配，自然会有很多的福气到来。

【7.5】天下国家

孟子曰："人有恒^①言，皆曰：'天下国家^②。'天下之本在国，国之本在家，家之本在身。"

【注】

①恒：俗话，常言。②天下国家：天下由国和家构成。

【译】

孟子说："人们耳熟能详的俗语，都是说：'天下就是国和家。'天下的根本在诸侯国，诸侯国的根本在家庭，家庭的根本在人自身。"

【读】

中华文明基于农耕背景，农耕的特点是聚族而居。在交通和资讯不发达的时代，儒家先哲推论出了"天下之本在国，国之本在家，家之本在身"的社会结构，也正是这种结构中，儒家提出了"修身，齐家，治国平天下"的伦理思想。抗日战争时期，中国历经十四年的苦战，最终战胜日本，胜利的根本就在于抗战的领导者激发了数千万人的"家国情怀"，中国军人的忠孝伦理，被激发为国家民族拼死抵抗的战斗精神。很多年轻人认为儒家提倡的仁义礼智信等伦理价值观都过时了，真是这样的吗？仅仅把"仁义礼智信"五伦中排在最后的"信"抽出来，思考一下，结论不证自明：个人毁掉了诚信，在朋友圈里怎么混？政府失去了诚信，在百姓中如何生存？国家丧失了诚信，在世界上如何立足？

【7.6】为政不难

孟子曰："为政不难，不得罪于巨室[1]。巨室之所慕[2]，一国慕之；一国之所慕，天下慕之；故沛然德教溢乎[3]四海。"

【注】

①巨室：卿大夫世家。②慕：仰慕。③沛然：充沛貌。德教：道德教化。溢：充盈。乎：于。

【译】

孟子说："从政治国并不难，但是不能得罪世家大族。世家大族仰慕的，一个国家也会仰慕；一个国家仰慕的，天下人都会仰慕；因此道德教化就可以充溢于天下。"

【读】

在中国这种政治体制中，孟子认为从政不难，那是时代的局限性，我不赞成。每一个时代的兴起，都是因为行仁政，行王道，得到人民的拥护，在有文字记载以来的历史中，尚没有例外。但是，孟子的观点，只能说是暂时的妥协，长久的灭亡。为什么？因为巨家世族，就是既得利益者，巨家世族很多，若其所获利益越过了人民财政和精神承载临界点，则会不可避免地爆发革命。如果以不得罪巨家世族为前提从政，治理国家，只能得过且过，治标不治本，不可能有社会的公平正义，不可能有市民和农民的正当权益保障。巨家世族仰慕的，未必是一国人民仰慕的，一国人民仰慕的也未必是全天下人民仰慕的。孟子的为政思想有不符合现代文明的部分，不可不慎重。归根结底，就是要回归人民的国家主体地位和历史主体地位。

【7.7】仁者无敌

孟子曰："天下有道，小德役[1]大德，小贤役大贤；天下无道，小役大，弱役强。斯二者，天[2]也。顺天者存，逆天者亡。齐景公曰：'既不能令[3]，又不受命[4]，是绝物[5]也。'涕出而女于[6]吴。今也小国师大国而耻受命焉，是犹弟子而耻受命于先师也。如耻之，莫若师文王。师文王，大国五年，小国七年，必为政于天下矣。《诗》云：'商之孙子，其丽不亿。上帝既命，侯于周服。侯服于周，天命靡常。殷士肤敏，裸将于京。[7]'孔子曰：'仁不可为众也。夫国君好仁，天下无敌。'今也欲无敌于天下而不以仁，是犹执热而不以濯[8]也。《诗》云：'谁能执热，逝不以濯？[9]'"

【注】

①役：被……役使。②天：天时，时势。③令：命令别人，这里指命

令诸侯。④受命：接受别人的命令，这里指接受诸侯的命令。⑤绝物：与邻国断绝往来，即说自己被逼上绝路。⑥涕：眼泪。女：嫁女。于：到。⑦商之孙子，其丽不亿。上帝既命，侯于周服。侯服于周，天命靡常。殷士肤敏，裸将于京：语出《诗经·大雅·文王》。其：他的。丽：数目。不亿：不止一亿，极言其多。侯：称臣。于：向。周服："服周"的倒装，臣服于周朝。靡：无。常：常规，规律。殷士：殷商后人。肤：健美。敏：敏捷。裸：祭祀的一种，灌祭，把酒洒在地上祭奠先祖。将：献。于：在。京：镐京，西周国都。⑧犹：仿佛。执热：长时间忍受炎热。濯：水洗。⑨谁能执热，逝不以濯：语出《诗经·大雅·桑柔》。执：消除。逝：发语词，无实义。以：用。濯：水洗。

【译】

孟子说："天下依正道运行，德行低的被德行高的指挥，才能低的被才能高的人指挥；天下不依正道而行，力量小的被力量大的役使，弱者被强者役使。这两种情况都是时势造成的。顺时势的存在，逆时势的灭亡。齐景公说：'既不能命令别人，又不能受命于别人，真是绝路啊。'流着眼泪把女儿嫁到吴国。现在小国向大国学习却耻于接受大国的命令，这就像弟子耻于受命于老师啊。如果认为受命于其他国家是一种耻辱，不如效法周文王。效法周文王，大国只需要五年，小国只需要七年，必定能够平治天下。《诗经·大雅·文王》说：'商朝子孙，数目不止一亿。上苍已经废除商祚，自然都来称臣。殷商遗民健美机敏，在镐京灌祭周王。'孔子说'行仁政众人不可阻挡。国君好仁，将无敌于天下。'现在想无敌于天下去不想行仁政，这就像拿着高温的东西却不肯用水冲洗啊。《诗经·大雅·桑柔》说：'谁能清除炎热，而不用水冲洗？'"

【读】

天下有道，德行低的被德行高的指挥，才能低的被才能高的人指挥。这句话大概很少有争议。但是"天下无道，小役大，弱役强"，却被部分人理解为"力量小的役使力量大的，弱者役使强者"，这是望文生义，显然不对，不要以为天下无道真的就是力量小的役使力量大的，弱者役使强者，从来没有这种事。无论是清明之世还是动荡岁月，弱者都不可能役使强者。力量小的役使力量大的，只不过是以力量大小和势力强弱为役使的依据，而不是根据德才来判断。孟子认为，仁者宜在高位，道德高尚者宜在高位，能力强者宜在高位；如果反其道而行之，不看内心是否仁厚，不看道德是否高尚，不看能力是否超群，仅仅看个人外在强势与否，仅仅看家世深厚与否，仅仅看武力强大与否，那当然是天下无道的常态。这一节，孟子重点批评那种不行王道却又想平治天下的愚蠢，就像想把高温的物体降温却又不肯放到水里一样。除了比方，孟子还引用《诗经·大雅·桑柔》："谁能执热，逝不以濯？"证明那些国君只想平治天下而不想行仁政的荒唐。

【7.8】 沧浪之水

孟子曰："不仁者可与言①哉？安其危而利②其菑，乐③其所以亡者。不仁而可与言，则何④亡国败家之有？有孺子歌⑤曰：'沧浪⑥之水清兮，可以濯我缨⑦；沧浪之水浊兮，可以濯我足。'孔子曰：'小子⑧听之！清斯⑨濯缨，浊斯濯足矣。自取⑩之也。'夫人必自侮⑪，然后人侮之；家必自毁⑫，而后人毁之；国必自伐⑬，而后人伐之。《太甲》曰：'天作孽，犹可违；自作孽，不可活。⑭'此之谓也。"

【注】

①言：谈论仁道。②安：安于。利：获利。③乐：以……为快乐。④则：那么。何：哪里。⑤孺子歌：儿歌。⑥沧浪：河名，汉江。⑦缨：颈部系帽子的带子。⑧小子：对学生的昵称。⑨斯：就。⑩取：选择。⑪自侮：自取其辱，即自身有被侮辱的理由。⑫自毁：自身有被毁灭的理由。⑬自伐：即自身有被讨伐的理由。⑭天作孽，犹可违；自作孽，不可活：语出《尚书·太甲》。作：造，降。孽：罪孽。犹：还。违：躲避。

【译】

孟子说:"不仁者可以与他谈论仁道吗?这些不仁者面对别人的危险无动于衷,甚至乘乱发国难财,为国家的灭亡而快乐!(若)不仁者可以与他谈论仁道,那么怎么会有国家败亡呢?有儿歌说:'汉江水清啊,可用来洗我的帽带;汉江的水浊啊,可以洗我的脚。'孔子说:'学生们听着,水清就洗帽带,水浊就洗脚。在于自己的选择啊!'人必然有被侮辱的原因,别人才会侮辱他;家必定有被毁灭的原因,别人才会毁掉它;国家必有被讨伐的原因,别国才会讨伐它。《尚书·太甲》曰:'上天降的罪孽,还可以躲避;自己造下的罪孽,连活命的机会都没有。'讲的就是这个意思啊。"

【读】

不仁的人,可不可以谈论仁道?当然可以。如果天下人的仁心都不被遮蔽,那么也无须去劝天下人行仁道。孟子引用儿歌,说明仁者和不仁者都可以与他谈仁道,都可以探讨并实行仁道,正如"汉江水清啊,可用来洗我的帽带;汉江的水浊啊,可以洗我的脚",关键在于自己的选择。对仁者谈仁道重在唤醒、强化、坚持,对不仁者谈仁道也许重在复兴,然后才是实行仁道仁政。是否实行仁道,是否坚持仁道,关键也在于诸侯自身的选择:个人被侮辱,必然有自身的原因;家庭被毁灭,必然有自身的原因;国家被讨伐,必然有自身的原因。在此基础上,以《尚书·太甲》作为本节的结论:"上天降罪,尚可躲避;自作罪孽,不可活命。"到此,已成无可辩驳之势。

【7.9】 失心失民

孟子曰："桀纣①之失天下也，失其民也；失其民者，失其心也。得天下有道：得其民，斯得天下矣；得其民有道：得其心，斯得民矣；得其心有道：所欲与之聚②之，所恶③勿施，尔也④。民之归仁也，犹水之就下、兽之走圹⑤也。故为渊驱鱼者，獭⑥也；为丛驱爵⑦者，鹯⑧也；为汤武驱民者，桀与纣也。今天下之君有好仁者，则诸侯皆为驱矣。虽欲无王，不可得已。今之欲王者，犹七年之病求三年之艾⑨也。苟为不畜⑩，终身不得。苟不志于仁，终身忧辱，以陷于死亡。《诗》云：'其何能淑，载胥及溺。'⑪此之谓也。"

【注】

①桀：夏桀，夏末暴君。纣：商纣王，商代末世暴君。②与：给。聚：积累。③恶：厌恶的事情。④尔也：罢了。⑤圹：同"旷"，旷野。

⑥獭：水獭。⑦爵：同“雀”。⑧鹯（zhān）：猛禽。⑨求：寻求。艾：艾草，中草药。⑩苟：如果。畜：积累。⑪其何能淑，载胥及溺：语出《诗经·大雅·桑柔》。其：那。何能：如何能够。淑：善，完善。载：则。胥：皆。及：至。溺：落水，溺水。

【译】

孟子说："夏桀商纣王失掉天下的原因，是失掉民众；失掉民众，也就是失掉民心。获得天下有道：赢得百姓支持，也就赢得天下；赢得民心，才能赢得人民支持；赢得民心有道：百姓所要的给他们，帮他们聚集，他们所厌恶的就不要付诸实施，仅此而已。百姓对于仁的归附，犹如水向下流和野兽奔向旷野。所以，为深渊驱赶鱼的，是水獭；为丛林驱赶鸟雀的，是猛禽啊；为商汤王和周武王驱赶百姓的，是夏桀和商纣王啊。现在天下国君有喜欢仁的，那么诸侯都为他驱赶百姓到他麾下。虽然不想平治天下，也不得已啊。现在想平治天下的君王，他们的做法就像七年的痼疾寻求三年的艾草治疗。如果平时不积蓄，终生得不到七年之艾。如果不能够立志行仁政，终生都会忧愁和受辱，以致陷于死亡。《诗经·大雅·桑柔》说：'如何做好这事，弄不好都溺水！'讲的就是这个意思。"

【读】

这一节阐述了仁政的基本路径。行仁政，才可以得天下。若要得天下，必须赢得百姓归附。若要百姓归附，必须赢得民心。若要赢得民心，关键是要给予和聚集百姓喜欢的东西，百姓厌恶的事就不要去做。这么简单的事情，自古而今，没有几个人做得好。因为如何赢得民心，始终是历代统治者的难题。民心始终与既得利益者的追求是相反的，想顺应民心又能迎合既得利益者是很难的，尤其是既得利益者的规模庞大到人民无法承担的时候，民心与既得利益者的利益冲突就已经无法调和。

【7.10】 自暴自弃

孟子曰："自暴①者，不可与有言也；自弃②者，不可与有为也。言非③礼义，谓之自暴也；吾身不能居仁由义④，谓之自弃也。仁，人之安宅⑤也；义，人之正路也。旷⑥安宅而弗居，舍正路而不由⑦，哀哉！"

【注】

①自：自我。暴：残害。②弃：抛弃。③非：否定。④居仁：居人心。由义：行正义。⑤安：安适。宅：住宅。⑥旷：空着。⑦由：遵循。

【译】

孟子说："自我残害的人，不可与他深谈；自我抛弃的人，不可能与他做成事业。言语诋毁礼义，叫做自我残害啊；自己不能居人心和行正义，叫做自我抛弃。仁，是人安适的灵魂之家；义，是人在世间的正确道路。空着安适的宅子而不去居住，舍去正确道路而不遵循，悲哀啊！"

【读】

孟子主张人性本善，是承孔子学说而来。仁，就是天赋本心本性，需要坚守。义，是仁心的外在表现。见到小孩将掉进井里，立即援手救助，无须提醒，唯有自觉。这是由内心之仁而发出的义举。所以，把仁义截然分开显然不对。孟子认为，自暴自弃者，不可以深谈，不可以共事。这或许有历史的局限性，如果是做教育，自暴自弃者正需要教师悉心教导呢！

【7.11】 亲亲长长

孟子曰："道在迩而求诸^①远，事在易而求诸难^②：人人亲其亲^③，长其长，而天下平。"

【注】

①迩：近处，内心。而：但。诸："之于"的合音。②易：容易。难：复杂。③亲其亲：前一个"亲"是亲爱，后一个"亲"是双亲。

【译】

孟子说："道就在内心却向悠远处求索，事本来很容易却向复杂的方向求索：只要人人都亲爱自己的父母，尊重自己的长者君上，天下就可以平治了。"

【读】

儒家是基于实践理性的哲学，其哲学主张无一不源于对人的观察和思考，所以，孟子才提出"道在迩而求诸远"和"事在易而求诸难"的观点，也提出了"平治天下"的基本功就在于"亲其亲，长其长"的主张。落实这个主张，关键在于天下归于仁。如果人人都有一颗仁心，人人都慈爱，人人都慈悲，人人都悲悯，这个世界怎么会不美好呢？可是，人们往往不知道"仁"作为人心灵的安适之宅，就在内心，就从亲爱父母开始，从尊敬长上开始，从帮助身边的人开始，辐射这份与生俱来的仁爱，这个世界一定充满阳光、温暖和慈爱！——这一节足以证明心学的萌芽在《孟子》。

【7.12】 至诚不动

孟子曰："居下位而不获^①于上，民不可得^②而治也。获于上有道^③，不信于友，弗获于上矣。信于友有道，事亲弗悦，弗信于友矣。悦亲有道，反身^④不诚，不悦于亲矣。诚身^⑤有道，不明乎善^⑥，不诚其身矣。是故诚者，天之道也；思^⑦诚者，人之道也。至诚而不动，未之不也；不诚，未有能动者也。"

【注】

①居下位：指百姓及处于被管理地位的人。获：获得信任。②得：心悦诚服谓之"得"。③道：策略。④反身：回到自身。⑤诚身：自身真诚。⑥明：明白。善：仁。⑦思：欲求，渴望，追求。

【译】

孟子说："处在下位的百姓得不到上位者的信任，百姓就不可能得到很好的治理。获取上位者的信任有它的办法，但是如果不能获得朋友的信任，最终也不能获得上位者的信任。获得朋友的信任有它的办法，事奉双亲不能让双亲高兴，自然最终不能获得朋友的信任。让双亲高兴有策略，自身不真诚，最终不能让双亲高兴。让自身真诚有策略，如果不能明白善道，自身根本不可能真诚。所以说真诚，是上天赋予人的本性；追求诚，是人的努力。极度真诚却不能感动人，没有这样的事情。不真诚，没有能感动人的。"

【读】

"居下位而不获于上，民不可得而治也。"正确的理解应该是："处在下位的百姓得不到上位者的信任，百姓就不可能得到很好的治理。"历代注解者仅仅停留在"当官的不能获得上位者的信任，百姓就不可能归心而被治理好"的这种理解。但是，这一观点略显偏颇，有些不被上司信任、被贬谪的官员，反而能够治理好百姓，而有些获得上位者信任的人却会变本加厉地鱼肉百姓。此外，孟子强调获得朋友的信任是获得上位者信任的基础和前提，事奉双亲使其开心是获得朋友信任的基础，而事奉双亲使之开心关键在于内心真诚，所以，真诚能够感动人。时至今日，这依然是真理。不真诚，如何能感动人？不真诚，如何事奉双亲并使双亲开心？事奉双亲都做不好，如何能获得朋友的信任？不能获得朋友的信任，如何获得上位者的信任？上位者都不信任下属和百姓，又如何管理得好下属和百姓？

【7.13】 天下大老

孟子曰："伯夷辟^①纣，居北海之滨，闻文王作^②，兴曰：'盍^③归乎来！吾闻西伯善养老者。'太公辟纣，居东海之滨，闻文王作，兴曰：'盍归乎来！吾闻西伯善养老者。'二老^④者，天下之大老^⑤也，而归之，是天下之父归之也。天下之父归之，其子焉往^⑥？诸侯有行文王之政者，七年之内，必为政于天下。"

【注】

①辟：同"避"，躲避，逃避。②作：兴起。③盍：何不，为何不。④二老：伯夷与姜尚。⑤大老：德高望重者。⑥其：他们的。焉往：去哪里。

【译】

孟子说："伯夷逃避商纣的暴政，居住北海之滨，听说文王兴起，他高兴地说：'为何不回去！我听说西伯文王喜欢赡养老人。'太公姜尚逃避纣王的暴政，居住在东海之滨，文王兴起，他高兴地说：'为何不回去！我听说西伯文王喜欢赡养老人。'这两位老者，是天下德高望重的人。他们归附文王，这是天下人的父亲归附文王啊。天下人的父亲都归附文王了，那他们的孩子会去哪儿呢？诸侯有施行文王的政治的，七年之内，一定能够平治天下。"

【读】

孟子选取妇孺皆知的两位老者伯夷和姜尚作为例子。他们两人都生在纣王时代，都逃避暴政，都逃到遥远的海滨，都因文王兴起开心，都听说文王喜欢赡养老人，都归附文王。这德高望重的人，犹如天下人的父亲，他们的归附就是导向，天下人的孩子毋庸置疑会选择归附文王。这就是王道。王道不是既得利益者天天说自己好，而是百姓选择用心投票。

【7.14】罪不容死

孟子曰："求也为季氏宰①，无能改于其德②，而赋粟倍他日③。孔子曰：'求非我徒也，小子④鸣鼓而攻之可也。'由此观之，君不行仁政而富之，皆弃⑤于孔子者也，况于为之强战⑥？争地以战，杀人盈野；争城以战，杀人盈城，此所谓率⑦土地而食人肉，罪不容于死。故善战者服上刑，连诸侯者次之，辟草莱、任土地⑧者次之。"

【注】

①求：孔子学生冉求，字子有，擅长理政。为：担任。宰：家臣。②其德：季氏的德性。③而：却。赋：收赋税。倍：翻倍。他日：过去。④小子：对学生的称呼。⑤弃：唾弃。⑥况：何况。强战：拼死作战。⑦率：沿着。⑧辟草莱：开辟荒地，借指主张开荒扩大生产的商鞅等。任土地：竭尽土地潜力的人，指主张竭尽土地潜力的李悝。

【译】

孟子说："冉求做季氏家臣，没有能力改变季氏的德行，反而为他加倍收税。孔子说：'冉求不是我的学生，你们可以敲锣打鼓去声讨他啊。'

由此可见，国君不行仁政而聚敛财富，都是孔子唾弃的，更何况为这些人拼死作战呢？争夺土地而战，杀人漫山遍野；争夺城池而战，杀人满城遍地，这就是所说的沿着土地吃人肉，死都不足以宽恕他的罪。所以喜欢征战的人要服最重的刑，连接诸侯的纵横家要服次一等的刑，主张开辟土地、竭尽地力的人服再次一等的刑。"

【读】

孟子是人本思想家，是民本政治家，也是反战主义者，主张以仁道仁政来让天下人归心。这个主张符合人类的主流价值观，孟子之前的贤者伯夷、叔齐都是反战主义者，都反对以暴制暴，以暴制暴必然是暴力的循环，并不能换来和平。梁启超曾经说："以暴易暴，只不过是用一个新的专制政权取代一个旧的专制政权。"这是对中国历史演变规律的深刻洞见。

【7.15】心灵窗户

孟子曰："存①乎人者，莫良于眸②子。眸子不能掩其恶。胸中正，则眸子瞭③焉，胸中不正，则眸子眊④焉。听其言也，观其眸子，人焉廋⑤哉？"

【注】

①存：存放，寄放；引申为表现。②眸（móu）：眼睛。③瞭（liào）：明亮。④眊（mào）：昏暗。⑤廋（sōu）：隐藏，隐匿。

【译】

孟子说："能够表现人内心的，莫过于眼睛。眼睛不能掩饰其内心的丑恶。心中正义，那么眼睛明亮。心中不正，那么眼睛浑浊。听人说话，观察他的眼睛，这人的善恶能躲到哪里去呢？"

【读】

眼睛是心灵的窗户，这句话与孟子的观点不谋而合。透过眼睛，的确可以看到说话人的内心深处。当人动了杀心的时候，眼睛一定外露凶光；当人内心充满慈爱的时候，眼睛一定充满慈悲；当人们看到自己最喜欢的人和物，眼睛一定充满了爱意。"金刚怒目，不若菩萨垂眉。"这句禅语，也是对这一节的阐释。人的修养，关键在修心；了解一个人，最好的方法是观察他的双眸而洞察他的内心。

【7.16】恭者不侮

孟子曰："恭者不侮①人，俭者不夺②人。侮夺人之君③，惟恐不顺④焉，恶⑤得为恭俭？恭俭岂可以声音笑貌为⑥哉？"

【注】

①恭：谦恭。侮：欺侮，侮辱。②俭：节俭。夺：掠夺。③君：国君。④顺：顺从，服从。⑤恶：怎么。⑥以：凭。为：做，表达。

【译】

孟子说："谦恭的人不会侮辱别人，节俭的人不会掠夺别人。谦恭和掠夺人的国君，唯恐别人不服从自己，这怎么能够做到谦恭和节俭呢？谦恭节俭怎能用假话和笑脸来表达呢？"

【读】

谦恭的人不会侮辱别人，这是大概率事件。节俭的人不会掠夺人，这是中等概率事件。伦理没有绝对，人当然更没有绝对。仁者爱人，是初心状态，是起心动念的那一瞬间的状态，但是随着时间推移，或许仁心被遮蔽、被蒙蔽，甚至被污染、被异化。孟子认为，谦恭不能装，装出来的就是伪善；节俭也不能装，必须是真诚的，简单、朴素的生活，才是生活的本真。这些道理，往往在人成熟的时候，才会真实表现出来。

【7.17】嫂溺援手

淳于髡^①曰："男女授受^②不亲，礼与？"

孟子曰："礼也。"

曰："嫂溺^③，则援之以手乎？"

曰："嫂溺不援，是豺狼也。男子授受不亲，礼也；嫂溺，援之以手者，权^④也。"

曰："今天下溺矣，夫子之不援，何也？"

曰："天下溺，援之以道^⑤；嫂溺，援之以手；子欲手援天下乎？"

【注】

①淳于髡：齐国大夫，以幽默、博学善辩著称。②授：授予。受：接受。③溺：溺水。④权：权变，变通。⑤道：仁道，王道。

【译】

淳于髡说："男女在授予和接受的时候不可有身体接触，是礼吗？"

孟子说："是礼啊！"

淳于髡说："嫂子溺水，就施以援手拉上来吗？"

孟子说："嫂子溺水而不能援手，是豺狼啊。男女授予和接受礼物时不接触，是礼；嫂子溺水，援手相救，是变通！"

淳于髡说："现在天下溺水，先生不施以援手，为什么？"

孟子说："天下溺水，需要用道义援助；嫂子溺水，以手予以援助；你想用手援助天下吗？"

【读】

这一节蕴含了孟子的权变思想。看似孟子胜淳于髡，其实只能算是平局。因为孟子"天下溺，援之以手"属于偷换概念，这里"援之以手"可以是借代手法，可以指代道、道义、仁道。"天下溺"是天下无道，是君王无道，是人伦和秩序的坍塌，能够拯救天下的自然是王道。

【7.18】易子而教

公孙丑曰："君子之不教子^①，何也？"

孟子曰："势^②不行也，教者必以正^③；以正不行，继之以怒^④。继之以怒，则反夷^⑤矣。'夫子教我以正，夫子未出于正也。'则是父子相夷也。父子相夷，则恶矣。古者易子而教之，父子之间不责善。责善则离^⑥，离则不祥^⑦莫大焉。"

【注】

①教：教育。子：孩子。②势：情势。③正：正道。④怒：怒斥。⑤反：反而。夷：伤害。⑥责善："善责"的倒装，指父子之间几近责备之能事。离：隔阂。⑦祥：吉祥。

【译】

公孙丑说："君子不亲自教育孩子，为什么？"

孟子说："情势不允许啊，教育必须用正道；正道不行，紧跟着就是怒斥；以怒斥教育，就必然相互伤害。'父亲大人教我以正道，可是父亲大人您自己没有走正道啊。'这样父子相互伤害。父子相互伤害，关系就恶化了。古代交换孩子来教育，父子之间就不会竞相伤害。竞相伤害则产生隔阂，父子隔阂，则没有比这个更不吉祥的事了。"

【读】

孟子之前有易子而教的传统。为什么需要易子而教？因为情势使然，父子之间的关系是父子，而不是师生。父亲的角色是家长，而不是教师，既不能因材施教，也不能循循善诱。以正道教育孩子，自己未必能做好；自己做不好，往往孩子也知道。知子莫若父，知父莫若子。二者相互太了解，也太亲近。正面教育无效果，必然进入怒斥伤害状态，父子必然隔阂，家庭必然出现不祥。要想后浪推前浪，要想后人胜自己，就只能另请高明，请专职教师去教育孩子。

【7.19】 事亲为大

孟子曰："事，孰为大？事亲^①为大；守^②，孰为大？守身为大。不失其身而能事其亲者，吾闻之矣；失其身而能事其亲者，吾未之闻也。孰不为事^③？事亲，事之本也；孰不为守？守身，守之本也。曾子养曾晳^④，必有酒肉；将彻^⑤，必请所与^⑥，问有余，必曰：'有。'曾晳死，曾元^⑦养曾子，必有酒肉；将彻，不请所与；问有余，曰：'亡矣。'将以复进^⑧也。此所谓养口体^⑨者也。若曾子，则可谓养志^⑩也。事亲若曾子者，可也。"

【注】

①亲：父母。②守：持守。③孰：谁。为：做。事：事奉。④养：赡养。曾晳：曾子的父亲。⑤彻：同"撤"。⑥请：请示。所：指代赠送的对象。所与：赠予谁。⑦曾元：曾子的儿子。⑧复进：再次进献。⑨口体：口和身体，满足口腹之欲和身体需要。⑩养：赡养。志：心志，亲情。

【译】

孟子说:"事奉,事奉谁最重要?事奉双亲最重要;持守,持守什么最重要?持守自身的节操最重要。不失掉自己的节操而能事奉双亲的,我听说过;失掉自身节操而能事奉双亲的,我没有听说过。谁不做事奉的事情呢?事奉双亲,是事奉的根本啊;持守节操,是持守的根本啊。曾子赡养父亲曾皙,一定有酒有肉;将要撤除酒菜,必定请示父亲把剩余的送给哪个邻居,问是否有剩余酒肉,曾子一定回答:'有。'曾皙死了,曾元养曾子,也一定有酒有肉;将撤除酒菜,不再请示剩余的送给谁;如果曾子问是否有剩余,回答是:'没有了。'准备再次进献给曾子吃。这就叫做赡养口福和身体啊。像曾子那样做,就可以说是赡养口腹之欲啊。事奉双亲像曾子那样,就可以了。"

【读】

这一节孟子讲了两个问题。一是事奉双亲是以持守自己节操为前提的。持守节操,而又能真诚事奉双亲,举不胜举。不能持守节操,而又能事奉双亲的,寥寥无几。为什么?人而不仁,不能保全自己的身体,用什么来事奉双亲呢?就算是在当代,那些贪婪成性的人,早已进监狱了,还怎么能事奉双亲呢?二是事奉双亲必须考虑父母意愿,让双亲高兴才是最重要的。正如《论语》所言:"今之孝者,是谓能养。至于犬马,皆能有养;不敬,何以别乎?"事奉双亲而不考虑双亲的意愿和心情,仅仅满足于口腹之欲与身体需要,那与犬马服务于人有什么两样呢?

【7.20】 君正国定

孟子曰："人不足以适①也，政不足与间②也，唯大人为能格③君心之非。君仁，莫不仁；君义，莫不义；君正，莫不正。一正君而国定矣。"

【注】

①适：同"谪"，指责。②间：非议，批评。③唯：仅有。格：格除（格物致知的证据）。

【译】

孟子说："人的不足可以指责，政治的不足可以批评，唯有德高望重的人才能格除君王心中的错误。国君仁，没有不仁的；国君义，没有不义的；国君正，没有不正的。一旦国君正了，国家也就安定了。"

【读】

这一节最关键的是对"人不足以适也，政不足与间也，唯大人为能格君心之非"这句话的理解。我认为，有些学者对于这句话的理解有一定的偏差。他们理解为："官吏的缺点不值得去谴责，政治不值得去非议。只有大人才能纠正君主心术的错误。""国君用人有误不值得去指责，国君施政缺失也不值得去议论，只有具备圣德的大人才能格正君主心中的错误。"

279

诸如此类的理解，我认为有悖于孟子民本思想。对于此句，我的理解是："人的不足可以指责，政治的不足可以批评，唯有德高望重的人才能格除君王心中的错误。"这与孟子一以贯之的政治主张是契合的。孟子民本政治的意识已经非常浓厚，离民主政治的实际操作只差一部宪法。难能可贵的是两千多年前，孟子认为人的不足可以指责，政治的不足可以批评，德高望重的人可以格除君王心中的错误。这在中国历史上已然属于振聋发聩、石破天惊的壮语。

【7.21】求全之毁

孟子曰："有不虞①之誉，有求全之毁②。"

【注】

①虞：料想，意料。②毁：诋毁。

【译】

孟子说："有意想不到的赞誉，有求全责备的诋毁。"

【读】

这是孟子对世俗文化的洞见。人生如孟子者，尚且经常面临意想不到的赞誉，经常面临求全责备的诋毁。这是人生的常态，圣人也不可避免，重要的是如何面对。意想不到的赞誉，可能是赞誉者有所求的夸张，也可能是亲近者感情的倾斜，如果因此飘飘然就麻烦了。求全责备的诋毁，或许是嫉妒者的攻击，或许是良苦用心的提醒，如果因此而反目成仇或自卑消沉，那就麻烦了。人生需要用一种坦然淡定的心态去面对世间的种种意想不到的赞誉和种种难以预料的责难、批评、诋毁。没有实事求是的赞誉，一味批评有意义吗？没有批评，那赞美还有意义吗？

【7.22】 易言无责

孟子曰："人之易其言^①也，无责^②耳矣。"

【注】

①之：语气助词，无实义。易其言：轻视说话，即信口开河或夸夸其谈。②无责：不用负责任。

【译】

孟子说："人们之所以信口开河，是因为说话不用负责任。"

【读】

孔孟儒家有共同的价值坚守："敏于行而慎于言。"甚至赞美"木讷"的人格。为什么那么多的人愿意信口开河，愿意滔滔不绝，因为说话不用负责任。如果"言必信，行必果"，则会谨言慎行。我认同孔孟的价值观念，可能是因为年轻的时候，说话不慎重，写文章不慎重，给自己造成了一辈子的被动，这种教训只有当事人才能够有深刻体会。所以，五十岁后，我甘愿做一个沉默的倾听者，既可以少一些不必要的麻烦，更可以求得内心的宁静！

【7.23】 好为人师

孟子曰："人之患在好为人师①。"

【注】

①患：病，毛病。好：喜欢。师：老师。

【译】

孟子说："人的毛病在于喜欢当别人的老师。"

【读】

上古时代，以帝为师，尧舜禹汤都是圣君，也是名师、大师、圣师。后世皇帝如果也当自己是老师，那就大错特错了。因为上古时代，文字记载在龟甲上，只记述了帝王，其余大师级的学者文人都没有记载，导致后人误判且盲目效仿。尤其是秦汉以后，当朝天子亲自裁断学术问题，成为政治干预学术的先例，从此不仅以帝为师时不时发生，以吏为师也较为多见。一定程度上影响了中国传统学术的独立性。学术独立是从民国开始的，受民主、自由、科学、法治等价值观的影响，受现代学术规范的影响，一大批学贯中西的人文科学巨匠、科学巨人和哲学大师被催生出来了。如今，好为人师的人越来越多，把权力当权威的人越来越多，把位置当智慧的人越来越多，上位者人人好为人师，人人自以为是，人民的群体智慧将陷入黑暗，好为人师者多如满天繁星，下位者群体智慧陷入泥潭，社会经济的发展也因此名入不堪！

【7.24】 长者为先

乐正子从于子敖之^①齐。

乐正子见孟子。孟子曰："子亦来见我乎?"

曰："先生何为出此言也?"

曰："子来几日矣?"

曰："昔者^②。"

曰："昔者,则我出此言也,不亦宜^③乎?"

曰："舍馆未定。"

曰："子闻之也,舍馆定,然后求见长者^④乎?"

曰："克有罪^⑤。"

【注】

①乐正子:孟子学生,名克,战国时人,仕于鲁。从:跟从。子敖:王骥的字。之:去。②昔者:前天。③宜:适宜,应当。④长者:指孟子自己。⑤克:乐正子的名。罪:错误。

【译】

鲁国臣子乐正子跟随王驩出使到齐国。

乐正子见孟子。孟子说："你也来见我吗？"

乐正子说："先生您何出此言？"

孟子说："你来几天了？"

乐正子说："前天来的。"

孟子说："前天就来了，那么我说这话，不也很应该吗？"

乐正子说："馆舍没有确定。"

孟子说："你听说过，馆舍定下来，然后才拜见长者的吗？"

乐正子说："我有错。"

【读】

孟子对于自己的学生要求非常严格。乐正子陪同鲁国国君宠幸的王驩来齐国，乐正子陪同这个品德败坏的人出使，孟子已经不开心了，乐正子又没有及时来拜访老师，所以孟子很恼火。好在乐正子悟性很高，经过孟子批评，幡然醒悟，知道自己有错。孟子为齐国客卿，乐正子为鲁国出使齐国的副大使，乐正子能够虚心接受批评，已经很不错了。这是尊师重道的表现。后世很多学生一旦当权，就没有尊师重道的情怀了。不知从何时开始，教师已经不再受人尊重，甚至不再受到学生尊重。学生开始被公开鼓励监督老师、揭发老师；很多中小学甚至以学生为太阳，以学生为上帝，以家长为中心，教师就只剩下跪着教书的不幸。如果一个民族，连教师都不受到尊重，这个民族的明天会很好吗？如果一个民族，教师都跪着教书，可以教出顶天立地的人才吗？

【7.25】古人大道

孟子谓乐正子曰："子之从于子敖来，徒饷啜①也。我不意子学古之道②而以饷啜也。"

【注】

①徒：只是。饷（bù）：吃。啜（chuò）：喝。②意：意料。古之道：古人的大道。

【译】

孟子对乐正子说："你跟从子敖来齐国，只是为了吃喝吗？我没想到你学习古人的大道就是为了吃喝啊！"

【读】

承上一节，孟子认为乐正子出访齐国却无所作为，所以严厉批评他学习古人大道而没有以仁为己任，没有为两国邦交做出有实际意义的事情。

【7.26】 无后为大

　　孟子曰："不孝有三①，无后为大。舜不告②而娶，为无后也。君子以为犹③告也。"

【注】

　　①不孝有三：阿意屈从，陷亲不义，一不孝也；家贫亲老，不为禄仕，二不孝也；不娶无子，绝先祖嗣，三不孝也。②告：禀告。③犹：相当于。

【译】

　　孟子说："不孝行为有三种，绝子孙是最严重的。舜没有向父亲禀告却先娶了妻子，为的是避免没有后嗣。君子都认为舜虽然没有禀告父亲，但如同禀告了一样。"

【读】

　　有人说中国人是泛神论者，什么神能帮助自己就拜什么神，不分宗教，不分派别，只要对自己有利就行，拜地藏王是为了健康，拜观音是为了子嗣，拜文昌是为了学习，不一而足。有人说，中国人差不多是无神论者，拜神都是求心理安慰。唯一的信仰是祖宗崇拜，保持血脉不断的方法就是要有后代，让基因永远不断。或许是因为这种祖宗崇拜和无神论的倾向，才让中国人有"不孝有三，无后为大"的价值判断和追求。有道理！基于这种价值判断，丁克一族在中国始终是少数。这也为中华民族生生不息奠定了伦理基础。

【7.27】 仁义之实

孟子曰："仁之实[1]，事亲是也；义之实，从[2]兄是也；智之实，知斯二者[3]弗去是也；礼之实，节文[4]斯二者是也；乐之实，乐斯二者，乐则生矣；生则恶[5]可已也，恶可已，则不知足之[6]蹈之手之舞之。"

【注】

①实：本质。②从：顺从。③二者：指仁和义。④节文：调整和修饰仁和义。⑤恶：怎么。⑥之：语气助词，无实义。

【译】

孟子说："仁的本质，就是事奉双亲；义的本质，就是顺从兄长；智的本质，就是懂得不能放弃仁和义；礼的本质就是调整和修饰仁和义；乐的本质，就是开心地行仁和义，开心地做仁和义的事情，快乐就产生了；快乐一经诞生怎么能停止呢，不能停下来，就会不知不觉地手舞足蹈！"

【读】

孟子对于仁、义、智、礼、乐的解释，体现在其对于中国儒家思想的独创性贡献。仁的本质就是事奉双亲，义的本质就是顺从兄长，智的本质就是懂得不能放弃仁和义，礼的本质就是调整和修饰仁和义，乐的本质就是开心地施行仁和义，开心地做仁和义的事情，快乐就产生了；快乐一经诞生，人就不知不觉地手舞足蹈！哲学概念、伦理价值，在孟子笔下变得如此生动、形象、深刻！"仁的本质，就是事奉双亲；义的本质，就是顺从兄长"这两句是直译，并不能准确表达孟子的思想，准确讲应该是：事奉双亲是仁的根源，顺从兄长是义的根源。显然，事奉双亲不是仁的全部，顺从兄弟也不是义的全部，只是根源，只是开端，只是起点。

【7.28】 大孝大悦

孟子曰："天下①大悦而将归己，视天下悦而归己，犹草芥②也，惟舜为然。不得乎亲，不可以为人；不顺乎亲，不可以为子。舜尽事亲之道而瞽瞍底豫③，瞽瞍底豫而天下化④，瞽瞍底豫而天下之为父子者定⑤，此之谓大孝。"

【注】

①天下：天下人。②犹：看做。草芥：小草。③尽：尽心。瞽瞍：舜的父亲。底：致，得到。豫：快乐。④化：潜移默化。⑤为：作为。父子：父子的伦理。定：确定。

【译】

孟子说："天下人都快乐地要来归附自己，视天下人都归附自己就像草芥一样，仅有舜可以做到这样。不能让双亲快乐，不可以为人；不孝顺双亲，不可以为人子。舜竭诚事奉父母的孝道让瞽瞍得到快乐，瞽瞍得到快乐而天下受到感化，瞽瞍得到快乐因而天下父子伦理从此确定，这就叫做大孝。"

【读】

儒家以孝治天下源自舜。父慈子孝本为天赋伦理，只是被物欲冲淡或遮蔽，舜不失本心本性，让父亲快乐生活，并感化了父亲，教化了族群，为天下人做出了榜样。最终舜以一己之力，逐步化民成俗，让孝道成为族群的重要伦理价值追求。孟子也言必称尧舜，还在于文献的局限。在孟子的时代，书籍依然以竹简为主，竹简主要掌握在当权者手里，属于稀缺资源，在竹简上刻字，那是重要的政府行为，除了史官和部分大臣有此特权，普通下级官吏或百姓是没有这个权力的。下级官吏和下级军士即便偶尔有这种特权，也需要有识字的基础。所以，孟子言必称尧舜，是历史的局限而不是个人的短见。

卷八　离娄下

【8.1】 先圣后圣

孟子曰："舜生于诸冯①，迁于负夏②，卒于鸣条③，东夷④之人也。文王生于岐周⑤，卒于毕郢⑥，西夷⑦之人也。地之相去也，千有余里；世之相后也，千有余岁。得志行⑧乎中国，若合符节⑨，先圣后圣，其揆⑩一也。"

【注】

①诸冯：古地名，今址不可详考。②负夏：古地名，今址不可详考。③鸣条：古地名，今址不可详考。④东夷：东方少数民族。⑤岐：岐山在今陕西省岐山县东北部。周：周国。⑥毕郢：商代地名，在今咸阳东。⑦西夷：古时西部少数民族。⑧行：作为。⑨合：吻合。符节：古代朝廷用作凭证的信物，由竹、木、金、玉等做成，剖成两半，各执一半，吻合即确认。⑩揆：尺度，准则。

【译】

孟子说："舜生在诸冯，迁徙到负夏，死亡于鸣条，本是东夷人。文王生于岐周，死亡于毕郢，本是西夷人。两人出生地相距，有千余里；时代相隔，有千余年。他们两人得志时在中原的所作所为，像符节一样吻合，前面的圣人和后面的圣人，他们的准则是相同的。"

【读】

　　孟子认为圣人不分南北，不分先后，只要回归本心本性，坚守本心本性，然后弘扬仁道，施行王道，都可以成为圣人。典型的例子，舜本是东夷人，圣在上古，因为忠孝而成为圣人；文王，本是西夷人，圣在中古，因为忠孝而成为圣人；他们成功的时候，都生活在中原地区，他们的伦理情怀都像符节一样吻合。大舜和文王，时隔千年，地隔千里，其忠孝仁义等准则高度吻合，背后的逻辑起点是天赋人性和人性本善。人皆可以为尧舜，师皆可以为孔子。只要有信仰、有理想、有追求、有担当，一切都有可能！

【8.2】批评子产

子产听①郑国之政，以其乘舆济人于溱洧②。孟子曰："惠③而不知为政。岁十一月，徒杠④成；十二月，舆梁⑤成，民未病涉⑥也。君子平⑦其政，行辟⑧人可也，焉得人人而济之？故为政者，每人而悦之，日亦不足⑨矣。"

【注】

①子产：郑国贤相公孙侨，字子产。听：治理。②以：用。其：他的，指子产。乘舆：车子。济：渡。溱（zhēn）：溱水。洧（wěi）：洧水。③惠：慧爱。④徒杠：独木桥。⑤舆梁：可供车通行的桥梁。⑥病：担心。涉：渡河。⑦平：平治。⑧辟：避开人，孟子儒家不可能提倡用鞭挞驱赶人。⑨日：日子，时间。不足：不够用。

【译】

子产治理郑国政治，用自己的专用车子帮助人渡过溱水和洧水。孟子说："他只是慧爱而不懂得如何从事政治。如果早在十一月修好独木桥，十二月修成车行桥，百姓就不用担心渡河了。君子平治政治，行走的时候避开百姓就可以了，哪里用得着帮每个人渡河呢？所以从政啊，如果让每个人都开心，那日子都不够用了。"

【读】

孟子批评贤相子产不懂政治，蕴含深刻洞见。政治是什么？首先，政治是"我无为而民自化"，教化百姓，让其立志而自力更生，这恐怕是最重要的政治。其次，就是抓住关键，前瞻性规划，前瞻性作为。让百姓渡过溱水、洧水的最好办法，就是提前修好独木桥和车行桥，而不是用自己的公务车帮百姓渡河。显然，孟子是"小政府大社会"科学执政的先驱，难能可贵！此外，追求每个人满意的政治也是一种愚蠢的政治。世间根本不存在一种让所有人都满意的政治形态。让所有人都没有意见，就意味着你只不过是一个老好先生，为孔孟儒学所不齿。让所有人都满意，则根本不可能，能够让80%以上的人满意，已经是人类最高境界的政治形态了。为政者，需要追求的是大多数人的满意，这大多数人应该包括一个国家的中产阶层！

【8.3】 君臣关系

孟子告齐宣王曰："君之视①臣如手足，则臣视君如腹心；君之视臣如犬马，则臣视君如国人；君之视臣如土芥②，则臣视君如寇雠③。"

王曰："礼，为旧君有服④，何如斯可⑤为服矣？"

曰："谏行言听⑥，膏泽⑦下于民；有故而去，则使人导之出疆⑧，又先于其所往⑨；去三年不反⑩，然后收其田里。此之谓三有礼焉。如此，则为之服矣。今也为臣，谏则不行，言则不听；膏泽不下于民；有故而去，则君搏执⑪之，又极⑫之于其所往；去之日，遂收其田里。此之谓寇仇。寇仇，何服之有？"

【注】

①之：语气助词，无实义。视：看做，看待。②土芥：泥土和草芥。③寇雠：强盗和仇敌。④服：过去的国君离世，臣子居丧期间穿孝服。⑤何如斯：如斯何，这种情况为什么。可：可以。⑥谏：劝谏。行：行为，行政。听：采纳。⑦膏泽：比喻恩惠。⑧导：引导。疆：国界。⑨先：先通报。所往：目的地国家。⑩反：同"返"。⑪搏执：捆绑。⑫极：使陷入困境。

【译】

孟子告诉齐宣王："君把臣当手足，那么臣把君当腹心；君把臣当犬马，那么臣把君当普通人；君把臣当泥土草芥，那么臣把君当强盗和仇敌。"

齐宣王说："按照礼制，曾经的国君离世，离职的臣子要为其穿孝服居丧，这种情况为什么要为曾经的国君穿丧服居丧呢？"

孟子说："臣可以劝谏国君停止决策，国君愿意听，国君恩惠泽及黎民百姓；臣有原因离开国家，那么派人引导他走出国界，并事先与将要去的国家发出请关照的公函；离开三年不再返回国家，把臣的土地住宅收为国有。这叫做三有礼。这样，臣才会为曾经的国君穿丧服居丧。现在为臣，劝谏国君都不行，言论都不愿意听；恩惠不能泽及百姓；有原因离开，国君就把臣捆绑了，还想办法使臣在即将去的国家陷入困境；刚刚离开，就没收田产采邑为国家所有。这就叫做强盗仇敌。（既然是）强盗和仇敌，为何要为他穿孝服居丧？"

【读】

孟子的"民为贵,社稷次之,君为轻"的民本思想可谓振聋发聩,放在今天也依然熠熠生辉。至于"君之视臣如手足,则臣视君如腹心;君之视臣如犬马,则臣视君如国人;君之视臣如土芥,则臣视君如寇雠"的君臣关系的界定,则是对孔子"君使臣以礼,臣事君以忠"的发展。为君者,臣子因故离开,应该引导出境,主动照会将去的国家予以关照,而不是立即把臣子抓起来,或者给臣子即将去的第三国制造困境,田产采邑也不至于立即收回,如此,才能换得臣子的忠贞不渝,才能让天下贤能止心。国家对百姓,也应当如此,只有善待百姓,恩泽百姓,百姓才能真正热爱国家、尊重国君。若是一味要求百姓对国家忠诚,一味要求百姓爱国,却从来不肯真心为百姓办实事,从来不肯为孤悬海外的百姓出半点力,甚至不断给百姓制造困境、麻烦。这样的国家,百姓怎么会爱呢?百姓怎么会留下呢?

【8.4】 无罪杀士

孟子曰："无罪而杀士，则大夫可以去[1]；无罪而戮民，则士可以徙[2]。"

【注】

①去：离开。②徙：迁徙。

【译】

孟子说："士没有罪却被杀，那么大夫可以离开；百姓没有罪却被杀，那么士人可以迁徙。"

【读】

这一句继续讲君臣关系和君民关系。如果士人无罪而国君任意将其杀害，那么下一个被杀的或许就是大夫了，此时不走更待何时？百姓如果没有罪却被屠戮，那么下一个被屠戮的就可能是士人了，此时不迁徙更待何时？国君善待国民者，士人纷至沓来；国君善待待士人，大夫有信心帮助国君让国家走向复兴；如果士人和百姓都无罪却遭杀戮，这样的国君值得效忠吗？这样的国家值得留恋吗？

【8.5】政者正也

孟子曰："君仁，莫不仁；君义，莫不义。"

【译】

孟子说："国君仁，天下没有人不仁；国君义，天下没有人不义。"

【读】

孔子说："政者，正也。"周文王、周武王仁义，天下没有不仁义的，最终仁义战胜残暴，一怒而安天下；汉代文帝、景帝仁厚，予民休养生息，迎来了文景之治，也为汉武帝开疆拓土积累了丰厚的物质基础。无论什么体制的国家，人们对上位者都有道德上的期待，上位者自觉的道德约束是一个国家兴盛的关键所在。有人说，德治就是人治，人治不可能有民族复兴。此言差矣，如果没有德高望重者在位，怎么可能走向法治呢？法治是对权力的限制，法治是对过分权力的约束，法治是在维护人间的公平正义。如果上位者缺乏道德修养和正义感，他能推出法治理念和政策吗？

"法治"的根本在于法律必须是人民意志的集中体现，这样的法治才是现代法治。而中国传统以商鞅、李悝为代表的法家提倡的是以帝王意志作为"法律"意志的专制"法治"，这样的法治，是封建时代的产物，与时代严重脱节。

【8.6】 大人弗为

孟子曰："非礼之礼，非义之义，大人弗为。"

【译】

孟子说："似是而非的礼，似是而非的义，德高望重者不会做。"

【读】

仁是人的天赋秉性，是发自内心的慈爱、慈悲、宽容、博爱等，而礼是仁的外在表现和规范，义是符合仁心人性的利他行为，礼义贵真诚。德高望重者，足以明察秋毫之末，怎么会去做那些似是而非的礼义之举呢？

【8.7】 尊重差异

孟子曰："中也养^①不中，才^②也养不才，故人乐有贤父兄也。如中也弃^③不中，才也弃不才，则贤不肖之相去，其间不能以寸^④。"

【注】

①中：中正。养：陶冶。②才：有才华。③弃：抛弃。④间：间隔，距离。以寸：以寸来计量。

【译】

孟子说："品德中正的陶冶不中正的，才华出众的陶冶才能平庸的，所以人们很高兴有贤能的父兄啊。如果中正的嫌弃不中正的，才华出众的嫌弃才能平庸的，那么贤能与不贤能的人相差很远，二者之间的间隔就不能以寸为单位测量。"

【读】

在《论语心读》中，我将"无友不如己者"解释为："没有朋友不是与自己志同道合的。"今天著《孟子心读》更加坚信这句话是对的，如果每个人交朋友都只是眼睛向上看，都只想交正者、才者、贤者，那么不正者怎么办，不才者怎么办，不贤者怎么办，社会如何进步？孔子开创平民教育的先河，本来就是给平民创造受教育的机会，把平民培养成士，把士培养成大夫，把小人培养成君子，把不正者培养成正者，把不才者培养成才者，把不贤者培养成贤者。孔孟之道，虽然时空相隔，但是洞见相同。

【8.8】 有所不为

孟子曰："人有不为也，而后可以有为。"

【译】

孟子说："人有所不为，然后才可以有所作为。"

【读】

这句话经典也精彩。对于个人来说，人生苦短，既想做官，又想发财；既想当校长，又想做院士；既想高居上位，又想事必躬亲。世间事情哪有那么容易，哪有那么完美！有得有失，有取有舍。如果什么都想做，结果什么都做不好；如果什么都要，也许最终什么都得不到。我从不主动求官，几乎把所有能运用的业余时间都用在学术研究上，坚信古代知识分子的治学传统、路径和方法，在做官与做学问上有所取舍，有所为和有所不为，所以才能做出些许成果。

【8.9】沉默君子

孟子曰："言人之不善，当如后患何？"

【译】

孟子说："说他人不好，当如何面对后患呢？"

【读】

佛家有言："念念不忘，必有回响。"从量子学的角度看，这是对的。当你在背后说人坏话的时候，对方可能会有量子级的反应或感应。相反，多看到别人的优点，多赞美别人的优势，这样不会有不好的感应和反作用力，久而久之，会为自己赢得一个很好的人缘和氛围。儒佛相通之处，即甘于沉默和享受孤独是最好的生活方式。因为沉默，远离喧嚣，远离是非；因为享受孤独，所以可以观照内心，能够内心圆融。

【8.10】 仲尼中庸

孟子曰："仲尼不为已甚^①者。"

【注】

①已：太。甚：过分。

【译】

孟子说："仲尼不做太过分的事情。"

【读】

孔子信仰中庸之道，适中、适度、适合、适宜才是最好的，所以，他不做太过分的事情。做人做事不走极端，是难能可贵的中国人品质。中庸之道，是孔子儒学对人类哲学的原创性贡献，是解决伦理世界和世俗社会最宝贵的生命情感智慧。"中庸"之"中"包含"中和"两个字的意思。"中"就是适中、适合、适度、适宜，面对某种结构或局面，选择适中的、适合的、适度的、适宜的思路、策略、方法等，就是"中"；"和"就是尊重差异、尊重不同、包容多元的和谐状态；"中和"就是人面对某种结构而选择兼顾多元的最佳策略或状态。"中和"成为日用而不知的常态，就是中庸之道。中庸思想不是人的天赋，不是人的本心本性，而是在本心本性比如仁爱等基础之上，按照本心本性的方向修养修炼而形成的后天哲学智慧。如孔子所说，中庸之道是"君子之道"，是人们自我修养达到君子境界的过程中体悟、认知、认同的"道"，基于先天仁爱等智慧，源于实践积累，充满实践理性的哲学智慧，富有浓厚而鲜明的东方哲学色彩。

【8.11】 唯义所在

孟子曰："大人^①者，言不必信，行不必果，惟义所在。"

【注】

①大人：德高望重位显的大人物。

【译】

孟子说："大人物，说话不必都讲信用，做事未必都有理想的结果，关键在于是否符合道义。"

【读】

事关大局、国家民族的问题，唯有道义是最重要的标准。符合道义，言必信，行必果；不符合道义，则说话不一定讲信用，行动未必需要理想的结果。

【8.12】 大人赤子

孟子曰："大人者，不失其赤子^①之心者也。"

【注】

①赤子：初生婴儿，因为全身赤色，故名赤子。

【译】

孟子说："德高望重位尊者，不应该丢掉赤子之心。"

【读】

赤子之心为天赋本性，是仁爱之心，是慈爱之心，是善良之心，是孝悌之心，是自然之心，是自由之心等，无论位置多尊贵，无论权势多大，无论能力多强，都不应该失掉赤子之心。否则，丧失本心本性的后果是人格的裂变、性格的古怪、行为的乖张，最终进入人生的自毁机制，或毁掉自己的品德和人格，或毁掉自己的事业功业，甚至毁掉自己的身家性命。

【8.13】送终事大

孟子曰："养生者不足以当① 大事，惟送死可以当大事。"

【注】

①养：奉养。生：生活。当：当作。

【译】

孟子说："奉养父母的生活不足以当作大事，只有给父母送终才算是大事。"

【读】

本节既是讲孝道也是讲仁道。奉养父母是为人天经地义的责任，为父母送终，是一生中非常重要的事情。在中国人世俗的观念中，丧事的规格，决定了死者在另外一个世界的地位，所以格外重要。正因为如此，孟子才下结论：给父母送终才是大事。孝悌是仁的根本，也是人的根本。孔子认为，如果内心缺少仁爱，他就不是人了。孔子儒家何以如此重视孝悌呢？试想：学生如果在家尚且不能善待父母，能期待他将来善待天下人吗？能期待他善待别人的父母吗？如果连老师都不尊重，能期待他将来尊重长者吗？如果不能够善待兄嫂姐弟妹，能期待他将来带出有亲和力、凝聚力的企业团队吗？

【8.14】 左右逢源

孟子曰："君子深造之以道^①，欲其自得之^②也。自得之，则居之安^③；居之安则资之深^④；资之深，则取之左右逢其原^⑤，故君子欲其自得之也。"

【注】

①深造：道德修养往深厚去。以：凭借。道：仁道。②自得：自觉。之：道。③之：仁道。安：安适。④资之深：深度依靠道。⑤原：同"源"，源泉。

【译】

孟子曰："君子以道来加深自己的修养，实现道的自觉；只有实现道的自觉，才觉得安适；觉得安适则与生命深度融合；与生命深度融合，才能左右逢源，所以君子追求道的自觉。"

【读】

仁，是人灵魂安适的宅子。君子需要以仁道来加强自己的修养，修养的目的是实现道德自觉，实现了道德自觉，人就从必然王国进入自由王国的境界，就能得心应手，就能左右逢源，就能知行合一。仁道自觉，才能成为人格，才能成为气质，才能成为气场，才能成为生命常态！

【8.15】博学反约

孟子曰："博学而详说^①之，将以反说约^②也。"

【注】

①详：详尽。说：陈述。②反：同"返"。约：简约。

【译】

孟子说："博学而详尽表述，然后返回简约。"

【读】

学习犹如蜜蜂采花，众采百花之长，然后酿成甜蜜。学习也是如此，博学而能详尽地表述，目的却在采撷精华。最终的目标就是抓要点，抓关键，抓精髓。如是，学术才能转化为生命的一部分，人们才能够做到融学术入生命，才能实现学术创新。

【8.16】 易善复人

孟子曰："以善服①人者，未有能服人者也；以善养②人，然后能服天下③。天下不心服而王者，未之有也。"

【注】

①服：臣服。②养：熏陶。③服天下：让天下人心服。

【译】

孟子说："以善来使人信服，没有能使人信服的；以善来陶冶人，然后天下人能够心服。天下人不心服而能够王天下，没有这回事。"

【读】

这一节依然是探讨道德自觉的问题。孟子倡导王道，以仁道王天下，但是仅仅以善良而使人信服，其实很难。唯有以善良来陶冶人，使善良成为百姓的道德自觉，成为百姓的人格特征，百姓才能发自内心真诚地服从。百姓口服心不服却能王天下，当然不可能。

【8.17】言虚不祥

孟子曰："言无实不祥^①，不祥之实^②，蔽贤者当之^③。"

【注】

①实：实际。祥：吉祥。②实：结果。③蔽贤者：阻挡贤者。当：承担。之：指"不祥之实"的"实"，结果，后果。

【译】

孟子说："说话不切实际不吉祥，不吉祥的后果，应该由阻挡贤能进步的人承担。"

【读】

历史上，若某一时期出现黑白颠倒、指鹿为马、假话连篇的荒唐事情，那么基本上是这个朝代的末世。为人君也好，普通的上位者也好，听不到真话，不能掌握真实情况，那是非常糟糕的。小而言之，会给自己造成无法挽回的损失，大而言之，甚至会颠覆国家。这种不祥的后果，应该由那些阻挡贤能前进的人承担。这是孟子的观点。但是，这个后果一旦出现，阻挡贤能者如何能够承担，木已成舟，万劫不复，悔之晚矣。

【8.18】声情过实

徐子①曰："仲尼亟称②于水，曰：'水哉，水哉！'何取于水也？"

孟子曰："原泉混混③，不舍昼夜，盈科④而后进，放乎四海。有本者如是⑤，是之取⑥尔。苟为无本，七八月之间雨集，沟浍⑦皆盈；其涸⑧也，可立而待也。故声闻过情⑨，君子耻之。"

【注】

①徐子：徐辟，孟子学生。②亟：多次，屡次。称：称赞。③原：同"源"。混混：奔涌不息状。④盈：充满。科：沟坎。⑤本：源者。如是：像这样。⑥之取：取之，撷取。⑦沟浍：田间排水沟。⑧涸：干涸。⑨声闻：声誉，口碑。过：超过。情：实情。

【译】

徐辟说："仲尼屡次对水表示称赞，说：'水啊，水啊！'这是赞美水的什么呢？"

孟子说："源泉奔涌不息、昼夜不止，充满土坎而后继续前进，一直流到四海。有源的水像这样，所以取的就是这种品质。如果水没有源，七八月间雨水所聚集，能够让地上和田间的排水沟都充满；但是干涸起来（很快），站在那里都可以等到。所以，声誉超过实情，君子以之为耻辱。"

【读】

孔子曾经在河流上颇有感慨地说："逝者如斯夫，不舍昼夜！"这是感叹水，取其什么品质呢？取的是水川流不息、不舍昼夜的特性，感慨的是人生苦短，时光易逝。此处，徐辟提出的问题，孟子做了比较，一种是有本之水，奔涌不息，不舍昼夜，也许依然是感叹时光易逝，人生也如不舍昼夜的活水，朝着另外一个世界奔涌；读书做学问，修养道德没有止境，必须如有源之水，奔涌向前，才能永葆生命的活力。另外一种无本之水，止于沟浍，立等可干。这种水，几乎无可取之处，君子为学不应当如止水，而应该如泉源之水，不舍昼夜，只争朝夕。再换个角度，一个时代，赞誉超过实绩，赞美言过其实，也就意味着这个时代进入高危期。

【8.19】 异于禽兽

孟子曰："人之所以异于禽兽者几希①，庶民去之②，君子存③之。舜明于庶物④，察于人伦，由⑤仁义行，非行⑥仁义也。"

【注】

①几希：极言其少。②去：放弃。之：人与禽兽的那些区别。③存：保存，保留。④明：明了。于：对。庶物：普通的事物。⑤由：遵循⑥非：不是。行：使用。

【译】

孟子说："人不同于禽兽的区别就那么一点点。百姓把那一点点区别丢弃了，君子却保存了。舜明了万物，明察人与人的伦理，遵循仁义的精神而做事，而不是以仁义为手段做事。"

【读】

圣人和普通人的区别，在于圣人保存了与禽兽的那些似乎忽略不计的区别，而普通人却把这区别丢掉了。那么人与禽兽的根本区别在哪里？就在仁义。如果把人和禽兽做分子分析，二者都属于碳水化合物，区别可能微乎其微；但人却因为仁义而有慈悲之心，并有与之相匹配的行为自觉——也就是"义"举。仁义只有内化为个人的人格，内化为灵魂的精神，内化为生命的有机组成部分，才能成为人的行为自觉，才能像水向下流一样自然而然生成相应的形态和动力。

【8.20】坐以待旦

孟子曰："禹恶旨酒而好善言①。汤执中②，立贤无方③。文王视民如伤④，望道而⑤未之见。武王不泄迩⑥，不忘远。周公思兼三王⑦，以施四事⑧；其有不合⑨者，仰而思之，夜以继日；幸而得之，坐以待旦。"

【注】

①恶：厌恶。旨：美。善言：箴言，蕴含道理的话。②汤：商汤。执中：持中庸之道。③立：确立。贤：贤才。方：地方，地域。④伤：受伤之人。⑤望：仰望。道：有道之人。而：却。⑥泄：同"媟"，轻慢。迩：亲近的人。⑦思：欲、想。三王：禹、汤、文、武三代君王，周文王和周武王为同一时代。⑧施：实施。四事：禹、汤、文、武四个人的事业。⑨其：其中。合：契合于三王之道。

【译】

孟子说："大禹厌恶美酒却喜欢箴言。商汤持守中庸之道，确立贤能没有拘泥于地域。文王看到百姓苦就如同自己受伤，追求大道又如同没有见到一样不肯放弃。武王不轻慢身边的人，也不忘记远方的贤能。周公想兼备禹、汤、文武三代君王的优点，从而实施四位君王的事业；如果有不能契合于四位君王的，周公必仰望而深思，夜以继日；有幸想到符合道义的策略，坐等天明去实践。"

【读】

有些学者觉得孔孟言必称尧舜禹汤文武，不可信。我认为，这是历史局限性造成的，文字只有关于帝王的记载。在兽骨上刻字，何其艰难；在龟甲上刻字，何其不易。自然不会记载很多人。但是，关于这些圣王的记载，也只有开国之君臣才能入孔孟的法眼和笔端。因为原始部落时代，有文字记载的部落首领，都是仁义之君，都是爱民之君，都是追求大道之君。他们之于真理和人伦的追求，为中古及以后的历代帝王和百姓树立了榜样，建立了圭臬。尤其是夜以继日的反思精神、坐而待旦的纠错态度，值得人们学习和珍惜！没有反思，人就会迷糊，就会迷失；没有认错，不去纠错，人就容易错上加错；如果能够传承"吾日三省吾身"的精神，困难时期和关键时刻能够夜以继日反思，事业将更加顺利；如果能够坐而待旦改正错误，事业会更加完美！

【8.21】 史家笔法

孟子曰："王者之迹熄①而《诗》亡，《诗》亡然后《春秋》作②。晋之《乘》③，楚之《梼杌》④，鲁之《春秋》⑤，一⑥也；其事⑦则齐桓、晋文，其文⑧则史。孔子曰：'其义则丘窃取⑨之矣。'"

【注】

①迹：指西周采诗制度。熄：灭。②《春秋》：孔子编订的《春秋》。作：出现。③《乘》：晋国史书名。④《梼杌》：楚国史书名。⑤《春秋》：鲁国史书名。⑥一：同样。⑦其：三部史书。事：记载。⑧文：体裁。⑨窃：私下。取：采用。

【译】

孟子说："西周采诗制度消亡了，《诗经》也就不再有续篇了，《诗经》不再有续篇而后《春秋》出现。晋国的《乘》、楚国的《梼杌》、鲁国的《春秋》，都是一样的史书；所记载的事都是关于齐桓公、晋文公的，所用的文法都是史书的笔法。孔子说：'扬善惩恶的义我在修订《春秋》时借用了。'"

【读】

　　我在撰写《诗经心读》的过程中，相信前人说的话，读诗也就是读史，把《诗经》当作历史书来读，也八九不离十，因为《诗经》形象深刻地反映了西周及以前各个时期的风俗、文化、经济、政治等，犹如画卷一般鲜明展现在读者面前。同样，撰写《诗经心读》的过程中，我为采诗制度的消亡而深感遗憾。因为采诗制度的存在，让帝王能够准确了解民间风土人情和文化、经济、政治，西周文明是诗的文明，这个文明源于采诗制度。采诗制度为西周统治者提供了一个自我反省和自我救赎的机制。正因为采诗制度的消亡，《诗经》不再有新作和续篇，君王无法了解民生疾苦，政治开始进入一种盲目状态，原有的价值体系出现逐渐崩塌趋势，孔子对此深感忧虑，于是通过修订《春秋》来寄托自己的理想，在其中融入了自己的道义，渗透了自己的价值观。孔子写成《春秋》，乱臣贼子开始心生畏惧，开始留意自己生前身后名。这是史学自觉，也是文化自觉。

【8.22】 君子之泽

孟子曰："君子之泽[①]，五世而斩[②]，小人之泽，五世而斩。予未得为孔子徒也，予私淑诸人[③]也。"

【注】

①泽：流风余韵，指文化精神的遗传。②世：代。斩：断绝。③私：私下。淑：善。诸人：孔门弟子。

【译】

孟子说："君子的余韵，五代就断绝了，小人的余韵，也是五代就断绝了。我没办法成为孔子的学生，我只是私下与孔子弟子交好啊。"

【读】

中国人耳熟能详的俗话"富不过三代"就是"君子之泽，五世而斩"的变形。孟子总结出这两句话，证据是什么，尚不十分清楚，但基本属于余韵遗传的洞见。君子和小人，五代左右会发生翻转式的变化。君子余韵，往往三代开始衰弱，五代衰亡；小人余韵，三代开始走强，五代开始崛起。背后的秘密是什么？尚没有准确答案。孟子在此处，只不过是借这个结论，说明一个事实：孔子作为圣人，作为君子，其流风余韵，家学渊源，在即将出现衰弱势头的时候，我有幸与孔子弟子、在传弟子有好的私交，深受他们影响，成为其文化基因的最重要的传人。孟子一向自信，这一节就是向世人宣称：我是孔子学说的正宗嫡传，孔子学说道统在我！

【8.23】 可与不可

孟子曰："可以取，可以无取，取伤廉；可以与，可以无与，与伤惠；可以死，可以无死，死伤勇。"

【译】

孟子说："可以获取，可以不获取，获取了就有损于廉洁；可以施予，可以不施予，施予了就是滥用恩惠；可以死，可以不死，死了便是对勇德的亵渎。"

【读】

孟子在这一节探讨了"廉""惠""死"的人生哲学问题。人是社会性动物，年年月月都面临着是否获取利益的问题，孟子认为可取可不取的东西，最好不要取，因为取多了，物质财富多了，会成为负累，会成为伤害廉洁品质的负担。贪婪之心，往往就是在不知不觉之中沉淀的。可以施予，可以不施予，如果施予的方式不当，会把对方置于不受尊重、受蔑视的地位，对慧爱的人性也是一种伤害。可以死，可以不死，有选择的空间，未必要赴死，不值得的死亡是对勇敢的亵渎，留下的是惋惜叹息，反过来留下有用之躯，为世人留下更多精神财富，为百姓做更多贡献，岂不是更好？

【8.24】失察之罪

逢蒙学射于羿[1]，尽羿之道，思天下惟羿为愈[2]己，于是杀羿。孟子曰："是亦羿有罪焉。"

公明仪曰："宜若[3]无罪焉。"

曰："薄乎云尔[4]，恶得无罪？郑人使子濯孺子[5]侵卫，卫使庾公之斯[6]追之。子濯孺子曰：'今日我疾作，不可以执弓，吾死矣夫！'问其仆曰：'追我者谁也？'其仆曰：'庾公之斯也。'曰：'吾生矣。'其仆曰：'庾公之斯，卫之善射者也；夫子曰吾生，何谓也？'曰：'庾公之斯学射于尹公之他[7]，尹公之他学射于我。夫尹公之他，端[8]人也，其取[9]友必端矣。'庾公之斯至，曰：'夫子何不为执弓？'曰：'今日我疾作，不可以执弓。'曰：'小人学射于尹公之他，尹公之他学射于夫子。我不忍以夫子之道反害夫子。虽然，今日之事，君事也，我不敢废。'抽矢，扣轮，去其金⑩，发乘矢而后反⑪。"

【注】

①逢蒙：羿的学生，著名射手。羿：著名射手，篡夏自立，被逢蒙与寒浞联手杀掉。②愈：超过。③宜若：表示推测的语气助词。④薄：轻微。乎：形容词词尾，无实义。云尔：罢了。⑤子濯孺子：郑国的善射者，武将。⑥庾公之斯：卫国的善射者，武将。⑦尹公之他：卫国善射者。⑧端：品行端正。⑨取：选择。⑩金：箭镞，金属箭头。⑪乘矢：四支箭，因为乘马为四匹马，借"乘"形容"矢"。反：同"返"，返回。

【译】

逢蒙向羿学习射箭，完全学会了羿射箭的技艺，想着天下只有羿能超越自己，于是杀了羿。孟子说："这样看来羿也有罪啊。"

公明仪说："应该没罪吧！"

孟子说："这罪轻微些罢了，怎么说无罪呢？郑国人派子濯孺子入侵卫国，卫国人派庾公之斯追击子濯孺子。子濯孺子说：'今天我旧病复发，不可以拿弓，我必死无疑啊！'问驾车的人说：'追击我的人是谁啊？'驾车人说：'庾公之斯啊。'子濯孺子说：'我可以活下来了。'驾车人说：'庾公之斯，卫国射箭高手；先生说你自己可以活下来，怎么回事呢？'子濯孺子说：'庾公之斯学射箭于尹公之他，尹公之他学射箭于我。那尹公之他，是品行端正的人啊，他选择的朋友必然是品行端正的人啊。'庾公之斯追上来，说：'先生为何不拿起弓箭？'子濯孺子说：'今天我旧病复发，不可以拿弓箭。'庾公之斯说：'我学射箭于尹公之他，尹公之他学射箭于先生。我不忍心用先生教我的射箭技艺反而杀害先生。虽然这样，但今天的事是国君的事，我不敢不做。'（庾公之斯）抽出箭，敲打车轮，去掉箭镞，连续发射四支无箭镞的箭后回去了。"

【读】

儒家重视识人之明，孟子说羿也有罪，就是说他缺乏识别人品性的智慧。孟子虽然发展了民本思想，走到了"民为贵，社稷次之，君为轻"的最高境界，但是没有实际操作的程序设计，导致"民为贵"的思想始终不能演变成民主政治制度。如此，选人用人就显得尤为重要。孟子甚至认为，选错了人就是有罪。事实上，民主体制中，也有选人用人的问题，民主选的负责人，任期就是几年光景，选人不准，就会成事不足，败事有余，一样非常糟糕。

【8.25】 可祀上帝

孟子曰："西子蒙①不洁,则人皆掩鼻而过之;虽有恶人,齐②戒斋浴,则可以祀③上帝。"

【注】

①西子:西施,越国美女。蒙:蒙受。②齐:同"斋"。③祀:祭祀。

【译】

孟子说:"西施一旦被污秽的东西玷污,那么人们都掩着鼻子经过;即使有丑恶的人,只要斋戒沐浴,就可以祭祀上天了。"

【读】

孟子在这一节要表达的意思是:"过而改之,善莫大焉。"人们讨厌恶臭,讨厌不干净,但是丑恶之人斋戒沐浴,洗心革面,不可以吗?当然可以。佛教发展到禅宗,提倡顿悟成佛,见性成佛,人分南北,佛无南北。佛是觉悟的众生,众生是未觉悟的佛。任何人,从反思和改过的那一刻开始,你就可以祭祀上天。这是儒家仁的智慧,慈的智慧,包容的智慧。

【8.26】可坐而致

孟子曰："天下之言性①也，则故②而已矣。故者，以利为本③。所恶④于智者，为其凿⑤也。如智者若禹之行水也，则无恶于智矣。禹之行水也，行其所无事也。如智者亦行其所无事，则智亦大矣。天之高也，星辰之远也，苟求其故，千岁之日至⑥，可坐而致⑦也。"

【注】

①言：谈论，探讨。性：人性。②故：本然状态。③利：顺利，顺势。本：本然。④所：表推测的副词。恶：厌恶。⑤凿：穿凿附会，勉强地联系联结。⑥日至：夏至与冬至。⑦致：推算。

【译】

孟子说："天下人谈论人性，就是本来的状态罢了。故即是以顺为本然的状态。人们之所以厌恶智，是因为其往往会穿凿附会。如果智就像大禹疏导水往下顺流，就不会有人厌恶智了。大禹疏导水，让水走过那些无人力穿凿的地方。如水走无人力穿凿的地方，就是智的最高境界了。上天那么高，星辰那么远，如果追求本源，那么千年岁月，可以坐等。"

【读】

人性是什么？人性是本然，人性是自然，人性是顺势而为，人性是顺流而下，而不是强不知以为知，不是牵强附会，更不是扭曲本性。刀郎的新歌《罗刹海市》一经问世，仅仅十一天时间，在全球的播放量高达八十亿。在这背后，是刀郎人生的成功。刀郎是什么人，是音乐人，是融音乐入生命的人，是为音乐献身的人。刀郎之所以是刀郎，不仅是因为他有一副好嗓子，更重要的是他有一种音乐天赋。刀郎的人生就是顺着"音乐天赋"而生长成功的。

【8.27】 士人风骨

公行子①有子之丧，右师往吊②。入门，有进③而与右师言者，有就④右师之位而与右师言者。孟子不与右师言，右师不悦曰："诸君子皆与驩言，孟子独不与驩言，是简⑤驩也。"孟子闻之，曰："礼，朝廷不历⑥位而相与言，不逾⑦阶而相揖也。我欲行礼，子敖以我为简，不亦异乎？"

【注】

①公行子：齐国大夫。②右师：即齐王的宠臣王驩，字子敖。往：去。吊：吊唁。③进：上前。④就：接近。⑤简：简慢。⑥历：越。⑦逾：越过。

【译】

公行子的儿子死了，右师王驩去吊唁。王驩进门，有上前与他攀谈的，有接近他的座位与他攀谈的。孟子不与右师攀谈，右师不开心地说："诸位来宾都与我王驩说话，唯独孟子不与我说话，是简慢我王驩啊。"孟子听说了，说："按照礼制，官员在朝廷上不越位相互交谈，不越班次相互作揖。我想按照礼数（办事），子敖却认为我简慢，不也太奇怪了吗？"

【读】

这一节极具画面感，映入眼帘的是群臣对齐王宠臣趋炎附势的官场媚态丑态，在这个广角镜头中，唯独孟子保持为官者的矜持，维护着政治礼仪。上朝的时候，大臣们不许越过位子交头接耳，既是朝廷礼仪的要求，也是防止官员在朝堂上临时沟通勾结形成某种反动的举措。不越过班次相互作揖，也是这种防范性制度的设计。权臣兼宠臣王驩却偏偏认为孟子简慢他。孟子因为维护礼制、坚守本性，不阿谀奉承，显然不受王驩的待见，但孟子依然选择了坚持。

【8.28】终身之忧

　　孟子曰："君子所以异于人者，以其存心也。君子以仁存心，以礼存心。仁者爱人，有礼者敬人。爱人者，人恒爱之；敬人者，人恒敬之。有人于此，其待我以横逆^①，则君子必自反^②也：我必不仁也，必无礼也，此物奚^③宜至哉？其自反而仁矣，自反而有礼矣，其横逆由是^④也，君子必自反也：我必不忠。自反而忠矣，其横逆由是也，君子曰：'此亦妄人也已矣。如此，则与禽兽奚择^⑤哉？于禽兽又何难^⑥焉？'是故君子有终身之忧，无一朝之患也。乃若所忧则有之：舜，人也；我，亦人也。舜为法于天下，可传于后世，我由未免为乡人也，是则可忧也。忧之如何？如舜而已矣。若夫君子所患则亡^⑦矣。非仁无为也，非礼无行也。如有一朝之患，则君子

不患矣。”

【注】

①横逆：粗暴悖礼的行为。②自反：自我反省。③物：情况。奚：为何。④由：依然。是：这样。⑤择：计较。⑥难：责难。⑦若夫：句首发语词，表示语义转换。亡：没有。

【译】

孟子说："君子与普通人不同的地方，在于存心啊。君子把仁存在心里，把礼存在心里。仁人爱人，有礼的人尊敬人。爱人的人，别人常爱他；敬人的人，人们常尊敬他。有人这样，他待我粗暴悖礼，那么君子必然自己反省：我一定有不仁的地方，我一定有不合礼仪的地方，事态怎么会到这个地步呢？反省自己是仁厚的，反省自己是尊礼的，他依然粗暴悖礼，君子必然继续反省：我必定是不够忠诚啊。如果反省确认自己是忠诚的，那人依然粗暴悖礼，君子说：'此人也是个狂妄之徒而已。那么与禽兽辩论什么呢？又何必责难禽兽呢？'所以，君子有终身的忧虑，却没有短时的祸患。君子所忧虑的有：舜，是人；我，也是人。舜作为天下人的典范，可以流传后世，我依然不免是个普通乡下人，这就是值得忧虑的。忧虑怎么办？像舜一样而已。君子所担心的祸患就没有了。不仁的事情不做，不合礼的事情也不做。即使有短时的祸患，但是君子不会焦虑。"

【读】

这一节首先讲了君子与普通人的区别，把仁和礼存入心中，然后才有爱人之行为，有敬人之行为，而且这种行为都是因为"存乎心"而无须提醒，成为一种自觉。仁和礼已经成为君子的生命元素和人格特征。其次，讲了碰到粗暴悖礼行为该怎么办。孟子及先秦儒家的思路："反求诸己。"看看是否因为自己的错误而引起对方的粗暴悖礼。试想，每个人面对困局，先思考自己的不足，而不是指责别人的不是，文人如此，商人如此，工人如此，市民如此，这社会进步将远超预期。

【8.29】 禹稷颜同

禹、稷当平世①，三过其门而不入，孔子贤之。颜子②当乱世，居于陋巷，一箪食，一瓢饮；人不堪其忧，颜子不改其乐，孔子贤之。孟子曰："禹、稷、颜回同道。禹思天下有溺者，由己溺之也；稷思天下有饥者，由己饥之也，是以如是其急也。禹、稷、颜子易③地则皆然。今有同室之人斗者，救之，虽被发缨④冠而救之，可也；乡邻有斗者，被发缨冠而往救之，则惑⑤也；虽闭户⑥可也。"

【注】

①稷：弃，尧时代的司马，又称后稷。当：处在。平：清平。世：时代。②颜子：孔子弟子颜回。③易：改变。④被：同"披"。缨：帽带，用作动词，系帽带。⑤则：就。惑：糊涂。⑥虽：即使。户：门。

【译】

大禹和后稷处在清平时代，多次经过自己的家门而没有进去，孔子认为他们贤。颜回处在乱世之中，身居贫穷的小巷，只能用竹筐装饭吃，只能用葫芦瓢饮水；别人不能忍受这种清苦，颜回不改变自己甘于清平的快乐，孔子认为颜回贤。孟子说："大禹、后稷、颜回道德境界相同。大禹想着天下有人溺水，仿佛自己溺水；后稷想着天下人饥饿，就像自己饥饿。他们这样急于拯救百姓。大禹、后稷、颜回换个地方也都一样不改本性。现在有同在一室的人斗殴，去解救，就是披发系帽去解救，也是可以的；乡邻人斗殴，披发系帽去解救，那就犯糊涂了；即使关上门（不管）也可以。"

【读】

这一节讲孟子的处事态度，当然也是儒家的处事态度。大禹和后稷的例子，旨在说明儒者"达则兼济天下"。大禹治水，看到天下有人溺水，仿佛自己也溺水了，如此用心，哪有治不好的水。后稷为司农，看到天下人饥饿，仿佛自己也很饥饿。以天下为己任，在位有为而兼济天下，这是儒者的情怀。颜回的例子，旨在说明"穷则独善其身"。至于最后设计的械斗的案例，意在提醒后世儒者，如何面对纠纷和危险。君子不立于危墙之下，做事必须有分寸，否则，可能搭上性命。同室斗殴，是亲人或友人之间的冲突，一般自有分寸。乡邻斗殴，是不同宗族械斗，如何能够介入呢？不仅小命搭进去了，人生的责任没有履行，人生的规划没有实施，人生的价值没有实现，岂不悲哀？

【8.30】以善相责

公都子曰："匡章①，通国皆称不孝焉，夫子与之游，又从而礼貌②之，敢问何也?"孟子曰："世俗所谓有不孝者五：惰其四支③，不顾父母之养，一不孝也；博弈④好饮酒，不顾父母之养，二不孝也；好货财，私妻子⑤，不顾父母之养，三不孝也；从⑥耳目之欲，以为父母戮⑦，四不孝也；好勇斗很⑧，以危⑨父母，五不孝也。章子有一于是乎? 夫章子，子父责善而不相遇⑩也。责善，朋友之道也；父子责善，贼恩之大⑪者。夫章子，岂不欲有夫妻子母之属哉? 为⑫得罪于父，不得近，出妻屏⑬子，终身不养焉。其设心以为不若是⑭，是则罪之大⑮者，是则章子而已矣。"

【注】

①匡章：齐国将领。②从：交游。礼貌：敬重，即礼貌地对待人。③惰：懒惰。支：同"肢"。④博弈：博彩，赌博。⑤私：偏私。妻子：妻子和孩子。⑥从：同"纵"，放纵。⑦为：使。戮：蒙受羞辱。⑧很：同"狠"。⑨危：危及。⑩责善：通过批评使父亲从善。遇：投合。⑪贼：损伤，损害。大：最严重的。⑫为：因为。⑬出：赶出。屏：屏退，也是赶走。⑭设心：用心。以为不若是：认为不像这样做。⑮大：严重。

【译】

公都子说："匡章，全国都说他不孝啊，先生与他交游，并且非常敬重他，请问这是为什么？"孟子说："世俗所说的不孝有五种情况：四肢懒惰，不能赡养父母，一不孝啊；赌博酗酒，不赡养父母，二不孝啊；喜欢财物，偏私妻子孩子，不能赡养父母，三不孝啊；放纵耳目的欲望，从而使父母遭受侮辱，四不孝啊；好勇斗狠，以至于危及父母，五不孝啊。匡章有一种不孝吗？匡章，儿子对父亲以责善的方式而不能和睦相处。以善相责，是朋友相处的方式；父子以善相责，是伤害感情最深的方式。那章子，哪里不想夫妻子母之类的天伦之乐呢？因为得罪了父亲，不得亲近，把妻子孩子都赶出去了，终生不能抚养。他心想，如果不是这样，这就是不孝之大罪了，这就是章子啊。"

【读】

孟子对于不孝的五种行为分析，至今仍然有现实意义，用来指导今天儿女们的行为，仍不过时。匡章面临着道德二律背反的困境，因为匡章的父亲杀死了妻子，也就是匡章的母亲，如果不安葬母亲，是不孝；安葬母亲又违背了父亲的意愿，也是不孝。父亲晚年孤独，匡章又不能接近父亲，为了让父亲心里好受，他也赶走了自己的妻子儿女，以孤独的自己远远相伴着孤独的父亲。这个做法迂腐，甚至是愚蠢。总之，从匡章处理父子关系的方法看，他是个智商不够、情商不高的人，何以孟子却对他敬重有加，这恐怕只有孟子知道。

【8.31】境界形同

曾子居武城①，有越寇②。或曰："寇至，盍去诸？"曰："无寓③人于我室，毁伤其薪木④。"寇退，则曰："修我墙屋，我将反⑤。"寇退，曾子反。左右曰："待先生如此其忠且敬⑥也，寇至，则先去以为民望⑦；寇退，则反，殆⑧于不可。"沈犹行⑨曰："是非汝所知也。昔沈犹有负刍⑩之祸，从先生者七十人，未有与⑪焉。"

子思居于卫，有齐寇。或曰："寇至，盍⑫去诸？"子思曰："如伋⑬去，君谁与守？"

孟子曰："曾子、子思同道⑭。曾子，师也，父兄也；子思，臣也，微也。曾子、子思易地⑮则皆然。"

【注】

①武城：地名，在今山东省费县西南。②越：越国人。寇：侵略。③寓：住。④薪：薪草。木：树木。⑤反：同"返"，返回。⑥忠：忠实。敬：尊敬。⑦民望：指榜样，语境中含有贬义。⑧殆：大概。⑨沈犹行：曾参的学生，复姓沈犹，名行。⑩负刍：人名，楚国亡国之君主，楚国亡于其任内，所以"负刍之祸"即亡国之灾难。⑪与：参与抵抗。⑫盍：何不。⑬伋：孔伋自称。⑭同道：信奉的道相同。⑮易地：交换地位。

【译】

曾子居住在武城，有越国人入侵。有人说："敌人来了，为何不离去？"曾子说："不要住我的房屋，不要毁坏草木。"敌人走了，曾子说："修缮我的屋子，我将返回。"敌人退去，曾子返回。他身边的人说："国家待先生如此忠实而尊敬啊，敌人来了，先生却给百姓树立了坏榜样；敌人走了，就返回，大概不可以这样吧！"沈犹行说："这不是你懂的。过去曾经有负刍之战祸，跟从先生的人有七十人，没有参与抵抗的。"

子思居住在卫国，有齐国人入侵。有人说："敌人来了，为何不离去呢？"子思说："如果我去了，谁与国君一起守城？"

孟子说："曾子、子思道德境界相同。曾子，是老师，于国君而言是父兄辈；子思，是臣子，于国君而言地位卑微。曾子、子思把地位换一下也一样。"

【读】

孟子对曾参和子思两种截然不同的态度表达的见解：因为曾参是君王的老师，是君王的父兄，所以他不会参与抵抗外敌入侵的战争。子思是臣子，是地位低的人，也是年轻人，所以应该参加抵抗。或许孟子说得有道理。但是，我认为更好的办法就是把打仗的事情交给军队，把知识分子保护起来。按照孔子的军事思想，对百姓实施军事教育多年，才可以让百姓上战场，更何况手无缚鸡之力的读书人呢？我很赞成抗战时期，国民军事委员会把各省重点大学的师生都转移到大西南后方去，保留中华民族的文脉，保留国家的文化科学精英，以备战后重建国家之大用，这才是上上之策。子思之所以这样选择，也许是他个人具备军事才能，自告奋勇留下抗敌呢？总之，文人上战场厮杀，不是国家的上上之策。

【8.32】暗中窥视

储子^①曰："王使人瞯^②夫子，果有以异于人乎？"

孟子曰："何以异于人哉？尧舜与人同耳。"

【注】

①储子：齐国人，不可详考。②瞯（jiàn）：窥测，窥视。

【译】

储子说："大王派人暗中窥视先生，（您）果真有与别人不同的地方？"

孟子说："哪里有与别人不同的地方？尧舜与别人也一样啊。"

【读】

储子说齐王派人窥视孟子，看看孟子到底有什么地方与常人不同。孟子的回答是：我与别人没什么不同，尧舜与别人也没有什么不同。就这么简单？答案是否定的。储子问的是视觉的问题，是人的相貌、手足、着装等外在视觉要素，所以孟子也回答视觉要素，从视觉上看，孟子与别人没什么不同，尧舜与别人也没有什么不同。别说外在的要素，就算是肉体本身也没多大区别，即都是碳基生物，大同小异。真正不同的是人的内心世界，他的思想、信仰、智慧、主张等才是不同于众人的地方。比如，孟子敢说"如欲平治天下，当今之世，舍我其谁也"，孟子时代有第二个人敢这么说吗？这种舍我其谁的气概与气场，同时代还有第二个人吗？

【8.33】一妻一妾

　　齐人有一妻一妾而处室者，其良人[1]出，则必餍酒肉而后反[2]。其妻问所与饮食者，则尽富贵也。其妻告其妾曰："良人出，则必餍酒肉而后反；问其与饮食者，尽富贵也，而未尝有显者[3]来，吾将瞷[4]良人之所之也。"

　　蚤[5]起，施从[6]良人之所之，遍国中无与立谈者。卒之东郭墦[7]间，之[8]祭者，乞[9]其余；不足，又顾而之他，此其为餍足之道[10]也。其妻归，告其妾，曰："良人者，所仰望而终身也，今若此。"与其妾讪[11]其良人，而相泣于中庭，而良人未之知也，施施[12]从外来，骄[13]其妻妾。

　　由君子观之，则人之所以求富贵利达[14]者，其妻妾不羞也，而不相泣者，几希[15]矣。

【注】

①良人：丈夫。②餍：饱食。反：同"返"，返回。③显者：显贵者。④瞯：窥视。⑤蚤：同"早"。⑥施：同"迤"。施从：悄悄跟随。⑦卒：最终。之：去到。墦：坟墓。⑧之：往，到。⑨乞：乞讨。⑩道：方法。⑪讪（shàn）：讽刺。⑫施施：喜悦自得。⑬骄：骄矜。⑭利达：顺利通达。⑮几希：很少。

【译】

齐国有一妻一妾与丈夫一起生活，她们的丈夫外出，一定会酒足饭饱而后回家。他的妻子问与谁一起吃饭喝酒，丈夫就说都是富贵人。他的妻子告诉妾说："丈夫外出，必然酒足饭饱而后回来；问他一起吃饭喝酒的人，说都是富贵人，却从来没有显贵者来家里，我将窥视丈夫所去的地方。"

早晨起来，（齐人的妻子）偷偷跟随丈夫去所去之地，走遍都城没有一个人与丈夫站着说过话。最后到了东城坟茔之地，走到祭祀的人那里，乞讨剩余的食物；没有吃饱，再环顾而去其他地方，这就是他吃饱喝足的方法啊。他的妻子回来，告诉了妾，说："丈夫啊，是我们仰望且托付终身的人，今天看来却是这样。"妻与妾讥讽丈夫，在中庭相拥而哭，丈夫却不知道，飘飘然从外面回来，面对妻妾骄矜无比。

根据君子的观察，人追求富贵通达而其妻妾不感到羞耻、不相拥而哭泣的，很少啊！

【读】

年轻的时候读这一节，对良人深感鄙夷，对妻妾深感同情。现在读这一节，关注点却在最后一段文字。时至今日，人们追求富贵通达，而不为家人感到羞耻和相拥哭泣的很多吗？自孟子说这话以来，数千年来有多少人不是像那位"良人"一样，屈辱卑微偷生于人世间，只不过不能像"良人"那样回到家里还耀武扬威！当然，也有很多人如孟子一般，养浩然之气，不向权贵屈服，不向世俗弯腰，不看任何人的眼色和脸色，活出生命的本性，活出生命的质量，活出生命的精彩！

卷九 万章 上

【9.1】 五十而慕

万章①问曰："舜往于田，号泣于旻天②，何为其号泣也？"

孟子曰："怨慕③也。"

万章曰："'父母爱之，喜而不忘；父母恶之，劳而不怨。'然则舜怨乎？"

曰："长息问于公明高曰：'舜往于田，则吾既得闻命矣；号泣于旻天，于父母，则吾不知也。'公明高曰：'是非尔所知也。'夫公明高以孝子之心，为不若是恝④，我竭力耕田，共⑤为子职而已矣，父母之不我爱，于我何哉？帝使其子九男二女，百官牛羊仓廪⑥备，以事舜于畎亩⑦之中，天下之士多就⑧之者，帝将胥⑨天下而迁之焉。为不顺⑩于父母，如穷人无所归。天下之士悦之，人之所欲也，而不足以解忧；好色，人之所欲，妻帝之二女，而不足以解忧；富，人之所欲，富有天下，而不足以解忧；贵，人之所欲，贵为天子，而不足以解忧。人悦之、好色、富贵，无足以解忧者，惟顺于父母可以解忧。人少，则慕父母；知好色，则慕少艾⑪；有妻子，则慕妻子；仕则慕君，不得于君则热中⑫。大孝终身慕父母。五十而慕者，予于大舜见之矣。"

【注】

　①万章：孟子学生，终生追随孟子。②旻（mín）天：秋天。③怨：怨恨。慕：爱慕。④为：因为。怼（jiá）：无动于衷的样子。⑤共：同'恭'，恭敬。⑥仓廪：储备粮食的仓库。⑦畎亩：田地。⑧就：归依。⑨胥：全。⑩顺：让父母顺心。⑪少艾：美貌少女。⑫热中：急躁。

【译】

　万章问："舜去田里，对着田哭泣，他为何哭泣呢？"

　孟子曰："因为担心父母而又怀恋父母啊！"

　万章说："'父母爱自己，开心而不忘；父母讨厌自己，忧愁而不怨恨。'那么舜怨恨吗？"

　孟子说："长息曾经问公明高说：'舜去到田里，我已经听说了也明白了；对着上天哭泣，呼唤父母，我就无法理解了。'公明高说：'这不是你能理解的。'公明高认为，作为孝子有孝心，是不应像这样无所谓，我只是竭力耕种好田地，恭敬地做好儿子的职责，父母不爱我，对我来说有什么关系呢？尧帝派他九个儿子两个女儿，及朝廷百官和牛羊粮食，与舜在田地之中共事，天下士人大多数都来归依舜，尧帝因此将整个天下都给了他。因为不能让父母顺心，如同穷人无所归依。被天下士人喜爱，谁都喜欢，但是不足以解除舜的忧愁；好的美女，谁都喜欢，尧帝把两个女儿嫁给舜，不足解除舜的忧愁；财富，谁都喜欢，就算是富有天下，不足以解除舜的忧愁；尊贵，谁都喜欢，贵为天子，不足以解除舜的忧愁。天下人的欣赏、好的美女、富贵，不足以解除舜的忧愁，唯有使父母顺心才可以解除忧愁。人年少时，就思慕父母；知道美女好，就思慕美丽的少女；有妻子，就思慕妻子；入仕就思慕君王，不被君王垂顾就内心焦躁。最孝顺的人终生思慕父母。五十岁而怀念父母的，我在伟大的舜身上看到了。"

【读】

这一节通过舜的大孝，推广儒家大孝的伦理思想。人的伦理处于不断丰富变化的过程中，天下人都欣赏美女、富贵，这些都是令人开心的和喜欢的，但是如果不能使父母顺心开心，就始终无法解除心中的忧愁。年少时候，思慕父母很容易；青年时候，思慕美女很容易；有了家室，思慕妻子很容易；入仕做官，思慕君王也很容易。父母有缺点就算是怨恨也依然思慕，不容易；终生思慕父母，更不容易。对父母之爱，无怨无悔，是大孝！对国家之爱，无怨无悔，是大忠！

【9.2】 各得其所

万章问曰："《诗》云：'娶妻如之何？必告父母。①' 信斯言也，宜莫如舜。舜之不告而娶，何也？"

孟子曰："告则不得娶。男女居室，人之大伦也。如告，则废人之大伦，以怼②父母，是以不告也。"

万章曰："舜之不告而娶，则吾既得闻命矣；帝之妻舜而不告，何也？"

曰："帝亦知告焉则不得妻也。"

万章曰："父母使舜完廪③，捐阶④，瞽瞍⑤焚廪。使浚⑥井，出，从而掩⑦之。象曰：'谟盖都君咸⑧我绩，牛羊父母，仓廪父母，干戈朕，琴朕，弤⑨朕，二嫂使治朕栖⑩。'象往入舜宫，舜在床琴。象曰：'郁陶⑪思君尔。'忸怩。舜曰：'惟兹臣庶⑫，汝其于予治⑬。'不识舜不知象之将杀己与？"

曰："奚而不知也？象忧亦忧，象喜亦喜。"

曰："然则舜伪喜者与？"

曰："否；昔者不馈⑭生鱼于郑子产，子产使校人畜⑮之池。校人烹之，反命曰：'始舍之，圉圉⑯焉；少则洋洋⑰焉，攸然⑱而逝。'子产曰：'得其所哉！得其所哉！'校人出，曰：'孰谓子产智？予既烹而食之，曰，得其所哉，得其所哉。'故君子可欺以其方⑲，难罔以非其道⑳。彼以爱兄之道来，故诚信而喜之，奚伪㉑焉？"

【注】

①娶妻如之何？必告父母：语出《诗经·齐风·南山》。如之何：该怎么做。②怼：怨恨。③廪：装粮食的库房。④捐：撤掉。阶：梯子。⑤瞽瞍：舜的父亲。⑥浚：疏浚，挖掘。⑦掩：同"掩"，掩埋。⑧谟：谋划。盖：同"害"。都君：因为舜一年所居成聚，二年成邑，三年成都，所以叫做都君。咸：都是。⑨氏：玉弓。⑩治：整理。栖：床。⑪郁陶：忧思状。⑫惟：思念。兹：这些。臣：臣子。庶：百姓。⑬治：管理。⑭馈：赠送。⑮校人：管理池塘的小吏。畜：放养。⑯圉圉：困顿未舒

展。⑰洋洋：摇尾舒展状。⑱攸然：快速而潇洒状。⑲方：合情合理的方法。⑳罔：欺骗。非其道：不正常的方法。㉑奚：怎么。伪：伪装。

【译】

万章问："《诗经·齐风·南山》说：'娶妻怎么做？一定禀告父母。'如果相信这些话，那么没有人比舜做得更好了。舜不向父母禀告而娶妻，为什么？"

孟子说："禀告父母就娶不了。男女同居，是人最大的伦理关系。如果禀告，就废掉了最大伦理，结果让父母怨恨，所以不禀告父母。"

万章说："舜不禀告父母娶妻，我已经听明白了；尧帝嫁女儿给舜也不告诉舜的父母，为什么？"

孟子说："尧帝告诉舜的父母，就嫁不成女儿了。"

万章说："父母派舜修缮仓库，母亲撤掉梯子，父亲瞽瞍焚烧粮仓。派舜疏通水井，瞽瞍自己从井里爬出来后，立即往井里填土掩埋舜。象说：'谋害都君舜都是我的功绩，牛羊给父母，仓库给父母，牛和干戈给我，琴给我，玉弓给我，两位嫂子给我整理床铺。'象去到舜的卧室，舜在床上抚琴。象说：'正在忧思你啊。'神情难堪。舜说：'想这些臣属和百姓，你也帮我一并管理吧。'不知道舜是否知道象将要杀掉自己？"

孟子说："哪里不知道呢？象忧愁舜也忧愁，象开心舜也开心。"

万章说："这样看来舜是装着开心的吧？"

孟子说："不是的；过去有人馈赠活鱼给郑国子产，子产派管理池塘的小吏放养在小池塘。小吏把鱼煮熟了吃了，回来回复子产说：'刚开始放养，昏昏欲睡不舒展；过了一会儿，则摇尾舒展开来，随后快速而潇洒离开。'子产说：'去到该去的地方了！去到该去的地方了！'小吏出来，说：'谁说子产智慧？我把活鱼煮吃了，他还说，去到它该去的地方了，去到它该去的地方了。'所以君子可以用合情合理的方法欺骗，很难用不合常理的方法欺骗。象以爱兄长态度表现出高兴，所以确信舜是真开心，怎么会是装开心呢？"

【读】

师生之间的对话，目的在于探索道。第一个问题，娶妻需要禀告父母，舜没有禀告，是否不孝？孟子认为，不是。因为禀告就娶不了妻子，娶不了妻子，断了香火就是不孝。"不孝有三，无后为大"是孟子为舜打圆场的名言，时至今日还在流传。第二个问题，象与父母多次联手想置舜于死地。舜明明知道，却对象表现出高兴，甚至有托付大臣和百姓给象的说辞。舜这种高兴是真诚的还是虚伪的？孟子用类比的方法，为舜再次打圆场，判定舜是真高兴而不是伪装。这一点的确有些勉强。类比的例子也没有说服力，子产应该不知道别人送的活鱼已经被吃了，所以子产的高兴是真心的；但是，舜明明知道弟弟三番五次要谋害自己，却能真心高兴？如果象只是用恶作剧来愚弄舜，后来象装出高兴的样子，那么舜就高兴是真的，或许还说得通。孟子对舜是否真诚、是否真心高兴的说辞，我以为是他在有意造圣。

【9.3】 为尊者讳

万章问曰："象日以杀舜为① 事，立为天子则放② 之，何也？"

孟子曰："封之也；或曰，放焉。"

万章曰："舜流共工于幽州③ ，放驩兜于崇山④ ，杀三苗于三危⑤ ，殛鲧于羽山⑥ ，四罪⑦ 而天下咸服，诛不仁也。象至不仁，封之有庳⑧ 。有庳之人奚罪⑨ 焉？仁人固如是乎？在他人则诛之，在弟则封之？"

曰："仁人之于弟也，不藏怒⑩ 焉，不宿怨⑪ 焉，亲爱之而已矣。亲之，欲其贵也；爱之，欲其富也。封之有庳，富贵之也，身为天子，弟为匹夫，可谓亲爱之乎？"

"敢问或曰放者，何谓也？"

曰："象不得有为于其国，天子使吏治其国而纳其贡税焉，故谓之放。岂得暴⑫ 彼民哉？虽然，欲常常而见之，故源源⑬而来，'不及贡，以政接于有庳⑭。'此之谓也。"

【注】

①日：每日。为：作为。②放：放逐。③流：流放。共工：舜时期治水的官员。幽州：在今北京城区西南广安门附近。④驩兜：舜时期的官员。崇山：古地名，在今湖南花垣县。⑤三苗：国名。杀三苗，即诛杀三苗国君。三危：西北边陲地名，在今甘肃敦煌市。⑥殛（jí）：诛杀。鲧：禹的父亲。羽山：地名，在今江苏赣榆区。⑦四罪：上述四位恶人被依法治罪。⑧有庳（bì）：地名，在今湖南道县。⑨奚：难道。罪：有罪。⑩藏怒：藏怒于心。⑪宿怨：心存怨恨。⑫岂：难道。得：可以，能够。暴：暴虐。⑬源源：持续不断。⑭以政：用公务方式。有庳：借代有庳的君长。

【译】

万章问："象每天以谋杀舜为要事，舜确立为天子后就放逐了象，为什么？"

孟子说："安置在封邑；有人说，是放逐。"

万章说："舜流放共工到幽州，放逐驩兜到崇山，在三危杀三苗国君，在羽山诛杀鲧，将这四个恶人治罪，天下人便都归服，这是因为诛杀不仁者。象极为不仁，将有庳封给他。有庳的百姓难道有罪吗？仁者本来就是这样的吗？其他人就诛杀，自己的弟弟就赐予封邑？"

孟子说："仁者之于弟弟，不会把愤怒藏在心里，不会把怨恨存在心里，只有亲爱而已。亲近他，就想他地位尊贵；爱他，就希望他富裕。分封在有庳，使弟弟富贵。自己是天子，弟弟为百姓，可以算得上是亲爱吗？"

万章说："请问有人说是放逐象，是什么说法？"

孟子说："象不能对国家有贡献，舜派官员治理象的封国而给他缴纳贡品和税收，所以叫做放逐。其能让象暴虐自己的百姓吗？即便这样，舜也想常常见到弟弟象，所以象也经常来朝见舜。'不等到朝贡，舜经常以政务方式接待有庳的君长。'讲的就是这件事。"

【读】

为尊者讳，为长者讳，为王者讳，为贤者讳，是中国世俗文化的惯性，几千年来都没有改变这个传统。在孔孟时代，孔孟儒家也没有逃脱这个惯性，现在依然如此。一旦某人成了英雄，展现给世人的只有优点，几乎看不到缺点，即便有也被纹饰，等于没有。但是，人不摆脱这个惯性，就没有办法强大。因为这种纹饰的背后，就是人们讳疾忌医，不敢面对自己的缺点，就是一个成功的团队再也听不到批评。殊不知，这已经意味着物极必反，开始走向反面了。

【9.4】 伦理为大

咸丘蒙①问曰:"语云:'盛德②之士,君不得而臣③,父不得而子。'舜南面而立,尧帅诸侯北面而朝之,瞽瞍亦北面而朝之。舜见瞽瞍,其容有蹙④。孔子曰:'于斯时也,天下殆哉,岌岌乎!'不识此语诚然乎哉?"

孟子曰:"否;此非君子之言,齐东野人⑤之语也。尧老而舜摄也。《尧典》曰:'二十有八载,放勋乃徂落⑥,百姓如丧考妣⑦,三年,四海遏密八音⑧。'孔子曰:'天无二日,民无二王。'舜既为天子矣,又帅天下诸侯以为尧三年丧,是二天子矣。"

咸丘蒙曰:"舜之不臣尧,则吾既得闻命⑨矣。诗云:'溥天之下,莫非王土;率土之滨,莫非王臣。⑩'而舜既为天子矣,敢问瞽瞍之非臣，如何？"

日："是诗也，非是之谓也；劳⑪于王事而不得养父母也。曰：'此莫非王事，我独贤劳也。'故说诗者，不以文害辞，不以辞害志。以意逆⑫志，是为得之。如以辞而已矣，《云汉》之诗曰：'周余黎民，靡有孑遗⑬。'信斯言也，是周无遗民也。孝子之至，莫大乎尊亲；尊亲之至，莫大乎以天下养。为天子父，尊之至也；以天下养，养之至也。《诗》曰：'永言孝思，孝思维则⑭。'此之谓也。《书》曰：'祇载见瞽瞍，夔夔斋栗，瞽瞍亦允若⑮。'是为父不得而子也？"

【注】

①咸丘蒙：孟子学生。②盛德：大德，道德美盛。③臣：当做臣子。④蹙：局促不安状。⑤野人：乡野之人。⑥乃：才。徂：同"殂"。徂落：死亡。⑦考：父亲。妣：母亲。⑧遏：停止。密：静。八音：金、石、丝、竹、匏、土、革、木。⑨既：已经。闻命：聆听教诲。⑩溥天之下，莫非王土；率土之滨，莫非王臣：语出《诗经·小雅·北山》。溥：同"普"。率：沿着。之：到。⑪劳：勤奋。⑫逆：推测。⑬周余黎民，靡有

子遗：语出《诗经·大雅·云汉》。余：剩下，剩余。黎民：百姓。靡有：没有。子遗：同义复词，"子"和"遗"同义，遗留。⑭永言孝思，孝思维则：语出《诗经·大雅·下武》。永：长久。言：语气助词，无实义。孝：孝顺。思：语气助词，无实义。维：是。则：法则，榜样。⑮祗载见瞽瞍，夔夔斋栗，瞽瞍亦允若：语出《尚书·大禹谟》。祗（zhī）：恭敬。载：事。夔夔（kuí）：恐惧状。斋栗：敬慎而诚惶诚恐状。允：信。若：顺。

【译】

咸丘蒙问："俗话说：'大德之士，君王不能把他当臣子，父亲不能把他当儿子。'舜南面而立，尧率领诸侯面向北面而朝见舜，（舜的）父亲瞽瞍也北面而朝见。舜见到父亲瞽瞍，他的表情显得拘束不安。孔子说：'在这个时刻，天下危险啊，非常危险啊！'不知这句话是否真的是孔子说的？"

孟子说："不；这不是君子说的话，是齐国东部乡下人说的。尧老了舜摄政。《尚书·尧典》说：'过了二十八年，尧才去世，百姓就像死了父母一样悲伤，服丧三年，全国停止一切音乐活动。'孔子说：'天上没有两个太阳，百姓没有两个君王。'舜既然已经是天子，他又带领天下诸侯为尧守孝三年，这就是两个天子了。"

咸丘蒙说："舜不以尧为臣，我已经听懂您的教诲了。《诗经·小雅·北山》说：'普天之下，没有哪里不是大王的疆土。在这片大地上生活的人们，没有谁不是大王的臣民。'而舜已经做了天子，请问瞽瞍不向舜称臣，为什么呢？"

孟子说："这是诗歌啊，《诗经·小雅·北山》那几句诗歌不是你说的这个意思啊；勤劳于国事而不能赡养父母。（意思是）说：'这些事没有一

362

件不是国家的事情，我独自一人劳苦啊。'所以解说诗歌，不要拘泥文字
而妨碍对辞章的理解，不要拘泥于辞章而妨碍对作者旨意的理解。不以自
己的主观意志推测作者的旨意，这算是理解诗歌了。如仅仅看辞章，《诗
经·大雅·云汉》说：'周朝剩余黎民，恐怕难以生存。'如果相信这句诗
歌，周就没有人能够活下来。孝子最大的孝，莫过于尊重父母；尊重父母
到极限，莫过于用赡养父亲的方式赡养天下。作为天子的父亲，尊贵至极
啊；赡养天下人的父母，是赡养的极致。《诗经·大雅·下武》说：'永远
孝顺长辈，孝顺即是榜样。'说的就是这个意思。《尚书·大禹谟》说：
'舜恭敬地见瞽瞍，诚惶诚恐拘束不安，瞽瞍也就相信像这样做符合礼
仪。'是父亲不得以舜为儿子吗？"

【读】

孟子在这一节的政治伦理主张非常人性化。即便贵为天子，父母还是
父母。但是，在历史长河中，确实有很多时段把这种高尚的人伦异化了。
儿子一旦贵为天子，即使作为长辈，都要下跪，且行九叩之礼。《红楼梦》
中贾元春回家省亲，连父母、祖父母都要向女儿、孙女行臣子见妃子的大
礼。荒唐之至！

【9.5】 天视民视

万章曰："尧以天下与^①舜，有诸^②?"

孟子曰："否;天子不能以天下与人。"

"然则舜有天下也，孰与之?"

曰："天与之。"

"天与之者，谆谆然命^③之乎?"

曰："否;天不言，以行与事示^④之而已矣。"

曰："以行与事示之者，如之何?"

曰："天子能荐^⑤人于天，不能使天与之天下;诸侯能荐人于天子，不能使天子与之诸侯;大夫能荐人于诸侯，不能使诸侯与之大夫。昔者，尧荐舜于天，而天受之;暴^⑥之于民，而民受之;故曰，天不言，以行与事示之而已矣。"

曰："敢问荐之于天，而天受之;暴之于民，而民受之，如何?"

曰："使之主祭，而百神享之，是天受之；使之主事，而事治⑦，百姓安之，是民受之也。天与之，人与之，故曰，天子不能以天下与人。舜相尧二十有八载，非人之所能为也，天也。尧崩，三年之丧毕，舜避尧之子于南河⑧之南，天下诸侯朝觐⑨者，不之尧之子而之⑩舜；讼狱者，不之尧之子而之舜；讴歌者，不讴歌尧之子而讴歌舜，故曰，天也。夫然后之中国⑪，践⑫天子位焉。而居⑬尧之宫，逼⑭尧之子，是篡⑮也，非天与也。《太誓》曰，'天视自我民视，天听自我民听⑯'，此之谓也。"

【注】

①与：授予，赐予。②诸："之乎"的合音。③谆谆：诲人不倦貌。命：教导。④示：表示，表现。⑤荐：推荐。⑥暴（pù）：曝露，公告。⑦而：如果。事治：政事治理好了。⑧南河：黄河在尧的国都南面，所以被称为南河。⑨朝觐：上朝觐见。⑩不之尧之子而之：前后两个"之"都是"去"，中间一个"之"是"的"。⑪中国：尧舜时代开始，自以为国都所在为天下中心，实质是把国都称为中国，周代演变成为王畿所在。后泛指中原地区。⑫践：登上。⑬居：占据。⑭逼：逼走。⑮篡：篡夺，非

皇族继承王位，且是通过武力胁迫登位。⑯天视自我民视，天听自我民听：语出《尚书·太誓》。视：看见。自：来自。听：听见。

【译】

万章说："尧把天下授予舜，不是这样吗？"

孟子说："不；天子不能把天下授予人。"

万章说："这样那么舜拥有天下，是谁授予的？"

孟子说："天授予他的。"

万章说："天授予舜，有谆谆教诲舜吗？"

孟子说："不；天不说话，用行动和事实昭示给舜罢了。"

万章说："用行动和事实昭示给舜，怎么昭示啊？"

孟子说："天子可以向天推荐人才，但不能把天下授予人；诸侯能向天子推荐人才，但不能让天子授被推荐者以诸侯；大夫能向诸侯推荐人才，但是不能让诸侯授被推荐者以大夫。过去，尧把舜推荐给天，天接受了舜；把舜事迹公告天下，百姓接受了舜；所以说，天不说话，用行动和事实昭示百姓。"

万章说："请问推荐给天，上天接受；公告给百姓，百姓接受，可以了吗？"

孟子说："派舜担任主持祭祀，百神都能享受祭祀，这意味着天接受了舜；派舜主持政务，政务都治理好了，百姓都安居乐业，这是百姓接受了舜。既是天给舜，也是百姓给舜，所以说天子不能把天下授予人。舜做尧的宰相二十八年，不是普通人所能做到的，这是天的意志啊！尧驾崩，三年居丧结束，舜避开尧的儿子去了黄河南岸，天下诸侯朝拜觐见，不去朝拜尧的儿子而去朝拜舜；有人提起诉讼，不去找尧的儿子而到舜这里；唱颂歌的人，不歌颂尧的儿子而歌颂舜，所以说是天意。这样之后舜才回到国都，登上天子大位。如果舜占据尧的宫殿，逼走尧的儿子，这是篡位，不是上天给的。《尚书·太誓》说：'上天监视来自百姓的监视，上天听到来自百姓的声音。'讲的就是这个意思。"

【读】

这一节孟子深度阐述了民本思想。万章问孟子，舜的天下是不是尧授予的，孟子明确告诉万章，天子不能把天下授予他人，只有上天才能把天下授予他人。现任天子只有向上天推荐的权利，没有直接将天下授予被推荐人的权力。于是万章继续提出疑问，上天把天下授予舜，怎么理解？是不是有一番谆谆教诲？孟子的回答，与孔子保持一致，上天不会说话，只是把被推荐人的行动和事迹昭示天下，让百姓去监督和选择。如果能够以百姓之心为心，能够以百姓之福为福，百姓认可，上天才认可。这是何等深刻的洞见啊！为何要有天意的顶层设计呢？那是希望天子有所敬畏，不要重蹈桀纣的覆辙。为什么要把天意与民意统一起来呢？那是为了启发天子，天意即是民意，天心既是民心，天子受命不是为一家一姓的穷奢极欲，而是为亿兆黎民谋求福祉！讲完道理，孟子还觉得不够痛快，最后引用《尚书·太誓》的名言，告诫天子或即将成为天子的人，人在做天在看，百姓才是天下的根本，天下是天下人的天下，而不是一家一姓的私产。明末清初学者顾炎武，亦有此洞见。

【9.6】 天意天命

万章问曰:"人有言:'至于禹而德衰,不传于贤,而传于子。'有诸?"

孟子曰:"否,不然也;天与贤,则与贤;天与子,则与子。昔者,舜荐禹于天,十有七年,舜崩,三年之丧毕,禹避舜之子于阳城①,天下之民从之,若尧崩之后不从尧之子而从舜也。禹荐益②于天,七年,禹崩③,三年之丧毕,益避禹之子于箕山之阴④。朝觐讼狱者不之益而之启⑤,曰:'吾君之子也。'讴歌者不讴歌益而讴歌启,曰:'吾君之子也。'丹朱⑥之不肖,舜之子亦不肖。舜之相尧、禹之相舜也,历年多,施泽于民久。启贤,能敬承继禹之道。益之相禹也,历年少,施泽于民未久。舜、禹、益相去久远,其子之贤不肖,皆天也,非人之所能为也。莫之为而为者,天也;

莫之致而至者，命⑦也。匹夫而有天下者，德必若舜禹，而又有天子荐之者，故仲尼不有天下。继世⑧而有天下，天之所废⑨，必若桀纣者也，故益、伊尹、周公不有天下。伊尹相汤以王于天下，汤崩，大丁⑩未立，外丙⑪二年，仲壬⑫四年，太甲颠覆汤之典刑⑬，伊尹放之于桐⑭，三年，太甲悔过，自怨自艾⑮，于桐处仁迁义，三年，以听伊尹之训己也，复归于亳。周公之不有天下，犹益之于夏、伊尹之于殷也。孔子曰：'唐虞禅⑯，夏后殷周继⑰，其义一⑱也。'"

【注】

①阳城：山名，在今河南登封市北。②益：伯夷，东夷部落首领，襄助大禹治水。③崩：天子去世叫做崩。④箕山：地名，在今河南登封市东南。阴：山北水南为阴。⑤之：去。启：禹的儿子，大禹把王位传给了启。⑥丹朱：尧的儿子，名朱，封于丹，所以称为丹朱，愚顽不灵，传说尧发明围棋以教育丹朱。⑦命：命运。⑧继：继承。世：父辈的大位。⑨废：废黜。⑩大丁：即太丁，商汤的儿子，尚未登大位就去世了。⑪外丙：商汤的儿子，在位仅仅两年。⑫仲壬：商汤的儿子，在位仅仅四年。

⑬太甲：太丁的儿子。颠覆：破坏。典刑：典章制度。⑭放：流放。桐：地名，在今河南省偃师市境内。⑮怨：悔恨。艾：治理，调理。⑯唐：尧的时代称为唐。虞：舜的时代称为虞。禅：和平方式交接王权叫做禅。⑰继：继承祖辈王业。⑱义：道义。一：一回事，一样。

【译】

万章问："人们说：'到了禹的时代就出现道德衰败，不传王位给贤能，而传给自己的儿子。'有这么回事吗？"

孟子说："不，不是这样的。上天给贤能，就给贤能；上天给儿子，就给儿子。过去，舜推荐禹给上天，十七年了，舜驾崩，三年居丧结束，禹逃避舜的儿子到了阳城，天下百姓都跟着他，就像尧驾崩后百姓不跟从尧的儿子而跟从舜一样啊。禹推荐伯益给上天，七年时间，禹驾崩，三年居丧结束，伯益逃避禹的儿子到箕山的北面。诸侯朝见和诉讼都不去伯益那里而去了启那里，说：'这是我们君王的儿子啊。'唱颂歌的人不歌颂伯益而歌颂启，说：'这是我王的儿子啊。'尧的儿子丹朱不肖，舜的儿子也不肖。舜辅佐尧，禹辅佐舜，历时多年，布施恩泽给百姓也很久了。夏启贤能，能够继承禹的治国之道。伯益辅佐禹，历时很短，布施给百姓的恩泽也不久。虞舜、大禹、伯益相去久远，他们的儿子贤能或不肖，都是天意啊，不是人力所能改变的。凡事没有勉强而能够做成，那是天意；没想过获得而获得，那是天命啊。普通人如果要拥有天下，必须道德像虞舜夏禹，同时又有天子推荐给上天，所以仲尼没有天下。继承父辈王业而拥有天下，上天如果要废掉王朝的国运，就必然有夏桀和商纣这样的暴君出现，所以伯益、伊尹、周公没有拥有天下。伊尹辅佐商汤而拥有天下，商汤驾崩，太丁没有登上王位就去世了，外丙在位仅仅两年就去世了，仲壬在位四年就去世了，太甲破坏了商汤的典章法度，伊尹放逐太甲到桐山，三年时间，太甲有悔过，自己悔恨自己调整，在桐山内心变得仁厚而处事正义，三年后，因为听从伊尹的教训，重新回到国都。周公没有拥有天下，就像伯夷之于夏王朝和伊尹之于殷王朝一样（没有出现暴君）。孔子说：'唐尧虞舜时代实行禅让制，夏后、殷商、周朝实行子承父业，其道理是一样的。'"

【读】

孟子是古今少有的辩才，王位禅让制被他阐述为天意民意、天心民心；子承父业的王位继承制度，也被他说成是天意民意、天心民心。之所以能够说服人，是因为孟子坚守了一个底线：百姓认可。那么伯夷、周公、孔子道德高尚为什么没有得到王位呢？孟子认为，他们还缺少两个条件，一个是没有天子的推荐，另外一个是没有暴君的出现。看样子，普通人继承大统，要天意，要民心，要天子推荐，还要有暴君出现以及出类拔萃的能力。这些条件同时具备，堪比登天！

【9.7】 先觉后觉

万章问曰:"人有言,'伊尹以割烹要^①汤',有诸?"

孟子曰:"否,不然,伊尹耕于有莘^②之野,而乐尧舜之道焉。非其义也,非其道也,禄^③之以天下,弗顾也;系马千驷^④,弗视也。非其义也,非其道也,一介^⑤不以与人,一介不以取诸人。汤使人以币聘之,嚣嚣^⑥然曰:'我何以汤之聘币为哉?我岂若^⑦处畎亩之中,由是以乐尧舜之道哉?'汤三使往聘之,既而幡然改曰:'与我处畎亩之中,由是以乐尧舜之道,吾岂若使是君为尧舜之君哉?吾岂若使是民为尧舜之民哉?吾岂若于吾身亲见之哉?天之生此民也,使先知觉后知,使先觉觉后觉也。予,天民之先觉者也;予将以斯道觉斯民也。非予觉之,而谁也?'思天下之民，匹夫匹妇有不被^⑧尧舜之泽者，若己推而内之沟中。其自^⑨任天下之重如此，故就汤而说之^⑩以伐夏救民。吾未闻枉^⑪己而正人者也，况辱^⑫己以正天下者？圣人之行不同也，或远，或近；或去，或不去；归洁其身而已矣。吾闻其以尧舜之道要汤，未闻以割烹也。《伊训》曰：'天诛造攻自牧宫，朕载自亳^⑬。'"

【注】

①割：宰割。烹：烹调。要：有求于。②有：语气助词，无实义。莘：国名。③禄：以……做俸禄。④驷：四匹马。⑤一介：极言其少。⑥嚣嚣：无所求而悠然状。⑦若：如。⑧被：同"披"。⑨其：指代商汤。自：自身。⑩说：说服。之：商汤。⑪枉：委屈。⑫辱：侮辱。⑬天诛造攻自牧宫，朕载自亳：语出《尚书·商书·伊训》。造：开始。自：从。牧宫：夏桀的宫室。载：开始。

【译】

万章问："有人说，'伊尹是凭着宰割和烹调而有求于商汤'，有这回事吗？"

孟子说："不，不是这样的，伊尹在莘国田野耕种，享受着尧舜之道。不符合他的义，不符合他的道，以天下为俸禄，他也不会回头；给四千匹马，他也不会看。不符合他的义，不符合他的道，一颗草芥也不会给人，一颗草芥也不会向别人索取。商汤派人以钱币礼聘伊尹，伊尹悠然说：'我为何要接受商汤的礼聘呢？哪里比得上我处在田野之中，因此享受尧舜之道呢？'商汤三次派人礼聘，后来伊尹突然改变态度说：'我处在田野之中，因此享受尧舜之道，哪里比得上把这位君王变成尧舜那样的君王呢？哪里比得上把这些百姓变成尧舜的百姓呢？哪里比得上我亲自见识尧舜一样的盛世呢？上苍生了百姓，让先知去使后知觉悟，使先觉去唤醒后觉啊。我，就是天下百姓的先觉者；我将用这大道唤醒这些百姓。我不唤醒他们，还有谁（唤醒）呢？'想天下百姓，男女中有不被尧舜恩泽覆盖的人，就像自己把他们推到沟壑之中。商汤他自身担任天下如此重任，所以接近商汤并说服他讨伐夏桀拯救百姓。我没有听说委屈自己就能够匡正别人的，何况侮辱自己而匡正天下呢？圣人的行为不同，或者远离君王，或者亲近君王；或者离开君王，或者不离开君王；归根到底必须洁身自好。我听说伊尹凭尧舜之道而获得商汤的重用，没听说凭厨艺啊。《尚书·商书·伊训》中说：'上天讨伐从夏桀的宫室开始，我则从亳开始。'"

【读】

伊尹是儒家孔孟非常重视的贤相。伊尹到底是因为厨艺而获得商汤的认可和重用，还是因为贤能而获得商汤的重用？商汤为千古贤王，德高、望重、位尊，智慧也超卓，怎么可能因为伊尹的厨艺好，就重用伊尹呢？就算是因为厨艺好而获得重用，但伊尹能够被委以大任，能够辅佐自己成就王业吗？站在商汤的立场上判断，伊尹不可能是因为厨艺而获得重用。站在伊尹的角度，大智大慧之人还需要用厨艺来讨好商汤吗？我比较赞成孟子的观点。是因为商汤三次礼聘伊尹出仕，才让伊尹幡然觉悟：用尧舜之道让商汤成为尧舜，用尧舜之道让百姓成为尧舜之民，岂不美哉？读这一节，我更加感慨的是，身为帝王，能够礼贤下士，能够有如商汤一样的胸怀，尊重圣者，尊重贤者，尊重能者，国家因此而强盛。历朝历代中待贤相或贤臣如草芥的，基本上都是亡国之君了。

【9.8】主和所主

万章问曰："或谓孔子于卫主痈疽[1]，于齐主侍人瘠环[2]，有诸乎？"

孟子曰："否，不然也；好事者为之也。于卫主颜仇由[3]。弥子[4]之妻与子路之妻，兄弟[5]也。弥子谓子路曰：'孔子主我，卫卿可得也。'子路以告。孔子曰：'有命[6]。'孔子进以礼，退以义，得之不得曰：'有命。'而主痈疽与侍人瘠环，是无义无命[7]也。孔子不悦于鲁卫，遭宋桓司马将要[8]而杀之，微服[9]而过宋。是时孔子当厄[10]，主司城贞子[11]，为陈侯周臣[12]。吾闻观近臣，以其所为主[13]；观远臣，以其所主[14]。若[15]孔子主痈疽与侍人瘠环，何以为孔子？"

【注】

①主：以……为主人，相对于客人而言。痈疽：卫国宦官，又名雍渠，传说善于治疗痔疮。②瘠环：齐国宦官。③颜仇由：卫国贤臣。④弥子：卫国国君的宠臣弥子瑕。⑤兄弟：姊妹。⑥有命：由命运安排。⑦无义无命：无道义也无命运。⑧桓司马：宋国司马桓魋。要：拦截。⑨微服：穿平民服饰。⑩当厄：正当困境。⑪司城贞子：陈国人。⑫陈侯周：陈国贤臣，名周。臣：臣子。⑬以其所为主：看他接待的人。⑭以其所主：看接待他的人。⑮若：如果。

【译】

万章问："有人说孔子在卫国住在雍渠家里，到齐国住在宦官瘠环家里，有这么一回事吗？"

孟子说："不，不是这样的。是好事者编造的谎言而已。在卫国住在颜仇由家里。弥子瑕的妻子与子路的妻子是姊妹。弥子瑕对子路说：'孔子如果住在我家里，国卿的位子就可以得到。'子路把这话告诉孔子。孔子说：'听天由命。'孔子做官以礼，退隐以礼，做不做官都认为：'听天由命。'如果住在雍渠或宦官瘠环家里，这是无正义也无命运啊。孔子在鲁国卫国不得志，遭受宋国司马桓魋的拦截并想杀掉他，所以微服经过宋国。此时孔子正当困厄，住在司城贞子家里，做了陈侯周的臣子。我听说观察本国的大臣，就看他接待什么人；观察来访的他国大臣，就看他被谁接待。如果孔子住在雍渠和宦官瘠环家里，他怎么算是孔子呢？"

【读】

《论语·为政第二》中，"子曰：'视其所以，观其所由，察其所安，人焉廋哉？人焉廋哉？'"这句话翻译成现代文："看他所结交的朋友，观察他的行事方法，了解他安于或不安于什么，他能隐藏自己吗？他能隐藏自己吗？"读懂了孔子这句话，就懂得万章听说的那些话，都属于好事者编造的谣言。孟子认为，孔子在卫国不会住在雍渠家里，也不会住在弥子瑕家里，在齐国不会住在宦官瘠环家里，如果这样做，孔子就过不了自己的心理关，也不符合道义和礼仪。我比较赞成孔孟二位对于为官的矜持。孔子周游列国，都是他明察秋毫之末而提前炒国君的鱿鱼，从来没有愚忠意识和行为。读到这一节，可以更加坚信，"君叫臣死，臣不得不死"根本不是儒家的政治伦理观。也更加坚信，现代社会要真正了解一个人，最有效的方法，就是看他主动结交什么样的朋友，或者看他被什么样的朋友结交。

【9.9】 五羊大夫

万章问曰："或曰：'百里奚自鬻于秦养牲者五羊之皮食牛以要^①秦穆公。'信乎？"

孟子曰："否，不然；好事者为之也。百里奚，虞人也。晋人以垂棘之璧与屈产之乘假道于虞以伐虢^②。宫之奇^③谏，百里奚不谏。知虞公之不可谏而去之秦，年已七十矣；曾不知以食牛干秦穆公之为汙^④也，可谓智乎？不可谏而不谏，可谓不智乎？知虞公之将亡而先去之，不可谓不智也。时举^⑤于秦，知穆公之可与有行也而相^⑥之，可谓不智乎？相秦而显其君于天下，可传于后世，不贤而能之乎？自鬻以成^⑦其君，乡党自好^⑧者不为，而谓贤者为之乎？"

【注】

①百里奚：秦穆公的贤相，原本为虞国大夫，后被晋国人俘获，作为秦穆公夫人陪嫁奴隶，百里奚以为耻辱，逃跑时被楚国人抓获，秦穆公听说他贤能，用五张羊皮从楚国人那里买来，所以史称其为"五羊大夫"。鬻（yù）：卖。要：谋求官职。②垂棘：晋国产玉之地。屈：晋国产良马之地。假道：借道。虞：古国名，在今山西平陆县。虢：古国名，在今河南荥阳市东北。③宫之奇：虞国大夫。④曾：竟然。汙：耻辱。⑤举：用。⑥有行：有作为。相：辅佐。⑦成：成就。⑧自好：自爱。

【译】

万章问："有人说：'百里奚以五张羊皮的价格把自己卖给秦国养牲口的人喂养牛而向秦穆公谋求职位。'可信吗？"

孟子："不，不对。这是喜欢多事的人编的。百里奚，虞国人。晋国人用垂棘的璧与屈产的马借道虞国讨伐虢国。宫之奇谏阻，百里奚不谏。他知虞公不可谏所以离开去秦国，这时已七十岁了；难道不知道通过养牛谋求秦穆公的位置是可耻的吗？这样做算聪明吗？不可谏而不谏，可算得上不聪明吗？知道虞国国君将灭亡而先行离去，不可不说聪明啊。当时举用于秦国，甚至秦穆公有作为而辅佐他，可以说他不聪明吗？辅佐秦国而使其国君扬名于天下，可以流芳后世，这不是贤能吗？出卖自己而成就君王，乡野乡党洁身自好者都不做，难道贤者会去做吗？"

【读】

百里奚的传说有很多种，根据司马迁的说法：本为虞国大夫，晋国借道伐虢，灭了虞国，俘获了百里奚，然后作为嫁女儿给秦穆公的陪嫁奴隶，百里奚深以为耻辱，逃跑到楚国，又被楚国人俘获。秦穆公知道百里奚贤能，就用五张羊皮把百里奚买了回来。后来百里奚拜相，辅佐秦穆公进一步发扬其先祖的基业，让秦国在统一中原的道路上再向前迈进一步。我的判断，百里奚既然以奴隶为耻辱，显然不会把自己卖给饲养牲口的人喂养牛，以此作为跳板谋求秦穆公的重用。如果这样，还不如做秦穆公夫人的奴隶来得更直接。可见，真正的贤能者都有维持自己人格尊严的矜持。可以不择手段上位者，必然不择手段贪求权力、财物，这样的人怎么可能是贤能者呢？孟子言之有理。

卷十　万章下

【10.1】 清任和时

孟子曰："伯夷，目不视恶色，耳不听恶声。非其君，不事；非其民，不使。治则进，乱则退。横①政之所出，横民之所止，不忍居也。思与乡人处，如以朝衣朝冠坐于涂炭②也。当纣之时，居北海之滨，以待天下之清也。故闻伯夷之风者，顽③夫廉，懦夫有立志。

"伊尹曰：'何事非君？何使非民？'治亦进，乱亦进，曰：'天之生斯民也，使先知觉后知，使先觉觉后觉。予，天民之先觉者也。予将以此道觉此民也。'思天下之民匹夫匹妇有不与被尧舜之泽者，若己推而内之沟中，其自任以天下之重也。

"柳下惠不羞汙君④，不辞小官。进不隐贤，必以其道。遗佚⑤而不怨，厄穷而不悯⑥。与乡人处，由由然⑦不忍去也。'尔为尔，我为我，虽袒裼裸裎⑧于我侧，尔焉能浼⑨我哉？'故闻柳下惠之风者，鄙夫宽⑩，薄夫敦。

"孔子之去齐，接淅⑪而行；去鲁，曰：'迟迟吾行也，去父母国之道也。'可以速而速，可以久而久，可以处而处，可以仕而仕，孔子也。"

孟子曰："伯夷，圣之清者也；伊尹，圣之任者也。柳下惠，圣之和者也；孔子，圣之时者也。孔子之谓集大成。集大成也者，金声而玉振⑫之也。金声也者，始条理也。玉振之也者，终条理也。始条理者，智之事也。终条理者，圣之事也。智，譬则巧⑬也；圣，譬则力⑭也。由射于百步之外也，其至，尔力也；其中，非尔力也。"

【注】
①横：暴虐。②朝衣：上朝穿的礼服。朝冠：上朝戴的礼帽。涂：泥土。炭：炭灰。③顽：贪婪。④羞：以……为羞耻。汙君：品行污浊的国君。⑤遗佚：被遗弃。⑥厄：困厄。悯：自怜。⑦由由然：开心貌。⑧袒

裼（xī）：脱衣露体。裸裎（chéng）：裸体。⑨浼（měi）：污染。⑩鄙：狭隘。宽：心胸宽广。⑪淅（xī）：用竹器过滤水，留下未煮熟的米。⑫金声：以敲钟开始演奏。玉振：以击磬结束演奏。⑬譬：作比喻。则：就。巧：技巧娴熟。⑭力：有感染力。

【译】

孟子说："伯夷，眼不看恶色，耳不听恶声。不是认可的国君，不事奉；不是自己的百姓，不管理。政治清明出来做官，政治浑浊就隐退。暴虐政治出现的地方，暴虐百姓存在的地方，不会居住。认为与这些暴虐的乡民相处，就如同穿着朝服戴着朝帽坐在泥土和炭灰上。在纣王时代，隐居在北海之滨，等待天下政治清明。所以听到伯夷的风尚，贪婪的男人变得清廉，懦弱的男人立志图强。

"伊尹说：'什么样的君主不能事奉？什么样的百姓不能管理？'政治清明做官，政治浑浊也做官，说：'天生这些百姓，让先知使后知觉悟，让先觉使后觉觉悟。我，天下百姓的先觉者。我将用这样的大道使百姓觉悟。'天下百姓男男女女有没有被尧舜之道恩泽的，就像自己推他们到沟渠中，他自觉承担以天下为己任的重任。

"柳下惠不以事奉龌龊的国君为耻辱，做小官也无所谓。做官不隐藏自己的才能，一定坚持正道。被遗弃也不怨恨，处在困厄之中也不自怜。与乡野百姓相处，亲切自然不忍心离开。'你是你，我是我，你即使脱衣袒露或者裸体在我身边，怎么能够污染我呢？'所以听到柳下惠的风尚，心胸狭隘的人变得心胸宽广，刻薄的人变得敦厚。

"孔子离开齐国，淘出未煮熟的米就急急忙忙上路；离开鲁国，说：'我迟迟不肯上路，是因为这是离开故乡啊。'可以迅速离去就离去，可以久居留下就留下，可以相处就相处，可以出仕就出仕，这是孔子的作风啊。"

　　孟子说："伯夷，圣人中的清高者；伊尹，圣人中的担当者。柳下惠，圣人中的中和者；孔子，圣人中的识时务者。孔子被称作集大成者。集大成，就是从敲钟开始到击磬结束最有感染力的演奏。敲钟，意味着音乐演奏的开始。击磬，意味着音乐演奏的结束。开始演奏，那是充满智慧的。圆满结束，那是神圣的。智慧，被喻作技巧娴熟；神圣，被喻作演奏富有感染力。这就像百步之外射箭，射到，是你的力度；射中，不是你的力度。"

【读】

　　孟子评价了几位圣人的为官处事，得出的结论是：伯夷，是圣人中的清高者；不是认可的国君不事奉，不是自己的百姓不管理。这样做官，清高过头了。正因为国君污浊，才需要他挽狂澜于既倒，扶大厦于将倾，救时补弊才是最需要的。正因为百姓素质低下，甚至处于暴虐状态，才需要为官者教化民众使其自化。伊尹，是圣人中的担当者；伊尹是浑浊之世最需要的大臣，一方面以尧舜之道改变国君，另一方面以尧舜之道改变百姓，担起先知先觉以促进后知后觉的责任。柳下惠，圣人中的中和者；和，就是正视国君优缺点，无法改变国君，也不同流合污，不改变同僚，但不同流合污；为官的初心和宗旨都是百姓。那还计较什么呢？孔子，圣人中的识时务者。可以迅速离去就离去，可以久留就久留，可以相处就相处，可以做官就做官。孔子与柳下惠的共同点，就是保持自己的尊严和节操。这四种圣人的类型，对于我们这个时代，都是理想；如果让时代选择，估计伯夷会被淘汰！

【10.2】三六九等

北宫锜①问曰:"周室班爵禄②也,如之何?"

孟子曰:"其详不可得闻也,诸侯恶其害己也,而皆去其籍③;然而轲也尝闻其略也。天子一位,公一位,侯一位,伯一位,子、男同一位,凡五等也。君一位,卿一位,大夫一位,上士一位,中士一位,下士一位,凡六等。天子之制④,地方千里,公侯皆方百里,伯七十里,子、男五十里,凡四等。不能五十里,不达⑤于天子,附于诸侯,曰附庸⑥。天子之卿受地视⑦侯,大夫受地视伯,元士⑧受地视子、男。大国地方百里,君十卿禄,卿禄四大夫,大夫倍上士,上士倍中士,中士倍下士,下士与庶人在官者同禄,禄足以代其耕⑨也。次国地方七十里,君十卿禄,卿禄三大夫,大夫倍上士，上士倍中士，中士倍下士，下士与庶人在官者同禄，禄足以代其耕也。小国地方五十里，君十卿禄，卿禄二大夫，大夫倍上士，上士倍中士，中士倍下士，下士与庶人在官者同禄，禄足以代其耕也。耕者之所获，一夫百亩；百亩之粪，上农夫食九人，上次食八人，中食七人，中次食六人，下食五人。庶人在官者，其禄以是为差⑩。"

【注】

①北宫锜：复姓北宫，名锜，卫国人。②班：班次，排班次，即规定等级。爵禄：爵位和俸禄。③籍：书籍。④制：节制，控制。⑤达：直接联系，上达。⑥附庸：诸侯国的附属国。⑦视：等。⑧元士：天子直属的士。⑨代：抵偿。耕：耕地所获。⑩差：差等。

【译】

北宫锜问："周朝爵位俸禄排列等次，是怎样的？"

孟子说："详细情况无法得知，诸侯讨厌这些排列妨碍自己，抛弃了相关典籍；可是我也曾听说个大概。天子一级，公一级，侯一级，伯一级，子和男同一级，总共五个等级。君一级，卿一级，大夫一级，上士一级，中士一级，下士一级，总共六个等级。天子直接控制的土地方圆千里，公侯方圆百里，伯方圆七十里，子、男方圆五十里，总共四个等级。不能达到五十里，不能直接通达到天子，附属于诸侯，叫做附庸。天子的卿受地等同侯，大夫受地等同伯，元士受地等同子、男。大国方圆百里，君土地十倍于卿禄，卿禄土地四倍于大夫，大夫土地两倍于上士，上士土地两倍于中士，中士土地两倍于下士，下士与庶人在官的俸禄相同，其俸禄足以抵偿其耕地的收获。中等国家土地方圆七十里，君的土地十倍于卿禄，卿禄的土地三倍于大夫，大夫的土地两倍于上士，上士土地两倍于中士，中士土地两倍于下士，下士与庶人在官府当差的人俸禄相同，俸禄足以抵偿其耕地所获。小国土地方圆五十里，君十倍于卿禄，卿禄两倍于大夫，大夫两倍于上士，上士两倍于中士，中士两倍于下士，下士与庶人在官府当差的俸禄同等，这俸禄足以抵偿耕地所获。耕农的收获，一个成年男人一百亩；百亩土地施肥，上等土地农夫可以养活九人，仅次于上等的土地可以养活八人，中等土地可以养活七人，比中等差一点的可以养活六人，最差的土地可以养活五人。百姓在官府当差的，俸禄以这为等差。"

【读】

这一节孟子回答北宫锜的问题，对周朝天子、诸侯各自的俸禄情况进行分等排列，对于今天的读者也是一种历史知识的普及。一是周王及下属等级划分：划分天子、公、侯、伯、子男，总共五个等级。二是诸侯及以下等级划分：君、卿、大夫、上士、中士、下士，总共六个等级。三是天子及其下属土地拥有等级：天子、公侯、伯、子男，总共四个等级。四是大的诸侯国拥有土地分等：大国土地方圆百里，君土地十倍于卿禄，卿禄土地四倍于大夫，大夫土地两倍于上士，上士土地两倍于中士，中士土地两倍于下士，下士与庶人在官的俸禄相同，其俸禄足以抵偿其耕地的收获。五是中等国家拥有土地的分等：中等国家土地方圆七十里，君的土地十倍于卿禄，卿禄的土地三倍于大夫，大夫的土地两倍于上士，上士土地两倍于中士，中士土地两倍于下士，下士与庶人在官府当差的人俸禄相同，俸禄足以抵偿其耕地所获。六是小国拥有土地分等：小国土地方圆五十里，君十倍于卿禄，卿禄两倍于大夫，大夫两倍于上士，上士两倍于中士，中士两倍于下士，下士与庶人在官府当差的俸禄同等，这俸禄足以抵偿耕地所获。七是耕农的收获分等：每个成年男人一百亩；百亩土地施肥，上等的土地可以养活九人，仅次于上等的可以养活八人，中等土地可以养活七人，比中等差一点的可以养活六人，最差的土地可以养活五人。百姓在官府当差的，俸禄以此为等差。

【10.3】贵贵尊贤

万章问曰:"敢问友。"

孟子曰:"不挟^①长,不挟贵,不挟兄弟而友。友也者,友其德也,不可以有挟也。孟献子^②,百乘之家也,有友五人焉:乐正裘,牧仲,其三人,则予忘之矣。献子之与此五人者友也,无献子之家者也。此五人者,亦有献子之家,则不与之友矣。非惟百乘之家为然也,虽小国之君亦有之。费惠公^③曰:'吾于子思,则师之矣;吾于颜般^④,则友之矣;王顺、长息^⑤则事我者也。'非惟小国之君为然也,虽大国之君亦有之。晋平公之于亥唐^⑥也,入云^⑦则入,坐云则坐,食云则食;虽蔬食菜羹,未尝不饱,盖不敢不饱也。然终于此而已矣。弗与共天位也,弗与治天职也,弗与食天禄也,士之尊贤者也,非王公之尊贤也。

舜尚见帝，帝馆甥于贰室⑧，亦飨⑨舜，迭为⑩宾主，是天子而友匹夫也。用下敬上，谓之贵贵⑪；用上敬下，谓之尊贤。贵贵、尊贤，其义一也。"

【注】

①挟：依仗。②孟献子：春秋鲁国大夫，世称仲孙蔑。③费惠公：费国国君，不可详考。④颜般：人名，不可详考。⑤王顺、长息：费惠公的两个臣子，不可详考。⑥晋平公：春秋时晋国国君，姬姓，名彪，晋悼公之子。亥唐：晋平公时期隐于市的贤者。⑦云：说。⑧馆：馆舍，用作动词，安排住宿。甥：女婿。贰室：副宫。⑨飨：宴请。⑩迭为：互相作为。⑪贵贵：前一个"贵"为动词，尊重，后一个"贵"为名词，尊贵。

【译】

万章问："请问怎么样交友。"

孟子说："不依仗自己年长，不依仗地位显贵，不依仗自己的亲戚。交友，以道德交朋友，不可以有所依仗。孟献子，是拥有百辆车的大夫之家，有朋友五个人：乐正裘、牧仲，另外三个人，我已经忘记了。孟献子与这五人交友，并不以自己的家世做依仗。这五个人，如果感觉到孟献子依仗家世，也就不会与他做朋友了。并不只是百辆车的大夫之家是这样，小国之君也有这样的人。费惠公说：'我对子思，就是尊为老师；我对颜般，就以朋友交往；王顺、长息这是服侍我的人。'也不仅仅是小国之君这样，大国的国君也这样。晋平公对于亥唐，亥唐叫他进去才进去，叫他坐下才坐下，叫他吃才吃；即使菜饭菜汤，没有吃不饱的，因为不敢不吃饱。但是仅此而已。没有与他共享君主大位，没有与他共享治国的天职，没有与他共享俸禄，这是士尊贤，不是王公尊贤。舜见尧，尧安排舜住在副宫，也宴请舜，交换着做宾主，这是天子以百姓为友的态度。以下位尊敬上位，叫做尊重显贵；以上位尊敬下位，叫做尊贤。尊贵尊贤，道理一样。"

【读】

这一节阐述孟子交友之道。如何交友？第一，不能依仗自己年长而去交朋友，朋友无年龄限制，可以是忘年交。第二，不能以自己的显贵家世去交朋友，以家世交朋友，不免有以钱交友的嫌疑，金钱买不到真朋友，只能交到一些酒肉朋友。第三，不能依仗自己的亲戚交朋友。依仗自己的姻亲等交朋友，也会变味，这份友谊不太可能是真诚、纯洁的，往往也会蒙上功利主义的色彩。孟子举了大夫交友之道、小国国君交友之道、大国国君交友之道，天子与匹夫的交友尚且互为宾主，都只是为了证明交友只能以道德学问为基础。依仗道德学问交朋友，才是真朋友。志趣相投，道义相期，不负平生，何其美好！可惜，这么好的传统在历史上也不过是时隐时现的亮光，很多上位者并非愿意与下位者交朋友，当然也就不会有太多的下位者敢于与上位者交朋友。如果交朋友能够突破年龄限制，突破性别限制，突破官阶限制，突破经济限制，突破利益限制，突破名誉限制，以道德为纽带，以兴趣为纽带，以科学为纽带，以技术为纽带，以信仰为纽带，以情感为纽带等，维持孟子倡导的交友之道，相信很多人可以活得更加精彩。

【10.4】 恭心交际

万章问曰："敢问交际何心也？"

孟子曰："恭也。"

曰："'却①之却之为不恭'，何哉？"

曰："尊者赐之，曰：'其所取之者义乎，不义乎？'而后受之，以是为不恭，故弗却也。"

曰："请无以辞②却之，以心却之。曰：'其取诸民之不义也。'而以他辞无受，不可乎？"

曰："其交也以道，其接也以礼，斯孔子受之矣。"

万章曰："今有御③人于国门之外者，其交也以道，其馈也以礼，斯可受御与？"

曰："不可；《康诰》曰：'杀越人于货，闵不畏死，凡民罔不憝④。'是不待教而诛者也。殷受夏，周受殷，所不辞也；

于今为烈⑤，如之何其受之？"

曰："今之诸侯取之于民也，犹御也。苟善其礼际⑥矣，斯君子受之，敢问何说也？"

曰："子以为有王者作，将比今之诸侯而诛之乎？其教之不改而后诛之乎？夫谓非其有而取之者盗也，充类至⑦义之尽也。孔子之仕于鲁也，鲁人猎较⑧，孔子亦猎较。猎较犹可，而况受其赐乎？"

曰："然则孔子之仕也，非事道与？"

曰："事道也。"

"事道奚猎较也？"

曰："孔子先簿正⑨祭器，不以四方之食供簿正。"

曰："奚不去也？"

曰："为之兆⑩也。兆足以行矣，而不行，而后去，是以未尝有所终三年淹⑪也。孔子有见行⑫可之仕，有际⑬可之仕，有公养⑭之仕。于季桓子，见行可之仕也；于卫灵公，际可之仕也；于卫孝公，公养之仕也。"

【注】

①却：推辞。②辞：托词，借口。③御：强暴。④杀越人于货，闵不畏死，凡民罔不憝：语出《尚书·康诰》。越：抢夺。闵：同"暋"，强。罔：无。憝（duì）：怨恨。⑤烈：猛烈，厉害。⑥苟：如果。善：完善。礼：礼仪。际：结交。⑦充类：类推。至：到。⑧猎较：争着猎杀猎物。⑨簿：簿书。正：正定，正式规定。⑩兆：开始。⑪淹：停留，滞留。⑫见：看得见。行：行道，即推行自己的道。⑬际：礼遇。⑭公养：养贤以礼。

【译】

万章问："请问交际该用什么样的心态？"

孟子说："恭敬。"

万章说："俗话说'反复推辞就是不恭敬'，为何？"

孟子说："尊贵的人赏赐，考虑半天：'对方获得这些符合道义还是不符合道义？'这样而后接受，这就是不恭敬，所以不要推辞。"

万章说："不用言语推辞，用心推辞。心想：'他从百姓那里搜刮来不义之财啊。'而后用别的借口推辞，不可以吗？"

孟子说："如果交接以道，接待以礼，孔子也接受啊。"

万章说："现在有在都城门外抢劫的人，结交符合道，馈赠符合礼，这样可以接受抢劫者的（东西）吗？"

孟子说："不可以；《尚书·康诰》说：'杀人越货，强悍不怕死，凡是百姓没有不怨恨的。'这样的人不需要等待教育就直接杀掉。殷接受了夏的王位，周接受了殷的王位，没有推辞啊；现在抢夺百姓财物更厉害，接受了怎么样呢？"

万章说："现在的诸侯取之于民，就像抢劫。如果完善接待的礼仪，君子就可以接受，请问这是什么道理？"

孟子说："你以为今天有圣王出现，将把诸侯等同强盗而诛杀吗？也是教诲而不肯改正而后杀掉吗？那所谓不是自己的而巧取豪夺的是强盗，这是夸张至极的说法啊。孔子在鲁国做官，鲁国人争夺猎物，孔子也必须争夺猎物。争夺猎物都可以，何况接受馈赠呢？"

万章说："这样那么孔子做官，不是为行道？"

孟子说："是为行道。"

万章说："推行自己的主张那又为何争抢猎物呢？"

孟子说："孔子先在簿书上正式规定了祭器中的猎物种类，不能用其他地方的稀奇猎物供奉在规定的祭器内。"

万章说："孔子为何不离去呢？"

孟子说："尝试一下看看端倪！起初似乎可以实行自己的主张，最终却行不通，然后离开，因此最终滞留在位不超过三年啊。孔子看见可以行道就出仕，礼遇不错而出仕，有养贤的礼节而出仕。对于季桓子，是感觉可以行道而出仕；对于卫灵公，是因为礼遇而出仕；对于卫孝公，是因为养贤而出仕。"

【读】

这一节阐述了结交和对待馈赠的心态。该以怎样的心态对待别人的馈赠？孟子认为，要用恭敬的心态交往，正常的馈赠，反复推辞就是不恭敬。师高徒不俗，万章也不断给孟子"挖坑"，由普通人杀人越货而不接受其馈赠，类比推理到诸侯如强盗般从百姓那里抢劫而来的财物也不可接受馈赠。万章请教孟子，明知道诸侯差不多也属于杀人越货抢夺民脂民膏，为什么包括孔子在内的君子们都选择接受诸侯的馈赠？孟子笔锋一转，回到"行道"的大问题上。殷接受了夏的王位，周接受了殷的王位，没有推辞；现在抢夺百姓财物更厉害，自然接受诸侯的馈赠没有大不了的。何况君子有行道的追求！孔子看见可以行道就出仕，礼遇不错而出仕，养贤礼节周到而出仕。孟子之所以这样说，也是为自己经常接受诸侯的馈赠做辩解。毕竟孟子是劳心者，靠头脑和智慧吃饭，没有尊贤的馈赠，怎么能够生活呢？

【10.5】 立朝行道

孟子曰："仕非为贫也，而有时乎为贫；娶妻非为养^①也，而有时乎为养。为贫者，辞尊居卑，辞富居贫。辞尊居卑，辞富居贫，恶乎宜^②乎？抱关击柝^③，孔子尝为委吏^④矣，曰：'会计当^⑤而已矣。'尝为乘田^⑥矣，曰：'牛羊茁壮长而已矣。'位卑而言高，罪^⑦也；立乎人之本朝^⑧，而道不行，耻也。"

【注】

①养：奉养。②恶：怎样。宜：恰当，适当。③抱：守。柝：打更用的梆。④委吏：主管仓库的小吏。⑤会计：汇总计算。当：准确。⑥乘田：春秋时管理牧场及牲畜饲养的小吏。⑦罪：不对，罪过。⑧本朝：当朝，朝廷。

【译】

孟子说："做官不是因为贫穷，但有时候是因为贫穷。娶妻不是为了事奉父母，但有时候是为了事奉父母。因为家庭贫困而做官，因为辞掉高官而甘做小官，辞掉俸禄多的（工作）而甘居薪资少的（位置）。辞掉高官而甘做小官，辞掉俸禄多的（工作）而甘居薪资少的（位置），做什么才算适合呢？守关打更也可以，孔子曾做仓库保管员，说：'汇总计算准确就可以了。'孔了曾经为主管牧场和饲养牲畜的小吏，说：'牛羊苗壮成长就可以了。'官位低而空发高论，这是错误；跻身朝廷之中，而不推行正道，那是耻辱！"

【读】

我很赞成孟子这一节提出的观点，做官如果只是为了摆脱贫困，那就不要去追逐高位，甚至可以辞掉高官一职接受小官的职位，甚至可以回避丰厚的俸禄而领取微薄的薪酬。这样做的核心是你做官的志趣有没有德才与之相匹配。如果只为发财而谋求高官厚禄，最终也将失去自由。人不可以平庸，但可以平淡。在低位而言过其实，高谈阔论，也常常遭人耻笑，甚至带来灾厄。当跻身于朝堂之上，却不能弘扬正道，不能推行仁道，那是士人的耻辱。古今多少尸位素餐者，都忘了孟子的教诲！

【10.6】 养贤之道

万章曰："士之不托诸侯①，何也？"

孟子曰："不敢也。诸侯失国，而后托于诸侯，礼也；士之托于诸侯，非礼也。"

万章曰："君馈之粟，则受之乎？"

曰："受之。"

"受之何义也？"

曰："君之于氓也，固周②之。"

曰："周之则受，赐之则不受，何也？"

曰："不敢也。"

曰："敢问其不敢何也？"

曰："抱关击柝者，皆有常职以食③于上。无常职而赐④于上者，以为不恭也。"

曰："君馈之，则受之，不识可常继⑤乎？"

曰："缪公之于子思也，亟⑥问，亟馈鼎肉。子思不悦。于卒⑦也，摽使者出诸⑧

大门之外，北面稽首再拜而不受，曰：'今而后知君之犬马畜伋。'盖自是台⑨无馈也。悦贤不能举，又不能养也，可谓悦贤乎？"

曰："敢问国君欲养君子，如何斯可谓养矣？"

曰："以君命将⑩之，再拜稽首⑪而受。其后廪人⑫继粟，庖人⑬继肉，不以君命将之。子思以为鼎肉使己仆仆尔⑭亟拜也，非养君子之道也。尧之于舜也，使其子九男事⑮之，二女女⑯焉，百官牛羊仓廪备⑰，以养舜于畎亩之中，后举而加诸上位⑱，故曰，王公之尊贤者也。"

【注】

①托：依托，特指寄养。②固：本来。周：周济。③食：被养，被伺。④赐：被赏赐。⑤常：恒，常。继：继续，持续。⑥亟：屡次。⑦卒：最终。⑧摽（biào）：驱使。诸："之于"的合音。⑨台：同"始"，开始，才。⑩将：传达。⑪稽首：叩首。⑫廪人：主管仓库的小吏。⑬庖人：主管膳食的小吏。⑭仆仆尔：不间断状。⑮事：事奉。⑯女：嫁。⑰备：具备，充实。⑱上位：大位，天子位。

【译】

万章说："士不能依托诸侯，为什么？"

孟子说："不敢依托啊。诸侯失去国家，而后依托别国的诸侯，符合礼；士依托于诸侯，不符合礼。"

万章说："国君馈赠粟，接受吗？"

孟子说："接受。"

万章说："接受是什么道理？"

孟子说："国君对士这种流动人口，本来就应周济。"

万章说："周济则接受，恩赐则不接受，为什么？"

孟子说："不敢啊。"

万章说："为什么不敢呢？"

孟子说："守关打更的人都有固定职业而接受给养。没有固定职业而接受上面的恒常薪酬，这是不恭敬啊。"

万章说："国君馈赠，就接受，不知道能否经常这样？"

孟子说："鲁缪公对于子思，屡次慰问，屡次馈赠鼎肉。子思不高兴。在最后一次，驱赶使者出大门之外，朝着北面先磕头后作揖却不接受馈赠，说：'现在我才知道君王以犬马方式对待我子思。'于是（鲁缪公）从此才没有馈赠。爱慕贤能却不能举用，又不能礼貌地供养，可以算是爱慕贤能吗？"

万章说："请问国君想礼貌供养君子，怎样才算礼貌供养呢？"

孟子说："先传达国君的旨意给君子，君子作揖磕头而接受。往后有主管仓库的人负责送粮食，主管膳食的人送肉食，不再以国君的旨意行事。子思以为为了一块鼎肉，都要再三作揖，这不是礼貌供养君子之道。尧对于舜，让自己的九个儿子事奉舜，把两个女儿嫁给舜，百官牛羊仓库都齐备，来供养舜于田野之中，后来舜被举用而加冕天子，所以说，这是王公尊贤的典范啊!"

【读】

这一节孟子讲了国君或天子的"养贤"之道。孟子借回答万章的提问,告诉后世读者,士人不应当做国君的寄生虫。从礼的角度讲,只有国君失去国家,才能以寄居的方式依托其他国君而生活;士人依托国君,过寄生虫一样的生活,是不符合礼的。讲到这里,已经很深刻、很透彻了。孟子举了鲁缪公(即鲁穆公)对待子思的例子,因为不符合礼,一会儿送肉,一会送粮食,搞得子思必须经常叩首作揖,不胜其烦,甚至丝毫体会不到鲁缪公对自己的敬重。他认为,鲁缪公是在以养犬马的方式豢养自己。以这样的典型案例,提醒士人必须活得有尊严,在国君面前必须保持人格独立,否则当世被天下耻,后世被天下笑。实在悲哀!孟子也向后世为国君者提出了礼貌供养贤人的建议,同时讲述了唐尧善待虞舜的美谈,提醒后世国君对待贤能当效法唐尧。

【10.7】士人矜持

万章曰："敢问不见①诸侯，何义也？"

孟子曰："在国②曰市井之臣，在野③曰草莽之臣，皆谓庶人。庶人不传质④为臣，不敢见于诸侯，礼也。"

万章曰："庶人，召之役，则往役；君欲见之，召之，则不往见之，何也？"

曰："往役，义也；往见，不义也。且君之欲见之也，何为也哉？"

曰："为其多闻也，为其贤也。"

曰："为其多闻也，则天子不召师⑤，而况诸侯乎？为其贤也，则吾未闻欲见贤而召之也。缪公亟见于子思，曰：'古千乘之国以友士，何如？'子思不悦，曰：'古之人有言曰，事之云乎，岂曰友之云乎？'子思之不悦也，岂不曰：'以位，则子，君也；我，臣也；何敢与君友也？以德，则子事我者也，奚可以与我友？'千乘之君求与之友而不可得也，而况可召与？齐景公田，招虞人以旌⑥，不至，将杀之。志士不忘在沟壑，勇士不忘丧其元。孔子奚⑦取焉？取非其招不往也。"

曰："敢问招虞人何以？"

曰："以皮冠，庶人以旃⑧，士以旗，大夫以旌。以大夫之招招虞人，虞人死不敢往；以士之招招⑨庶人，庶人岂敢往哉？况乎以不贤人之招招贤人乎？欲见贤人而不以其道，犹欲其入而闭之门也。夫义，路也；礼，门也。惟君子能由是路，出入是门也。《诗》云：'周道如底，其直如矢；君子所履，小人所视。'⑩"

万章曰："孔子，君命召，不俟驾而行；然则孔子非与？"

曰："孔子当仕⑪有官职，而以其官召之也。"

【注】

①见：谒见。②国：国都。③野：郊野。④传：传递。质：同"贽"，礼品。⑤师：老师。⑥旌：有羽毛做装饰的旗帜。⑦奚：怎么。⑧旃（zhān）：曲柄旗子。⑨招招：前面一个"招"是召唤方式，后面一个"招"是召唤。⑩周道如砥，其直如矢；君子所履，小人所视：语出《诗经·小雅·大东》。周道：周朝的官道，相当于今天的国道。砥（dǐ）：磨刀石。矢：箭。君子：周朝贵族。履：行走。小人：此处指劳动者。视：仰望。⑪当：正在。仕：做官。

【译】

万章说："请问臣民不去谒见诸侯，是什么道理？"

孟子说："没有为官在国都是市井之臣，在郊野是草莽之臣，都是百姓身份。百姓除了有递交礼物的临时臣属责任，不敢去谒见诸侯，这是礼啊。"

万章说："百姓，被召集服役，就去服役；国君想见他，召唤他，却不去见，为什么？"

孟子说："去服役，是义务；去谒见国君，并非义务所在。况且国君想见他，做什么呢？"

万章说："因为他博学啊，因为他贤能啊。"

孟子说："因为他博学，那么天子不能召见老师，何况是诸侯呢？因为他贤能，那么我没听说过想见贤才而召唤他的。鲁缪公多次见子思，说：'古代千乘之国君以朋友身份对待士，怎么样？'子思不高兴，说：'古代有俗话说，这是事奉老师吧，怎么能以朋友身份对待老师呢？'子思非常不高兴，难道不是说：'论地位，你是国君，我是臣下；哪里敢与国君做朋友呢？论德行，则是你事奉我做老师，哪里可以做朋友呢？'千乘之国的国君想求与贤人高人做朋友都不可以，何况是召唤呢？齐景公田猎，以羽毛装饰的旗子召唤牧场小吏，小吏不来，准备杀他。有志之士不惧怕死在沟壑，勇敢之士不畏惧牺牲生命。孔子赞美这位小吏哪一点呢？赞美不是召唤他的礼仪就是不去。"

万章说："请问用什么来召唤猎场小吏呢？"

孟子说："召唤猎场小吏用皮帽，召唤百姓用曲柄旗，召唤士用带铃铛的旗，召唤大夫用羽毛做的旗子。用召唤大夫的旗子召唤猎场小吏，猎场小吏死也不敢去；用召唤士的旗帜召唤百姓，百姓怎么敢前往呢？更况且用召唤不贤人的方式去召唤贤人呢？想见贤人却不用正确的方式，犹如想其进来却又把门关上啊。义，就是道路啊；礼，就是门啊。只有君子能够沿着这正确的道路，进入到门里面。《诗经·小雅·大东》说：'官道平如磨刀石，官道直如箭杆。达官贵人走在道上，黎民百姓都看得到。'"

万章说："孔子，国君召见，不等驾好车就先步行；那么孔子做错了吗？"

孟子说："孔子当时有官职，（国君）是因为他的官职而召唤。"

【读】

万章问孟子，为何不去谒见国君。因为孟子是客卿，并没有实际的职务，只是以顾问身份被礼貌供养着。孟子谦虚说自己是市井之臣或是草莽之臣，没有说得过去的理由，就不去见国君。其实，孟子是以老师的身份自居和自持，当然不愿意主动去谒见。孟子以孔子赞美齐景公召唤虞人不合礼节，虞人宁死不去的故事，进一步开导万章：百姓尚且如此，不是正确的召唤方法就不去，更何况自己这样平治天下的旷世奇才呢？孟子认为，贵为国君和天子都不应当召唤老师，不应当召唤贤人，正确的方法是到老师家里请教，到贤人的居处求贤或求谋。如果历代知识分子能够保持这样的矜持和节操就好了，历史长河中必然多一些圣王圣君，多一些贤臣能臣，更多一些国泰民安的盛世。

【10.8】 志同道合

孟子谓万章曰:"一乡之善士^①,斯友一乡之善士,一国之善士,斯友一国之善士,天下之善士,斯友天下之善士。以友天下之善士为未足,又尚论^②古之人。颂其诗,读其书,不知^③其人,可乎?是以论其世^④也。是尚友^⑤也。"

【注】

①善士:品行高尚者。②尚:同"上"。论:探求。③知:了解,理解。④是以:以是。论:探求,研究。世:时代。⑤尚友:以古人为朋友。

【译】

孟子对万章说:"一乡的道德高尚者相互为友,一国的道德高尚者相互为友,天下的道德高尚者相互为友。把天下道德高尚者作为朋友还不够,又上溯探求古代的道德高尚者。诵他们的诗,读他们的书,不了解他们,可以吗?因此要探求他们所处的时代,与古人为朋友。"

【读】

　　孔子提倡，不与志不同道不合者交朋友。孟子也表达了类似的意见，一乡之贤能相互为友，一国之贤能相互为友，天下之贤都能相互为友，这样还不够，还要上溯至古人，研究古人的风骨，诵其诗，读其书，与古人交朋友。我个人比较赞成孔孟的交友之道，孔孟都强调朋友的志同道合，但绝没有藐视后生，不提携后生的观点。比如孔门学生，孔子都引以为知己；孟子弟子，孟子都引以为知己。孔孟旨趣只在乎志同道合，不在乎贫富贵贱。难能可贵！

【10.9】国君可废

齐宣王问卿。孟子曰:"王何卿之问也?"

王曰:"卿不同乎?"

曰:"不同;有贵戚①之卿,有异姓之卿。"

王曰:"请问贵戚之卿。"

曰:"君有大过则谏②;反覆之而不听,则易位③。"

王勃然④变乎色。

曰:"王勿异⑤也。王问臣,臣不敢不以正⑥对。"

王色定,然后请问异姓之卿。

曰:"君有过则谏,反覆之而不听,则去⑦。"

【注】

①贵戚:君主的同姓亲人和外戚。②谏:谏诤。③易位:换掉他的大位。④勃然:突然。⑤异:诧异,惊异。⑥正:正确的。⑦去:离开。

【译】

齐宣王问关于卿相的问题。孟子说："王问的是哪一种卿相呢？"

齐宣王说："卿相难道还有不同吗？"

孟子回答："不一样；有国君宗族和外戚的卿相，有异姓的卿相。"

齐宣王说："请问宗族外戚的卿相。"

孟子说："国君有大错就谏诤；反复犯错误又谏诤不听，就把国君换了。"

齐宣王突然脸色大变。

孟子说："王请不要诧异。王问我，我不敢不直言以对。"

齐宣王脸色平静，然后请问异姓之卿相。

孟子说："国君有过错则谏诤，反复谏诤不听，就离开。"

【读】

这一节借与齐宣王的对话，讲了国君与大臣的关系问题。孟子把大臣分为两类，一类是国君同族（亲）和外戚（国君妻子家族）的大臣，一类是不属于内亲外戚的大臣。如果国君有大错误，内亲外戚大臣必须谏诤，反复出错，反复谏诤无效，就应当重新推举新国君取代现任国君。这下把齐宣王吓了一身冷汗，脸色大变，愣在那里，半天缓不过神。由此可以判断，孟子"君轻"思想的强烈与鲜明。那么如果是异姓大臣，国君不接受劝谏，就离开国君。孟子的观点，透露出鲜明的民本意识和民主萌芽。孔子认为："君事臣以礼，臣事君以忠。"臣子对国君恪尽职守是有条件的，没有绝对化的一边倒。孟子则进一步强调了君臣平等的程度："君之视臣如手足，则臣视君如腹心；君之视臣如犬马，则臣视君如国人；君之视臣如土芥，则臣视君如寇雠。"孟子甚至把国君定位在国家和人民之下："民为贵，社稷次之，君为轻。"

卷十一　告子上

【11.1】仁义人性

告子曰："性^①，犹杞柳^②也，义，犹桮棬^③也；以人性为仁义，犹以杞柳为桮棬。"

孟子曰："子能顺^④杞柳之性而以为桮棬乎？将戕贼^⑤杞柳而后以桮棬也？如将戕贼杞柳而以为桮棬，则亦将戕贼人以为仁义与？率天下之人而祸^⑥仁义者，必子之言夫！"

【注】

①性：本性。②杞（qǐ）柳：杨柳科，枝条柔软，可以编织器具，上漆后可以制作成杯具等。③桮（bēi）：同"杯"。棬（quān）：杞柳做的杯具。④顺：顺着，顺应。⑤戕贼：残害。⑥祸：祸害，损害。

【译】

告子说："人的本性，就像杞柳；仁义，就像杯具；用人性去实现仁义，就像用杞柳做杯具。"

孟子说："你能够顺着杞柳的本性而做杯具吗？你这是残害杞柳而后做成杯具？如果要残害杞柳才能做成杯具，那也要残害人的本性才能使人具有仁义吗？带领天下人祸害仁义，一定是你这种言论！"

【读】

　　孟子认为仁是人的本性，告子认为人无所谓本性，犹如杞柳，无论你怎么弯曲，它都随你弯曲，你想做成杯具，它就可以做成杯具。这观点有道理，但偷换概念了。告子讲的"杞柳"之性，是树枝的后天特性，根据外力而随意改变。而人性的改变却没有杞柳变杯具那么容易，因为本性仁厚，要变成相反的性格、性情，需要压力，需要外力，更需要过程。所以，孟子认为，杞柳变杯具的做法，用在人身上就是扭曲人性、损害人性。

【11.2】 水性无分

告子曰："性犹湍①水也，决诸②东方则东流，决诸西方则西流。人性之无分于善不善也，犹水之无分于东西也。"

孟子曰："水信无分于东西，无分于上下乎？人性之善也，犹水之就下也。人无有不善，水无有不下。今夫水，搏③而跃之，可使过颡④；激⑤而行之，可使在山。是岂水之性哉？其势则然也。人之可使为不善，其性亦犹是也。"

【注】

①湍：湍急。②决：打开，掘开。诸："之于"的合音。③搏：击拍，拍打。④颡（sǎng）：额。⑤激：筑堤拦水。

【译】

告子说："人性犹如湍急的水啊，掘开（堤坝）东面就往东流，掘开（堤坝）西面就往西流。人性没有善与不善之分，就像水不分东西一样。"

孟子说："水的确不分东西，但是不分上下吗？人性善良，就像水流向下面。人没有不善良的，水没有不往下流的。现在击打水使其跃起，可以到额头；筑堤拦水，可以使水流到山上。这岂是水的本性？（这是）地势形成的啊。人可以使他做不善的事情，但是本性还是善良的。"

【读】

告子和孟子都以水为例证明自己的观点，告子认为堤坝一旦掘开，水可以向东流，也可以向西流，不分东西；由此推断人性也像水一样不分东西，不分善恶。因此告子属于性不善不恶论者。孟子则强调，水虽然不分东西，但是水任何时候都会向下流动，这才是本性使然。至于是要它飞溅到额头，还是走向高山，都是外力的作用，而不是本性使然。似乎双方都有道理，但我坚信孟子的观点。孺子将入井，无论谁经过看到，都会伸手去救援，无关性别年龄，无关是否认识其父母，无关是否有奖励，有善良本性且产生与之匹配的无须提醒的自觉行动即知行合一。

【11.3】 天赋本性

告子曰："生^①之谓性。"

孟子曰："生之谓性也，犹白之谓白与？"

曰："然。"

"白羽之白也，犹白雪之白，白雪之白犹白玉之白与？"

曰："然。"

"然则犬之性犹牛之性，牛之性犹人之性与？"

【注】

①生：天生，天赋。

【译】

告子说："天生的就是本性。"

孟子说："天生的就是本性，犹如白色叫做白色吗？"

告子说："对。"

孟子说："白色羽毛的白，犹如白雪之白，白雪之白犹如白玉之白吗？"

告子说："对。"

孟子："这样说来，那么狗的本性犹如牛的本性，牛的本性犹如人的本性吗?"

【读】

告子与孟子的交锋，已经是逻辑的交锋。从表面上看，孟子转移话题，从白羽、白雪、白玉之白色都一样的逻辑前提，推导出狗的本性、牛的本性、人的本性是一样的荒谬结论，也自然推翻了告子的一切天性都是本性的结论，强化了只有人的本性才是上天赋予的洞见。告子的错误在于，上天赋予的一切都是本性；孟子的高见在于，上天赋予人的根本属性才是本性。什么叫做根本属性呢? 可以分为两大类：一类是上天赋予人类的共性，属于根本，属于底色，譬如善良和慈悲，这是人类的天赋本性。另一类是个体的天赋异禀，每个人来到这个世界上，除了具备善良、慈悲、忠信、孝悌等天赋本性之外，还有作为个体的优势潜能。比如有些人是抽象思维型的，有些人是实干操作型的；有些人富有文学天赋，有些人富有音乐天赋，有些人富有数学天赋，有些人富有物理天赋，有些人富有体育天赋等。认识人的天赋本性是伦理哲学的研究范畴，认识人的天赋异禀是教育学研究的范畴。

【11.4】 仁义内生

告子曰："食，色①，性也。仁，内也，非外也；义，外也，非内也。"

孟子曰："何以谓仁内义外也？"

曰："彼长而我长②之，非有长于我也；犹彼白而我白之，从其白于外也，故谓之外也。"

曰："异于白马之白也，无以异于白人之白也；不识长马之长也，无以异于长人之长欤？且谓长者义乎？长之者义乎？"

曰："吾弟则爱之，秦人之弟则不爱也，是以我为悦者也，故谓之内。长楚人之长，亦长吾之长，是以长为悦者也，故谓之外也。"

曰："耆秦人之炙③，无以异于耆吾炙，夫物则亦有然者也，然则耆炙亦有外与？"

【注】

①食：饮食。色：情欲。②彼长而我长：前一个"长"：年长。后一个"长"：尊敬，以……为长。③耆：同"嗜"，喜欢。炙：烤肉。

【译】

告子说："饮食和情欲，是人的天性。仁，是内在的，不是外在的；义，是外在的，不是内在的。"

孟子说："凭什么说仁是内在的，义是外在的？"

告子说："他年长所以我尊敬他，不是有尊敬之心啊；就像那白色我认为它是白色的，原因在于它的外表是白色的，所以说是外在的。"

孟子说："白马的白，或许与白人的白没什么不同；不知道对老马的怜惜与对年长的人的尊敬是否也一样呢？况且义是在于年长一方，还是在于尊重长者一方呢？"

告子说："我就爱我的弟弟，就不爱秦国人的弟弟，是因为我内心喜欢，所以说是内在的。尊敬楚国人的长者，也尊敬我国的长者，是年长这个外在要素决定的，所以说义是外在的。"

孟子说："喜欢秦国的烤肉，与喜欢本国的烤肉没什么不同，那外物也有这个状况，那么喜欢烤肉也是外在的吗？"

【读】

食、色是人的天性，这一点没有争议。但是，天性不等于本性，本性意味着人与动物、植物乃至万物相区别的本质属性。食、色是天性，却不是人的本性。慈悲、博爱、善良、忠信、孝悌等才是人的本性。这一节，孟子和告子的争议焦点是：告子认为仁是内在的，义是外在的；孟子认为仁、义都是内在的。"孺子将入井"的经典案例最能说明这个问题。孩子即将爬到井里，无论男女老少富贵贫穷者，碰到了都会顿生慈悲之心而立即救助，这慈悲之心就是"仁"，这立即救助就是"义"，仁义合一，也就是知行合一，都是内在的无须提醒的自觉，无法拆分。所以，仁和义都是内在的。

【11.5】内外再争

孟季子问公都子^①曰："何以谓义内也？"

曰："行吾敬^②，故谓之内也。"

"乡人长于伯兄一岁，则谁敬？"

曰："敬兄。"

"酌^③则谁先？"

曰："先酌乡人。"

"所敬在此，所长在彼，果在外，非由内也。"

公都子不能答，以告孟子。

孟子曰："敬叔父乎？敬弟乎？彼将曰：'敬叔父。'曰：'弟为尸^④，则谁敬？'彼将曰：'敬弟。'子曰：'恶在其^⑤敬叔父也？'彼将曰：'在位^⑥故也。'子亦曰：'在位故也。庸^⑦敬在兄，斯须^⑧之敬在乡人。'"

季子闻之，曰："敬叔父则敬，敬弟则敬，果在外，非由内也。"

公都子曰："冬日则饮汤，夏日则饮水，然则饮食亦在外也？"

【注】

①孟季子：孟子的弟弟季任。公都子：孟子弟子。②行：自，发自。吾敬：内心恭敬。③酌：敬酒。④弟为尸：弟弟作为祭祀代受人；尸：古时祭祀用晚辈或年幼者穿上死者衣服扮演死者，所以称之为尸，中古以后逐步以画像和牌位代替。⑤恶：为什么。基：先。⑥位：受祭者的位置。⑦庸：平常。⑧斯须：暂时。

【译】

孟季子问公都子："凭什么说义是内在的？"

公都子说："发自我内心，所以说是内在的。"

孟季子说："同乡比兄长大一岁，那你恭敬谁？"

公都子说："恭敬兄长。"

孟季子说："如果饮酒先敬谁的酒？"

公都子说："先敬乡人。"

孟季子说："所恭敬的是哥哥，所尊重的是乡人，义果然在外，不在内啊。"

公都子不能回答，于是告诉孟子。

孟子说："恭敬叔父呢？还是恭敬弟弟？他一定会说：'恭敬叔父。'你就说：'如果弟弟做了受祭者，那该恭敬谁？'他一定会说：'恭敬弟弟。'你再问：'为什么恭敬弟弟要优先于恭敬叔父呢？他一定会说：'因为弟弟在受祭者的位置。"你也可以说：'是因为在位置的缘故。平常恭敬的是大哥，暂时恭敬的是乡人长者。'"

孟季子听这话，说："恭敬叔父也是敬，恭敬弟弟也是敬，义果然是外在的，不是内在的。"

公都子说："冬天就喝热水，夏天就喝冰水，如此饮食情欲也是外在的？"

【读】

饮食男女人之大欲，是天性，也是各派人物的共识。孟子教导公都子，步步设陷阱，诱导孟季子最终根据他自己所谓义是外在的，推导出"饮食情欲也是外在的"这一荒谬结论。面对公都子的反问，孟季子必然哑口无言。精彩！天性当然是内在的，本性是内在的，即便是天赋秉性也是内在的潜质——很多人容易误判！遗憾！

【11.6】 无善不善

公都子曰:"告子曰:'性无善无不善也。'或曰:'性可以为善,可以为不善;是故文武兴①,则民好善;幽厉②兴,则民好暴。'或曰:'有性善,有性不善;是故以尧为君而有象;以瞽瞍为父而有舜;以纣③为兄之子,且以为君,而有微子启、王子比干④。'今曰:'性善',然则彼皆非欤?"

孟子曰:"乃若其情,则可以为善矣,乃所谓善也。若夫为不善,非才之罪也。恻隐之心,人皆有之;羞恶之心,人皆有之;恭敬之心,人皆有之;是非之心,人皆有之。恻隐之心,仁也;羞恶之心,义也;恭敬之心,礼也;是非之心,智也。仁义礼智,非由外铄⑤我也,我固有之也,弗思耳矣。故曰:'求则得之,舍则失之。'

或相倍蓰而无算⑥者，不能尽其才者也。《诗》曰：'天生烝民，有物有则。民之秉彝，好是懿德⑦。'孔子曰：'为此诗者，其知道乎！故有物必有则；民之秉彝也，故好是懿德。'"

【注】

①文：周文王。武：周武王。兴：兴起。②幽：周幽王。厉：周厉王。③纣：商纣王。④微子启：商纣王兄长的儿子，纣王被推翻后，做了宋国的国君。王子比干：纣王的叔叔，犯颜直谏，被纣王挖心肝。⑤铄：以火销金，引申为由外而内。⑥倍：一倍。蓰：五倍。无算：无数。⑦天生烝民，有物有则。民之秉彝，好是懿德：语出《诗经·大雅·烝民》。烝：众。物：事物。则：规则，法则，规律。秉：执。彝：常理。好：喜欢，热爱。是：这种。懿：美。

【译】

公都子说："告子说：'人性没有善与不善的区别。'有人说：'人性可以为善，可以为不善；所以周文王周武王兴起，百姓就好善；周幽王周厉王兴起，百姓就喜欢残暴。'有人说：'人性有善，人性也有不善；所以尧为君王却有象这样顽劣的国民；瞽瞍为父亲却有舜这样孝顺的儿子；以商纣王这样恶的侄儿，身为国君，有微子启和王子比干这样的贤人。'现在说：'人性善良'，那么他们都错了吗？"

孟子曰："就感情而言，可以使它善良，这就是我们说的性善。至于不为善，不是资质的罪。恻隐心，人人都有；羞恶心，人人都有；恭敬心，人人都有；是非心，人人都有。恻隐心，就是仁；羞恶心，就是义；恭敬心，就是礼；是非心，就是智。仁义礼智，不是从外面强加给我的，我本来就有，没有意识到而已。所以说：'求索就体会到，放弃就失去。'有人在善恶上相差一倍甚至五倍无法计算清楚，不能充分发挥他的资质。《诗经·大雅·烝民》说：'上天生下众生，万物皆有规律。庶民掌握规律，爱好这种美德。'孔子说：'作这首诗的人，真的懂得道啊！所以有事物必然有法则；人们秉持这种常规，喜欢这种美德。'"

【读】

人性无所谓善，无所谓不善，环境会改变人。这是战国时期诸子百家中比较普遍的认知，这也不是完全没有道理的。孟子坚持认为，人性本善。后天的环境遮蔽了善，才导致了不善。美国一位心理学家，对数千名主动攻击型暴力犯罪分子做过深入研究，发现这些犯罪分子中绝大多数是在三岁左右，儿童安全感形成的关键期，失去了父母、爷爷、奶奶、外公、外婆的爱，因此对周遭产生强烈防范意识，潜意识中的不安全感，会让他们产生以攻为守的暴力倾向。怀疑身边的人可能会攻击自己，于是先攻击对方；怀疑身边的人可能会杀死自己，于是就先杀了对方……这些统计数据证明，后天环境对于人性格的影响非常大。孔子曾说："子生三年，免于父母之怀。"学前教育阶段是儿童安全感形成的关键期，这个时期不能让儿童缺少关爱，否则，先天本心本性将被淹没，甚至被扭曲，最终变成严重缺乏安全感的人，而这种人极有可能在某个时候变成有暴力倾向的犯罪分子。

【11.7】陷溺其心

孟子曰："富①岁，子弟多赖；凶岁，子弟多暴，非天之降才尔殊②也，其所以陷溺③其心者然也。今夫麰麦④，播种而耰⑤之，其地同，树之时又同，浡⑥然而生，至于日至⑦之时，皆孰矣。虽有不同，则地有肥硗⑧，雨露之养、人事之不齐⑨也。故凡同类者，举相似也，何独至于人而疑之？圣人，与我同类者。故龙子⑩曰：'不知足而为屦，我知其不为蒉⑪也。'屦之相似，天下之足同也。

"口之于味，有同耆⑫也；易牙⑬先得我口之所耆者也。如使口之于味也，其性与人殊，若犬马之与我不同类也，则天下何耆皆从易牙之于味也？至于味，天下期于易牙，是天下之口相似也。惟耳亦然。至于声，天下期于师旷⑭，是天下之耳相似

也。惟目亦然。至于子都^⑮，天下莫不知其
姣^⑯也。不知子都之姣者，无目者也。故
曰，口之于味也，有同耆焉；耳之于声也，
有同听焉；目之于色也，有同美焉，至于
心，独无所同然乎？心之所同然者何也？
谓理也，义也。圣人先得我心之所同然耳。
故理义之悦我心，犹刍豢^⑰之悦我口。"

【注】

①富：丰收。②才：资质。尔：如此。殊：不同，特殊。③陷溺：隐
匿。④麰（móu）麦：大麦。⑤耰（yōu）：古时候翻土、碎土的农具。
⑥浡：蓬勃兴起貌。⑦日至：夏至日。⑧硗（qiāo）：薄，瘠。⑨齐：一
样。⑩龙子：古哲人，不可详考。⑪蒉（kuì）：装土的筐子。⑫耆：同
"嗜"。⑬易牙：齐桓公的厨子，厨艺一流，深得齐桓公的宠幸，后将齐桓
公活活饿死。⑭师旷：春秋时候著名的音乐家。⑮子都：古代著名美男
子。⑯姣：美好，美丽。⑰刍：食草家畜。豢：吃粮的家畜。

【译】

孟子说："丰年，子弟多半懒惰；荒年，子弟多半暴横，不是上天赋
予的资质有如此大的差异，是因为环境隐匿了他们的善心。现在用大麦作
比喻，播种后碎土，播种的土地面积相同，播种的时间相同，蓬勃生长，
到了夏至日，都成熟了。最终大麦收成不同，其中有土地肥瘠不同，雨露
滋养和人力耕耘不一样。所以凡是同类的东西，都相似啊，怎么唯独对人

却怀疑？圣人与我是同类啊。所以龙子说：'不知道脚的大小而做鞋子，我知道他不会把鞋子做成装土的筐。'鞋子相似，天下的脚相同。

"口对于味道，有相同的嗜好；易牙先了解众人口的嗜好。假使口对于味道，人人不同，就像犬马与我不同类一样，就明白天下人凭什么都要喜欢易牙厨艺的味道？至于人们对于味道的追求，天下人都期待易牙的厨艺，是因为天下人的口味相似啊。耳朵也是这样。一讲到声音，天下人都期望听到师旷的音乐，这是因为天下人的耳朵相似啊。眼睛也是这样。一讲到美男子都，天下没有人不知道他美丽。不知道子都美丽，是因为没有眼睛。所以说，口对于味道，有相同的嗜好；耳朵对于声音，有相同的听力；眼睛对于颜色，有相同的审美；讲到心，就唯独没有相似之处吗？心的相同之处是什么呢？是理，是义。圣人早就知道我们的心相同。所以理义使我心喜悦，就像家畜的肉合乎我的口味一般。"

【读】

橘生淮南则为橘，生于淮北则为枳。孟子坚信人性本善，但是丰年子弟多懒惰，荒年子弟多暴横，不是上天赋予的差距，而是环境陷溺了他们的善良。接下来，孟子举大麦为例，播种面积相同，时间相同，蓬勃生长，到夏至成熟了，但是依然会有产量和质量的差别，为什么？不是大麦的种子出了问题，而是土壤肥瘠、雨露滋润、人力勤勉程度不同；强调的是后天条件发生变化，而不是先天禀赋不同所致。由物而到人，人有相同的天赋本性，口味都期待尝到易牙的厨艺，耳朵都期待听到师旷的音乐，眼睛都期待看到子都的美貌。口味、耳朵、眼睛都有相同的地方，难道人心就没有相同的地方？孟子的结论：有。是什么？理义，就是仁义。理义是人之为人、国之为国的根本。一国的文化，贵在守护人心人性，颠覆底线的文化十分可怕；一国的教育，贵在养护本心本性，贵在发扬先天禀赋，如此才能让每个生命都能活出自信和精彩！

【11.8】 牛山面目

孟子曰："牛山①之木尝美矣，以其郊于大国也，斧斤伐之，可以为美乎？是其日夜之所息②，雨露之所润，非无萌蘖③之生焉，牛羊又从而牧之，是以若彼濯濯④也。人见其濯濯也，以为未尝有材焉，此岂山之性也哉？虽存乎人者，岂无仁义之心哉？其所以放其良心者，亦犹⑤斧斤之于木也，旦旦而伐之，可以为美乎？其日夜之所息，平旦⑥之气，其好恶与人相近也者几希，则其旦昼之所为⑦，有梏亡⑧之矣。梏之反覆，则其夜气不足以存；夜气不足以存，则其违⑨禽兽不远矣。人见其禽兽也，而以为未尝有才焉者，是岂人之情⑩也哉？故苟得其养，无物不长；苟失其养，无物不消。孔子曰：'操则存⑪，舍则亡；出入无时，莫知其乡⑫。'惟心之谓⑬与？"

【注】

①牛山：齐国都城郊外的山。②息：生息。③萌蘖（niè）：树枝上长出的嫩芽。④濯濯：光秃秃的。⑤犹：就像。⑥平旦：天刚亮。⑦所为：生长积累。⑧梏亡：捆绑而枯死。⑨违：离。⑩情：情状。⑪操：持守。存：生存。⑫乡：同"向"。⑬谓：发语词。心之谓：说的是心吧。

【译】

孟子说："牛山的树木曾经很美啊，因为它长在齐国都城郊外，老是用斧头砍伐，还能够繁茂吗？它日夜所生息，雨露所滋养，不是没有旁芽长出来，但是人都赶牛羊来放牧，因此变得光秃秃的。人们看见它光秃秃的，以为山上没有长过树木，这岂是牛山的本性？存在于人身上，难道就没有仁心吗？之所以迷失了良心，也就像斧头之于树木，天天砍伐，还可以繁茂吗？日夜所滋养，清晨萌发生机，好坏与人的情形相近，但是白天所遇到的砍伐行为，又使树木枯萎死亡。人内心的善良反复枯萎死亡，那么夜晚涵养的仁心不能保存，仁心不能保存，那么离禽兽就不远了。人们看到他像禽兽，还以为他没有好的资质，这难道是这个人的本来面目吗？所以，如果得到滋养，万物都生长；如果得不到滋养，万物都消亡。孔子说：'持守则存在，放弃就灭亡；出入没有固定的时间，没有人知道它的方向。'说的就是心？"

【读】

牛山的树木因为生长在都城郊外，长期被人砍伐和被牛羊啃食，导致失掉了本来面目。虽然日夜生息，雨露滋润，但是比不上砍伐和人类放牧摧残的速度，导致面目全非，人们无法认识其本来面目。但，这并不意味着其本来面目不存在。就像人性本善，也同样面临着日夜涵养，抵不住白天的反复破坏，人性的泯灭，兽性的勃发，使人们看不到人性善良的本质。如果人性得到滋养，仁心就能生长；如果得不到滋养，仁心就会消亡！人的道德修养，就是把那颗被放纵的心找回来！孟子以牛山之木设喻，告诉后世人，要守护人的本心本性并不是一件容易的事情，要滋养人的本心本性是一件长期的事情，仅仅依靠学校教育是远远不够的，还需要文化熏陶！

【11.9】 一暴十寒

孟子曰："无或①乎王之不智也。虽有天下易生之物也，一日暴②之，十日寒③之，未有能生者也。吾见④亦罕矣，吾退而寒之者⑤至矣，吾如有萌⑥焉何哉？今夫弈之为数⑦，小数也；不专心致志，则不得也。弈秋⑧，通国之善弈者也。使弈秋诲二人弈，其一人专心致志，惟弈秋之为听。一人虽听之，一心以为有鸿鹄⑨将至，思援弓缴⑩而射之，虽与之俱学，弗若之矣，为是其智弗若与？曰：非然也。"

【注】

①无：同"毋"。或：同"惑"，疑惑，困惑。②暴：同"曝"，晒，使之温暖。③寒：使之寒冷。④见：谒见。⑤退：从朝堂上回来。寒之者：包围齐王身边让他的心变冷的宠臣。⑥萌：善的萌动。⑦数：技巧。⑧弈秋：战国围棋高手。⑨鸿鹄：天鹅。⑩援：持。缴（zhuó）：系在箭上的绳子，射鸟用。

【译】

孟子说:"王不聪明,不足奇怪。即使有一种容易生长的植物,一天暴晒,十天受冻,也不会有生存的机会。我谒见大王的次数本来就比较少,我退朝后那些让国君的心变冷的臣子就到了,我觉得就算是对王有善的萌芽又能怎么样呢?如今下棋在各种博弈中属于小技艺;不能专心致志,就不能学好。弈秋是全国下围棋的高手。让弈秋教导两个人下围棋其中一个人专心致志,专心听弈秋指导。另一个人虽然也在听,但一心认为有天鹅将到,老想着拿弓箭去射天鹅,虽然两人一起学围棋,但一心想着天鹅的人不如专心致志的那个人,因为他跟那个人的智力有差距吗?当然不是。"

【读】

这一节孟子阐述人必须持之以恒地修养,才能坚守仁道。一日曝十日寒,肯定达不到效果,甚至荒废。从国君到百姓,修养都是十分重要的修养贵在持之以恒。仁心修养如此,学术修养等也莫不如此。一个国家的文化,如果不能养护仁心,如果不能弘扬仁义,那是非常糟糕,甚至是非常危险的。

【11.10】舍生取义

孟子曰："鱼，我所欲也，熊掌亦我所欲也；二者不可得兼，舍鱼而取熊掌者也。生，亦我所欲也；义，亦我所欲也。二者不可得兼，舍生而取义者也。生亦我所欲，所欲有甚于生者，故不为苟得也；死亦我所恶，所恶有甚于死者，故患有所不辟①也。如使人之所欲莫甚于生，则凡可以得生者，何不用也？使人之所恶莫甚于死者，则凡可以辟患者，何不为也？由是则生而有不用也，由是则可以辟患而有不为也，是故所欲有甚于生者，所恶有甚于死者。非独贤才有是心也，人皆有之，贤者能勿丧耳。一箪食，一豆②羹，得之则生，弗得则死，嘑③尔而与之，行道之人弗受；蹴④尔而与之，乞人不屑也；万钟不辩礼义而受之，万钟于我何加⑤焉？为宫室之美、妻妾之奉、所识穷乏者得我与？乡为身死而不受，今为宫室之美为之？乡为身死而不受，今为妻妾之奉为之？乡为身死而不受，今为所识穷乏者得⑥我而为之？是亦不可以已乎？此之谓失其本心。"

【注】

①辟：同"避"。躲避，回避。②豆：盛羹汤的器具。③嘑：唤牲口的声音。④蹴（cù）：用脚践踏。⑤加：加持，增加好处。⑥穷乏：穷困。得：赞扬。

【译】

孟子说："鱼，是我想要的，熊掌也是我所想要的；二者不可以都得到，就舍弃鱼而获取熊掌。生是我想要的，义也是我想要的；二者不能都得到，就放弃生的权利而取道义。生也是我所要的，所要的有比生更重要的，所以不会苟且偷生；死亡是我所厌恶的，所厌恶的有比死亡更甚的，所以有些祸患不去躲避了。如果使人的欲望没有比生存更重要的，那么凡是可以获得生存机会的，为何不选择生存？如果使人所厌恶的没有比死亡更甚的，那么凡是可以躲避祸患的，为何不去做呢？由此可以知道有可以生存的机会却不愿意选择的，有避免祸患却不愿意做的，那是因为想要的比生存更重要，所厌恶的又比死亡更严重，不只是贤者才有这种想法，人人都有，贤者能够保持它没有丧失而已。一筐饭，一豆汤，获得就生存，不能获得就死亡。用脚践踏着给他，乞丐都不屑于接受。万钟之厚禄我若不分礼义而受之，万钟的俸禄对于我有什么好处呢？为了住华美的宫室，妻妾的供养、我认识的穷困者感激我吗？过去宁肯死都不接受，今天为宫室华美而接受；过去宁肯死都不接受，今天为了妻妾奉养却接受；过去宁肯死都不接受，今天为贫困者的感激而接受，难道这不是可以罢手的吗？这就是人们所说的失去了本心。"

【读】

"舍生取义"的成语出自这一节，舍生取义的中国士人传统就发端于这一节。由简而繁，由浅入深，层层递进，逻辑严密，在不知不觉间征服读者，让读者接受孟子的观点。鱼与熊掌不可兼得，舍鱼而取熊掌；生与义不可兼得，舍生而取义；生是想要的，但还有比生更重要的，所以有时候宁死也不苟且偷生；死是最讨厌的，还有比死更严重的事情，那么死就不必逃避。最后来一组排比句：过去宁肯死都不接受，今天为享受宫室华美而接受；过去宁肯死都不接受，今天为了妻妾的奉养却接受；过去宁肯死都不接受，今天为贫困者的感激而接受，难道这不是可以罢手的吗？如果不停止，就是失掉了本心。——失掉本心的恶果是什么？是利令智昏，是失去自由、失去为人之尊严、失去信誉、失去生命的价值。这不值得世人为之警醒吗？

【11.11】 求其放心

孟子曰："仁，人心也；义，人路也。舍其路而弗由①，放其心而不知求②，哀哉！人有鸡犬放，则知求之；有放心而不知求。学问之道无他，求其放心而已矣。"

【注】

①舍：舍弃。由：遵循。②放：放逸，迷失。求：寻求。

【译】

孟子说："仁，就是人心；义，就是人走的路。舍弃道路不遵循，丧失本心不知道去寻找，悲哀啊！一个人有鸡狗走失了，都知道找回来；有本心迷失了却不知道寻找。道德修养的方法没有别的，只是把丧失的本心收回来。"

【读】

这一节很短，但是内涵丰富。首先用人心来表述"仁"这是伦理学的首创；"义"，就是人走的路，也是伦理学的首创。这首创的背后，说的就是"仁"是人的本心本性；"义"是由"仁"生发出来的正确的道路。这一节形象生动却准确而深刻表达了孟子的仁义观。其次，孟子提出了"学问之道"，孔孟理解的"学问"主要是指关于道德修养的学问，道德修养的根本方法，就是把那迷失、放纵的本心初心收回来，放在心中，终生坚守。有了仁心，就会有与仁心相匹配的道义！

【11.12】 心病何医

孟子曰："今有无名之指屈而不信①，非疾痛害②事也，如有能信之者，则不远秦楚之路，为指之不若人也。指不若人，则知恶之；心不若人，则不知恶，此之谓不知类也。"

【注】

①信：同"伸"，伸直。②害：妨害。

【译】

孟子说："现在有人无名指弯曲不能伸直，虽然疼痛，也不妨碍做事；如果有人能够使无名指伸直，就是走到秦、楚，也不觉得远而去医治，为的是无名指不如人啊。无名指不如人，就知道厌恶；心性不如人，却不知道厌恶。这叫做不知轻重啊。"

【读】

这一节，孟子批评有人不以秦楚之路为远，治疗自己那支弯曲的无名指。但是心不如人，却不知道治理。事实上，自孟子至今，这种人比比皆是；现在满街都是中医馆和西医院，没病当有病治，小病当大病治，但是人心出了问题，却没有什么人意识到自己的心病，更没有人系统思考全社会的心病。非常可惜、非常可悲！

【11.13】 不可思议

　　孟子曰：“拱把之桐梓①，人苟欲生之，皆知所以养②之者。至于身，而不知所以养之者，岂爱身不若桐梓哉？弗思甚③也。”

【注】

①拱：两手所围。把：一手所握。桐：桐树。梓：梓树。②养：培养，滋养。③弗：不能。思：思考。甚：过分。

【译】

　　孟子说：“一两把粗的桐树梓树，人如果想让它生长，都知道如何养护。而对于人自身，却不知道如何滋养，难道爱自身还不如爱桐树梓树？没有认真思考啊。”

【读】

　　这一节，孟子批评世人缺乏身心修养的自觉。为什么懂得如何养护桐树梓树使之成活和苗壮成长，而对于自身的修养，却不知道如何修养身心。不是人们愚笨，而是缺乏反躬自省的自觉。孔子说：“见贤思齐焉，见不贤而内自省也。”，意思是见到德高望重的人就想着如何向他学习，见到品德败坏的人就反躬自问应该如何避免成为他那样的人。孔子的弟子曾参说：“吾日三省吾身：为人谋而不忠乎？与朋友交而不信乎？传不习乎？”意思是每天多次反省自己：受人之托是否忠人之事？与朋友交往是否真诚信实？自己讲授的学术自己亲自实践过了吗？孔子和曾子的话告诉后来人：当反思成为学习方法，反思成为工作方法，反思成为生活方式，反思成为行为习惯，反思成为生命常态，反思成为人格特征，那么事业必然成功，人生必然精彩。到了孟子，终于又开出了补充药方："求其放心而已矣。"修养身心的目的是什么？就是把那颗被放弃、被抛弃、被放纵的心重新找回来，回归本位本心本性！如此简单！

【11.14】身心兼爱

孟子曰：“人之于身也，兼所爱①。兼所爱，则兼所养②也。无尺寸之肤不爱焉，则无尽寸之肤不养也。所以考③其善不善者，岂有他哉？于己取之而已矣。体有贵贱，有小大。无以小害大，无以贱害贵。养其小者为小人，养其大者为大人。今有场师④，舍其梧槚⑤，养其樲棘⑥，则为贱⑦场师焉。养其一指而失其肩背，而不知⑧也，则为狼疾⑨人也。饮食之人，则人贱⑩之矣，为其养小以失大也。饮食之人无有失也，则口腹岂适为尺寸之肤哉？”

【注】

①兼所爱：兼顾爱身体每一寸肌肤。②养：养护。③考：考察。④场师：园艺师。场：场圃；师：管理者。⑤梧槚（jiǎ）：梧桐和山楸。⑥樲（èr）棘：酸枣树。⑦贱：卑贱，低水平。⑧知：智慧，聪明。⑨狼疾：同“狼藉”，糊涂。⑩贱：认为卑贱。

【译】

孟子说："人之于身体，兼爱所有部分。兼爱所有部分，就能够养护所有部分。没有尺寸肌肤不爱护，便没有尺寸肌肤不被保养。考察他养护得好与不好，难道有别的办法吗？只在于自己的选择而已。身体有重要部分和次要部分，有大的部分，也有小的部分。不要因为小的部分损害大的部分，不要因为次要部分损害重要部分。养护小的部分是小人，养护大的部分为大人。现在有园艺师，放弃梧桐山楸，培植酸枣树，就是低水平的园艺师。如果有人养护一只手指而忽视他的肩背，这是不智慧啊，也就是糊涂人。只懂饮食的人，会被人们瞧不起，因为他养护小的部分失掉了大的部分。懂得饮食的人而不忽略其他，那么改善饮食难道只是为了适应每一寸肌肤吗？"

【读】

中国儒家语境中"修养身心"的源头就在这一节。孟子反对养小不养大，反对养贱不养贵，反对养身不养心，目的在于提倡修养身心，也就是身心兼爱，身心兼养，身心和谐，身心发展。如何身心兼养呢？仿效孔子，终身学习。读书是最好的养心，是男人的率性，也是女人的护肤。心养得好，身体一般都养得好。心中有慈悲，心中有慈爱，心中有悲悯，心中有同理心和同情心，人的肤色往往润泽而光滑。那些自带气场的人，其实是养心成功的人。心中没有浩然之气，心中没有正义之气，心中没有渊博学识，哪里会有气场呢？心中没有梦想，心中没有理想，心中没有信仰，缺少了精气神的支撑，身体怎么可能真正健康而阳光呢？

【11.15】 大人之道

公都子问曰："钧①是人也，或为大人，或为小人，何也？"

孟子曰："从②其大体为大人，从其小体③为小人。"

曰："钧是人也，或从其大体，或从其小体，何也？"

曰："耳目之官④不思，而蔽⑤于物。物交物，则引之⑥而已矣。心之官则思，思则得之，不思则不得也。此天之所与⑦我者。先立⑧乎其大者，则其小者不能夺⑨也。此为大人而已矣。

【注】

①钧：均。②从：顺从，引申为重视。③小体：与"大体"相对而言，意为不重要的和重要的。④官：功能。⑤蔽：遮蔽。⑥引之：吸引，干扰。⑦此：上述心的功能。与：赐予，给予。⑧立：确立。⑨夺：剥夺。

【译】

公都子问："都是人，有的人被称作大人，有的人被称作小人，为什么？"

孟子说："重视大体修养的是大人，重视细节修养的是小人。"

公都子说："都是人，有些人重视大体，有些人重视细节，为什么？"

孟子说："耳目的功能不会思考，自然被外物遮蔽。物与物接触，就被外物干扰了。心的功能是思考，思考就能有所得，不思考就不能有所得。这是上天赋予我的能力。因此，先确立身心修养的大体，那么细节就不能改变大体。这就是大人了。"

【读】

这一节孟子分析了大人与小人的区别以及如何成为大人。人，兼爱所有，兼修一切，这往往有难度，只是理念，只是理想，实际做起来，始终有难度。所以，大人往往聪明睿智，重视大体，重视全局，即便忽视细节，也不影响自己成为大人。人是思想的动物。耳目作为局部器官，不具备思考功能，被外物蒙蔽，在所难免。但是心的功能却可以思考，如果人没有思想自由的品质，没有自由思想的习惯，又如何在轻重、缓急、大小、利害、远近、高下之中作出判断和选择呢？有思想自由的品质、自由思想的习惯，就能够修养大体，成为信仰坚定、理想远大、仁以为己任的大人了。

【11.16】 天爵人爵

孟子曰："有天爵^①者，有人爵^②者。仁义忠信，乐善不倦，此天爵也；公卿大夫，此人爵也。古之人修其天爵，而人爵从之。今之人修其天爵，以要^③人爵；即得人爵，而^④弃其天爵，则惑之甚^⑤者也，终亦必亡^⑥而已矣。"

【注】

①天爵：天赋的爵禄。②人爵：世俗的爵禄。③要：追求。④而：却。⑤惑：迷惑。甚：厉害。⑥亡：丢掉。

【译】

孟子说："有天赋爵禄，有世俗爵禄。仁义忠信，乐于行善而不知疲倦，这些是天赋爵禄。公卿大夫，这是世俗爵禄。古代人修养天赋爵禄，自然而然就获得世俗爵禄了。现在的人修养天赋爵禄，目的是求取世俗爵禄；一经得到世俗爵禄，就放弃了天赋爵禄，这糊涂得太厉害了，最终也会失去世俗爵禄。"

【读】

　　天爵人爵的发现，在世界伦理学史上具有开先河的贡献。所谓天爵，就是上天赋予人的仁义忠信乐善好施等，是道德之爵，是人格之爵；所谓人爵，是世俗爵禄，是直接权力和位置。孟子赞扬古代人，修养天爵而自然获得人爵，批评现在的人修养天爵是为了获得人爵，获得人爵之后放弃了天爵，其实最终天爵人爵一起放弃——或者被剥夺。时至今日，很多人获得人爵，连天爵都不修了，直接以金钱、美色获得人爵，当然，最终结局必然如孟子所下的结论：人爵没有了，自由没有了，幸福没有了。

　　教育本来是修"天爵"的，但是如果从幼儿园开始，长达十五年的青少年时期，都在修"人爵"，这样的教育如何能做得好呢？我以为，教育的本质追求无非是两样：其一是守护和弘扬本心本性，弘扬忠孝仁义和礼智信的伦理精神，提升生命的品质，增强生命的气场，扩大生命的张力；其二是深度发掘和培养每个生命的天赋秉性，每个人来到这个世界都有天赋异禀，教育必须让每个生命张扬天赋潜能，让每个生命都活出精彩而无悔此生。

【11.17】 既饱以德

孟子曰："欲贵①者，人之同心也。人人有贵于己②者，弗思③耳矣。人之所贵者，非良贵也。赵孟④之所贵，赵孟能贱之。《诗》云：'既醉以酒，既饱以德。⑤'言饱⑥乎仁义也，所以不愿人之膏粱⑦之味也；令闻广誉⑧施于身，所以不愿人之文绣⑨也。"

【注】

①欲：想。贵：尊贵。②贵于己：自己尊贵的东西。③弗思：没有意识到。④赵孟：晋国正卿赵盾，字孟。⑤既醉以酒，既饱以德：语出《诗经·大雅·既醉》。既：已经。⑥言：讲。饱：饱满。⑦膏粱：比喻精美食物。⑧令：美丽。闻：声望。广誉：广泛的赞誉。⑨文绣：华美的衣服。

【译】

孟子说："追求尊贵，是人的共同心理。人人都有自己可尊贵的东西，只是没有意识到而已。别人所给予的尊贵，不一定是很好的尊贵。赵盾所尊贵的，赵盾也能轻贱它。《诗经·大雅·既醉》说：'酒已经醉了，德已经饱满了。'讲的是仁心的饱满，就不羡慕别人的精美食物；美丽的声望和广泛的赞誉叠加在身上，就不羡慕别人华美的衣服。"

【读】

这一节，孟子从人们追求尊贵的同理心来引导人们追求道德的丰满。别人给予的尊贵，不是真正的尊贵；仁义的追求，仁义的饱满，才是最尊贵的。的确，古往今来，追求学术的人，所尊贵的是学术，不在乎外物！追求国家复兴的人，在乎是民风民智民意，而不在乎自己的实际生活！道德高尚者，并不太在意衣服的华美和饮食的精美。

【11.18】仁胜不仁

孟子曰："仁之胜不仁也，犹水之胜火。今之为仁[1]者，犹以一杯水，救一车薪之火也；不熄，则谓之水不胜火，此又与[2]于不仁之甚者也，亦终必亡[3]而已矣。"

【注】

①为仁：推行仁道。②与：勉强。③亡：失去。

【译】

孟子说："仁可以胜过不仁，就像水能胜火。现在实行仁道的人，就像用一杯水去浇灭一车柴的火，火不能被扑灭，就说水不能胜过火，由此又勉强推断不仁比仁更厉害，最终必然连自己那一点点仁也没有了。"

【读】

孟子的比喻很恰切，仁胜过不仁，就像水能胜火。但是有人以杯水不能救车薪之火，然后片面得出不仁比仁更厉害。一旦确立了这种信念，那么人天赋的仁心人性很快就会被世俗社会的声色犬马所迷失。从历史的角度看，如果仁不能胜过不仁，那么这个世界就是恶人的世界，就是恶势力的世界，就是一个谁的拳头大、拳头硬谁说了算的世界。

【11.19】 仁在乎熟

孟子曰："五谷者，种之美^①者也；苟^②为不熟，不如荑稗^③。夫仁，亦在乎熟之而已矣。"

【注】

①种：庄稼。美：好。②苟：如果。③荑稗：稗子。

【译】

孟子说："五谷，是庄稼中最美的；如果五谷不成熟，还不如稗子。仁，关键也在于成熟啊。"

【读】

这一节孟子强调仁必须是成熟的，必须是饱满的，否则，容易被遮蔽，容易被迷失，容易被不仁所取代。仁也必须是饱满的，才能胜过不仁。仁只有在饱满的状态下，才能产生强大的气场，才能形成慈悲的生命张力。秋瑾女士，本为富家千金，后为官家太太，因为不满于清廷的极度腐朽和黑暗，尤其不满于清廷对人民无以复加的暴虐和欺压，心中的仁爱和慈悲爆发出强大的生命张力，发誓拯救人民；于是东渡日本留学，参加革命，甚至为了理想献出了年轻的生命。无独有偶，《与妻书》的作者林觉民为福建富商之子，仅仅因为省亲路上，看到满地饿殍不如蝼蚁，发愿改变他们的命运，心中的仁爱和慈悲，焕发出强大的生命张力，于是参加革命，最后在黄花岗慷慨就义。

【11.20】 大匠诲人

孟子曰："羿之教人射，必志于彀^①；学者亦必志于彀。大匠^②诲人必以规矩，学者亦必以规矩。"

【注】

①彀（gǔ）：拉满的弓。②大：高明的。匠：木匠。

【译】

孟子说："羿教人射箭，一定志在拉满弓；学习射箭的人也一定志在拉满弓。高明的木匠教人必定要依据规矩，学着做木匠的人也必定依据规矩。"

【读】

虽然孟子讲的是射箭，目的却在于强调推行仁道；讲的是木匠的规矩，目的却在于强调推行仁道或者实行仁道的规矩。推行仁道，犹如射箭，必须拉满弓，必须只争朝夕，必须努力践行。当然，这还不够，还必须讲方法，最重要的方法就是遵循知行合一的教育哲学。道德修养，如果不能知行合一，必然只能得到道德理念与道德实践两张皮，最终不能建立完美的君子人格。

卷十二　告子下

【12.1】轻重相较

任人有问屋庐子^①曰："礼与食孰重？"

曰："礼重。"

"色与礼孰重？"

曰："礼重。"

曰："以礼食，则饥而死；不以礼食，则得食，必以礼乎？亲迎，则不得妻；不亲迎，则得妻，必亲迎乎？"

屋庐子不能对，明日之邹以告孟子。

孟子曰："于答是也，何有？不揣^②其本，而齐^③其末，方寸之木可使高于岑楼^④。金重于羽者，岂谓一钩金与一舆羽之谓哉？取食之重者，与礼之轻者而比之，奚翅^⑤食重？取色之重者，与礼之轻者而比之，奚翅色重？往应之曰：'绐^⑥兄之臂而夺之食，则得食；不绐，则不得食，则将绐之乎？逾东家墙而搂其处子，则得妻；不

楼，则不得妻，则将楼之乎?’”

【注】

①任：古国名，风姓，山东济宁市辖内。屋庐子：复姓屋庐，名连，孟子弟子。②揣：揣度，衡量，探究。③齐：使齐平。④岑楼：像山一样的尖角高楼。⑤翅：同"啻"，止，只有。⑥绤（zhěn）：扭转。

【译】

有个任国人问屋庐子说："礼与食哪个更重要?"

屋庐子说："礼更重要。"

任国人又问："色与礼哪个更重要?"

屋庐子说："礼更重要。"

任国人说："用礼做食物，就会饥饿而死；不用礼做食物，就可以得到食物，一定要遵守礼吗？依礼迎亲就娶不到妻子；不依礼迎亲，就可以娶到妻子，一定要依礼迎亲吗？"

屋庐子不能回答，第二天到邹国告诉孟子。

孟子说："对于回答这个问题，有什么难处？不探究根本，而思考末端齐平，那么方寸大小的木块也可高于像山一样的尖角高楼。金子比羽毛重，难道是说一个衣带钩金子的重量比一车羽毛还要重吗？选取食物的重要方面与礼的次要方面相比，难道是食物重要吗？选取情欲的重要方面与礼的次要方面相比较，难道是情欲重要吗？你去回答他说：'扭断兄长的胳膊夺取食物，就能得到食物；不扭断，就得不到食物，还要扭断兄长的胳膊吗？翻过东家墙楼住姑娘，就能得到妻子；不楼他们家姑娘，就不能得到妻子，那还要楼抱吗？'"

【读】

事关生死的食物与无关重要的礼节相比，食物当然重要，因为没有食物，人就会死亡，生命都不存在了，那么礼节又有什么意义呢？事关个体生命繁衍的"无后为大"与无关重要的礼节相比，娶妻生子当然更重要。孟子儒家最大的特点之一，就是权变。屋庐子犯的错误，今天的人们也经常犯，拿自己的长处与别人的短处相比，拿自己的优势与别人的弱势相比，拿自己的重要方面与别人的次要方面相比，这样的比较其实是没有意义的。没有鉴别的比较毫无意义。

【12.2】人皆尧舜

曹交①问曰："人皆可以为尧舜，有诸？"

孟子曰："然。"

"交闻文王十尺，汤九尺，今交九尺四寸以长，食粟而已，如何则可？"

曰："奚有于是？亦为之而已矣。有人于此，力不能胜一匹雏②，则为无力人矣；今曰举百钧，则为有力人矣。然则举乌获之任③，是亦为乌获而已矣。夫人岂以不胜为患哉？弗为耳。徐行后长者谓之弟④，疾行先长者谓之不弟。夫徐行者，岂人所不能哉？所不为也。尧舜之道，孝弟而已矣。子服尧之服，诵尧之言，行尧之行，是尧而已矣。子服桀之服，诵桀之言，行桀之行，是桀而已矣。"

曰："交得见于邹君，可以假馆⑤，愿

留而受业于门⑥。"

曰："夫道若大路然，岂难知哉？人病⑦不求耳。子归而求之，有余师。"

【注】

①曹交：曹国国君的弟弟，名交。②匹：只。雏：鸡。③乌获：秦武王时期的大力士。任：重。④弟：同"悌"，对年长同辈的尊重。⑤假：借用。馆：馆舍，旅舍。⑥门：孟子门下。⑦病：担心。

【译】

曹交问："每个人都可以成为尧舜，有这回事？"

孟子说："对。"

曹交说："我听说文王十尺高，商汤九尺高，现在我九尺四寸高，也就只是普通百姓而已，这怎么解释呢？"

孟子说："怎么会有这样的想法呢？也就是去做而已。有这样的人，力量不能比一只小鸡大，那这是无力的人；现在能够举百钧，就是有力的人啊。如果能够举起乌获举起的重量，那就是乌获了。人怎么能因为不能胜任而焦虑呢？只是不做罢了。慢慢行走在年长者的后面叫做悌，快速走在年长者的前面叫做不悌。慢慢行走，难道是人所不能做的事情吗？不做罢了。尧舜之道，也就是孝悌罢了。你穿上尧的服装，讲尧的话，走尧的路，你就是尧了。你穿夏桀的衣服，说夏桀的话，做夏桀所做的事，你就是夏桀了。"

曹交说："我要去见邹国国君了，希望可以借一间馆舍，留下来做孟夫子的门徒。"

孟子说:"那道就像大路,难道很难理解吗?只是担心世人不去求道罢了。你回到曹国去求道吧,还有别的老师呢。"

【读】

"人皆可以为尧舜"是孟子原创性的伦理学观点,尧舜是孔孟儒家树立的圣人典型,是否每个人都可以做圣人呢?答案是肯定的,人人都有圣人心性,谁愿意去做圣人,谁就是圣人。禅宗佛教也有类似的观点,见性成佛,佛是觉悟了的众生,众生是未觉悟的佛,一旦觉悟了就是佛。

【12.3】 不怨父母

公孙丑问曰："高子^①曰：《小弁》，小人之诗也。"

孟子曰："何以言之?"

曰："怨。"

曰："固^②哉，高叟^③之为诗也！有人于此，越人关弓^④而射之，则己谈笑而道之；无他，疏^⑤之也。其兄关弓而射之，则己垂涕泣而道^⑥之；无他，戚^⑦之也。小弁之怨，亲亲也。亲亲，仁也。固矣夫，高叟之为诗也！"

曰："《凯风》何以不怨?"

曰："《凯风》亲之过小者也；《小弁》，亲之过大者也。亲之过大而不怨，是愈疏^⑧也；亲之过小而怨，是不可矶^⑨也。愈疏，不孝也；不可矶，亦不孝也。孔子曰：'舜其至孝矣，五十而慕^⑩。'"

【注】

①高子：齐国人，不可详考。②固：固陋，机械。③高叟：高老先生。④关弓：拉满弓。⑤疏：疏远。⑥垂：落。涕：泪。泣：哭泣。道：说。⑦戚：以……为亲戚。⑧愈疏：越来越疏远。⑨矶：触犯，刺激。⑩慕：爱恋，热爱。

【译】

公孙丑问："高子说《诗经·小雅·小弁》，是小人写的诗歌。"

孟子说："凭什么这样说呢？"

公孙丑说："诗中充满怨恨。"

孟子说："太鄙陋了啊，高老先生这样讲解《诗经》！有这样一个人，假如越国人拉满弓要射他，他会笑着谈论这件事情；没有别的原因，因为这个人与他关系疏远。要是他的哥哥拉满弓要射他，就会自己哭着讲这件事；没有别的原因，因为哥哥是他的亲人。《小弁》的怨恨，在于热爱亲人啊。热爱亲人，就是仁。太鄙陋了啊，高先生讲解《诗经》！"

公孙丑说："《凯风》为什么没有怨恨之情呢？"

孟子说："《凯风》，表现了母亲的小过错；《小弁》，表现了父亲的大过错。双亲有大过错而不怨恨，是疏远啊；双亲有小错而怨恨，是受不得刺激。越来越疏远，是不孝；不愿意刺激，也是不孝。孔子说：'舜孝顺到极点，五十岁依然热爱父母。'"

【读】

这一节谈孝道，孟子的观点很有现实意义。双亲如果有大错，不怨恨，不表达，也是不孝，最终会陷父母于不义，甚至父母会因此付出非常惨重的代价。但是，如果父母犯小错就怨恨，唠唠叨叨，那也是不孝。人非草木，孰能无情？人非圣贤，孰能无过？如人饮水，冷暖自知。

【12.4】 何必曰利

宋轻将之①楚，孟子遇于石丘②，曰："先生将何之？"曰："吾闻秦楚构兵③，我将见楚王说而罢之。楚王不悦，我将见秦王说而罢之。二王我将有所遇④焉。"

曰："轲也请无问其详，愿闻其指。说之将何如？"

曰："我将言其不利也。"

曰："先生之志⑤则大矣，先生之号⑥则不可。先生以利说秦楚之王，秦楚之王悦于利，以罢三军之师，是三军之士乐罢而悦于利也。为人臣者怀利以事其君，为人子者怀利以事其父，为人弟者怀利以事其兄，是君臣、父子、兄弟终去仁义，怀利以相接⑦，然而不亡者，未之有也。先生以仁义说秦楚之王，秦楚之王悦于仁义，而罢三军之师，是三军之士乐罢而悦于仁义也。为人臣者怀仁义以事其君，为人子者怀仁义以事其父，为人弟者怀仁义以事其兄，是君臣、父子，兄弟去利，怀仁义以相接也，然而不王者，未之有也。何必曰利？"

【注】

①宋轻（kēng）：战国宋国人，孟子同时代人。之：去。②石丘：地名，不详。③构兵：交兵，打仗。④遇：意见相合。⑤志：志向。⑥号：号召，宣传。⑦接：交往。

【译】

宋轻将去楚国，孟子与他相遇于石丘，孟子问："先生将去哪里？"宋轻说："我听说秦楚将要交战，我准备觐见楚王说服他罢兵。楚王不高兴，我将觐见秦王说服他罢兵。两位君王总会有与我意见相合的吧。"

孟子说："孟轲无须了解详情，愿闻大概，你将怎样去说服他们？"

宋轻说："我将向他们陈述交战不利因素。"

孟子说："先生的志向很大啊！先生的说辞却不可以。先生用利说服秦楚国君，秦楚国君喜欢获利，从而撤退三军将士，这样三军将士开心罢兵而喜欢利。作为人臣怀着利事奉国君，作为儿子怀着利事奉父亲，作为兄弟怀着利事奉他的兄长，这样一来君臣、父子、兄弟最终都会抛弃仁义，怀着利相互交往，然而这样都不亡国的，没有啊。先生用仁义说服秦楚国君，秦楚国君因为喜欢仁义，而撤退三军，这样三军将士乐于撤退且喜欢仁义。作为人臣怀着仁义事奉国君，作为人子怀着仁义事奉父亲，作为人子怀着仁义事奉兄长，这样君臣、父子、兄弟抛弃利而怀着仁义相互交往，这样却不能称王天下，没有啊。何必用利去说服他们呢？"

【读】

孟子是理想主义者，用仁义说服秦楚两位国君，两国的虎狼之师会悦于仁义？人们会用仁义去与人交往？显然这在交相争利的春秋战国时期是很难实现的理想。纵观人类历史，走向文明仍旧是大趋势。以仁义解决国家之间的争端，以仁义解决企业组织的纷争，以仁义解决父子兄弟姐妹妯娌的纠纷，以仁义解决朋友之间的分歧，已成为主流价值观和首选策略。以仁义的方式解决政权更迭，协商、磋商、民主等已经成为政权更迭的优选方式。

【12.5】 理义轻重

孟子居邹①，季任为任处守②，以币交③，受之而不报。处于平陆，储子④为相，以币交，受之而不报。他日由邹之⑤任，见季子；由平陆之齐，不见储子。屋庐子⑥喜曰："连得间⑦矣。"问曰："夫子之任，见季子；之齐，不见储子，为其为相⑧与？"

曰："非也。《书》曰：'享多仪⑨，仪不及物曰不享⑩，惟不役志⑪于享。'为其不成享也。"

屋庐子悦。或问之。屋庐子曰："季子不得之邹，储子得之平陆。"

【注】

①邹：邹国。②季任：任国国君的弟弟。处守：留守。③币：礼物。交：交往。④储子：齐国宰相。⑤之：去。⑥屋庐子：孟子学生。⑦连：屋庐子自称。得：获得。间：失误。⑧相：做宰相。⑨享：馈赠礼物。

仪：礼节。⑩不及：达不到。物：礼物。曰不享：意味着不曾赠送。⑪役志：专注。

【译】

孟子居住在邹国时，季任代替哥哥留守任国（哥哥出访），用礼物与孟子交往，孟子接受礼物却不答谢。孟子住在平陆时，储子担任齐国宰相，用礼物与孟子交往，孟子接受却不答谢。过了些时日，孟子由邹国去任国，拜访了季任；孟子由平陆去齐国，却没有去拜访储子。屋庐子窃喜说："我终于钻到老师的空子了。"就问孟子："夫子去任国，拜访了季任；去齐国，却不拜访储子，难道因为他只是宰相吗？"

孟子说："不是的。《尚书》说：'赠送礼物有很多礼节，礼节不如物品等于没有赠送，因为他不会聚焦于礼物。'这是因为他没有完成赠送的缘故。"

屋庐子高兴。有人问他。屋庐子说："因为季任主持国政没有办法到邹国看孟子，储子可以到平陆看望孟子却没有亲自去。"

【读】

按照周礼，季子赠送孟子礼物，孟子需要上门答谢，但是孟子没有，取而代之的是路过任国的时候，拜访了季子。但是，孟子由平陆去齐国国都，却没有去看望储子，似乎不符合礼义。从表面上看，孟子不去看储子是不对的。但是，在孟子看来，同样都是接受礼物，顺道看季子，无论顺不顺道都不回访储子，背后的理由是孟子认为储子的心意不够真诚：理解季子因为代哥哥主持国政，不能亲自看望孟子；而储子只是国相，有能力有条件亲自看望孟子却没有这么做。儒家重视礼义，理解的背后是情义，如果对方是真心的，这份真情值得珍惜；如果对方是随便应付的，这份情谊也就看淡些。轻重取舍，全由真诚！

【12.6】 名不副实

淳于髡①曰："先名实②者，为人也；后名实者，自为③也。夫子在三卿之中，名实未加于上下④而去之，仁者固⑤如此乎？"

孟子曰："居下位，不以贤事不肖者，伯夷也；五就汤，五就桀者，伊尹也；不恶汙君，不辞小官者，柳下惠也。三子者不同道，其趋⑥一也。一者何也？曰：仁也。君子亦仁而已矣，何必同⑦？"

曰："鲁缪公之时，公仪子为政⑧，子柳⑨、子思为臣，鲁之削也滋甚⑩；若是乎，贤者之无益于国也！"

曰："虞不用百里奚而亡，秦穆公用之而霸。不用贤则亡，削何可得软？"

曰："昔者王豹处于淇⑪，而河西善讴⑫；绵驹处于高唐⑬，而齐右⑭善歌；华周、杞梁之妻善哭其夫而变国俗⑮。有诸⑯

内，必形⑰诸外。为其事而无其功者，髡未尝睹之也。是故无贤者也，有则髡必识之。"

曰："孔子为鲁司寇⑱，不用，从而祭，燔肉⑲不至，不税冕⑳而行。不知者以为为肉也，其知者以为为无礼也。乃孔子则欲以微罪行㉑，不欲为苟去。君子之所为，众人固不识也。"

【注】

①淳于髡：复姓淳于，名髡。②先：以……为先。名：名誉。实：功业。③自为：为自己。④上：君上。下：百姓。⑤固：本来。⑥趋：志趣。⑦同：志趣相同。⑧公仪子：公仪休，鲁国宰相。为政：执政。⑨子柳：泄柳。⑩削：削弱。滋：更加。甚：厉害。⑪王豹：卫国歌唱家。淇：淇水。⑫讴：歌唱。⑬绵驹：齐国歌唱家。高唐：齐国邑城，在今山东禹城西南部。⑭齐右：齐国西部。⑮华周、杞梁：华周和杞梁均为齐国大夫，都为齐国战死。俗：风俗。⑯诸："之于"的合音。⑰形：表现。⑱司寇：官名，主管刑狱、纠察等。⑲燔肉：祭肉。⑳税：同"脱"。冕：帽子。㉑微罪：小罪。行：离开。

【译】

淳于髡说："优先考虑名誉功业的人，是为了百姓；不看重名誉和功业的人，只为独善其身。先生在三卿之中，名誉功业既没有给君上，也没有给百姓就离开，仁人本来就是这样的吗？"

孟子说："处在卑贱之位，不用贤能去事奉不肖之君，这是伯夷啊；五次事奉商汤，五次事奉夏桀，这是伊尹啊；不嫌弃昏君，不辞小官，这是柳下惠啊。三位策略不一样，但是本质上是一致的。这一致是什么？就是仁啊。君子也就是追求仁罢了，何必事事相同呢？"

淳于髡说："鲁缪公的时代，公仪子执政，泄柳、子思辅佐，鲁国的削弱更加厉害；像这样看来，贤能者并无益于国家啊！"

孟子说："虞国不用百里奚而灭亡，秦缪公用了百里奚而成就霸业。不用贤能就会灭亡，被削弱而不灭亡可能吗？"

淳于髡说："过去王豹生活在淇水，那么河西的人们都善于歌唱；绵驹生活在高唐，那么齐国西部的人都善于唱歌；华周、杞梁的妻子善于为丈夫哭泣因而改变国家风俗。内有学养，必然表现在外面。只为了做某事而没有功业的，髡没有看到过。所以没有贤者啊，有贤者我必然认识。"

孟子说："孔子做鲁司寇，不被重用，跟随国君祭祀，祭肉却没有送来，孔子连礼帽都来不及脱下就离开了鲁国。不了解孔子的人以为他是因为祭肉而离开，了解他的人知道他是因为鲁国国君无礼而离开的啊。这是孔子想让自己背负小的罪名而离开，不想因为无故离去。君子所为，普通人本来就不懂。"

【读】

淳于髡对贤人政治提出了怀疑，认为鲁国在鲁缪公（即鲁穆公）的时代，公仪子为宰相，泄柳和子思辅佐，三卿的力量如此强大，贤人政治格局如此理想，但是鲁国依然处于削弱状态。孟子的确有不好回答的尴尬，但是，孟子不做正面回答，而是告诉淳于髡，虞国不用百里奚而灭亡，秦穆公用了百里奚而成就霸业，然后顺势推出一个意想不到的结论，如果不行仁义，岂止是削弱，那是直接亡国。谈到君子到底是为天下苍生，还是为自己独善其身，孟子举了孔子离开鲁国的典型案例，孔子宁可自己背负微小的罪名，也不愿意别人责怪鲁国国君。当然，我的看法不同于孟子和淳于髡，鲁缪公时代的确有三个贤人辅政，但是鲁缪公只是把他们当作摆设，并没有认真采纳他们的意见和建议，更没有在鲁国推动改革，推行仁道，实施王道。所以，淳于髡提出的问题本身是伪命题。古往今来，当政者多数有贤能而不用，往往师心自用，自以为是，最终导致的不是削弱，而是灭亡。

【12.7】长君迎君

孟子曰："五霸[1]者，三王[2]之罪人也；今之诸侯，五霸之罪人也；今之大夫，今之诸侯之罪人也。天子适诸侯曰巡狩[3]，诸侯朝于天子曰述职[4]。春省[5]耕而补不足，秋省敛而助不给[6]。入其疆，土地辟，田野治，养老尊贤，俊杰在位，则有庆[7]；庆以地。入其疆，土地荒芜，遗老失贤，掊克[8]在位，则有让[9]。一不朝，则贬其爵；再不朝，则削其地；三不朝，则六师移之。是故天子讨而不伐[10]，诸侯伐而不讨。五霸者，搂[11]诸侯以伐诸侯者也，故曰，五霸者，三王之罪人也。五霸，桓公为盛[12]。葵丘[13]之会诸侯，束牲、载书而不歃血[14]。初命曰，诛不孝，无易树子[15]，无以妾为妻。再命曰，尊贤育才，以彰有德。三命曰，敬老慈幼，无忘宾旅[16]。四命曰，士无世官⑰，官事无摄，取士必得，无专杀大夫。五命曰，无曲防⑱，无遏籴⑲，无有封而不告⑳。曰，凡我同盟之人，既盟之后，言归于好。今之诸侯皆犯此五禁，故曰，今之诸侯，五霸之罪人也。长君之恶其罪小，逢君之恶其罪大。今之大夫皆逢君之恶，故曰，今之大夫，今之诸侯之罪人也。"

【注】

①五霸：齐桓公、晋文公、秦穆公、宋襄公、楚庄王。②三王：夏禹、商汤、周文王。③适：往，到。巡狩：巡回狩猎。④述职：向天子陈述职守。⑤省：省察。⑥敛：收获。不给：供给有困难的人。⑦庆：奖励。⑧掊克：刻薄之人。掊：搜刮；克：苛刻。⑨让：责备，责罚。⑩讨：天子征有罪叫做讨。伐：诸侯征有罪叫做伐。⑪搂：挟持。⑫盛：最突出。⑬葵丘：宋国地名，在今河南兰考县东。⑭束：捆绑，束缚。载：加上。书：盟誓词。歃血：会盟时杀牲口饮血表示坚守誓言。⑮树子：世子。⑯宾旅：羁旅之臣。⑰世官：官员世袭。⑱曲防：到处修筑堤防遏制水患。曲：遍布，到处；防：堤防。⑲籴：买入粮食。⑳封：封赏。告：报告。

【译】

孟子曰："齐桓公、晋文公、秦穆公、宋襄公、楚庄王这五霸，是夏禹、商汤、周文王的罪人；现在的诸侯，是五霸的罪人；现在的大夫，是现在诸侯的罪人。天子到诸侯国巡视叫做巡狩，诸侯朝见天子叫做述职。春天省察百姓耕种的情况，补给种子不足的人；秋天省察收成的情况，并补助歉收的人。天子进入诸侯国的疆界，看到土地被开垦，田野被整理，老者被赡养，贤者被尊重，出类拔萃的人在位置上，则给予奖励，奖励的是土地。如果进入疆界，看到土地荒芜，老人被遗弃，贤者不得用，搜刮民脂民膏者在位，就要责罚。一次不来朝见，就降低诸侯的爵位；二次不来朝见，就削减他的土地；三次不来朝见，就发动军队征讨。所以天子征讨而不攻伐，诸侯攻伐而不征讨。五霸，挟持部分诸侯以讨伐另一部分诸侯时，所以说，五霸是三王的罪人。五霸，以齐桓公最强盛。葵丘会盟诸侯时，只是绑缚好牲口并以车载盟书而无须歃血为盟。盟约一说，谴责不孝之人，不提倡更换世子，不提倡以妾为妻。盟约二说，尊重贤能，培育英才，以此表彰有道德的人。盟约三说，尊敬老者慈爱幼小，不忘记远方的羁旅之臣。盟约四说，士的爵位不能世袭，做官的不能兼任别的营生，选择士人一定能获得优秀的，不可以专断擅自杀大夫。盟约五说，不能遍地修筑防水堤坝，不要禁止邻国来采购粮食，不要自己有封赏而不报告盟主。誓言，凡是加入同盟的人，订立盟约之后，必须言归于好。现在诸侯都违反了这五条禁令，所以说，今天的诸侯，都是五霸的罪人。助长国君邪恶的罪还算小，逢迎国君邪恶的罪很大。现在的大夫都逢迎国君的邪恶，所以说，现在的大夫是诸侯的罪人。”

【读】

孟子认为，五霸是三王的罪人，他们破坏了夏禹、商汤、文王开创的王朝秩序。这一点，我没有深刻的体会。“长君之恶其罪小，逢君之恶其罪大。今之大夫皆逢君之恶，故曰，今之大夫，今之诸侯之罪人也。”这一句话，时至今日依然振聋发聩，依然如凉水浇背。助长君上的邪恶虽然罪小，但是逢迎国君邪恶的罪更大，后果更可怕！历朝历代中，若下级官员一味逢迎上级，投国君所好，丢掉实事求是的学风，失掉为民请命的作风，失掉以民为本的传统，那么必然导致国君脱离人民。而一旦脱离人民，就像鱼脱离水，除了灭亡，再无第二种结果。

【12.8】 反战先驱

　　鲁欲使慎子①为将军。孟子曰："不教民而用之，谓之殃②民。殃民者，不容于尧舜之世。一战胜齐，遂有南阳③，然且不可。"

　　慎子勃然不悦曰："此则滑厘④所不识也。"

　　曰："吾明告子。天子之地方千里；不千里，不足以待诸侯。诸侯之地方百里；不百里，不足以守宗庙之典籍⑤。周公之封于鲁，为方百里也；地非不足，而俭⑥于百里。太公之封于齐也，亦为方百里也；地非不足也，而俭于百里。今鲁方百里者五，子以为有王者作，则鲁在所损⑦乎，在所益⑧乎？徒取诸彼以与此，然且仁者不为，况于杀人以求之乎？君子之事君也，务引其君以当⑨道，志于仁而已。"

【注】

①慎子：鲁国臣子。②殃：祸害。③南阳：齐国地名，在泰山南部，故称"南阳"。④滑厘：慎子自称滑厘。⑤典籍：法典图籍等重要文献。⑥俭：薄，少。⑦损：减少。⑧益：增加。⑨当：恰当的，正确的。

【译】

鲁国想任命慎子为将军。孟子说："不教育百姓就让百姓打仗，这叫做祸害百姓。祸害百姓的人，在尧舜时代是不被容纳的。即使一仗战胜齐国，占据了南阳之地，这样尚且不可以。"

慎子脸色顿变，不高兴地说："这就是我禽滑厘所不懂的！"

孟子说："我明白告诉你。天子之地方圆千里，没有千里不足以接待诸侯。诸侯之地方圆百里，没有百里不足以持守法典图籍。周公被封在鲁国，就是方圆百里；并不是天子土地不足，不过事实上少于方圆百里。姜太公封在齐国，也应该是方圆百里；不是天子土地不够，不过事实上少于百里。现在鲁国是方圆百里的五倍，你认为如果有圣王出现，那么鲁国的土地是减少呢，还是增加呢？即使徒手从别国能够获得土地给予某一国，仁厚的君王不做这种事，况且要靠杀人来获得这块土地？君子事奉国君，务必引导国君走正确的道路，努力追求仁道罢了。"

【读】

孟子是主张王道、仁道，反战是必然的。人类过往数千年的历史充满了血腥，最大的两次杀戮是两次世界大战。战争的目的是吞并土地，获得既定的目的，而战争的结果是民族独立、国家独立。尤其是"二战"之后，民族独立、国家独立，几乎成为世界潮流。当一个国家的文化、科技、经济等足够好的时候，无须战争，人们会百鸟朝凤！反之，当一个国家自身出了问题，妄图通过战争转嫁经济风险给别的国家，最终只会事与愿违。

【12.9】以仁辅君

孟子曰："今之事君者皆曰：'我能为君辟① 土地，充② 府库。'今之所谓良臣，古之所谓民贼也。君不乡③ 道，不志于仁，而求富之，是富桀④ 也。'我能为君约与国，战必克。'今之所谓良臣，古之所谓民贼也。君不乡道不志于仁，而求为之强战，是辅桀也。由今之道，无变今之俗，虽与之天下，不能一朝居也。"

【注】

①辟：开辟。②充：充实。③乡：同"向"。④富桀：使夏桀富裕。

【译】

孟子说："现在事奉国君的都说：'我可以为国君开辟土地，充实府库。'现在人们所说的良臣，其实是古代所说的民贼。国君的心不向着道，志不在于仁，如此只求富裕，这等于是让夏桀富裕。'我可以为国君结盟国家，战争必然胜利。'现在所谓的良臣，就是古代所说的民贼。国君无心向往道德也志不在于仁政，却想办法替国君打仗，这等于是辅佐夏桀。顺着今天的道走下去，又不改变今天的风俗，就算是把天下给他，他连一天也坐不安稳。”

【读】

用暴力为国君掠夺土地，到底是良臣还是民贼呢？以现代文明的眼光看，当然是民贼。中国历史上以暴力获得天下，最典型的莫过于秦始皇统一中国，但统一之后不行仁政，秦王朝历时总共不过十五年，就轰然坍塌。问题出在不行仁政。善待人民，体恤民心，尊重民意，为民请命，这样的政权才会长久。当然，从根本上讲，必须落实人民的主体地位，国家才能长治久安！

【12.10】税制优劣

白圭曰："吾欲二十而取一[①]，何如？"

孟子曰："子之道，貉[②]道也。万室之国，一人陶[③]，则可乎？"

曰："不可，器不足用也。"

曰："夫貉，五谷不生，惟黍生之；无城郭、宫室、宗庙、祭祀之礼，无诸侯币帛饔飧[④]，无百官有司，故二十取一而足也。今居中国，去人伦，无君子，如之何其可也？陶以寡，且不可以为国，况无君子乎？欲轻[⑤]之于尧舜之道者，大貉小貉也；欲重[⑥]之于尧舜之道者，大桀小桀也。"

【注】

①二十而取一：税制，二十分之一纳税。②貉：北方少数民族。③陶：用作动词，制作陶器。④饔：早餐。飧：晚餐。⑤轻：比……轻。⑥重：比……重。

【译】

白圭说："我想定二十抽一的税制，怎么样？"

孟子说："你的税制，是北方貉国的税制。一万户的国家，只有一个人制作陶器，可以吗？"

白圭说："不可以，陶器不够用的。"

孟子说："那貉国，五谷不能买到，只有黍能生长；没有城郭、宫室、宗庙、祭祀的礼仪，没有诸侯往来的礼物和饮食，没有百官主管，所以二十抽一就够了。现在处在中原，废掉人伦，不要各种官吏，怎么能行呢？做陶器的少了，国家不够用，何况没有官吏呢？比尧舜时期税制更轻的，是大貉小貉的税制；比尧舜时期更重的税制，那是形形色色如夏桀一样国家的税制。"

【读】

关于税制的争议，从未停止。现在很多国家税收很重，远高于十一税制，但是国家依然不够用。有很多国家实行低税率制度，比如北欧，国家并没有出现不够用的现象，相反，人民的幸福指数很高。

【12.11】 以邻为壑

白圭曰："丹之治水也愈^①于禹。"

孟子曰："子过矣。禹之治水，水之道^②也，是故禹以四海为壑^③。今吾子以邻国为壑。水逆行谓之洚水^④，洚水者，洪水也，仁人之所恶也。吾子过矣。"

【注】

①丹：白圭自称丹，丹是白圭的名字。愈：超越。②道：本性。③壑：沟壑，低洼储水处。④洚水：洪水。洚：泛滥的水。

【译】

白圭说："我治水比大禹强。"

孟子说："你错了。大禹治水，是遵循水的本性的，所以禹以四海为受水洼地。现在您以邻国为沟壑。水逆势上涨叫做洚水，洚水，就是泛滥的洪水，是仁人所厌恶的洪水。你说错了。"

【读】

这一节谈的是治水之道，其实深层次理解应该是治世之道。如何治水？当遵循水的本性。如何治世？当遵循人的本性。上天赋予人的叫做本性，尊重本性叫做道，按照本性的规律培养人叫做教育。以教化治国，就是顺着人的本性治国。首先需要守护人的本心本性，仁是人的本心，也是本性。如果人类抛弃了本心本性，上位者对下属缺乏慈悲，人对人缺乏慈悲，人对万物缺乏慈悲，人类彻底丧失了民胞物与和给宇宙以道德终极关怀的生命情感智慧，这个世界将变得非常可怕。其次，要尊重和珍惜每个生命个体的天赋秉性。每个生命来到这个世界，自有其异秉，每个生命因此而不一样，不一样才精彩。教育也好，文化也好，政治也好，必须让每个生命活出自身的精彩。养护人类群体的本心本性，是人类存在的基础；弘扬人类群体的本心本性，张扬个体生命的天赋秉性，是人类文明进步的强大动力。

【12.12】 诚信无价

孟子曰："君子不亮^①，恶乎执^②？"

【注】

①亮：同"谅"，诚信。②恶：什么。执：持守。

【译】

孟子说："君子不讲诚信，还有什么可以持守？"

【读】

这一节很短，但是分量很重。孔子说："自古皆有死，民无信不立。"在孔子看来，诚信比生命更重要。孟子传承了这种价值观。君子如果失掉了诚信，还有什么值得信赖的呢？没有信用，君子还是君子吗？如果在世间立足也困难，那还能做什么。政府如果失掉了诚信，必然陷入塔西佗陷阱。高明的执政者会不惜代价维护政府的诚信！如果诚信都没有了，政府的公信力和统治力几乎都归零了，那么政权也就不存在了。

【12.13】拒人千里

鲁欲使乐正子为政①。孟子曰："吾闻之，喜而不寐。"

公孙丑曰："乐正子强乎?"

曰："否。"

"有知虑②乎?"

曰："否。"

"多闻识③乎?"

曰："否。"

"然则奚为喜而不寐?"

曰："其为人也好善。"

"好善足乎?"

曰："好善优④于天下，而况鲁国乎? 夫苟好善，则四海之内皆将轻千里而来告之以善；夫苟不好善，则人将曰：'訑訑⑤，予既已知之矣。'訑訑之声音颜色距人于千里之外，士止于千里之外，则谗谄面谀⑥之人至矣。与谗谄面谀之人居，国欲治，可得乎？"

【注】

①乐正子：孟子学生，名克。政：担任宰相主持政务。②知：同"智"。虑：谋略。③闻：见闻。识：认知，共识。④优：有余。⑤訑訑（dàn）：傲慢。⑥谗：谗言。谄：谄媚。面谀：当面阿谀奉承。

【译】

鲁国想让乐正子担任宰相。孟子说："我听说这个消息，高兴得不能入睡。"

公孙丑说："乐正子强吗？"

孟子说："不。"

公孙丑说："乐正子有智慧有谋略吗？"

孟子说："不。"

公孙丑说："乐正子见多识广吗？"

孟子说："不。"

公孙丑说："既然这样那您为什么高兴得睡不着呢？"

孟子说："他为人好善。"

公孙丑说："好善就够了吗？"

孟子说："好善绰绰有余于天下，何况只是鲁国呢？如果真的好善，那么四海之内的人都会不以千里为远而来传播善政；如果不好善，那么人们会说：'傲慢，我已经知道了。'傲慢的声色将拒人于千里之外，士人都止于千里之外，那么当面谗言谄媚、阿谀奉承的人就来了。与那些进谗言和谄媚及奉承的人待在一起，国家想治理好，可以做到吗？"

【读】

这一节提出了一个很有趣的问题，主政一方的官员需要站得最高吗？需要形象最伟岸吗？需要品德最好吗？需要能力最强吗？不必，在孟子看来"好善"即可。因为热衷于善，那么与人为善，与民为善，与邻为善，人们将不以千里为远，也传播你的善意、善作、善政、善成，这样国家治理起来不是很简单吗？

【12.14】 士与不士

陈子^①曰:"古之君子何如则仕^②?"

孟子曰:"所就^③三,所去^④三。迎之致敬^⑤以有礼;言,将行其言也,则就之。礼貌未衰,言弗行也,则去之。其次,虽未行其言也,迎之致敬以有礼,则就之。礼貌衰,则去之。其下,朝不食,夕不食,饥饿不能出门户,君闻之,曰:'吾大者不能行其道,又不能从其言也,使饥饿于我土地,吾耻之。'周之^⑥,亦可受也,免死而已矣。"

【注】

①陈子:陈臻。②仕:出仕,做官。③就:就职,做官。④去:挂印,辞官,放弃。⑤迎:迎接。致:表达。敬:敬意。⑥周:周济。之:君子。

【译】

陈臻说："古时候的君子什么情况下可以做官？"

孟子说："就职有三种情况，辞职有三种情况。国君恭敬而礼貌地迎接自己；自己说的话，很快能够付诸行动，那么就可以就职。礼貌没有减少，说的话不能兑现，就辞职。其次，虽然没有兑现自己的话，但是恭敬而礼貌地迎接自己，就可以就职。礼貌都衰减了，就辞职。最后，早餐没得吃，晚餐没得吃，饥饿得无力出门，国君听说了，说：'我大的方面不能实现他的理想，又不能把他的建言付诸实践，使他饿死在我的国土上，那是我的耻辱啊。'于是周济君子，这样君子也可以接受，那只不过是免于死亡而已。"

【读】

封建时代虽然属于专制体制，但是，公职人员并不是铁饭碗，随时有可能被"炒鱿鱼"。同时，为官者也可以随时"炒国君的鱿鱼"，而这个"炒鱿鱼"的传统，居然是孔子开创的，周游十四国，一言不合，拂袖而去，宁可当教师，也不想与国君苟且。这是何等高贵的品质啊！

【12.15】 生于忧患

孟子曰："舜发于畎亩^①之中，傅说举于版筑^②之间，胶鬲举于鱼盐^③之中，管夷吾举于士^④，孙叔敖举于海^⑤，百里奚举于市^⑥。故天将降大任^⑦于斯人也，必先苦^⑧其心志，劳^⑨其筋骨，饿^⑩其体肤，空乏^⑪其身，行拂乱^⑫其所为，所以动心忍^⑬性，曾益其所不能^⑭。人恒过，然后能改；困于心，衡^⑮于虑，而后作；征^⑯于色，发于声，而后喻^⑰。入则无法家拂士^⑱，出则无敌国外患者，国恒^⑲亡。然后知生于忧患而死于安乐也。"

【注】

①发：发迹。畎亩：田野。②傅说（yuè）：商王武丁的梦中贤臣，通过画像，在泥瓦匠中找到，任命为宰相。版筑：夹板筑墙。③胶鬲：纣王的大臣。举：被举用。鱼盐：鱼盐贩子。④管夷吾：齐国宰相管仲。士：狱官，监狱。⑤孙叔敖：楚国令伊。海：海滨。⑥百里奚：秦穆公的重

臣，被秦穆公用五张羊皮从市场上买回来。市：集市。⑦大任：重大使命。⑧苦：使苦恼。⑨劳：使劳累。⑩饿：使饥饿。⑪空乏：使缺乏钱财。⑫行：行为。拂乱：阻碍。⑬动：使……懂。忍：同"韧"，使……有韧性。⑭曾：同"增"。所不能：不会的才能。⑮衡：不顺，阻隔。⑯征：征验，应验。⑰喻：明白。⑱法家：有法度的世臣。拂（bì）士：能够矫正国君错误的辅政大臣。⑲恒：常常。

【译】

孟子说："舜发迹于田野之中，傅说于建筑工地被举用，胶鬲当鱼盐贩子时被举用，管夷吾于监狱被举用，孙叔敖被举用于海滨，百里奚于市场被举用。所以上天想降下重大使命给这个人，必然先让他的心志受到困苦磨炼，使他的筋骨受到劳累磨炼，使他的身体肌肤受到饥饿磨炼，使他自己遭遇身无分文的磨炼，用各种行动去扰乱他的所作所为，以这种方式让他内心坚强而更有韧性，增长他不具备的才能。人常常犯错误，然后能够改正；内心有困惑，思路不顺，然后振作；在脸上表现出来，在呻吟中表达出来，然后才为他人理解。在国内无有法度的世臣和校正错误的辅政大臣，在国外无敌对国家和外部忧患，国家常常容易灭亡。这样之后才懂得忧患使人生存而安乐让人灭亡。"

【读】

这是旧时私塾先生必然选择用来教授蒙童的名篇，也是五四运动以来，几乎无一例外都选入中学教材的经典篇目。今天，重读这一节，可以对现阶段甚嚣尘上的"基因决定高考"一类的荒谬论调给予回答。当代全国各地基础教育办重点学校、重点班的现象较为多见，其理论支撑点就在于"基因决定论"。孟子以"舜发迹于田野之中，傅说于建筑工地被举用，胶鬲当鱼盐贩子时被举用，管夷吾于监狱被举用，孙叔敖被举于海滨，百里奚于市场被举用"六个最典型的例子，无可辩驳地证明，基因不能决定高考，基因不能决定人生，基因更不能决定国家民族的复兴！"基因决定高考"的误导，让太多的国人躺平，让太多的国人失望，让太多的底层人绝望，让太多普通人放弃生命精彩！

【12.16】 教亦多术

孟子曰："教亦多术①矣，予不屑之②教诲也者，是③亦教诲之而已矣。"

【注】

①教：教育。术：方法。②不屑：不值得。之：语气助词，无实义。③是：这。

【译】

孟子说："教育也有很多方法，我不屑于教诲，也是一种教诲啊。"

【读】

孟子这种不屑于教诲也是一种教诲，显然受到孔子的深度影响。鲁国人孺悲来拜见孔子，孔子称病推辞不见。传话的人刚出门，孔子便取来瑟边弹边唱，有意让孺悲听到。孔子此举至少有三重意思：一是孔子行不言之教。孔子认为孺悲人格有问题，不想见，不愿见，于是采取"取瑟而歌"的方法告诉孺悲：你有问题，我不愿意见你，至于问题在何处，你自己好好想一想吧。二是孔子行音乐之教。以孔子音乐艺术的造诣，足可以用音乐表达志向，表达思想，"取瑟而歌"，让孺悲自己听音乐，听懂孔子想说的话。三是含蓄拒绝不失礼。如果直接拒绝来访者，属于失礼的行为，以这种含蓄而仁厚的方式予以拒绝，且给孺悲后来向孔子学礼留下一扇可以敲开的门。那么，读到此处，可以思考，孟子耐人寻味的不言之教！

卷十三 尽心上

【13.1】本心本性

　　孟子曰："尽其心^①者，知其性^②也。知其性，则知天^③矣。存其心^④，养其性^⑤，所以事天^⑥也。殀寿不贰^⑦，修身以俟^⑧之，所以立命也。"

【注】

①尽：极限，极近，充分发挥。心：本心。②知：知道，懂得。性：本性。③则：就。天：天意。④存：保存。心：本心。⑤养：涵养。性：本性。⑥所以：凭这样。事：对待。天：天意，天命。⑦殀：同"夭"，早死。寿：长寿。不贰：不二心。⑧以：来。俟：待，对待。

【译】

孟子说："极近本心，方知本性。知道本性，就知道天意。持守本心，涵养本性，以这种方式对待天命。夭折长寿都有天意，修养身心对待天命，这就是安身立命的方法。"

【读】

孔子说："五十而知天命。"王德峰先生说，人到了四十岁，还不懂得天命，那是非常遗憾的事情。在人生的道路上，我也走了五十多年了。最重要的是坚守一颗慈悲之心，这是仁心，也是本心，在此基础上生长出来的理念、信念、思想、理想等，都有了生命情感的滋养，都具有了本性的色彩。人生如果能够持守慈悲之心，能够涵养由慈悲而生发的本性，就是对待天命最好的方式，剩下的名誉、权力、利益等还有那么重要吗？生死有命，富贵在天，坚守本心，涵养本性，安身立命，夫复何求？

【13.2】 正命无憾

孟子曰："莫非命①也,顺受其正②,是故知命者不立乎岩墙③之下。尽其道④而死者,正命⑤也;桎梏⑥死者,非正命也。

【注】

①命:天命。②顺:顺应。受:秉受,接受。正:正常的命运。③乎:于。岩墙:危墙,即将倒塌的墙。④尽:竭尽,极近。道:人生大智慧,也就是慈悲。⑤正命:正常的命运归宿。⑥桎梏:脚镣和手铐。

【译】

孟子说:"莫不是天命啊,顺应天命正途,因此君子不会站在危墙下。尽力求道而至死不渝的人,这是正常的命运归宿;戴着脚镣手铐而死的人,那不是正常的命运。"

【读】

对于任何人来说,虽然命运走向与本心本性、天赋使命相关,但是后天的学习、勤奋、努力,都是可以改变命运的。为什么?我出生在只有十二户人家的小村庄,在没有走出小村庄之前,我见过的最高大上的职业就是拉板车,所以,当小学老师问我的理想时,我毫不犹豫地说:"拉板车。"老师问我:"为什么?"我说:"赚钱养外公。"基于本心本性,我那时的理想就是板车车夫。上了初中,读了苏叔阳的《大地的儿子——周恩来的故事》，老师问我的人生理想，我回答："总理。"这个变化正是因为后天环境的变化、人生的结构性变化等造成的。命运是基于本心本性的常态生命轨迹，但是改变命运的方法是通过学习"大其心"，扩充本心，以江为心，以海为心，以地为心，以天为心，以宇宙为心。这就是"大其心"的过程，也就是改变命运的过程！

君子不立于危墙之下。人生一世，各有使命。我这一生的使命是推动教育改革，就两个要点：一是养护人的本心，弘扬人的本性，把人培养成人，培养成高尚的人；二是发掘个体异秉，让每个生命活出个性和精彩。这样的教育才有意义！这种使命自觉，让我懂得珍惜生命！用一生完成自己的使命！

【13.3】 求在内心

孟子曰："求则得①之，舍则失②之，是求有益于得也，求在我者也。求之有道③，得之有命④，是求无益于得也，求在外⑤者也。"

【注】

①求：追求。得：收获，获得。②舍：舍弃。失：失去。③道：原则。④命：天命与命运的因素。⑤外：外物，外在。

【译】

孟子说："追求就会获得，放弃就会失去，这追求有益于获得，因为追求在于我内心。追求有一定原则，获得由天命和命运决定，这追求无益于获得，因为追求是外在的行为。"

【读】

有些东西，追求就有，放弃就会失去，这追求有益于获得，因为这种追求契合本心本性。顺着自己的心性而去学习自己有兴趣的技艺，当然会成功。顺着自己的心性而去追求自己的事业，当然会有所成就。追求也是有原则的，不是什么都能"心想事成"的，追求的对象若不符合心性的需求，那就应当尊重天命和命运，摒弃背离本心本性的外在行为。

【13.4】反身而诚

孟子曰："万物皆备①于我矣。反身而诚②，乐莫大焉。强恕③而行，求仁莫近焉。"

【注】

①备：完备、周详。②反身：返回自身。诚：诚实。③强：勉强。恕：恕道。

【译】

孟子说："于我来说，世间万物丰富多彩。返回内心自求而真诚，没有比这更快乐的事情。努力行恕道，追求内心的柔软没有比这更接近的了。"

【读】

人在世间，有太多好吃的、好穿的、好玩的、好听的，但是对于我来说，真正的快乐是遵从本心的呼唤，做顺乎本性的事情，没有比这更快乐的事情了。比如本人，不在乎衣着、口腹之欲、游戏，却很在乎读书和探求真理。在迷茫的时候，夜深人静之时，回到内心，回到良知，就知道此生的价值是什么，应该做的事情是什么。努力实践恕道，放下恩仇，放下怨恨，还内心以宁静，做自己的学问。世间上还有什么比追求和发现真理更快乐的事情呢？

【13.5】 不知其道

孟子曰："行之而不著①焉，习矣而不察②焉，终身由之而不知其道③者，众④也。"

【注】

①行：做事。著：明理。②习：习以为常，司空见惯。察：体察。③由：沿着。道：最高的智慧。④众：平庸的众生。

【译】

孟子说："实践却不明理，司空见惯却不体察真理，终生沿着某种固定线路却不知真正的大道，是平庸之人啊。"

【读】

很多人忙碌一辈子，既不能富，也不能贵，更不能精神富足，做一个精神生活丰盈者都是奢侈。为什么？因为做事不明理，习以为常而放弃思考，按照某种固定的思维模式处理一切事情，当然不会创新，当然不会有奇迹。这样的人真的很平庸。孔子说："朝闻道，夕死可矣。"没有求道的人生不值得过，没有悟道的人生会非常遗憾！

【13.6】羞恶之心

孟子曰："人不可以无耻，无耻之耻，无耻矣。"

【译】

孟子说："人不可以无羞耻之心，连无耻都不觉得耻辱，那真是无耻至极了。"

【读】

无羞恶之心，非人也。将无耻作为常态，作为习惯，作为自己的人格，且不能自我觉悟的人，真是无耻至极！贪得无厌而不知耻辱，无心做事却有心算计人而不知耻辱，总之一切无耻的事情都成为自己无须提醒的自觉，这恐怕是人世间最无耻之徒。

【13.7】机变之巧

孟子曰："耻之于人大^①矣，为机变之巧^②者，无所用耻^③焉。不耻不若人，何若人有？"

【注】

①耻：知道羞耻。大：大节。②为：做。机变之巧：投机而取巧。③无所用耻：无羞耻之心。

【译】

孟子说："有羞耻之心对于人来说是大节，习惯于投机取巧的人，早已没有了羞耻之心。不以不如人而感到羞耻的人，怎么能够像别人那样呢？"

【读】

知羞耻是人的大节，投机取巧成为习惯的人，羞耻之心已经麻木。历代很多贪婪者，刚开始的时候，尚有良知，起初会常有羞耻之感，但是随着贪污数额越来越多，也就逐渐麻木了。孔子说："见贤思齐焉，见不贤而内自省也。"但是，很多人却到了不以不如人为羞耻，那又怎么能够向别人学习，像别人那样只争朝夕呢？三十年前，我所认识的那些不愿意投机取巧的人，在三十年后或成为名师，或成为一校之长，或主政一方。这是我眼见为实的案例！

【13.8】乐道忘人

孟子曰："古之贤王好善而忘势^①；古之贤士何独不然？乐其道而忘人之势，故王公不致敬尽^②礼，则不得亟见之^③。见且由不得亟，而况得而臣^④之乎！"

【注】

①势：权势，优越感。②致：表达敬意。尽：全心。③亟：屡次。之：古之贤士。④臣：以为臣。

【译】

孟子说："古代贤王好善而忘记了自己的权势地位；古代贤士却独独不是这样？以求道为快乐而忘了他人的权势地位，所以王公贵族如果不是充分表达符合礼义的敬意，那么就不能够经常见到贤士。见面尚且不能经常性，何况要贤士做自己的臣子呢？"

【读】

尚贤是孟子儒家的重要思想。贤王往往好善而忘了自己的权势，贤士则往往因为乐道而忘了别人的权势。如此，才能保持贤王与贤士的距离。后世社会，凡是帝王能够礼贤下士的，国家兴旺；凡是帝王颐指气使的，国家必然灭亡。一个团队，一个组织，上位者总是自以为是、自作聪明、自我陶醉，那么这个团队和组织一定会走下坡路。当局者迷，旁观者清。术业有专攻，自以为什么都行的领导者，他的团队发展可能是最慢的也可能是最糟糕的。古今中外，没有例外！

【13.9】 士人精神

孟子谓宋勾践①曰："子好游②乎？吾语子游③。人知之，亦嚣嚣④；人不知，亦嚣嚣。"

曰："何如斯⑤可以嚣嚣矣？"

曰："尊德乐义，则可以嚣嚣矣。故士穷不失义，达不离道。穷不失义，故士得己焉；达不离道，故民不失望焉。古之人，得志，泽加于民；不得志，修身见⑥于世。穷则独善其身，达则兼善天下。"

【注】

①宋勾践：人名，不可详考。②游：游说诸侯。③语：告诉。游：游说的方法。④嚣嚣：自得其乐的样子。⑤何如：如何。斯：才。⑥见：扬名。

【译】

孟子对宋勾践说："你喜欢游说诸侯吗？我告诉你游说的方法。别人理解，你也自得其乐；别人不理解，你也自得其乐。"

宋勾践说："怎样才能做到自得其乐呢？"

孟子说:"崇尚道德,以道义为乐,就可以自得其乐了。所以士人穷困时不失正义,显达时不背离正道。穷困不失正义,所以士人能自得其乐;显达不背离正道,所以百姓不会失望。古代人,得志,则恩泽于百姓;不得志,就修身而彰显名节于当世。穷困时便保持独立人格,显达时则让天下都向善。"

【读】

士人如何与当局者相处,孟子的主张:别人理解,自得其乐;别人不理解,也自得其乐。何为自得其乐?守得本心,守得本性,不失道义,不失正道。如果穷困,就保持人格独立,不同流合污,不同俗自媚;如果显达,就要推行仁道,让天下人都归于善良。孟子所倡导的就是中国古代士人精神:穷困不失正义,显达不背正道;穷则独善其身,达则兼济天下。这过时了吗?没有。士人精神是中国读书人最宝贵的传统。时至今日,仍需要发扬,需要弘扬。

【13.10】道义自觉

孟子曰："待文王而后兴者，凡^①民也。若夫^②豪杰之士，虽无文王犹兴。"

【注】

①凡：平常的。②若夫：至于。

【译】

孟子说："等待文王教化才能奋发有为的，那是平常百姓。至于那些豪杰之士，即使没有文王教化也奋发有为。"

【读】

对于普通百姓而言，孟子主张教化治国，开启民智，然后百姓才能奋发有为。而对于豪杰之士，出类拔萃者能够实现道德自觉、责任自觉、道义自觉，懂得人之为人的天赋使命，懂得为人一世的高尚追求，所以出类拔萃者属于自用之才，无须教化而自觉自立自强。

【13.11】 自视欿然

孟子曰："附之以韩魏①之家，如其自视欿然②，则过人远矣。"

【注】

①附：增益。韩魏：三家分晋前韩魏属于大家，对于国家来说是举足轻重的世家望族。②欿（kǎn）然：谦和自得的样子。

【译】

孟子说："用韩魏两家的权势财富加持给他，如果他依然谦和自得，那他超越普通人已经很远了。"

【读】

贫贱不能移，富贵不能淫，这是孟子理想的君子人格。在贫困之中不失其道义，已经不是普通人；富贵了心性也不动摇，依然谦和，依然不自满，了不起。古今多少人，得意忘形，得势就忘了来时的路，忘了初心。富也罢，贵也罢，心依旧！

【13.12】 虽劳不怨

孟子曰："以佚道使^①民，虽劳不怨。以生道杀民，虽死不怨杀者。"

【注】

①佚：同"逸"，自由安乐。道：方法，政治准则。使：管理。

【译】

孟子说："以自由安乐的方法管理百姓，百姓即使劳累也不会怨恨。为求百姓生存而杀人，被杀的人不会怨恨杀人的人。"

【读】

百姓过得很好，就顺其自然，让百姓自由、安逸、快乐，就算是自己劳累，也不会怨恨当局。儒家学说中，自由并没有缺位。自由是人的本心本性，是人的天赋天性，平治天下的人当然必须尊重和敬畏百姓自由的权利。

当百姓的生活生存受到严重威胁的时候，逼不得已而杀人，百姓理解，被杀者的家属也不会怨恨。何以见得？十四年抗战，数百万川军出川，为了民族生存，绝大部分不能回川，血沃中原而无怨无悔。数百万粤军，为了抗击日军，慷慨赴死而无怨无悔，少有生还者。数百万广西子弟兵奔赴抗战前线，几乎没有生还。川、粤、桂三地人民皆不怨恨国家，因为抗战是全体百姓和国家的生机所系。

【13.13】 化民成俗

孟子曰："霸者之民驩虞^①如也。王者之民皞皞^②如也，杀之而不怨，利之而不庸^③，民日迁善而不知为之者。夫君子所过者化^④，所存者神^⑤，上下与天地同流^⑥，岂曰小补之哉？"

【注】

①霸者：霸主。驩虞：即欢娱。②皞皞（hào）：同"浩"，自由自得貌。③庸：用，酬谢。④化：化民成俗，改变风尚。⑤所存者：所生活过的地方。神：存。⑥同流：相同的频率和方向。

【译】

孟子说："霸主的百姓欢娱。王者的百姓自由，被杀了也不怨恨，获利了也不酬谢，百姓日益向善而不知不觉。君子所过之处，百姓都不知不觉被感化，所生活过的地方都被神化，上下与天地保持同道，这哪里只是小修小补呢？"

【读】

因为霸主的功业，获得了丰厚的物质财富，所以百姓可以安心享受生活。但是，美中不足的是，其百姓并无自由，每个人都是国家中的一个小分子，每天都有可能为国家的某些不一定正确的决策献出生命。王者的百姓不一样，自由自得，违法被杀也不怨恨，因为必须付出生命代价。获得社会福利也不用三呼万岁，不用歌颂皇恩浩荡，百姓自觉向善而并不觉得是谁让他们这么做。王者天下如此，全有赖于君子。君子所过，百姓如沐春风；君子所处，百姓仰慕其高尚道德和高洁人格；君子所行，遵天道地道，行不言之教，这当然不是小修小补，而是化民成俗的大事！

【13.14】 民敬民爱

孟子曰："仁言不如仁声①之入人深也，善政不如善教②之得民也。善政，民畏之；善教，民爱之。善政得民财，善教得民心。"

【注】

①仁言：仁爱的语言。仁声：仁厚的音乐。②善政：好的治理。善教：好的教化。

【译】

孟子说："仁爱的教诲不如仁厚的音乐那么深入灵魂，好的治理不如好的教化能够深得民心。好的政治，百姓畏服；好的教化，百姓热爱。好的政治获得百姓的财富，好的教化获得百姓的人心。"

【读】

这里"仁声"是指仁厚的音乐。孔子开创乐教传统，在孔子看来，只有系统接受了"乐"的熏陶，人的性格才算成熟。孟子认为，仁厚的音乐比仁爱的言语更能沁人心脾，更能直入人心，更能塑造灵魂。这一节所谓善政，是指高效率的政治管理体制，它能得到百姓的财富，想征收就征收，想没收就没收；但是教化，却能深得民心，让百姓自觉，让百姓劳而不怨，让百姓自愿为国家民族复兴奉献才华和青春。一个国家走向文明，需要有好的制度保障，也需要有好的教育推动和好的文化滋养，缺一不可。

【13.15】良能良知

孟子曰："人之所不学而能者，其良能也；所不虑而知者，其良知①也。孩提②之童无不知爱其亲者，及其长也，无不知敬其兄也。亲亲，仁也；敬长，义也；无他，达③之天下也。"

【注】

①良知：天赋智慧。②孩提：初生婴儿。③达：推广。

【译】

孟子说："人不学就具有的能力，叫做天赋能力；无须思虑就知道的能力，叫做天赋智慧。婴儿没有不知道热爱双亲的，等到长大了，没有不知道尊敬兄长的。爱双亲，是仁；尊敬兄长，是义；没有别的原因，就是推广到了天下。"

【读】

爱双亲，是良知；敬兄长，是良知。治理天下没有什么特别的，就是把这种良知推广到天下。良能不可恃，什么都可以学会。良知却是十分宝贵的，不能遮蔽，不能迷失，相反，需要充盈，需要推广，需要发扬光大！三十年前有一句歌词："只要人人都献出一点爱，世界将变成美好的人间！"讲的就是良知的扩充、弘扬、光大。"明明德"就是弘扬良知良能，"明明德于天下"，这个世界自然温暖、自然美好、自然可爱！

【13.16】沛然莫御

孟子曰："舜之居深山之中，与木石居，与鹿豕游①，其所以异于深山之野人者几希②；及其闻一善言，见一善行，若决江河，沛然莫之能御③也。"

【注】

①豕：野猪。游：同游。②几希：微乎其微。③沛然：奔腾貌。御：阻止。

【译】

孟子说："虞舜居住在深山之中，与树木石头相伴，与鹿和野猪同游，他与深山里的人之间的区别微不足道；等到他听到一句善言，见到一个善行，就会像江河决堤，奔腾而不能控制啊！"

【读】

孟子对舜的生活环境的描述属于夸张，独处深山，木石为伴，鹿猪同游，与野人无异，一旦听到善言，见到善行，就如长江黄河决堤，一泻千里而不可控制。这夸张的背后，只想强调：舜的仁是天生的，不会被遮蔽，只需要诱发，就有如江河决堤，奔腾不止！

【13.17】 有所不为

孟子曰:"无为其所不为,无欲其所不欲,如此而已矣。"

【译】

孟子说:"不做自己不想做的事情,不想自己不想要的东西,如此而已。"

【读】

人生很短,与人交往要有所选择,志不同道不合者何必来往?做事情要有所选择,自己讨厌的事情何必要做?吃东西要有所选择,自己不喜欢吃的食物何必为难自己?旅游要有所选择,自己不想去的地方何必要去?做学问要有所选择,自己不感兴趣的领域何必要花费精力?有所为有所不为,人才能有所作为,作出突出贡献。一辈子很长,但是也很短,什么事都做当然一事无成,什么人都当朋友当然没有精力,什么学术都涉猎当然不会有突破!

【13.18】 孤臣孽子

孟子曰："人之有德、慧、术、知①者，恒存乎疢疾②。独孤臣孽子③，其操心也危④，其虑患也深，故达⑤。"

【注】

①之：助词，无实义。德：道德。慧：智慧。术：技术。知：才智。②恒：常。疢（chèn）疾：灾患。③独：只有。孤：孤立无援。孽子：非嫡妻所生的孩子。④危：心存戒惧。⑤达：通达。

【译】

孟子说："人有道德、智慧、技术、才智，是因为常常处在困厄状态。唯独那些位卑势微的远臣庶子，操心且常心存戒惧，他们思虑忧患也很深，所以通达成熟。"

【读】

孔子说："我少也贱，故能多鄙事。"小时候家境贫困，所以能做很多具体的琐事。到了孟子，就发展到："生于忧患，死于安乐。"逆境有利于人才成长和成熟。

"君子之泽五世而斩"，为什么五世而斩？甚至维持不了五世，走入"富不过三代"的陷阱。因为第一代富了，第二代就开始生活在纸醉金迷之中了，创造财富也基本不可能，第三代继续走上颓废之路，中断财富链条，走向困顿，已经是大概率事件。有些国家，遗产法规定要上交70%以上，甚至90%以上的遗产税，可能是为了避免"君子之泽五世而斩"。有些国家的年轻人，十八岁以后要花家长的钱，必须向家长办理借款手续，工作以后必须偿还；而有些成为商贾巨富的家长，在退休的时候，会把遗产捐赠给社会，把企业委托给职业经理人，而不是留给子孙，也可能是为了打破"君子之泽五世而斩"的魔咒。当然，这只是站在"家长"的立场上看问题，如果站在国家民族的立场上看待这个问题，我认为，年满十八周岁用钱需要找父母办理借款手续，遗产留给社会不留子孙，企业委托职业经理人而不委托子孙，有利于下一代人的健康成长！

【13.19】 正己物正

　　孟子曰："有事①君人者，事是君则为容悦②者也；有安社稷③臣者，以安社稷为悦者也；有天民④者，达⑤可行于天下而后行之者也；有大人⑥者，正己而物正⑦者也。"

【注】

　　①事：事奉。②是：这。容悦：迎合取悦。③社：土神。稷：谷神。④天民：天赋仁道的人。⑤达：通达。⑥大人：圣人。⑦正己：端正自己。物正：万物端正。

【译】

　　孟子说："有事奉国君的人，事奉国君是为了取悦君上；有能安邦定国的重臣，以安社稷平天下而乐；有天赋仁道的人，使仁道通达天下而后去实行；有圣人，端正自己而正天下。"

【读】

　　孟子把臣子分为几类：第一种是事奉国君，诚惶诚恐只求取悦的人，这种人多数时候以迎合国君、取悦国君为自己的使命，中国数千年里的宦官和奸臣，大多属于这一类。第二种是能安社稷的臣子，因为建立不世之功而高兴，中国数千年之开国功臣和将领大多属于这一类。第三种是自有天赋仁心，且能让仁道传播于天下再去实施的人，孔子、孟子、韩愈、柳宗元等，属于这一类。第四种是在高位能够正己而正天下的人，传说中的尧、舜、禹、汤、周文王、周武王和周公姬旦属于这一类。圣人治国模式，不是最好的模式，谁也无法保证圣人之后接大位的依然是圣人，既然"君子之泽五世而斩"，何必留恋圣人之名位呢？与其期待圣人治国，还不如期待"人皆可以为尧舜"，人人都是仁者，人人都是良知良能者，岂不更好！最好的模式，是自然模式，是自由模式，是"我无为而民自化"而"人皆为尧舜"的模式。

【13.20】 君子三乐

孟子曰："君子有三乐，而王天下不与存①焉。父母俱存，兄弟无故，一乐也；仰不愧于天，俯不怍②于人，二乐也；得天下英才而教育之，三乐也。君子有三乐，而王天下不与存焉。"

【注】

①与存：包括在其中。②怍（zuò）：惭愧。

【译】

孟子说："君子有三件乐事，但称王天下不包括在其中。父母俱在，兄弟无病故，这是第一件乐事；上无愧于天，下无愧于人，这是第二件乐事；得到天下英才而教育他们，这是第三件乐事。君子有三件乐事，但是称王天下不在其中。"

【读】

孟子探讨生活的本质是什么？是快乐，是平常的快乐，是平淡的快乐，是粗茶淡饭的快乐，而不是称王天下的极端权贵的快乐。父母俱在，兄弟都全，这是人伦之乐；上无愧于天，下无愧于人，这是内心之乐；得天下英才而教之，这是君子传承道统之乐。而称王天下居然不在君子的快乐之中。果真如此吗？活出生命味道的人，当然认同。哪怕贵为天子，诚惶诚恐如朱元璋者，哪里有快乐？一人之下万人之上的宰相如刘伯温者，伴君如伴虎，如临深渊，如履薄冰，想要个寿终正寝都不可能！人生味道，冷暖自知！

【13.21】 四体不言

孟子曰："广土众①民，君子欲之，所乐不存焉②；中天下而立③，定④四海之民，君子乐之，所性⑤不存焉。君子所性，虽大行不加⑥焉，虽穷居不损⑦焉，分定⑧故也。君子所性，仁、义、礼、智根⑨于心，其生色也睟然⑩，见⑪于面，盎⑫于背，施⑬于四体，四体不言而喻。"

【注】

①广：扩大。众：增加。②存：在。焉：于此。③中天下：天下正中间。立：站立，居住。④定：安定。⑤所性：本性。⑥虽：即使。加：增加。⑦损：减少。⑧分：本分，本性。定：确定。⑨根：植根。⑩睟（suì）然：温润的样子。⑪见：显现于。⑫盎：充满。⑬施（yì）：蔓延。

【译】

孟子说："扩大疆域增加百姓，这是君子想做的，但是他的乐趣不在这里；居处天下正中，安定四海百姓，君子以此为乐，但是君子本性不在这里。君子本性，即使理想大兴于世界也不会增加，即使穷困隐居也不会减少，因为本性已定。君子本性，仁、义、礼、智已植根于心，本性生长

出来很温润，显示在脸上，充盈在背上，延伸到四肢，四肢不能说话却能
明白。"

【读】

君子可以建功立业，但那不是君子的乐趣所在；君子可以安定四海百
姓，但那不是君子的本性所在。仁、义、礼、智植根于心，达而不增，困
而不减，已经成为生命的常态，成为人格特征，成为人的气质和气场，成
为一种能够给生命以充盈和丰满的内蕴力量。这是君子本性吗？是的。为
什么？古往今来，多少人因为不能守本性而不得善终？建功立业如韩信
者，不知君子之乐，不知君子本性，不知激流勇退，最后死于非命。这样
的例子如满天星斗，举不胜举。

【13.22】民无冻馁

孟子曰："伯夷辟^①纣，居北海之滨，闻文王作，兴曰：'盍^②归乎来，吾闻西伯^③善养老者。'太公辟纣，居东海之滨，闻文王作，兴曰：'盍归乎来，吾闻西伯善养老者。'天下有善养老，则仁人以为己归矣。五亩之宅，树墙下以桑，匹妇蚕之，则老者足以衣帛矣。五母鸡，二母彘，无失其时，老者足以无失肉矣。百亩之田，匹夫耕之，八口之家足以无饥矣。所谓西伯善养老者，制其田里^④，教之树畜^⑤，导^⑥其妻子使养其老。五十非帛不暖，七十非肉不饱。不暖不饱，谓之冻馁^⑦。文王之民无冻馁之老者，此之谓也。"

【注】

①辟：同"避"，躲避。②盍：何不。③西伯：西方诸侯之长，周文王。④制：制定制度。田：田地。里：住宅。⑤树：种植。畜：饲养家

畜，畜养。⑥导：引导，教导。⑦冻：受冻。馁：挨饿。

【译】

孟子说："伯夷躲避纣王暴政，隐居在北海边，听说文王兴起，高兴地说：'何不归依他，我听说西伯文王能赡养老人。'姜太公躲避纣王暴政，隐居在东海边，听说文王兴起，高兴地说：'何不归依他，我听说文王能赡养老人。'天下有能赡养老人的人，那么仁人便把自己托付于他了。五亩的房子，在墙下栽种桑树，妇女养蚕缫丝，那么老人足以穿丝织品。五只母鸡，两头母猪，不违时节，老年人不会没有肉吃。百亩的田地，男子去耕种，八口之家不会担心饥饿。人们所说的西伯文王善于赡养老人，做法是制定田地和房宅的制度，教导人们种植和养殖家禽家畜，引导妻儿赡养自己家的老人。五十岁没有丝织品穿不暖，七十岁没有肉吃不饱。穿不暖吃不饱，叫做受冻挨饿的老人。周文王的百姓没有受冻挨饿，讲的就是这么回事。"

【读】

农耕文明的伦理哲学离不开百姓安居乐业。先秦诸子谈政治，无不把养老作为一个重要的问题，甚至作为仁政的标志。深入思考，放在今天也不过时。有些人想移民，是觉得移居国养老政策好。养老政策好，是源于社会制度好。一个国家要想吸引人才，首要的是有足够好的政策制度，然后才可以谈高质量发展与弘扬人类共同价值观。

【13.23】　富民优先

孟子曰："易其田畴①，薄其税敛②，民可使富也。食之以时③，用之以礼④，财不可胜⑤用也。民非水火不生活，昏暮叩人之门户求水火，无弗与⑥者，至足矣。圣人治天下，使有菽⑦粟如水火。菽粟如水火，而民焉有不仁者乎？"

【注】

①易：精耕。田畴：田地。②薄：减轻。税敛：税收。③以时：按照时令。④以礼：根据礼节。⑤胜：尽。⑥与：给予。⑦菽：豆类。

【译】

孟子说："精耕田地，减轻赋税，百姓就可以致富了。按照时令食用，按照礼节支配，财物就用不完。百姓没有水与火就不能生活，黄昏夜晚敲别人的门窗求水火，没有不给的，是因为水火很充足。圣人平治天下，使百姓拥有的粮食就像拥有水火一样。粮食如水火一样充足，百姓哪里有不仁爱的呢？"

【读】

儒家提倡富民强国。民富而国强，不是国富而民强，这个逻辑不能颠倒。孔子提倡先富民，然后教民。孟子提倡以制度保障人民的固定财产，然后人民才能有"恒心"，也就是恒定的心性。如此看来，孟子对人性的洞察，比孔子更进一步。现代社会要发展，必须有"制民之产"的法治保障，必须有薄赋敛的税收政策。二者不可偏废，否则只是梦。

【13.24】 登山观海

孟子曰："孔子登东山而小①鲁，登泰山而小天下，故观于海者难为水②，游于圣人之门者难为言③。观水有术④，必观其澜⑤。日月有明，容光必照焉。流水之为物也，不盈科⑥不行；君子之志于道也，不成章⑦不达。"

【注】

①东山：蒙山，在今山东省蒙阴县。小：以……为小。②难为水：难以再看水。③难为言：难以言说。④术：方法。⑤澜：大波澜。⑥盈：充满。科：低洼处。⑦章：乐章，文章，引申为体系。

【译】

孟子说："孔子登上东山就觉得鲁国小，登上泰山就觉得天下小，所以看过大海就很难再想看江河湖水了，游学于圣门就再难随便说话。赏水有一定的方法，一定要看大波浪。日月有光辉，有缝隙就能有月光。流水作为物质形态，不灌满土坎就不会继续向前；君子志在求道，不成体系就不能通达。"

【读】

登东山而小鲁，登泰山而小天下；看过大海就觉得江河湖泊之水不值得再看，游学于圣人的学堂就没有胆量随便说话。这些都是在铺垫，意在烘托道的高远，登上东山觉得鲁国小，这不正是求道的感觉吗？登上泰山觉得天下小，这不正是求道的境界吗？看过大海的人才知道江河湖泊的渺小，认为它不够雄伟壮阔，这不是对大道的仰望吗？在圣门游学过的人知道学术创新将是何等艰难。这是后学对于圣门和道的一种敬畏！做学问，不正像水流前进一样吗？不能填满低洼土坎，怎么可能继续向前？君子之道，不成体系如何能通达。我以为，这一节形象而深刻地探讨了求道的境界。

【13.25】舜跖之分

孟子曰："鸡鸣而起，孳孳①为善者，舜之徒也；鸡鸣而起，孳孳为利者，跖②之徒也。欲知舜与跖之分，无他，利与善之间也。"

【注】

①孳孳：孜孜不倦。②跖：盗跖，鲁国大道，柳下惠的兄长。

【译】

孟子说："鸡一叫就起床，孜孜不倦做善事的人，是虞舜的同类人；鸡一叫就起床，孜孜不倦谋利益的人，那是盗跖的同类人。要想知道虞舜和盗跖的区别，没有别的，只是利与善之间的区别。"

【读】

天下熙熙，皆为利来；天下攘攘，皆为利往。追名逐利，成为风气。很多人，不懂人生真谛。我是在逆境中，逐步懂得坚守本心本性的重要性；眼见昔日的朋友、同事、同学有些因为利益而失去了自由，失去了尊严，内心难过，但也同时自省，更加执着地追求学术上的积累和创新。当然，很多人无缘学术，也无意于学术，但可以坚守平淡，粗茶淡饭，甘之如饴，独自体会生命的意义，有何不可呢？

【13.26】执中而权

　　孟子曰："杨子取^①为我，拔一毛而利天下，不为也。墨子兼爱，摩顶放踵^②利天下，为之。子莫^③执中。执中为近之^④。执中无权^⑤，犹执一^⑥也。所恶^⑦执一者，为其贼道^⑧也，举一而废百^⑨也。"

【注】

　　①杨子：杨朱，思想家，主张为己。取：主张。②摩：磨损。顶：头顶。放：直至。踵：脚跟。③子莫：思想家，鲁国贤人，主张中道。④之：道，仁道。⑤权：权变。⑥一：一端。⑦恶：憎恶。⑧贼：残害。道：仁道。⑨举：取。废：废弃。百：概数词，言其多。

【译】

　　孟子说："杨子主张为我，拔一毛而有利于天下，都不去做。墨子主张兼爱，磨破头顶和脚跟，只要有利于天下，就坚持去做。子莫持守中道。持守中道就接近仁道。持守中道若不能权变，也就像执着于一端。憎恶执着一端的原因，因为这样做残害仁道，主张一端而废弃多元。"

【读】

　　杨子的主张，为后世社会所不能接受，无论政治主张，人与人不可能利己不利他；墨子主张兼爱，爱无差别，表面上利天下而无不为，实质上走的是集权路线，最终以崩溃告终。子莫是鲁国贤人，显然是儒家代表人物。他的主张不像杨子和墨子，各守一端，而是守中道，接近仁道。所谓"中道"包括"中"道与"和"道，走极端就会废掉多元，持守中道且知道权变，就会包容不同，尊重差异，就能够在某种动态结构中不断优化，实现多元的动态平衡。

【13.27】 不失正心

孟子曰："饥者甘①食，渴者甘饮，是未得饮食之正②也，饥渴害③之也。岂惟口腹有饥渴之害？人心亦皆有害。人能无以饥渴之害为心害，则不及人④不为忧矣。"

【注】

①甘：以……为甘，即人在饿极了的时候，吃什么都是香的。②得：感受到。正：正常味道。③害：干扰。④不及人：不如别人。

【译】

孟子说："饥饿的人觉得吃什么东西都特别香，口渴的人觉得喝什么饮品都特别甘甜，这样不能品尝到饮食的正常味道，是饥渴干扰的缘故。难道只是口腹受饥渴的干扰吗？人心也都会受到干扰。人能够不被饥渴干扰，那么不如别人就不值得忧虑了。"

【读】

这一节以口腹受饥渴干扰而失去正常判断，来比喻人心受外物的干扰而失去本心本性。其实人心受外物的干扰且失真的可能性太大，甚至包括口腹之欲都会改变人的心性，那么多人因为物质的欲望，而忘了自己，忘了人之为人的使命，忘了自己应该坚守的底线。如果口腹之欲与外物诱惑，都不能影响一个人的心性，那么物质生活不如别人好，饮食不如别人丰富，房屋不如别人华丽，金钱不如别人富足，都不会扭曲他的心性，这个人也就不会走向堕落和自毁！

【13.28】三公不易

孟子曰："柳下惠不以三公易其介^①。"

【注】

①三公：三公的位置。介：节操。

【译】

孟子说："柳下惠不因为三公的位置而改变节操。"

【读】

做到柳下惠这种境界，可以称为圣人。其实，当每个人的人格都独立的时候，人人都可以是柳下惠，社会风气也会焕然一新。如果一个人做不到人格独立，别说是三公之位，就是一个小小组长的职位，都能够让人改变本心本性，由此变得贪婪，变得跋扈，变得眼睛向上，变得自以为是，变得不知天高地厚，变得不知敬畏，变得没有人性，变得疯狂而自毁！从本质上讲，要从教化上解决问题，汲取中西方文化的精化，培养出人格独立、精神独立的人。

【13.29】掘井九仞

孟子曰："有为者辟若^①掘井，掘井九仞^②而不及泉，犹为弃^③井也。"

【注】

"①为：作为，做事，做事业。辟：同"譬"。若：像。②仞：为"仞"假借字。古代以七尺或八尺为一仞。③弃：无用。

【译】

孟子说："做事情就像挖井，掘井九仞而没有泉水出，还是一个无用的井。"

【读】

农耕文明时期的哲学家，其语言比喻十分丰富。做事业，做学问，都像挖井，就算掘井九仞深，如果掘不到泉水涌出，就是废井。很多人，活一辈子，一事无成，都是因为这个。那些说一个人一辈子能做很多事情的，其实基本上是一事无成。比如马斯克就集中精力做好星链及相关产业，乔布斯就做好苹果及相关产业，比尔·盖茨就做好 Windows 视窗及相关产业，张忠谋就做好芯片及相关产业，他们都守初心而做事业，全都成功了。那些得陇而望蜀，朝三暮四者，最终将以失败告终。

【13.30】久假不归

孟子曰："尧舜[1]，性之[2]也；汤武[3]，身之[4]也；五霸，假[5]之也。久假而不归，恶知其非有[6]也？"

【注】

[1]尧舜：尧舜之仁道。[2]性之：本性使然。[3]汤武：汤武之仁道。[4]身之：身体力行仁义。[5]假：假借名义。[6]恶：怎么。非有：并不拥有。

【译】

孟子说："尧舜行仁道，是本性；汤武行仁道，是力行；五霸行仁道，是假借仁义之名。久借仁义而不归还，怎么知道他不拥有仁义呢？"

【读】

谎言重复一千遍就成了真理。但这样的事情发生在哪个国家就是哪个国家和人民的不幸！人心是本心，人性是本性，力行也是仁，但是假借不会成真！假借科学的名义就科学吗？假借民主的名义就民主吗？假借自由的名义就自由吗？假借法治的名义就法治吗？假借公平的名义就公平吗？假借正义的名义就正义吗？假借繁荣的名义就繁荣吗？假借强大的名义就强大吗？假借进步的名义就进步吗？假借文明的名义就文明吗？网络时代，谎言重复一万遍也成不了真理！

【13.31】 伊尹之志

公孙丑曰："伊尹曰：'予不狎于不顺①，放太甲于桐②，民大悦。太甲贤，又反③之，民大悦。'贤者之为人臣也，其君不贤，则固④可放与？"

孟子曰："有伊尹之志⑤，则可；无伊尹之志，则篡⑥也。"

【注】

①狎：亲近。不顺：违背礼仪的人。②放：放逐。太甲：商汤后裔，承嗣为王。桐：桐邑，商地名。③反：同"返"，变好了。④固：本来。⑤志：志向。⑥篡：篡位。

【译】

公孙丑说："伊尹说：'我不亲近违背礼义的人，放逐太甲到桐邑，百姓很高兴。太甲变得贤能了，重新回到王宫，百姓也非常高兴。'贤者作为人臣，君王不贤，本来是可以放逐君王的吗？"

孟子说："有伊尹那样忠纯的志向，就可以；没有伊尹那样忠纯的志向，那就是篡位。"

【读】

这一节公孙丑提出问题本身意味着在殷商时代，国君不贤，作为三朝元老的辅政大臣是可以放逐国君的。由此可知，在原儒理想的政治形态中，本不存在臣子对君王的绝对愚忠。一切以人民满意为根本准则！所谓忠纯的志向，是对国家的忠诚，更是对人民的忠诚。

【13.32】 君子不耕

公孙丑曰："《诗》曰：'不素餐兮。①'
君子之不耕而食，何也？"

孟子曰："君子居是国也，其君用之，
则安富尊荣②；其子弟从之，则孝悌忠信。
'不素餐兮'，孰大于是？"

【注】

①不素餐兮：语出《诗经·魏风·伐檀》。素餐：白吃，不劳而获。
②安：安定。富：富裕。尊：尊贤。荣：繁荣。

【译】

公孙丑说："《诗经·魏风·伐檀》说：'不能不劳而获啊。'君子不
耕种却能获得粮食，为什么呢？"

孟子回答："君子居住在这个国家，国君任用他，那么国家安定、富
裕、尊贵、光荣；弟子们跟随君子，那么弟子及百姓都懂得孝悌忠信，
'不能不劳而获？'有什么事情比孝悌忠信更重要的吗？"

【读】

社会分工不同，劳力者的责任是耕而食，劳心者的责任是教化百姓懂得孝悌忠信，学会与人相处，学会尊老爱幼，学会好学上进。平治天下，自然比耕种田地更重要，君子种的是心田，让每个百姓都成为高尚的人，成为人格独立的人，成为思想自由的人，这样国家才可以安定、富裕、尊贤、繁荣。

【13.33】居仁由义

王子垫^①问曰："士何事^②?"

孟子曰："尚志^③。"

曰："何谓尚志?"

曰："仁义而已矣。杀一无罪非仁也，非其有而取之非义也。居恶^④在？仁是也；路恶在？义是也。居仁由^⑤义，大人之事备^⑥矣。"

【注】

①王子垫：齐王之子，名垫。②事：做，从事。③尚志：使志向高尚。④恶：何，哪里。⑤居：持守。由：遵循。⑥备：完备，完美。

【译】

王子垫问："士做什么事?"

孟子说："使百姓志向高尚。"

王子垫说："什么叫做使志向高尚?"

孟子说："也就是仁义而已。杀一个无罪的人是不仁的，不是自己的东西而攫取就是不义的。居住在哪里？在仁；道路在哪里？在义。百姓心存仁而行为符合道义，那就把君子该做的事情都做齐全了。"

【读】

　　齐王世子请教孟子，士到底是做什么的？孟子的回答：让百姓志向高尚。这是何等重要的事情啊。如果百姓仁厚仁爱，必然行为正义仗义，那天下不就平治了吗？政治就如滋养芦苇一样，不遮挡阳光和水，百姓和经济就会像芦苇一样，铺天盖地地生长出来！这仁义，其实就是阳光和水。

【13.34】小义大义

孟子曰："仲子①，不义与之齐国而弗受②，人皆信③之，是舍箪食豆④羹之义也。人莫大焉亡⑤亲戚君臣上下。以其小者信其大者，奚⑥可哉？"

【注】

①仲子：陈仲子，孟子弟子。②不义：不符合道义。弗受：不接受。③信：相信。④是：这。箪：古时盛饭的圆形竹器。豆：木制食具，可装汤。⑤亡：无，没有。⑥奚：怎么。

【译】

孟子说："陈仲子，如果不符合道义地把齐国交给他，他都不会接受，人们都相信这一点，但这是舍去箪食豆羹的小义。人的罪过没有比无视亲戚君臣上下更重的了。因为他有小义而相信其大义，怎么可以呢？"

【读】

孔孟儒家都有积极入世的精神，入世是儒家与避世的道家和出世的释家最根本的区别。入世，必须有担当，必须自觉承担人之为人的责任和义务。因为不符合道义，把整个齐国交给陈仲子，他都不会接受。这样对吗？如果接受的是百姓处在水深火热中的齐国，还给天下的还是百姓安居乐业的齐国，那这就不是小义而是大义了。伊尹就是这样的臣子！

【13.35】 弃如敝屣

桃应①问曰："舜为天子，皋陶②为士，瞽瞍杀人，则如之何？"

孟子曰："执③之而已矣。"

"然则舜不禁与？"

曰："夫舜恶得而禁④之？夫有所受之也。"

"然则舜如之何？"

曰："舜视弃天下犹弃敝屣⑤也。窃负⑥而逃，遵海滨而处，终身诉⑦然，乐而忘天下。"

【注】

①桃应：孟子弟子。②皋陶：皋氏，名繇，字庭坚，舜的司法大臣，后世尊为"中国司法始祖"。③执：拘捕。④恶得：怎么会。禁：阻止。⑤敝屣：破鞋。⑥窃：私下。负：背负。⑦诉：同"欣"，开心。

【译】

桃应问："虞舜担任天子，皋陶主管司法，瞽瞍杀了人，那该怎么办？"

孟子说："把瞽瞍拘捕了罢了。"

桃应说："那么虞舜会阻止皋陶吗？"

孟子说："虞舜怎么会阻止呢？皋陶是奉命拘捕的。"

桃应说："那么虞舜该怎么做呢？"

孟子说："虞舜把放弃天子之位看做丢掉破鞋一样。私下背着父亲逃走，沿着海滨生活，终生开心，快乐得忘记了天下。"

【读】

在《论语》当中，孔子提出了鲁国的伦理标准"父为子隐，子为父隐"的原则，解决了盗窃问题上的二律背反。这一节，是假设天子父亲杀人的二律背反，孟子以个人的视角对虞舜的判断和行为做了推测。孟子的主张是百善孝为先。当忠孝难两全的时候，只要不危害国家安全，就以孝为先，孝为大。二律背反，是伦理学的极限思维，充分体现了孔孟儒家的亲亲尊尊不可偏废的思想。直到现在，也是个难以解决的问题。

【13.36】 居相似也

孟子自范①之齐，望见齐王之子，喟然叹曰："居移气②，养移体③，大④哉居乎！夫非尽人之子与？"

孟子曰："王子宫室、车马、衣服多与人同，而王子若彼⑤者，其居使之然⑥也；况居天下之广居⑦者乎？鲁君之宋，呼于垤泽⑧之门。守者曰：'此非吾君也，何其声之似我君也？'此无他，居相似也。"

【注】

①范：齐国地名，在今河南范县东南。②居：居住的环境。移：改变。气：气质。③养：修养。体：身体。④大：重要。⑤彼：非此即彼，相对于众人而言。⑥然：如此。⑦广居：居于仁，称为广居。⑧垤（dié）泽：宋国都城门。

【译】

孟子从范邑去齐国，远远看到齐王之子，长叹说："环境改变气质，修养改变身体，居住的环境太重要了！他不都和别人一样为人子吗？"

孟子说："王子的宫室、车马、衣服多数与别人相同，而王子却那样与众不同的原因，是因为居住环境使他这样啊；更何况是居住在天下'仁'这个最广阔的环境中的人呢？鲁国国君去宋国，在宋国城门下喊话。守关的人说：'此人不是我国国君啊，为什么他的声音那么像我们国君呢？'没有别的原因，只是居住环境相似而已。"

【读】

这一节孟子从教育问题开启话题，居住环境改变气质，修养改变身体。但最终孟子要阐述的是，如何让人身处在仁义的大环境当中。假如能够让天下人都身处仁义的环境之中，人人向上，人人向善，人人心中有阳光，这个世界自然很美好！这就是王道理想！

【13.37】 远离虚拘

孟子曰："食①而弗爱，豕交②之也；爱而不敬，兽畜③之也。恭敬者，币④之未将者也。恭敬而无实⑤，君子不可虚拘⑥。"

【注】

①食：供养。②豕：猪。交：对待。③畜：畜养。④币：指包括钱在内的种种交往礼物。⑤实：真诚。⑥虚拘：假心假意地挽留。拘：留。

【译】

孟子说："供养而不爱，就是养猪啊；爱却不恭敬，也就是畜养走兽啊。所谓恭敬之心，必须在致送礼物之前就有。表面恭敬而不真实，君子不会被虚假的表面所拘束。"

【读】

孟子这一节是写给君王看的，也是写给天下士人看的。如果国君养士，只供养食物而没有内心的爱，与养猪有什么区别？如果只是爱却不懂得恭敬，那与养宠物有什么区别？所谓恭敬之心，必然在礼物送达之前就有，言下之意恭敬之心比礼物本身更重要。正因为如此，君王对待士要真诚而恭敬，士对于那些虚情假意的君王也应当尽早离开。无论是为君上还是为下属，都能从这一节得到启发。

【13.38】圣人践行

孟子曰："形色①，天性②也；惟圣人然后可以践形③。"

【注】

①形：形体。色：容貌。②天性：天赋本性。③践：超越。践形：超越容貌的局限。

【译】

孟子说："形体容貌，是上天赋予人的；只有达到圣人境界才可以改变气质。"

【读】

基因是基础，形体形态容貌都是上天赋予的，要改变不容易；但是，修心可以改变气质和容貌。内心仁厚，充满慈悲的人，其外貌温和、行为文明、气质优雅。要从根本上超越基因，超越先天禀赋，需要只争朝夕地养心修心，持之以恒地弘扬本性和禀赋，如此方可改变命运。

【13.39】 莫禁弗为

齐宣王欲短丧^①。公孙丑曰："为期^②之丧，犹愈于已^③乎？"

孟子曰："是犹或紾^④其兄之臂，子谓之姑徐徐^⑤云尔，亦教之孝悌而已矣。"王子有其母死者，其傅为之请数月之丧^⑥。公孙丑曰："若此者何如也？"

曰："是欲终之^⑦而不可得也。虽加一日愈于已，谓夫莫之禁^⑧而弗为者也。"

【注】

①短：缩短。丧：居丧，三年之丧。②期（jī）：一年之丧称为"期"。③犹：还是。愈：好过。已：停止服丧，即取消服丧。④犹：犹如。或：有人。紾（zhěn）：扭转，扭折。⑤姑：姑且。徐徐：慢慢。⑥傅：老师。数月之丧：少于期年之丧。⑦是：这是。终之：终止三年之丧。⑧莫之禁：没有禁止。

【译】

齐宣王想缩短居丧的时间。公孙丑说："居丧一年，还是比不居丧好啊？"

孟子说："这就好比有个人扭着他兄长的手臂，你却说姑且慢慢来啊，也就是教他孝悌而已。"王子生母死了，王子的师傅请求代替王子居丧几个月。公孙丑说："这样的做法怎么样？"

孟子说："这是王子想终止三年之丧而不可得啊。即使居丧一日也好于终止居丧，是对那些没有禁止却不做的人说的啊！"

【读】

居丧，在古时候有很严格的规范，但是要表达对逝者的哀悼，没有禁止的事情就可以去做。做比不做好，居丧时间长比居丧时间短好。

【13.40】 教育思想

孟子曰："君子之所以教者五：有如时雨化①之者，有成德者，有达财②者，有答问者，有私淑艾③者。此五者，君子之所以教也。"

【注】

①时雨：符合时令的雨水。化：化育。②达：融会贯通。财：同"才"。③淑：同"叔"，拾取。艾：养护，引申为治学。

【译】

孟子说："君子对人的教化方式有五种：有符合时令的及时雨一样化育万物般的，有成就他们道德人格的，有让其才能融会贯通的，有以问答方式进行启发的，有私下拾取君子著作治学的。这五种，就是君子用来教化人的方式。"

【读】

这一节比较集中体现了孟子的教育思想。孟子认为，君子对人的教化方式有五种：一是仿佛及时雨滋润万物一般，滋润学生的灵魂和生命；二是引导学生实践成就的道德人格，知行合一是最好的人格铸造方法；三是让学生的聪明才智融会贯通，学问成体系才能通透；四是以问答方式进行启发，问得有技巧，往往对人有启发；五是学生选取著作自学成才。其中，孟子自认为属于第五种，孟子的成就证明成才必须善于治学。

【13.41】中道而立

公孙丑曰："道则高矣，美矣，宜若^①登天然，似不可及^②也；何不使彼为可几及而日孳孳^③也？"

孟子曰："大匠不为拙工改废绳墨^④，羿不为拙射变其彀率^⑤。君子引而不发，跃如^⑥也。中道而立，能者从之。"

【注】

①宜：应。若：像。②及：触及。③彼：道。为：成为。可几：可以达到的境界。孳孳：勤勉的样子。④大：高明。匠：木匠。拙工：拙劣的徒弟。改：改变。废：废掉。绳墨：规矩。⑤羿：上古射箭高手。拙射：拙劣的射手。彀：弓。率：程度。⑥跃如：跃跃欲试状。

【译】

公孙丑说："道很高很美啊，应当像登天的样子，仿佛不可触及；为何不使道成为可以期待的目标而让人们日日勤勉去追求？"

孟子说："高明的木匠不因为拙劣的徒弟而改变绳墨规矩，后羿不因为拙劣的射手而改变弓拉满的程度。君子教人，如同射手教射一般，拉满了弓却不发箭，只是做出很想要发射的姿势。他立下一个合乎中庸之道、不难也不易的学习规则，能接受者就跟上去学习。"

【读】

　　道本来就很高很美，道本来就很难达到，道本来就如同太阳、月亮、星星一样，给人们定位定向定航，道甚至是不可言说的——可以言说的就不是恒常的道。公孙丑问："为什么不让道成为可以期待的目标，然后引导人民每天勤勉去做呢？"孟子认为，不可以降低道的标准，不能使道庸俗化。以手指月，是求道的过程，但是月才是道的境界，人们能够看到指月者和指月的手指，同时也会顺着手指的方向，遥望美丽的月亮。月亮在哪？你走到哪里，它就在哪里！这就像道，如影随形，无处不在，但是看不透，摸不着。

【13.42】以道殉身

孟子曰："天下有道，以道殉^①身；天下无道，以身殉道^②；未闻以道殉乎人者也。"

【注】

①殉：相伴始终。②身殉道：舍身求道。

【译】

孟子说："天下清明，道就与身体相伴而付诸实施；天下浑浊，身体与道相伴而隐去；没听说牺牲道去迁就人的。"

【读】

道是什么？道是一种不可言说的生命情感智慧！可以是理想，可以是信仰，可以是真理，可以是规则，可以是方法论等，不一而足。道在哪里？道在人心。若天下清明，道就会与体悟者相伴始终；天下浑浊，求道者让自身与道相伴而隐。但是，道只在求道者心里，只在悟道者心里，在有道者心里，道不会从自己这儿离开，去与别人相伴始终。

【13.43】 学术独立

公都子曰：“滕更之①在门也，若在所礼②，而不答，何也？”

孟子曰：“挟贵③而问，挟贤④而问，挟长⑤而问，挟有勋劳⑥而问，挟故⑦而问，皆所不答也。滕更有二焉。”

【注】

①滕更：滕国国君的弟弟，来求学于孟子。之：助词，无实义。②若：像。所礼：所应该礼遇的人。③挟：依仗。贵：地位尊贵。④贤：贤能。⑤长：年长。⑥勋劳：功勋。⑦故：故旧。

【译】

公都子说：“滕更在门人范围内，好像应该受到礼遇，您却不回答他，为什么？”孟子说：“依仗地位尊贵而发问，依仗自己才能而发问，依仗年长而发问，依仗有功勋而发问，依仗是故交而发问，我都不回答。滕更有这当中的两种。”

【读】

尊师重道有传统，但并非人人都能做好。孟子对此洞若观火。滕更在门下，本应受到礼遇，但是因为在师生关系中，裹挟进了名誉、地位、才能、年龄、功勋、故交等因素，于是不可避免地颐指气使，不可避免地有违师生之礼。表面上看是尊师问题，孟子更为本质地阐述了学术应独立于名誉之外，独立于地位之外，独立于已有能力之外，独立于年龄之外，独立于功绩之外，独立于情感之外。学术需要被尊重，更需要独立和民主。

【13.44】 进锐退速

孟子曰："于不可已①而已者，无所不已②。于所厚者薄③，无所不薄也。其进锐④者，其退速⑤。"

【注】

①于：对于。已：停止。②无所不已：没有什么是不可以停止的。③于：对于。所厚：所厚待的。薄：薄待。④进：前进。锐：锐意，激进。⑤速：迅速。

【译】

孟子说："对于不可停止的事情停止了，那就没有什么是不可以停止的了。对于应该厚待的人却薄待了，那就没有谁是不可以薄待的了。那些激进的人，其后退也快。"

【读】

暴风骤雨，来得快，去得也快；龙舟雨、梅雨，来得慢，去得也慢。这是大自然的规律，体现在人事上，也八九不离十。那些狂飙激进者，热情来得快，降温也快。那些慢热者，做一件事情，不声不响做一辈子，把简单的事情做到极致，把复杂的事情做到完美。仁心，需要坚守一辈子；学术，需要追求一辈子。

【13.45】仁民爱物

孟子曰："君子之于^①物也，爱之而弗^②仁；于民也，仁之而弗亲^③。亲亲而仁民^④，仁民而爱物^⑤。"

【注】

①之：助词，无实义。于：对于。②弗：不用。③仁：实行仁政。亲：亲爱。④亲亲：亲爱父母。仁民：施仁政于民。⑤爱物：爱惜万物。

【译】

孟子说："君子对于万物，爱惜它却不行仁爱；对于百姓，行仁爱却不亲爱他。亲爱双亲而仁爱百姓，仁爱百姓而爱惜万物。"

【读】

对于万物，需要爱惜，需要珍惜；对于人，需要行仁爱，需要施仁政。仁政不能施之于万物，但是人类有敬畏和珍惜万物的责任。孟子珍惜万物、爱惜万物的思想，发展到张载就是民胞物与的情怀。停留在孟子的认知水平是远远不够的，仁政的对象不仅是百姓，也是万物，善待万物，就是善待人类自己。厄尔尼诺现象和拉尼娜现象带来的危害，难道不是人类不爱惜自然导致的后果吗？环境污染越来越严重，难道不是对人类不爱惜自然的报复吗？食品越来越不安全，难道不是人类穷奢极欲的后果吗？

【13.46】 当务之急

孟子曰："知者无不知①也，当务之为急②；仁者无不爱也，急亲贤之为务③。尧、舜之知而不遍④物，急先务也；尧、舜之仁不遍爱人，急亲贤也。不能三年之丧，而缌小功⑤之察；放饭流歠⑥，而问无齿决⑦，是之谓不知务⑧。"

【注】

①知者无不知：第一个"知"，同"智"；第二个"知"，懂得。②当：应当。务：做。急：急事。③务：要务。④遍：遍及。⑤缌（sī）：缌麻，指穿缌麻的丧服，服丧期限三个月，是丧服期限最短的。小功：较粗麻布做孝服，服丧期限五个月。⑥放饭：放肆地大口吃饭。流歠（chuò）：大口喝汤。⑦齿决：用牙齿啃断东西。⑧务：大体。

【译】

孟子说："智者没有什么不懂的，当前最需要做的事情优先做；仁者没有不爱人的，会把双亲和贤者当做要务。尧舜的智慧也不能遍布所有人，那是因为他们优先爱父母和贤者。不能守三年之丧的，却在那里计较缌麻丧期和粗麻丧期的区别；平常大口吃饭，大口喝汤，却又在说不要用牙齿咬断干肉，这就叫做不识大体。"

【读】

先秦儒家不是迂腐，更不是空想主义者，他们是理想主义者与现实主义者的完美结合，仰望星空的同时又能脚踏实地。有仁道王道的理想，也有行王道的策略。一事当前，明白当务之急是什么。仁政的实施，首先是爱双亲和贤者，爱双亲是本能，也是表率和示范，爱贤者是国家要务。修身，有当务之急，那就是修仁心；齐家，有当务之急，那就是孝敬双亲；治国，有当务之急，那就是敬爱贤者，发挥臣子们的群体智慧，各就各位，各司其职，各负其责。做任何事情，莫不是先处理当务之急！

卷十四　尽心下

【14.1】 祸及所爱

孟子曰："不仁哉梁惠王也[①]！仁者以其所爱及其所不爱，不仁者以其所不爱及其所爱。"

公孙丑问曰："何谓也?"

"梁惠王以土地之故，糜烂[②]其民而战之，大败，将复之，恐不能胜，故驱其所爱子弟以殉[③]之，是之谓以其所不爱及其所爱也。"

【注】

①不仁哉梁惠王也：倒装句。②糜烂：使……糜烂，摧残。③殉：献出生命。

【译】

孟子说："梁惠王不仁啊！仁者用他所爱的泽及所不爱的，不仁者用他所不爱的祸及所爱的。"

公孙丑问："什么意思呢?"

"梁惠王因为土地的缘故，驱使百姓打仗而暴尸野外，骨肉糜烂，被打败了，准备再次驱使百姓作战，担心不能战胜，所以驱使自己所爱的弟子也为此献出生命，这叫做用其不爱的祸及自己所爱的。"

【读】

孔子认为，仁就是"己所不欲，勿施于人"。显然孟子眼中的梁惠王是反仁道者，不是用自己的爱泽及不爱的人，而是为了扩充土地，把自己并不怎么爱的百姓驱逐上战场，不能打胜仗，就只好把自己所亲爱的嫡系及弟子等也送上战场。这种反仁道的做法，古往今来不乏其人。

【14.2】敌国不征

孟子曰："春秋无义^①战。彼善于此^②，则有之矣。征^③者，上伐下也。敌国不相征也。"

【注】

①义：正义。②彼、此：那国、这国。③征：上讨伐下，称为"征"。诸侯之间相互攻打不叫做"征"。

【译】

孟子说："春秋时代没有正义战争。那国比这国好一点，还是有的。所谓征是指，上国讨伐下国。地位平等的国家的相互攻打不能叫做征。"

【读】

春秋无义战，自孟子开始，已经成为定论。春秋无义战，只不过是有些国家稍微好一些，起初还知道打着天子的名义作战，不论真假都把天子的旗帜举起来，这方面做得比较成功的是齐桓公和晋文公。其余的诸侯国之间，为了兼并土地，引起无数战端，给人民带来了无穷无尽的苦痛灾难。纵观人类历史，除了反侵略战争，又有多少战争是正义的呢？

【14.3】 仁人无敌

孟子曰："尽信《书》[1]，则不如无《书》。吾于《武成》[2]，取二三策[3]而已矣。仁人无敌于天下，以至仁伐至不仁，而何其血之流杵[4]也?"

【注】

[1]《书》:《尚书》。[2]《武成》: 即《尚书·武城》。[3]取: 采取，采信。策: 一片竹简为一策。[4]流: 使……漂流。杵: 木槌。

【译】

孟子说:"完全相信《尚书》，那还不如没有《尚书》。我对于《尚书·武成》，只采信两三片竹简而已。仁爱的人无敌于天下，以天下最仁的周武王讨伐最不仁的商纣王，怎么会流血漂杵呢?"

【读】

仁者无敌。仁者得民心，武王伐纣，从地域上讲是小国攻打大国；从政治上讲，是诸侯攻打天子；从军队实力上讲，是以少战多。胜利是因为仁义，尤其是决战于牧野，数十万奴隶阵前倒戈，纣王军队立即土崩瓦解。有这数十万奴隶阵前倒戈，当然不需要流血漂杵。

【14.4】非敌百姓

孟子曰："有人曰：'我善为陈^①，我善为战^②。'大罪^③也。国君好仁，天下无敌焉。南面而征，北狄怨；东面而征，西夷怨，曰：'奚为后我？'武王之伐殷也，革车三百两^④，虎贲^⑤三千人。王曰：'无畏^⑥！宁尔^⑦也，非敌^⑧百姓也。'若崩厥角稽首^⑨。征之为言正^⑩也，各欲正己也，焉用战？"

【注】

①陈：同"阵"，阵地。②战：作战。③大罪：严重的错误。④革车：战车。两：同"辆"。⑤虎贲：勇士。⑥无畏：不要恐惧。⑦宁尔：平静你们的内心。⑧敌：以……为敌。⑨若：像。崩：崩塌。厥角：野兽的角。稽首：叩首。⑩之：助词，无实义。言：解释含义。正：匡正，端正。

【译】

孟子说："有人说：'我善于排兵布阵，我善于行军打仗。'这是大错啊。国君如果喜欢仁义，就天下无敌。向南征讨，北狄便怨恨；向东征讨，西夷便怨恨，说：'为什么把我们放在后面征讨？'周武王讨伐殷纣王，战车三百辆，勇士三千人。武王对百姓说：'不用恐惧！我来是为了安定你们！不是与你们为敌！'百姓就像山崩一样以头触地磕头感谢。征的意思就是匡正，各国都能端正自己，哪里用战争？"

【读】

孟子阐述了自己的战争思想，不战而屈人之兵，不战而屈人之民，这是上上策。当然，条件是以"至仁"讨伐"至不仁"，否则不会有百姓支持，也不会有阵前倒戈，那种晓谕百姓、传檄而定的局面不会出现。从战略上讲，行仁政，凝聚民心，当然是上上之策；但是，从战术上讲，没有强大的军队，就不会有国家的安全。北宋时期政治总体比较清明，南宋在经济总体上比较发达，但是强干弱枝的军事策略，导致"将不知兵，兵不知将"，军队缺乏战斗力，一旦碰到北方彪悍的游牧民族，多少还是会有些张皇失措，导致最终失掉政权。

【14.5】道不可言

孟子曰："梓匠轮舆^①能与人规矩，不能使人巧。"

【注】

①梓匠：木匠。轮：车轮。舆：车厢。轮舆：造车轮和车厢的人。

【译】

孟子说："木匠和造车轮和车厢的人能够传授规矩给别人，但是不能使别人有技巧。"

【读】

这一节讲的是教育方法的问题。规矩可以传授，但是技巧却不能传授。规矩是知识，讲一讲就清楚了；技巧是能力，光靠讲解不行，还需要实践，还需要体验，还需要积淀。轮扁是齐国制造车轮排名第一的匠人，齐王夜读的时候，问轮扁做什么？他回答：修车轮。轮扁反问齐王在做什么？齐王回答：在读书。轮扁认为齐王读的尽是糟粕，读来无用。齐王仿佛受了侮辱，必须让轮扁给个说法，否则就杀了他。轮扁告诉齐王，自己造轮子的技术，不能传给儿子，因为那种精妙的技巧，根本不能用语言表述，需要靠心来感悟和用手来感觉。由此推出，所谓圣贤之书，都是圣贤的糟粕，真正的精华，圣人根本不可能用文字表达出来。对此，齐王无言以对。现代教育教学基本上是反其道而行之，明明是实践学科，教师往往一厢情愿、满堂讲、满堂灌，有效果才怪。实践学科，需要实践，需要动手，需要沉淀！

【14.6】饭糗茹草

孟子曰："舜之饭糗茹①草也，若②将终身焉；及其为天子也，被袗衣③，鼓琴，二女果④，若固有之。"

【注】

①饭：吃饭。糗（qiǔ）：干粮。茹：吃。②若：像。③被：同"披"。袗（zhěn）衣：绣有花纹的衣服。③二女：舜帝的两个女儿，娥皇和女英。果（wǒ）：同"媒"，伺候。

【译】

孟子说："舜吃干粮和野草的时候，好像终生将这么度过；等到他做了天子，披上华丽的衣服，弹着古琴，有尧帝两个女儿伺候，又好像本来就这样一样。"

【读】

这一节旨在强调"贫贱不能移，富贵不能淫"，在贫贱的时候保持仁心，不改气节；富贵之后，也不失本心本性，依然持守仁心推行仁道。贫穷，需要耐得住贫寒和寂寞，不可以起盗心；富贵，需要以平常心对待，不可以骄矜。

【14.7】 非战情结

孟子曰："吾今而后知杀人亲之重^①也：杀人之父，人亦杀其^②父；杀人之兄，人亦杀其兄。然则非自杀^③之也，一间^④耳。"

【注】

①亲：亲人。重：严重。②其：杀人者。③自杀：亲自杀。④一间：一间之隔，极言很近。

【译】

孟子说："从今以后我知道杀戮亲人有多严重了：杀戮别人的父亲，别人也会杀戮他的父亲；杀戮别人的兄长，别人也会杀他的兄长。即使不是亲自杀的，那也差不多了。"

【读】

孟子主张非战，是一位和平主义者。他反对杀戮，反对暴力，尤其反对以暴力对待百姓。在这一节，似乎有某种因果规律在里面，含有若隐若现的因果报应的思想。

【14.8】批判现实

孟子曰："古之为关也，将以御暴^①。今之为关也，将以为暴^②。"

【注】

①御暴：防御外侮，抵御强盗。②为暴：做暴虐百姓的事情，做贼。

【译】

孟子说："古时候设置关卡是用来抵御强盗的；现在设置关卡，却是用来推行暴政的。"

【读】

这一节孟子对暴政提出了最严厉的批评。他提倡设置关卡，主要是用来盘查奸细，而不是征收苛捐杂税。过去的关卡，目的在于抵御外敌和强盗；现在的关卡，专门用来搜刮民脂民膏。两千多年过去了，现在的关卡是怎样的呢？

【14.9】 身不行道

孟子曰："身不行道①，不行于妻子②；使③人不以道，不能行于妻子。"

【注】

①身：自身。行：遵行。道：仁道。②妻子：妻子和儿女。③使：使唤。

【译】

孟子说："自身不遵行仁道，就不能让妻子和孩子遵行仁道；不依道来使唤他人，连妻子和子女都不能使唤。"

【读】

孔子强调："政者，正也。"政治就是表率，上行下效，政治智慧高卓者，南面而坐，垂拱而治。我当老师，要求学生做到的，我必然比学生做得更好。我当校长，要求老师做到的，我必然比老师做得更好。我当局长，要求校长做到的，我必然比校长做得更好。这就是我能够在很短的时间内成建制地转化后进生、把薄弱学校办成名校、把教育质量薄弱的区办成教育强区的秘诀。当然，其中也有孔孟原儒的影响。

【14.10】邪世不乱

孟子曰："周于利者凶年不能杀^①，周于德者邪世不能乱^②。"

【注】

①周：富足。杀：危及生存。②邪世：乱世。乱：迷失本性。

【译】

孟子说："财物富足的人年成不好也不会陷入危机生存的困境，道德圆满的人在乱世也不会迷失本性。"

【读】

这一节，前面一句是准备，是铺垫，是形象，后面一句是重点，是归宿，是旨趣。道德圆满的人，慈悲、慈爱、仁爱成为生命本真，就算是生逢乱世，也不会做出对不起天地、对不起父母、对不起良心的事情。

【14.11】 好名让国

孟子曰："好名之人能让^①千乘之国，苟非其人，箪食豆羹见^②于色。"

【注】

①名：名节。让：辞让。②箪：古时盛饭的圆形竹器。豆：木制食具，可装汤。见：同"现"。

【译】

孟子说："爱护名节的人可以辞掉千乘之国的国君职位，如果不是爱好名节的人，箪食豆羹都会让他喜形于色。"

【读】

千乘之国的国君之位会有人辞让吗？当然有。那些对人生没有悟透的人，当然会不惜牺牲千万人的性命都要去争取这个位置。但是，悟透人生的人，未必会去争取，也会有人辞让。殷商时期孤竹君的两个儿子，伯夷、叔齐两兄弟就是这样的例子；文王姬昌的祖上有人为了保证姬昌能够顺利继承国君之位，提前让位逃到南越蛮荒之地；孟子时代，燕王姬哙把国君之位让给了国相。为什么要让？悟透人生是一种理由。正如庄子所说，是当一个在泥巴地里活蹦乱跳的乌龟幸福呢？还是做一个放在庙堂之上当祭品的乌龟壳舒服呢？显然，参透了的都愿意做泥巴地里的那只乌龟！悟透君王之位也是一种理由。接受千乘之国国君之位似乎权力很大，但是一旦面临改朝换代，则株连九族，真的有意义吗？悟透了自己也是一种理由。如果不是那块料，放在国君位子上，对自己对别人都很累很痛苦。我也想不通，历史上怎么会有那么多人就算要弑君弑父弑兄都要争这个位置！

【14.12】 平治三要

孟子曰："不信仁贤①，则②国空虚；无礼义，则上下乱；无政事③，则财用不足。"

【注】

①信：信任。仁：仁德者。贤：贤能者。②则：就。③政事：清明而高效的社会管理。

【译】

孟子说："不信任仁者和贤者，国库就会空虚；没有礼义，上下各种伦理关系就会乱套；没有清明的社会管理，国家财用就会不够。"

【读】

孟子的判断幼稚吗？当然不会。一个国家如果不能信任仁者和贤者，自然出现劣人驱逐良人的逆淘汰，小人上位，遍地小人，贪婪者上位，遍地贪婪者，这个国家能不空虚吗？一个国家如果没有礼义，这个国家不知尊老爱幼，不知扶危济困，为国君者而不仁，为人臣者而不忠，为人父者而不慈，为人子者而不孝；这还是个国家吗？国家没有公平的法治，没有清明的政治管理，能有合理税收吗？会有财富积累吗？

【14.13】 仁以天下

孟子曰："不仁而得国者，有之矣；不仁而得天下者，未之有也。"

【译】

孟子说："不行仁道的人得到国家，是有过的；不行仁道的人得到天下，从来没有过。"

【读】

孟子是文人，是一个充满理想色彩的文人，是一个充满激情的文人，他的话有文学的夸张手法，但是他的夸张并不过分。喜欢读历史的朋友一定可以举出很多例子来反驳孟子这一节的观点。大禹的子孙夏桀不仁，不也得到天下？周文王的子孙周幽王不仁，不也得到天下？错了，他们是子承父业继承天下而不是得到天下。即便是继承来的天下，因为不仁，他们在位时间都极为短暂。孟子并没有讲错啊！

【14.14】民贵君轻

孟子曰："民为贵，社稷①次之，君为轻。是故得乎丘民②而为天子，得乎天子为诸侯，得乎诸侯为大夫。诸侯危③社稷，则变置④。牺牲既成⑤，粢盛既絜⑥，祭祀以时，然而旱干水溢，则变置社稷。"

【注】

①社：土神。稷：谷神。社稷：指国家。②丘民：百姓。③危：危害。④变置：改变设置，即重新设置。⑤牺牲：用来祭祀的牲畜。既：已经。成：成熟，肥美。⑥粢（zī）盛：盛在祭器中的黍稷。絜：同"洁"。

【译】

孟子说："百姓最重要，国家其次，君王最轻。因此获得百姓的信任可以成为天子，获得天子信任可以成为诸侯，获得诸侯信任可以成为大夫。诸侯危害国家，就重新设置诸侯国。祭祀牲畜已经是肥美的了，装在祭器里的黍稷已经洗干净了，按时祭祀，即使这样依然干旱和水患不断，那就要重新设置土地神和谷神了。"

【读】

"民为贵，社稷次之，君为轻。"孟子阐述的是真理。难道天子不是因为百姓信任才成为天子的吗？百姓当然是最值得尊重、珍惜的，得民心者得天下。国家排在第二位，国家是因为天子信任而获得，但是国家如果不能保百姓平安幸福，那么就应重新设置国家，社稷之神也要重新更换。在孟子时代，民本思想已然成熟，稍微有些遗憾的是孟子没有设计出有效的行动方案，落实百姓作为天下真正主人的主体地位。最为遗憾的是，在后世朝代中，有的帝王完全忘了孟子的教诲，一旦获得天子之位，便忘了天下百姓；有的士人忘了百姓才是衣食父母。

【14.15】 百世之师

孟子曰："圣人，百世之师也，伯夷、柳下惠是也。故闻伯夷之风者，顽①夫廉，懦夫有立志；闻柳下惠之风者，薄②夫敦，鄙③夫宽。奋④乎百世之上，百世之下，闻者莫不兴起也。非圣人而能若是乎？而况于亲炙⑤之者乎？"

【注】

①顽：贪婪。②薄：刻薄。③鄙：狭隘。④奋：奋发有为。⑤炙：原指烤肉，引申为亲尝，亲聆教诲。

【译】

孟子说："圣人，是百代的良师啊！伯夷和柳下惠就是这样的圣人。所以听闻伯夷风尚的人，贪婪者也变得清廉，懦弱者也立志自强；听闻柳下惠风尚的人，刻薄者也变得敦厚，狭隘者也变得宽容。伯夷、柳下惠在百代前奋发有为，百代之后，听闻他们风尚的人没有不振作兴起的。不是圣人怎么能够这样呢？何况是那些亲自聆听教诲的人呢？"

【读】

圣人，孟子以伯夷和柳下惠为例，指出其风尚影响百代，直到孟子时代。"如若平治天下，舍我其谁"，何等自信，孟子在这一节没有写出的意思：我也是圣人，百世之后对后代人的影响也不在伯夷和柳下惠之下。后来的历史已经证明，孟子不是夸大其词，而是圣哲！

【14.16】 仁者道也

孟子曰："仁也者，人也。合而言之，道也。"

【译】

孟子说："仁，是人的本性啊。仁与人合起来，就是道。"

【读】

仁，是人的本性；人，离开了仁就不是人了。比如，看到小草被践踏，心生怜悯，这就是仁。看到小花被摧残，心生怜悯，这就是仁。看到小狗被虐待，心生怜悯，这就是仁。看到孺子将入井，必然伸手去援救，不管是否认识孺子的父母，不管救了孺子有没有奖金，不管救了孺子会不会受到表彰，总之无须提醒就自觉伸出援手，这就是仁。仁道，也就是人道！仁道复兴，人道复兴，那么人们的生活就会变得更美好！

【14.17】去国之道

孟子曰："孔子之去①鲁，曰：'迟迟吾行也。'去父母国之道也。去齐，接淅②而行，去他国之道也。"

【注】

①去：离开。②接淅：把正在淘的米过滤干。

【译】

孟子说："孔子离开鲁国，说：'我们慢慢走吧！'这是离开祖国的态度。离开齐国，把准备做饭的大米淘干便匆匆而去，这是离开别国的态度！"

【读】

我读民国大师们的传记文学作品，发现他们都有一个共同特点，那就是在抗战时期，他们都以无比的勇气，投入祖国的怀抱！这是对孔孟开创的家国情怀的传承！离开父母之邦，是一件不容易的事情，很多人是下不了这个决心的！如果孔子不是因为国君心里没有他，行为上不尊重他，他是不会离开鲁国的！

【14.18】 扼于陈蔡

孟子曰："君子之厄①于陈、蔡之间，无上下之交②也。"

【注】

①厄：困厄。②上下之交：上交于国君，下交于大臣。

【译】

孟子说："孔子困厄于陈国、蔡国之间，是因为和两个国家的君臣都没有交往。"

【读】

春秋战国时期，士人为官，必有大臣推荐，然后才能得到国君的赏识，进而服务这个国家。为什么孔子困厄于陈蔡之间呢，因为卫灵公出行，有南子陪伴，还有一位臭名昭著的宦官雍渠做警卫，邀请孔子坐在副驾驶位上，就这么招摇过市，孔子深以为耻辱，所以告别卫国，然后去了陈国、蔡国。宁可急急如丧家之犬，奔走于苍茫大地，也不愿意与雍渠这类宦官为伍。司马迁还写过另外一个例子，商鞅是因为宦官景监的推荐而成为秦国重臣。这在孟子看来，也是不可以的。先秦儒家倡导的矜持，是一个很好的传统！

【14.19】 忧心悄悄

貉稽曰："稽大不理于口①。"

孟子曰："无伤也。士憎兹多口②。《诗》云：'忧心悄悄，愠于群小。③'孔子也。'肆不殄厥愠④，亦不殒厥问⑤。'文王也。"

【注】

①稽：貉稽的自称，也是他的名。理：顺。口：别人之口。②憎：憎恶。兹：这。多口：多嘴，多口舌。③忧心悄悄，愠于群小：语出《诗经·邶风·柏舟》。悄悄：忧愁状。愠（yùn）：怨恨。④肆：遂，所以。殄：断绝，灭绝。厥：其。愠（yùn）：怨愤。⑤殒：失落，废止。厥：其，指代文王。问：同"闻"，美好的名声。

【译】

貉稽曰："我口碑很差啊！"

孟子说："没关系啊。士人憎恶这多口舌的。《诗经·邶风·柏舟》说：'忧愁啃噬着灵魂，只因小人的怨恨。'这是孔子啊！《诗经·大雅·绵》说：'虽未消除对西戎的怨愤，但是也未能失落文王美名。'这是文王啊。"

【读】

孔孟儒家有一个共同的品质，就是不为舆论所左右，坚持真理标准，坚持实事求是。国君说某人好，大夫说某人好，国人都说某人好，只有自己亲自考察，然后才能确定某人是不是好人。国君说某人是可杀的，大夫说某人是可杀的，国人都说某人是可杀的，还不行，必须亲自求证其罪不可赦才可以杀。袁崇焕被皇太极的反间计所害，崇祯说他可杀，大夫说他可杀，国人都说他可杀，最后被凌迟处死。结果袁崇焕被杀后，明朝也就垮了。

【14.20】 使人昭昭

孟子曰："贤者以其昭昭^①使人昭昭，今以其昏昏^②使人昭昭。"

【注】

①昭昭：聪明。②昏昏：糊涂。

【译】

孟子说："贤者以自己的聪明使别人聪明，现在的人以自己的糊涂使别人聪明。"

【读】

"以其昏昏，使人昭昭。"已经成为一个成语，讽刺那些不学无术的人，企图以自己的不学无术，而让别人聪明，岂不是南辕北辙，缘木求鱼。不学无术的学者故弄玄虚，卖弄自以为是的东西，除了误人子弟，怎么可能会有另外的结果？

【14.21】茅塞之心

孟子谓高子曰："山径之蹊^①，间介然^②用之而成路；为间^③不用，则茅塞^④之矣。今茅塞子之心矣。"

【注】

①径：同"陉"，山坡。蹊：小路。②间：不间断。介然：专一，坚定不移的样子。③为间：过一段时间。④茅：茅草。塞：堵塞。

【译】

孟子对高子说："山坡上可以下脚的地方，一直去走它就成了一条路；过一段时间不用，那么茅草就堵塞这条路了。现在茅草也堵塞了你的心了。"

【读】

孟子以比喻的方法，劝导高子磨砺道德的方法。山上本无路，不断在某条路线上踩踏自然就成了路。人心之路又何尝不是如此呢？一段时间不走，人心也就荒芜了，像山间小路被茅草堵塞一样，被心中的杂念堵塞了。什么是走心路？学习。学习中国文化，学习西方文化；学习人文科学，学习自然科学，学习哲学。这些学习，犹如走心路，走着走着，就豁然开朗了！

【14.22】文王之声

高子曰："禹之声^①尚文王之声。"

孟子曰："何以言之？"

曰："以追蠡^②。"

曰："是奚^③足哉？城门之轨^④，两马之力与？"

【注】

①声：音乐。②以：凭。追：钟钮。蠡：吃木虫，钟钮被吃木虫蛀坏。③是：这。奚：怎么。④轨：车辙。

【译】

高子说："禹的音乐比文王的音乐高雅。"

孟子说："凭什么这么说？"

高子说："因为禹传下来的钟钮被虫蛀得快断了。"

孟子说："这怎么能够说明夏禹的音乐比文王的音乐高雅呢？城门的车辙，难道是两匹马的力量所能形成的吗？"

【读】

孟子是在提倡实事求是的精神。言必称尧舜禹汤的孟子，批评高子的判断缺乏依据。的确，钟钮被虫蛀了，快断了，并不意味着它发出的声音比文王的音乐要好，只能证明这钟钮的历史悠久。同样的道理，城门的车辙也是因为历史悠久，多少年来无数马车经过留下的印迹，不能证明这车辙是现在某两匹马的力量所致。好与不好，或许有别的标准和证据，结论当然也只能根据证据来得到。

【14.23】 冯妇攘臂

　　齐饥①。陈臻曰："国人皆以夫子将复为发棠②，殆不可复③。"

　　孟子曰："是为冯妇也。晋人有冯妇者，善搏虎，卒④为善，士则之。野有众逐虎，虎负嵎⑤，莫之敢撄⑥。望见冯妇，趋而迎之。冯妇攘⑦臂下车。众皆悦之，其为士者笑之。"

【注】

　　①饥：饥荒。②以：以为，认为。复：再。为：替。发：开仓赈粮。棠：齐国地名，积谷之处。③殆：大概。复：再次开仓赈粮。④卒：最终。⑤负：背靠。嵎：山角。⑥撄：逼近。⑦攘：捋。

【译】

　　齐国饥荒。陈臻说："国人都以为您会再次劝请齐王为棠邑开仓赈粮，大概您不能再这么做吧。"

　　孟子说："再这样做就是冯妇了。晋国人有个叫冯妇的，善于徒手与老虎搏斗，最终成为善士。他去到野外，众人正在追逐猛虎。老虎背靠山角，没有人敢逼近。看见冯妇，众人跑过去迎接他。冯妇捋起袖子下车。

众人都高兴，但是士人都在笑他不知道止步。"

【读】

孟子不会再次为棠邑请求齐王开仓赈粮，一则客卿的地位决定了他不能这么做；二则孟子担心越俎代庖，反客为主，危及齐王地位和威信；三则孟子有自知之明。事不过三，再次请求开仓赈粮，必然犹如冯妇一般，为士人诟病。当然，我不赞成孟子的选择，毕竟百姓的利益高于一切，如果棠邑百姓挨饿是真的，再一次开仓赈粮又何妨？

【14.24】性也命也

孟子曰："口之于味也，目之于色也，耳之于声也，鼻之于臭^①也，四肢之于安佚^②也，性^③也，有命^④焉，君子不谓性^⑤也。仁之于父子也，义之于君臣也，礼之于宾主也，知之于贤者也，圣人之于天道也，命也，有性焉，君子不谓命也。"

【注】

①臭：气味。②佚：同"逸"。安佚：安逸。③性：本性。④有命：有命运的因素。⑤不谓性：不作为本性。

【译】

孟子说："口之于味道，目之于颜色，耳之于声音，鼻之于气味，四肢之于安逸也，这是天性，能否得到却有命运的因素影响，君子不认为能否获得这是天性必然。仁之于父子，义之于君臣，礼之于宾主，智慧之于贤者，圣人之于天道，这是命运，能否实现却有天性的因素影响，君子不认为全由命运决定。"

【读】

口对于味道的感觉，眼对于颜色的感觉，耳对于声音的感觉，鼻对于气味的感觉，四肢对于安逸的感觉，是天赋，但是能否得到好吃的食物，能否得到悦目的美色，能否得到动听的音乐，能否闻到喜欢的气味，能否享受四肢的安逸，可不是天赋的，还有命运的作用。只有天赋和命运相吻合的时候，人才有可能获得最大限度的快乐！父子之间的仁爱，君臣之间的忠义，宾主之间的礼仪，贤能者的智慧，圣人的天道，能否实现首先是命运的作用，其次也有天性因素，二者能够吻合，这样的人生才是成功的！

【14.25】 美大圣神

浩生不害^①问曰:"乐正子,何人也?"

孟子曰:"善人也,信人也。"

"何谓善?何谓信?"

曰:"可欲^②之谓善,有诸己^③之谓信,充实之谓美,充实而^④有光辉之谓大,大而化之之^⑤谓圣,圣而不可知^⑥之之谓神。乐正子,二之中、四^⑦之下也。"

【注】

①浩生不害:人名,复姓浩生,名不害。②可:值得。欲:喜欢。③有诸己:即"己有诸",自己拥有善。④而:又。⑤大:充实而有光辉。化:化育。之之:前一个"之"为百姓;后一个"之"为助词,无实义。⑥知:测度。⑦四:美、大、圣、神。

【译】

浩生不害问:"乐正子是怎么样的人?"

孟子说:"善良的人,诚信的人。"

浩生不害说:"什么叫善良?什么叫诚信?"

孟子说:"人人都喜欢叫做善,自己能够行善叫做信,充满善行叫做美，充实而又富有光辉叫做大，大到能化育万物叫做圣，圣而不可测度叫做神。乐正子，在善与信之中，在美、大、圣、神之下。"

【读】

儒家有鉴人的传统，大概始于孟子，孟子曾经说齐王"望之不似人君"，这是何等睿智的判断啊。后世历史对齐王的描述，与孟子的判断高度吻合。鉴人之术，发展到曾国藩就是《冰鉴》。这鉴人之术到底有没有道理呢？我认为，以现代科学常识来判断，结构决定功能，鉴人之术是有一定的科学依据的。

【14.26】 如追放豚

孟子曰："逃墨必归于杨^①，逃杨必归于儒。归，斯受^②之而已矣。今之与杨、墨辩者，如追放豚^③，既入其苙^④，又从而招^⑤之。"

【注】

①逃：逃离。墨：墨子，墨家学术。杨：杨朱，自成学派。②斯：就。受：接受。③放：放逐。豚：小猪。④既：已经。苙：猪圈。⑤招：羁绊，把小猪四条腿捆住。

【译】

孟子说："逃离墨家必然归于杨朱，逃离杨朱必然归于儒家。回归了，就接受罢了。现在与杨朱学派和墨翟学派辩论的人，就像追逐被放逐了的小猪一样，已经进入猪圈了，还要跟进去把小猪四条腿捆住。"

【读】

孟子对与杨朱、墨翟学派的争论有忧虑，也有批评。忧虑是墨翟学派有吸引力，天下学子逃离了墨家学派的影响，往往就回到杨朱学派，只有逃离杨朱学派，最终才会回到儒家学派。孟子的意见：回来接受就可以了。大可不必像追逐小猪那样，已经驱赶到猪圈了，还要拿绳子捆绑四条腿。捆绑不能成夫妻，何况是学术信仰呢？像追逐和捆绑小猪一样，强迫人们相信某种学说，在孟子看来，是极端愚蠢的做法。

【14.27】赋税适中

　　孟子曰："有布缕①之征，粟米之征，力役②之征。君子用其一，缓其二。用其二而民有莩③，用其三而父子离④。"

【注】

①布缕：布帛。②力役：劳役。③莩：饿死的人。④离：离散。

【译】

　　孟子说："有征收布帛之税、粟米之税、劳役之税。君子在三者当中只用其一，另外两种则缓征。同时使用两种税制那么就会有百姓饿死，同时使用三种税制就会出现父子离散的惨况。"

【读】

　　降低税收是古今中外一个永恒的主题，降低行政成本也是一个永恒的主题，只有行政成本降低了，才有可能降税，才能避免出现饿死人的局面，才能避免父子离散的困境。

【14.28】诸侯三宝

孟子曰："诸侯之宝三：土地，人民，政事。宝①珠玉者，殃②必及身。"

【注】

①宝：以……为宝。②殃：祸殃。

【译】

孟子说："诸侯的宝贝有三件：土地、人民、政事。以珠玉为宝，灾祸必然波及其自身。"

【读】

孟子既然已经说了"民为贵"，那么百姓必然是孟子笔下的宝，是诸侯的宝。为什么孟子又把土地排在第一位呢？因为没有土地，就不会有百姓，有了土地、百姓仍不够，还必须有优秀的政治制度，没有优秀的政治制度，这个国家不可能富强。当一个国家所有的经济政策失败以后，就应当考虑政治制度的优化和改革以推动经济发展。

【14.29】小才杀身

盆成括仕^①于齐，孟子曰："死矣，盆成括！"

盆成括见杀^②，门人问曰："夫子何以知其将见杀？"

曰："其为人也小有才，未闻君子之大道也，则足以杀其躯而已矣。"

【注】

①盆成括：复姓盆成，名括。仕：做官。②见杀：被杀。

【译】

盆成括在齐国做官，孟子说："盆成括死定了！"

盆成括被杀，学生问孟子："夫子凭什么知道盆成括会被杀呢？"

孟子说："他为人有小聪明，但没有听说过君子的大道理，就足以招来杀身之祸了。"

【读】

孟子知道盆成括必死无疑，是基于对齐宣王的了解。孟子都已经不敢再次劝谏齐宣王在棠邑开仓赈粮了，足见齐宣王的残暴。而盆成括小有才气，却属于狂狷之徒，不知收敛。徒有小聪明，却容易犯大忌。这两个因素都考虑进来，孟子当然知道盆成括必死。

【14.30】 来者不拒

孟子之滕①，馆于上宫②。有业屦于牖③上，馆人求之弗得。或问之曰："若是乎从者之廋④也？"

曰："子以是为窃⑤屦来与？"

曰："殆⑥非也。夫子之设科⑦也，往者不追，来者不拒。苟以是心至⑧，斯受之而已矣。"

【注】

①滕：滕国。②馆：下榻，住。上宫：地名。③业屦：正在编织的草鞋。牖（yǒu）：窗户。④廋：藏起来。⑤窃：偷窃。⑥殆：大概。⑦设科：开设科目。⑧苟：如果。心至：有心想学。

【译】

孟子去滕国，下榻在上宫的旅馆。有一双没有编织好的草鞋挂在窗户上，旅馆人去拿却找不到。有人问孟子："好像是您的随从藏起来了吧？"

孟子说："您以为他们是为偷草鞋来的吗？"

旅馆人说："大概不是啊。您设置科目教学，对走的学生不追问，来的学生也不拒绝。如果有心来求学，接受就是了。"

【读】

　　孟子从孔子那里继承了有教无类的教育思想和情怀，所以"往者不追，来者不拒"。这种情怀依然值得今天的每个中国人学习，尤其是值得今天教育工作者学习。学生义务教育阶段，是价值沉淀期、伦理涵养期、习惯养成期、信仰初塑期、智力爆发期，每个孩子都有一万种可能的变化。怎么可以剥夺他们接受完整义务教育的权利呢？匪夷所思！

【14.31】举一反三

孟子曰："人皆有所不忍，达^①之于其所忍，仁也；人皆有所不为，达之于其所为，义也。人能充^②无欲害人之心，而仁不可胜用也；人能充无穿逾^③之心，而义不可胜用也；人能充无受尔汝之实^④，无所往而不为^⑤义也。士未可以言而言，是以言餂^⑥之也；可以言而不言，是以不言餂之也，是皆穿逾之类也。"

【注】

①达：通行，通达。②充：扩充，推广。③穿：穿穴。逾：逾墙。④无受：不接受。尔汝：轻蔑的称呼。实：心理。⑤为：是。⑥餂（tiǎn）：套取，诱取。

【译】

孟子说："人都有不忍之心，推广到所忍心的事情上，就是仁。人都有所不为，推广到有所为的事情上，就是义。人如果能够扩充不想害人的心，那么仁就用之不竭了；人能够扩充不愿意挖洞跳墙的心，那么义就用之不竭了；人能够推广不愿意接受轻蔑称呼的心理，那么所到之处都充满了义。一个士人不能够同他谈论却去同他谈论，这是用语言诱取别人的想法（以获得自己的利益）；可以同他谈论却不同他谈论，这是以沉默来诱取别人的想法，这与挖洞跳墙相类似。"

【读】

如何推广仁？孟子认为，推广不忍之心到忍心的事情上，就是仁。推广不愿意害人之心，那么仁就用之不竭。如何推广义？如果人能够把不愿意做的事情，推广到愿意做的事情上，就是义。如果能够推广不愿意挖洞跳墙的心，那么义就用之不竭。人能够推广不愿意接受蔑视称呼的心理，所到之处都充满了义。士可以不同他谈论而同他谈论，可以同他谈论而不同他谈论，其本质都是挖洞跳墙一样的歪心思，目的在于套取别人的想法。

【14.32】 君子风度

孟子曰："言近而指^①远者，善言也；守约而施博^②者，善道也。君子之言也，不下带^③而道存焉；君子之守^④，修其身而天下平。人病舍其田而芸^⑤人之田，所求于人者重^⑥，而所以自任^⑦者轻。"

【注】

①近：浅近。指：旨意。②守：保持。约：节约。施：施与。博：多。③带：腰带。④守：操守。⑤病：以……为病。芸：除草。⑥求：要求。重：严。⑦自任：自己承担。

【译】

孟子说："言语浅近而旨意深远的，这是善言；保持节约而给予多的，这是善道。君子的言语，不达腰带之下但道却存在；君子的操守，修养自身然后可治天下。人们认为荒废自己的田而去帮别人的田除草是很荒唐的，要求别人很严苛，自己承担的却很轻。"

【读】

言近旨远，这是君子的语言。节约广施，是君子之道。语言不下腰带，却能就近取譬而存道。君子操守，就是修身而后平治天下。荒废自己的心田而去帮别人除草，这非君子所为。苛刻要求别人，自己却承担很轻，也非君子风度。按照孟子的表述，反推过去就是君子风度：沉默寡言，生活俭朴，乐善好施，言语优雅，保持操守，坚守本心，宽以待人，严以律己。要做好，不容易！

【14.33】正道而行

孟子曰："尧、舜，性①者也；汤、武，反②之也。动容周旋中③礼者，盛德之至④也。哭死⑤而哀，非为生者也。经德不回⑥，非以干禄⑦也。言语必信，非以正行⑧也。君子行法⑨，以俟命而已矣。"

【注】

①性：本性。②反：同"返"，返回本性。③动：举动。容：容貌。周旋：进退。中（zhòng）：符合。④盛德：美德。至：极致。⑤死：死者。⑥经：依据。德：道德。回：违逆，违背。⑦干禄：求官职。⑧正行：端正自己的行为。⑨行法：依法行事。

【译】

孟子说："尧舜仁德，是本性；汤武仁德，是恢复本性的。举止容貌在进退间符合礼，是美德的极致。为死者悲哀哭泣，不是做给生者看的。依据道德不违背，不是为了求官职。说话讲信用，不是为了端正自己的行为。君子依法行事，只是为了等待命运而已。"

【读】

孟子认为尧舜仁德是本性，而汤武仁德却是恢复本性——孟子在另一节中说这是"力行"，这二者真的有区别吗？如何区别呢？是孟子留给我们的题目。孟子认为，行为举止在进退间符合礼，是美德的极致；为死者悲伤哭泣，绝不是为了做给生者看的。依据道德行事不违背礼，不是为了求官职。这些都是君子的修养。君子在一言一行之中，都在修身，都在等待命运的转机。

【14.34】 甘于平淡

孟子曰："说大人^①，则藐之^②，勿视其巍巍^③然。堂高数仞^④，榱题^⑤数尺，我得志，弗为也。食前方丈^⑥，侍妾^⑦数百人，我得志，弗为也。般乐^⑧饮酒，驱骋^⑨田猎，后^⑩车千乘，我得志，弗为也。在彼者，皆我所不为也；在我者，皆古之制也。吾何畏彼^⑪哉？"

【注】

①说：说服。大人：诸侯。②则：就。藐：藐视。之：他。③巍巍：高不可攀的样子。④堂：庙堂。仞：古代以七尺或八尺为一仞。⑤榱（cuī）题：屋檐的椽子头。⑥食：吃饭。前：面前。方丈：一丈见方都是菜，形容奢侈至极。⑦侍妾：侍女。⑧般（pán）乐：盛乐。⑨驱骋：驰骋。⑩后：跟随在后。⑪彼：指代大人，也就是国君。

【译】

孟子说："向诸侯进言，就要藐视他，不要把他高高在上的样子放在眼里。宫殿地基高达数仞，椽子头伸出数尺，我如果得志，不会这么做。一丈见方的桌子满是山珍海味，侍女也有数百人，我得志，不会这么做。

盛乐饮酒，驰骋田猎，随行车辆多达千乘，我得志，不会这么做。国君他所做的，都是我所不做的；我所做的，都符合古代礼制。我为什么要畏惧他呢？"

【读】

如何说服国君，就需要在气势上藐视他，无欲无求。如果逢迎国君的错误，那是极大的犯罪。所以，孟子心清如水。殿基数仞，椽头数尺，有必要吗？山珍海味，侍女数百，有必要吗？盛乐饮酒，驰骋田猎，从车千乘，有必要吗？可惜，数千年来，客卿们没有按照孟子的想法去做，大夫们没有按照孟子的想法去做。士人风骨没有了，国君日益膨胀了，自我感觉日益良好了，决策失误也日益增多了，国家自然日益没落了！

【14.35】 寡欲养心

孟子曰："养心莫善于寡欲。其为人也寡欲，虽有不存焉者，寡矣；其为人也多欲，虽有存焉者，寡矣。"

【译】

孟子说："养心没有比减少欲望更好的。他为人寡欲，即使善心不存在，那也很少见；他为人欲望太多，即使存有善心，那也是很少见的。"

【读】

不懂得生命的价值，所以常常不知道寡欲的重要性。嘴巴想吃好的，眼睛想看美的，耳朵想听绵的，衣服想穿华丽的，什么都想要最好的……如此多的欲望，还不起贪念吗？一天不过三顿饭，吃多了生病！一夜不过一张床，睡多了伤身！死后半抔黄土遮身，规模再大要留骂名！欲望无止境，养心最重要！

【14.36】　曾子不忍

曾皙嗜羊枣[①]，而曾子不忍食羊枣。公孙丑问曰："脍炙[②]与羊枣孰美？"

孟子曰："脍炙哉！"

公孙丑曰："然则曾子何为食脍炙而不食羊枣？"

曰："脍炙所同[③]也，羊枣所独[④]也。讳名不讳姓，姓所同也，名所独也。"

【注】

①曾皙：曾子的父亲。嗜：喜欢。羊枣：一种水果，初生黄色，成熟黑色，形状像羊屎。②脍：肉切细。炙：肉烤熟。③同：共同的嗜好。④独：独有的爱好。

【译】

曾皙喜欢吃羊枣，但是曾子不忍心吃羊枣。公孙丑问："烤肉与羊枣哪一个更美味？"

孟子说："烤肉更美味啊！"

公孙丑说："既然这样，那么为什么曾子吃烤肉而不吃羊枣呢？"

孟子说："烤肉是大众口味，羊枣只是个别人喜欢。人们避讳只是避开名而不避姓，因为姓是共同的，名却是独有的。"

【读】

曾子不吃羊枣，也许真的如孟子所分析的，因为吃羊枣就会想到生前喜欢吃羊枣的父亲，所以，不忍心吃。讲的是封建时代"避讳"的礼仪问题，在这个问题上，他们有些迂腐。讲孝道，不止于此吧！

【14.37】 狂狷可期

万章问曰：“孔子在陈曰：‘盍①归乎来！吾党之小子狂简②，进取，不忘其初③。’孔子在陈，何思④鲁之狂士？”

孟子曰：“孔子‘不得中道而与之⑤，必也狂狷⑥乎！狂者进取，狷者有所不为也。’孔子岂不欲中道哉？不可必得，故思其次也。”

“敢问何如斯可谓狂矣？”

曰：“如琴张、曾皙、牧皮⑦者，孔子之所谓狂矣。”

“何以谓之狂也？”

曰：“其志嘐嘐⑧然，曰：‘古之人，古之人。’夷考⑨其行，而不掩⑩焉者也。狂者又不可得，欲得不屑不絜⑪之士而与之，是狷也，是又其次也。孔子曰：‘过我门而不入我室，我不憾焉者，其惟乡原⑫

乎！乡原，德之贼也。'"

曰："何如斯可谓之乡原矣？"

曰："何以是嘐嘐也？言不顾行，行不顾言，则曰：'古之人，古之人。行何为踽踽凉凉^⑬？生斯世也，为斯世也，善斯可矣。'阉^⑭然媚于世也者，是乡原也。"

万子曰："一乡皆称原人^⑮焉，无所往而不为原人，孔子以为德之贼，何哉？"

曰："非之无举也，刺之无刺也，同乎流俗，合乎污世，居之似忠信，行之似廉洁，众皆悦之，自以为是，而不可与入尧舜之道，故曰'德之贼'也。孔子曰：'恶似而非者：恶莠^⑯，恐其乱苗也；恶佞^⑰，恐其乱义也；恶利口，恐其乱信也；恶郑声，恐其乱乐也；恶紫，恐其乱朱也；恶乡原，恐其乱德也。'君子反经^⑱而已矣。经正^⑲，则庶民兴；庶民兴，斯无邪慝^⑳矣。"

【注】

①盍：何不。②狂：狂妄。简：才能平庸。③初：初心。④思：思念。⑤与之：与之交往。⑥狂：不受约束，放荡。狷：拘谨有所不为。⑦琴张：人名，不详。曾晳：曾子的父亲。牧皮：人名，不详。⑧嘐嘐（xiāo）：志小言狂。⑨夷：语气助词，无实义。考：考察。⑩掩：同。⑪絜：同"洁"。⑫乡原：即"乡愿"。⑬踽踽（jǔ）：孤独貌。凉凉：冷清貌。⑭阉：掩蔽，曲意逢迎。⑮原人：即"乡愿"。⑯恶：憎恶。莠：狗尾巴草。⑰佞：奸佞。⑱反：同"返"。经：常道。⑲正：回正。⑳慝（tè）：邪恶，罪恶。

【译】

万章问："孔子在陈国说：'何不归来！我的家乡不少弟子志气高远而才能不足，积极进取，不忘本心。'孔子在陈国，为什么要思念鲁国的狂妄之士？"

孟子说："孔子说过'不能得到与中道而行的人交往，只好与那些狂放和狷介的人交往！狂放者进取，狷介者谨慎有所不为。'孔子哪里不想与中道而行的人交往呢？不一定可以得到，所以只能想求其次了。"

万章问："怎样才算狂放的人呢？"

孟子说："像琴张、曾晳、牧皮这样的，就是孔子所说的狂放的人。"

万章说："为什么说他们是狂放的人呢？"

孟子说："他们志向远大却夸夸其谈，说：'古人……古人……'考察他们的行动，却不同于所言。如果狂放者又不可得，就想与那些不像不洁净的人交往，也就是狷介者，这又再其次了。孔子说：'经过我的门而不来我家的，我并不感到遗憾，他们只不过是乡愿！乡愿，那是损害道德的贼子啊！'"

万章说："怎么样才算是乡愿呢？"

孟子说："为什么要这样志大而夸夸其谈呢？说话不顾及行动，行动不顾及说话，动不动就说：'古人……古人……行为为什么这样孤独而冷清？生在这个世界上，为这个世界做事情，这样做好就可以了。'这种曲意谄媚当世之人，就是乡愿啊。"

万章说："整个乡里的人都称他是乡愿，无论到何处都表现为乡愿，孔子却认为这些人是道德的贼，为什么呢？"

孟子说："谴责他却又举不出证据，指责又无可指责，顺从流俗，合乎污世，居心好像忠信，行为好像廉洁，大家也都喜欢他，他自以为是，但不可进入尧舜之道，所以叫做'德之贼'啊。孔子说：'我最讨厌那些似是而非的东西：厌恶狗尾草，是担心它扰乱了禾苗；厌恶奸佞，担心他扰乱了义；厌恶巧舌如簧的人，担心其扰乱了诚信；厌恶郑国音乐，担心其扰乱了雅乐；厌恶紫色，担心其扰乱了正红；厌恶乡愿，担心其扰乱了道德。'君子让事物回到正道就可以了。常道回归正位，那么百姓就会振作；百姓振作，就不会有邪恶罪人了。"

【读】

孟子借助与弟子的问答，为孔子一生做了一个圆满的总结。孔子周游列国，不受待见，真不是孔子学说不好，而是孔子学说属于未来，属于为民之学，属于修身之学，与乱世之中，与君王渴望的霸道有非常大的反差，所以，孔子生前并不被重用。那么问题又来了，既然孔子学术不能行于他那个时代，孟子自称传承了仲尼的学问，那么孟子的学问岂不是也是无用之学？孟子这一节，重点就是解决这个问题，回答学生万章的疑虑，也为自己的学术流传于后世做一个铺垫。

在陈国，孔子为什么感叹："何不归来！我的家乡不少弟子志气高远而才能不足，积极进取，不忘本心。"孟子的解释：孔子回去，不是失败。而是举世没有中道而行的人可以做朋友，所以要回去与自己的弟子中那些热情狂放而才能略有些稚嫩的学生一起，为学术的发扬光大，为学生的进一步发展，为家乡作出贡献。如果狂狷之士不可得，就只能与那些不洁净的人交往。即便这样，也不愿意与家乡的乡愿交往，因为乡愿是"德之贼"。借助孟子的理解，把《论语》当中孔子没来得及论述的"德之贼"的种种表现，做了集中刻画：谴责却又举不出证据，指责又无可指责，顺从流俗，合乎污世，居心好像忠信，行为好像廉洁，大家都喜欢，自以为是，却不可进入尧舜之道，所以叫做"德之贼"啊。

最后，孟子借助孔子的话，表达的其实是孔孟两代儒学大家的担忧：厌恶狗尾草，是担心它扰乱了禾苗；厌恶奸佞，担心其扰乱了正义；厌恶巧舌如簧，担心其扰乱了诚信；厌恶郑国音乐，担心其扰乱了雅乐；厌恶紫色，担心其扰乱了正红；厌恶乡愿，担心其扰乱了道德。君子应该让事物回到正道。常道回归正位，那么百姓振作；百姓振作，就不会有邪恶罪人了。至此，孟子认为王道的实践，虽然没有在齐国实现，但是，王道的理论却集中呈现在此处。

这恐怕才是孟子撰写这一节的旨趣所在吧！

【14.38】星火传人

孟子曰："由尧舜至于汤，五百有余岁；若禹、皋陶，则见而知之；若汤，则闻而知之。由汤至于文王，五百有余岁，若伊尹、莱朱①，则见而知之；若文王，则闻而知之。由文王至于孔子，五百有余岁，若太公望、散宜生②，则见而知之；若孔子，则闻而知之。由孔子而来至于今，百有余岁，去圣人之世若此其未远也，近圣人之居若此其甚也，然而无有乎尔③？则亦无有乎尔？"

【注】

①莱朱：商汤的名臣。②太公望：即姜太公，姜子牙。散宜生：复姓散宜，名生。③无有：没有。尔：近处的人，即继承人。

【译】

孟子说："从尧舜到商汤五百多年；像夏禹、皋陶，他们是亲眼见到圣人之道并懂得其道理的；像商汤，就是听到圣人之道而懂得其道理的。

从商汤到文王，五百多年，像伊尹和莱朱，他们是亲眼见到圣人之道而懂得其道理的；像文王，是听到圣人之道而懂得其道理的。从文王到孔子，五百多年，像太公望和散宜生，他们是见到圣人之道而懂得的；像孔子，则是听闻圣人之道而懂得其道理的。从孔子到现在，一百多年了，离开圣人之时代没有像现在这么不远，距离圣人居住的地方没有像我们这么切近，却没有继承人？竟然没有继承人？"

【读】

这一章是《孟子》一书的"卒章显志"，表达的是孟子的志向和撰写《孟子》的旨趣。按照儒家的预期，"五百年必有王者兴"，所以，孟子推算了几个五百年：从尧舜到商汤，五百多年；由商汤到文王，五百多年；从文王到孔子，五百多年；从孔子到现在，一百多年。离开圣人之时代没有像现在这么切近，距离圣人居住的地方没有像我们这么切近，却没有继承人？竟然没有继承人？

我觉得，最后两句应当是反问句。以孟子的自信，肯定认为虽然"五百年必有王者兴"的预期年限没有到来，但是他内心早已认定，自己就是孔子之后王道的继承人！至少，是王道的星火传递者！

附

录

伟大的传统必有深远的智慧

——论儒家文化的现代教育价值

一、民族复兴关键是文化复兴

历史长焦镜下，有必要重新评价传统文化尤其是儒家文化的价值。原生态儒家文化，是中华民族的命脉，是中华民族生生不息、自我更新、自我超越的强大精神原动力。

一个基本的事实证明，传统文化具有顽强的生命力和创造力。世界几大文明古国中，中国是唯一的5000年文明不间断、不灭亡、并且不断创造新辉煌的国家。中华文明生命力之顽强举世无双，发展力之强大举世无双，再生力之旺盛举世无双！支撑这种文明的传统文化必然是优秀文化，优秀传统文化精神是维系中华民族持续发展的动力。妄自菲薄，会导致文化虚无；文化认同，才有文化自信；文化自信，才有文化复兴；文化复兴，才有中华民族的伟大复兴。

两个文化复兴案例证明：文化不死，民族复兴可期。元、清两代以汉民族为主体的政权瓦解，但是汉文化尚存，于明代和民国得以恢复。犹太民族被灭国2000余年，"二战"结束后，犹太流浪者凭着口袋、书本、脑袋、血脉里的文化，在寸草不生的沙漠重建了绿化水平、人均GDP、科技创新力、金融发展都遥遥领先的国家——以色列。文化是国家和民族的血脉和基因，没有文化认同、坚守、发展，就不会有国家和民族的持续发展。

文化割裂往往使国家和民族付出了沉重的代价。例如秦王朝传至秦二世而亡——秦朝奋六世之余烈，统一天下，以为万世，嬴政自称始皇帝，结果 15 年二世而亡。假如统治者有一点原儒以人为本的精神，有一点原儒悲天悯人的情怀，陈胜、吴广不会揭竿而起，秦朝历史必然重新书写！

数次向国外学习的结果证明核心价值在优秀传统文化中。第一次是洋务运动，学习外国技术，结果是坚船利炮救不了中国。甲午海战失利，绝不是输在武器上，而是输在精神上。如果用西沙自卫反击战的精神去对付日本，甲午海战依然有很大的胜算；尤其后来在陆地上较量的失败，我方军心的涣散和士气的崩溃占据了主因。第二次是以孙中山为代表的资产阶级革命，学习了西方政治，最终收获的却是腐败和专制。第三次是 20 世纪 50 年代，向苏联学习经验，然而历史和事实已经证明，苏联模式不适合中国国情。

为什么？理由至少有三。其一，传统文化是土壤，土壤不同，再好的种子都无法生长，更不要期望长出新的品种。其二，传统文化属于根本，属于养心文化和养神文化，离开了根本仅仅学科学技术，不可能学到神形兼备。钱学森、李四光、吴健雄、杨振宁、李政道等经过传统文化浸润的学子，有知识分子的社会责任感和伦理情怀，他们在科学方面也同样出类拔萃。其三，传统文化融进了中国人的文化心理结构，成了文化基因，成为文化潜意识。就像中国菜一样，想丢丢不掉，丢掉了也会强烈反弹，超级想念它！这是事实。

多次否定留下了大众文化的焦灼与浮躁。儒家文化与道家文化、法家文化、兵家文化、墨家文化等构成了百花齐放的民族文化大观园。但是，儒家文化因为是伦理哲学，是价值体系，是信仰支撑，是人之为人的精神所在，必然成为中国传统文化的主线，是中华文明的主色调，而儒家文化中的人本主义价值取向，则是中国传统文化基因的核心密码。近200年来，为寻求救国救民真理，自觉或不自觉地对儒家文化做过数次否定：

第一次是洋务运动。怀疑式的否定，羞羞答答，遮遮掩掩，"中学为体，西学为用"的目标未能实现。第二次是新文化运动。原本是一次启蒙运动，五四运动救亡图存冲淡了思想启蒙，导致人们尚未对传统文化做系统思考，就随着激进的狂飙，走向了对传统文化的全面否定。第三次是旧民主主义革命。试图以西方的普世价值完全取代中国传统的价值体系，是一次主动的失败尝试。而在新民主主义革命阶段，中国共产党人提出了马克思主义的普遍真理必须与中国革命的具体实践相结合的主张，这是共产党人对优秀传统文化的一次惊天动地的自觉。这种自觉在军事领域也有所反映，那就是抛弃城市中心主义，选择农村包围城市的道路，抛弃堡垒对堡垒的阵地战，选择游击战和运动战相结合的方式，这是中国共产党人军事文化的自觉。还有读者都知道的20世纪中叶的文化虚无主义，导致了价值体系的崩溃，而新的价值体系至今也没有完成建构。

近几十年来，随着中国社会经济发展的速度，对比西方各种思潮的泛滥与没落和社会经济的滞涨，使中国人意识到西方的世界观、方法论、价值体系并不能解决中国社会发展中出现的矛盾和问题，一种潜意识的文化自觉成为历史的必然。

优秀传统文化及其精神，属于中华民族的命脉！民族复兴是文化而非物质的复兴。中国梦是文化复兴之梦！丧失文化记忆的人，必然无知。抹去文化记忆的民族，必然疯狂。伟大的传统必然有深远的智慧，中华民族的复兴之梦必须传承优秀传统文化！

二、儒家的根本在于人本、人道、人文

司马光说："盖儒者所争，尤在于名实，名实已明，而天下之理得矣。"大意为：儒者所争论的诸多问题中，最关键的是名与实的问题，名

与实的问题思考清楚了，天下之真理就很容易掌握了。传承儒家文化，必须先鉴别真儒学和伪儒学、真儒家和伪儒家、原生态儒家和所谓新儒家。

儒学史上有新儒家、旧儒家之分，有汉儒、宋儒、明儒，以及现代新儒家等诸多流派，但儒学本源却在先秦孔子、孟子、荀子，代表著作是《论语》《孟子》《荀子》。《论语》是源头，是根本，尤其重要。先秦儒家才是真儒家，先秦之后，几乎只有儒家学说的信奉者、传承者、研究者。先秦之后，儒家思想被异化，汉朝阴阳家董仲舒的学说只能称为"政学"（儒家本来是伦理哲学，董仲舒将之发展为政治儒学，儒学历史上称之为"经学"），宋代的程颐、程颢、朱熹等的学说只能称为"理学"，宋代的陆象山（陆九渊）、明代的王阳明等构建的"心学"因为没有脱离"人本主义"的核心价值，算是对儒学的局部发展。先秦之后，儒家思想不断被解释、被解读、被解构，鲜有创新和发展。儒学精神主要通过历代读书人以及读书人出身的官僚阶层的政治家薪火相传。传承儒学精神的代表人物有司马迁、韩愈、柳宗元、王安石、范仲淹、苏轼、王阳明、顾炎武等，载体除了原生态经典便是儒家思想传承者的诗歌、散文，以及他们的教育实践和政治活动。程颢、程颐、张载、朱熹、陆九渊等属于研究儒学的专家，并非真正意义上的儒家代表人物。20 世纪新儒家三圣马一浮、熊十力、梁漱溟是儒家精神传承者，也是传承原生态儒家思想的重要人物，因为他们本着儒家实用理性，提出了"援西入儒"的重要主张。唐君毅、张君劢、牟宗三、钱穆、徐复观等人，均传承了儒家精神，也传承了"援西入儒"的主张，但这些人主要是儒学研究者。

儒家的四个标准：一是具备儒家思想——核心价值观（价值主导），儒家最本质、最核心的思想就是人本主义和民本思想，背离了这个核心就属于"伪儒学"的范畴；二是具有强烈的使命感和责任感——以天下为己任，具有积极入世的情怀；三是具有改变社会的能力——如韩愈、柳宗元、王安石、范仲淹、辛弃疾、王阳明等人"可以寄百里之命，可以托六尺之孤，临大节而不可夺"，均为儒家嫡传；四是以教为政的理想——即便不能直接改变社会，也要从教育着手，追求价值，实现理想！比如知识分子暂时无力从体制机制上解决社会矛盾的时候，不选择冷漠和堕落，而选择以教育改变人心，以教育改变命运，最终以教育改变社会，这就是儒家的情怀和作为！

儒家孔子、孟子、荀子，儒家著作《论语》《孟子》《荀子》与儒家研究者、儒家研究成果等构成了儒学。儒家、儒家思想、儒家著作、儒家研究者、儒家研究成果、儒家精神传承与创新、儒家精神的实践等诸要素，共同构成了中国儒家文化。鉴别儒家、儒学真伪的核心标准是：哲学是否以人为本，政治是否以民为本，教育是否以生为本。凡是背离原生态儒学人本、民本、生本思想的所谓新儒学，全都是对儒学的反叛，都是伪儒学，都是挂羊头卖狗肉。凡是背离人本、人道、人文精神的所谓儒家，都是伪儒家。

儒家思想的核心是三个字：仁、义、礼。仁，侧重于内心；义，侧重于责任；礼，侧重于规则。儒家文化，源远流长，熔铸到中国人的血液和基因里，成为中国人心理结构中标志性的内原精神。儒家文化体系博大，内容丰富，义理宏深，意境崇高，伦理纯厚，利他彻底，正气崇实，世所罕见。儒家文化养护着中国人的心灵，规范着中国人的举止，协调着中国人的关系，约束着从政者的行为，在中国历史上无论对个人还是对民族的生存发展都起着主导作用。

三、儒家文化的教育本质论价值

教育的本质是什么？德国哲学家雅斯贝尔斯说："教育的本质是精神的，而非物质的，是非物质诱惑下的教育，是灵魂的教育。"换言之："教育是人的灵魂的教育，而非理智知识与认识的堆积。"又说："教育的本质

是认识生命的本质，提升生命的品质，追求生命的价值。"生命的本质是
什么？是精神的，是灵魂的，而不是物质的。

《中庸》说："天命之谓性，率性之谓道，修道之谓教。"大意为：上
天赋予人的是本性，尊重人的本性就是道，依照本性提升生命的品质就是
教育。古今中外无数种关于教育的表述中，《中庸》的表述最精练、最准
确、最科学！

对于中国的现代教育首选儒家文化，因为儒家文化是伦理文化、乐感
文化、价值文化，是现代教育的精神资源。

从教育本质论的层面看，儒家文化资源分类如下：

（一）儒家文化为教育提供丰厚的民族精神资源

中华文明数千年没有毁灭，且不断发展、不断创新，其原因就是民族
文化记忆被保存下来，民族精神被传承下来。民族精神是一个民族在长期
的历史发展进程中积淀形成的，为全体人民所接受和认同，并成为民族进
步和发展的价值导向和精神动力。中华民族精神集中表现为自强不息、厚
德载物、天下为公、尚中贵和、博爱泛众、勤劳俭朴。这些是民族性格和
共同价值观。

一是"自强不息"的精神。"自强不息"语出《周易·乾卦·象传》：
"天行健，君子以自强不息。"大意为：天道运行刚健，君子应学习天道而
自强不息。孔子"发愤忘食，乐以忘忧，不知老之将至"的执着、孟子
"苦其心志，劳其筋骨，饿其体肤"的态度都是自强不息的表现。这种精
神是民族复兴所必需的，是实现中国梦所必需的，是每个中国人所必
需的！

二是"厚德载物"的精神。"厚德载物"语出《周易·坤卦·象传》：
"地势坤，君子以厚德载物。"大意为：大地博厚宽广，君子应如是容载万
物。"仁"就是厚德载物，没有仁爱、包容、责任，人不可以为人；承载
重大使命是载物，如果没有使命感和责任感，人不可以为人。亦可说成是

"厚德载福":齐桓公死于厨师之手,是因为失德;陈胜死于马夫之手,是因为失德。福德不足,德不高而位高,是十分危险的,仿佛高耸入云的危楼,随时可能倒塌!

三是"天下为公"的精神。"天下为公"语出《礼记·礼运》:"大道之行也,天下为公。"这是典型的尚公道德取向,也是典型的民族精神。贾谊的"国而忘家,公而忘私",范仲淹的"先天下之忧而忧,后天下之乐而乐",顾炎武的"天下兴亡,匹夫有责",林则徐的"苟利国家生死以,岂因祸福避趋之"等都是"天下为公"。"天下为公"的民族精神完全契合社会主义核心价值观。

四是"尚中贵和"的精神。"尚中贵和"即崇尚中庸、以和为贵。"中庸"是大智慧,"和"是群生状态,史伯说:"和实生物,同则不继。"孔子曰:"攻乎异端,斯害也已。"学术包容到了如此程度。孔子向老子请教证明孔学不排他。"尚中贵和"是社会和谐的哲学基础,既"用其中于民"又"和而不同",诚如是,则思想自由、学术自由。更重要的是,很多社会问题将迎刃而解:比如在企业高管年收入数千万元和普通员工年收入几万元之间求一个平衡点,劳资矛盾将根本缓和。在广厦千万间的开发商和"上无片瓦遮身,下无立锥之地"的城市平民中间寻求一个平衡点,社会矛盾尚可调和。

五是"博爱泛众"的精神。"博爱泛众"语出孔子"泛爱众,而亲仁""己所不欲,勿施于人"等。孟子则说:"老吾老,以及人之老;幼吾幼,以及人之幼。""博爱泛众"已然成为中国共产党人"为人民服务"的伦理基础。由此可知,"博爱"并不是基督教的原创,而是中国传统文化固有的精神!

六是"勤劳俭朴"的精神。语出《尚书·大禹谟》:"克勤于邦,克俭于家。"这是互文的修辞手法:"无论国事家事,都应勤劳俭朴。"改革开放后,我们经历了40多年的高速发展,环境欠债颇多,"穷奢极欲"势必加大环境负担。"勤劳俭朴"应成为公民普遍认同的价值观，依靠穷奢极欲拉动世界经济的模式，无休止地索取地球资源，必然导致人类灭亡。

（二）儒家文化蕴含丰厚的伦理精神资源

一是"家庭中心"的伦理基础。儒家父子有亲、君臣有义、夫妇有别、长幼有序、朋友有信的思想是中国传统伦理的基本范畴。"五伦"起源于家庭伦理。君臣是父子类比，朋友是兄弟推衍。子夏曾说："君子敬而无失，与人恭而有礼。四海之内，皆兄弟也。君子何患乎无兄弟也?""五伦"之中，孝文化处于核心基础地位。首先，孝文化维护了家庭和社会稳定。孔子曰："其为人也孝弟，而好犯上者，鲜矣；不好犯上，而好作乱者，未之有也。"其次，孝文化是民族文化传承的纽带。文人传承文化是世界文化传承共同的显性方式，中国除了显性方式外多了一个隐性方式——家庭成员的口耳相传。

二是"家国一体"的伦理价值取向。孟子曰："天下之本在国，国之本在家，家之本在身。"儒家主张社会道德与家庭道德相结合，主张在家做孝子，在外做忠臣。"二战"期间德国人仅用39天就打垮了号称世界第一的法国陆军，日本侵略者在武器先进的绝对优势下用了14年依然无法打垮中国军队。结论：忠孝伦理精神挽救了中国。

三是"天人合一"的伦理境界。人伦属于社会现象，但并不能脱离自然而独立存在。先哲很早就关注人与自然。孔子说："钓而不纲，弋不射宿。"大意为：钓鱼时只用钓竿而不用网，用箭射但不射归巢的鸟。孟子继承了这种"推恩"原则，提出了"推恩足以保四海"的主张，发展到张载就成为民胞物与的生态情怀。天人合一是中国传统伦理长期追求的处理人与天、人与自然、人与神的关系的理想境界；是中国士人给宇宙以终极关怀的崇高智慧。这正是当今世界最稀缺的精神资源。

四、儒家文化的教育主体论价值

原生态儒家以生为本的教育理念源于民本思想。孔子是人本主义哲学家、民本主义政治家和生本主义教育家。

（一）以生为本的教育理念

儒家以民为本，表现在教育主体上就是"以生为本"。孔门师生关系之融洽、思想之自由、教学之民主，世所称道。举一个典型的例子，《论语》记载："子见南子，子路不说。夫子矢之曰：'予所否者，天厌之！天厌之！'"师生之平等以至于学生有权质疑老师的言行，有权要求老师解释和承诺。若不是"以生为本"，孔子怎么会浩叹："后生可畏，焉知来者之不如今也？"孔子怎么会因为颜回殒命而"哭之恸"，怎么会听闻子路被剁成肉酱而从此再也不吃肉酱呢？在孔门，孔子之于学生，如父如兄亦师亦友亦兄弟，这是何等令人羡慕的师生友谊啊！

（二）有教无类的教育情怀

有教无类是以生为本的情怀。儒家以民为本，以教为政，化民成俗，所以其教育必然以生为本。孔子开平民教育先河，第一个将教育从宫廷转移到民间。通过教育改变平民命运，通过教育给予平民发展权。这是中国文化教育史上第一个对既得利益集团的最震撼的挑战。何其伟大！因为有教无类，所以孔门弟子既有富甲一方的子贡，有贵族子弟孟懿子、南宫敬叔，有"在陋巷，人不堪其忧"的颜回，还有"朽木不可雕"的宰我！

在现代教育中实现儒家所倡导的"有教无类"，值得期待：

一是教育经费由中央财政统筹安排。有人笑我痴人说梦，其实不然。我相信总有一天义务教育的经费可以由中央财政统筹安排。诚如是，中国教育的地区差距可以大大缩小！诚如是，留守儿童的难题将得以解决！诚如是，进城务工人员子女入学不再艰难！

二是建立教育投入绩效机制。鼓励校长各显神通，鼓励学校办出特色，并制定教育投入绩效考核机制。

三是优化教师考核机制。学校对于教师教学质量进行科学评估,可实施优胜劣汰制度。

(三)终身学习的教育思想

孔子是终身学习思想的首创者。子曰:"吾十有五而志于学,三十而立,四十而不惑,五十而知天命,六十而耳顺,七十而从心所欲,不逾矩。"15岁立志求道,30岁形成独立人格,40岁不再迷惑,50岁认同自己的命运(以教育改变社会),60岁能容纳各种批评,70岁做什么都不背离道,这是终身学习的人生。自古而今,孔门弟子无一不是终生求道、终身学习者,若非以生为本,何来如此教育效果!

(四)自由讨论的教育模式

自由讨论模式建立在人格平等基础上,老师不摆架子,学生畅所欲言。孔子曾经与子路、曾皙、冉有、公西华等人坐在一起"聊天",要求大家"各言尔志"。子路抢先发言:"千乘之国,摄乎大国之间,加之以师旅,因之以饥馑,由也为之,比及三年,可使有勇,且知方也。"冉有回答:"方六七十,如五六十,求也为之,比及三年,可使足民。如其礼乐,以俟君子。"公西华说:"非曰能之,愿学焉。宗庙之事,如会同,端章甫,愿为小相焉。"曾皙回答:"莫春者,春服既成,冠者五六人,童子六七人,浴乎沂,风乎舞雩,咏而归。"听了四位弟子的志向,孔子除了对一向不谦虚的子路"哂之"外,喟然而叹曰:"吾与点也!"这段对话体现了民主教学的理念,师生无拘无束地谈论志向,孔子并不一一点评,而是有所保留,充分尊重个性,除了表示自己的志向与曾皙一致外,并没有说谁的志向合理或不合理。

五、儒家文化的教育方法论价值

(一)全面发展的课程建构

孔子编纂修订的《诗经》《尚书》《周易》《礼记》《春秋》《乐经》

等是中国最早成体系的教材。孔子编《诗经》的原因是其"可以兴，可以观，可以群，可以怨。迩之事父，远之事君"，这部教材涵盖了爱情教育、伦理教育、爱国教育、诚信教育、生命教育等丰富的内容。孔子十分重视美育，史书记载孔子编纂了一部《乐经》，曲谱散佚，今人无法领略其艺术魅力。编纂《春秋》的目的在于让学生明大义，是历史教育，是政治教育，也是价值观教育。易者，变也，孔子编纂修订《周易》的目的在于哲学教育。此外，从礼、乐、射、御、书、数的六艺来看，孔子的课程体系中，不仅有政治、历史、文学、音乐、舞蹈、美术，还有军事和数学。其课程结构为学生提供全面发展的平台的同时，也尊重个性多元发展，这种教育方式确实值得今人学习！

（二）因材施教的科学方法

孔子首创"因材施教"。孟懿子、孟武伯、子游、子夏四个人问的都是"孝"，孔子给出的四种答案却大相径庭。因为孔子非常了解这四个弟子的道德修为、境界、处境、性格差异。孟懿子不懂孝道，时常"违礼"，所以孔子告诉他"孝"就是"无违"；孟武伯不懂孝道，时常使父母担忧，孔子告诉他"父母唯其疾之忧"；子游不懂孝道，不敬重父母，孔子告诉他"至于犬马，皆能有养，不敬何以别乎"；子夏不能对父母和颜悦色，孔子告诉他"色难。有事，弟子服其劳；有酒食，先生馔，曾是以为孝乎"。对症下药，因材施教。

（三）慎独正己的修身方法

"慎独"是儒家独创的自我修养方法。《礼记·中庸》中说："道也者，不可须臾离也，可离非道也。是故君子戒慎乎其所不睹，恐惧乎其所不闻。莫见乎隐，莫显乎微，故君子慎其独也。"曾子说得更明白："吾日三省吾身。为人谋而不忠乎？与朋友交而不信乎？传不习乎？"

"正己"是儒家倡导的重要修身方法。原生态儒学提倡正人先正己，孔子说："其身正，不令而行；其身不正，虽令不从。"又说，"上好礼则民莫敢不敬；上好义，则民莫敢不服；上好信，则民莫敢不用情。夫如是，则四方之民襁负其子而至矣。"孟子认为："其身正而天下归之。"荀子说："师以身为正仪。"先秦之后，魏源认为："身无道德，虽吐辞为经，不可以信世。"精彩！精辟！

（四）积善成德的实践方法

孔子强调："力行近乎仁。"荀子坚信："积土成山，风雨兴焉；积水成渊，蛟龙生焉；积善成德，而神明自得，圣心备焉。"荀子的"故圣人也者，人之所积也""积礼仪而为君子"等，强调实践积累成就道德。1995 年我在广州外国语学院附设外语学校做教导主任，带两个班的语文课，兼两个班的班主任。对于两个班上家庭条件优越的学生来说，让他们养成热爱劳动的习惯，不是一件容易的事情，我就把自己的宿舍，纳入两个班共 20 间宿舍的卫生评比，自己跟学生一样做卫生。在劳动中我第一次感受到了适度劳动的快乐、美感——因为我 6 岁开始插秧，11 岁开始做繁重的农活，劳动在我记忆深处留下的是劳苦的印记。哪个学生宿舍卫生没有做好，我就与哪个宿舍的学生一起做卫生，与学生一起感受劳动的快乐、一起在劳动中体会劳动的美感、快感，与他们一起强化热爱劳动的品质和习惯。后来，我带的两个班的宿舍卫生一直是全校最好的，很少排过第二。这是"积善成德"的真实的记忆。

（五）君子人格的激励范式

自古而今，中国人常以"君子"自况，足见儒家"君子人格"理念影响之深远。"君子"是普适人格范式。孔子的人格范式中有圣人、贤人、志士、仁人、君子等，但是孔子最用力推广"君子"。孔子说："圣人，吾不得而见之矣，得见君子者，斯可矣。""圣人"高不可攀，"君子"可以炼成。《论语》中"君子"出现 107 次，可见其重视"君子"人格程度之高。

"君子"人格内涵丰富。孔子对"君子"人格进行了系统思考和界定，引导人们参照"君子"标准加强修养。首先,"君子"必须"仁"。孔子认为,"君子去仁,恶乎成名?君子无终食之间违仁,造次必于是,颠沛必于是""君子仁以为己任"。其次,"君子"必须有综合素养。孔子认为,"君子义以为上","君子义以为质","君子博学于文,约之以礼"。如此看来,君子必须有"义",必须知"礼",必须重"信",必须"博学"。君子"可以托六尺之孤,可以寄百里之命,临大节而不可夺也"。周公姬旦是君子,诸葛孔明是君子,文天祥亦是君子。

"君子"言行举止有规范。其一,"君子"有"三戒":"少之时,血气未定,戒之在色;及其壮也,血气方刚,戒之在斗;及其老也,血气既衰,戒之在得。"其二,"君子"有"三畏":"畏天命,畏大人,畏圣人之言。"其三,"君子"有"三患":"未之闻,患弗得闻也;既闻之,患弗得学也;既学之,患弗能行也。"其四,"君子"遵"五美":"惠而不费,劳而不怨,欲而不贪,泰而不骄,威而不猛。"其五,"君子"有"五耻":"居其位,无其言,君子耻之;有其言,无其行,君子耻之;既得之又失之,君子耻之;地有余而民不足,君子耻之;众寡均而倍焉,君子耻之。"其六,"君子"应有"九思":"视思明,听思聪,色思温,貌思恭,言思忠,事思敬,疑思问,忿思难,见得思义。"儒家经典对"君子"人格的规范性要求,产生了强烈的正能量。

"君子"人格内涵和规范都有反面的参照。孔子对"君子"和"小人"的界定非常清晰,"君子坦荡荡,小人长戚戚""君子泰而不骄,小人骄而不泰""君子和而不同,小人同而不和""君子求诸己,小人求诸人"等。这种对比生动深刻,受教者一目了然。

(六)道之以德的道德范畴

第一,"仁"是最高准则。孔子在道德理论上最突出的贡献在于创立了以"仁"为核心的道德范畴。"仁"为最高德目,辅之以义、礼、忠、恕、孝、悌、慈、爱、勇、温、良、俭、让、恭、宽、信、敏、惠等道德条目。有道德精神，也有道德规范。"仁"不仅要求宅心仁厚，而且有"利他"行为，同时"仁"是比生命更可贵的人格（杀身成仁）。

第二，"义礼"仅次于"仁"。孔子强调："君子义以为质，礼以行之，孙以出之，信以成之。君子哉！"君子以正义为本质，通过礼制实行它，用谦逊的语言表达它，用坚守信誉来完成它。这才是君子啊！孔子还说："克己复礼，天下归仁焉。"强调"礼"是达到"仁"的途径。儒家认为"礼义"必须服从服务于"仁政"和"王道"。

第三，"忠恕"以"仁"为基础。曾子说："夫子之道，忠恕而已矣。""忠"的对象是国家、国君、朋友、事业，"恕"的对象是一切人。"忠恕"当然属于"仁"的范畴。

第四，"孝悌"是"仁"之根源。孔子说："孝弟也者，其为仁之本与！"不能孝敬父母，不能尊敬兄长，如何能"仁"？中国伦理推己及人，推家及国。"仁"从家庭做起，在家孝敬父母，出外尊敬长辈；在家尊重兄长、疼爱弟妹，出外才"四海之内皆兄弟"，才"幼吾幼以及人之幼"。试想，如果在家庭和家族中都不能做到孝悌，我们敢期待孩子将来成为善待天下父母、全心全意为人民服务的公仆吗？能够期待孩子将来成为一个有凝聚力、有亲和力的企业团队的主要负责人吗？因此，儒学认为"孝悌"是"仁德"的根本。

第五，"恭宽信敏惠"是"仁"的内在要求。子张向孔子请教"仁"，孔子答："能行五者于天下，为仁矣。"子张要求详细解释，孔子说："恭、宽、信、敏、惠。恭则不侮，宽则得众，信则人任焉，敏则有功，惠则足以使人。"这五个方面，无论是恭敬礼让、淳厚宽容、诚信无欺、勤勉事事、广泛施恩等，无疑都表现出"利他"的"仁"道。

孔子把"仁"作为道德的最高准则，并把"仁"作为道德体系的核心内容，开创了中国儒家德育的独特思想体系，体现了以人为本、以民为本、以仁为本的道德价值取向。这种范畴设计，主导中国泛宗教民众道德修养，成效显著，贡献巨大。

先哲孔子曾经有"道不行，乘桴浮于海"的牢骚和冲动，但我不行，我相信同道者也不会做如是选择。一场深度的教育改革势在必行，也迫在眉睫！谨以此文，为之呐喊！

参考文献

［1］谭继和，祁和晖. 十三经恒解（笺解本）：卷2：论语恒解［M］. 成都：巴蜀书社，2016.

［2］阮元. 十三经注疏：第8册［M］. 台北：艺文出版社，2013.

［3］朱熹. 四书章句集注［M］. 长沙：岳麓书社，2008.

［4］蒋伯潜. 四书广解［M］. 香港：城邦（香港）出版集团有限公司，2011.

［5］卢雪崑. 孟子哲学［M］. 桂林：广西师范大学出版社，2022.

［6］杨晓明. 四书五经·现代版：上卷［M］. 成都：巴蜀书社，1999.

［7］贾庆超. 四书精华解读［M］. 济南：齐鲁书社，2009.

［8］杨伯峻. 孟子译注［M］. 北京：中华书局，2008.

［9］金良年. 孟子译注［M］. 上海：上海古籍出版社，2004.

［10］杨广恩. 孟子全集［M］. 北京：海潮出版社，2008.

［11］陈生玺，等. 张居正讲评孟子［M］. 上海：上海辞书出版社，2023.

［12］南怀瑾. 南怀瑾选集（珍藏版）［M］. 上海：复旦大学出版社，2013.